Dolcetto d'Acqui, Dolcetto d'Alba, Dolcetto di Diano d'Arba, Lessona, Bramaterra, Boca, Sizzano, Fara, Carema, Erbaluce di Cheri, Freisa d'Asti, Bubino di Canatavenna, Gabbiano, Makvasia di Castelnuovo Don Bosco, Malvasia di Casorzo d'Asti, Dolcetto delle Langhe Monregalesi, Dolcetto di Dogliani, Rorero Nebbiolo, Roero Arneis, Dolcetto d'Asti, Ruche di Castagnole Monferrato, Colli Tortonesi, Loazzolo, Colline Novaresi, Monferrato, Piemonte, Langhe, Folcetto di Ovada, Cinque Terre, Rossese di Dolceacqua, Dolceacqua, Riviera Ligure di Ponente, Colli di Luni, Franciacorta, Terre di Franciacorta, Alto Adige, Terntino, Sorni, Colli Conegliano, Piave, Lison, Parmaggiore, Bagnolli di Sopra, Prosecco di Conegliano Valdobbiadene, Collio Gorziano,

ブルーガイド

わがまま歩き……㉙

イタリア五都市

ローマ ミラノ ナポリ

フィレンツェ ヴェネツィア

〜愛し、歌い、食べる〜
これが人生という夢の国
入り口は 5 つ、魅惑の都

JN204109

CONTENTS

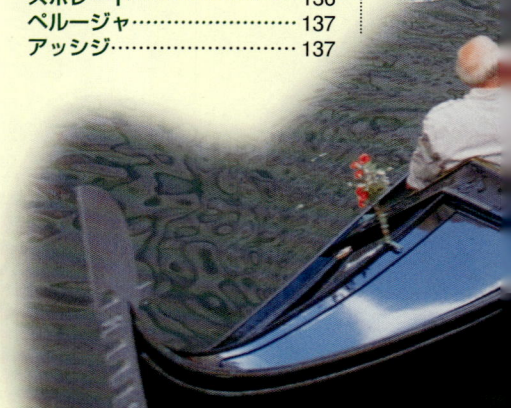

この本の使い方

●通貨記号

€はユーロ。€1＝132円　1万円≒€76（2018年5月現在）

●地図記号

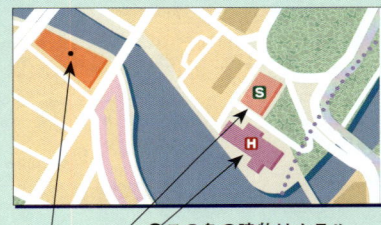

- Ｈ …ホテル
- Ｒ …レストラン
- Ｓ …ショップ
- ☕ …カフェ
- Ｎ …ナイトライフ
- 〒 …郵便局
- Ｂ …銀行
- Ｐ …駐車場
- ♀ …バス停
- 🏫 …学校
- ✈ …空港
- ✚ …病院
- ⛪ …キリスト教会
- ❶ …観光案内所
- ✖ …警察
- ▲ …山
- •••••• 地下鉄
- ——— 鉄道

● この色の建物はホテル
● この色の建物はショッピングセンター
● この色の建物は主な見どころ

巻頭切りとり地図、
赤わくと青わく＝表と裏の法則

切りとり地図は、表面が地図の周囲が赤わく（ローマ）、裏面が地図の周囲が青わく（ローマ、ミラノ）になっています。それぞれの観光ポイントやお店の記事中で、

● 切りとり-15、p.50-F
┗ ここが赤だと表面地図の15の位置にめざす物件があります
　また、50ページのFの位置にもめざす物件があることを示します。

● 切りとり-30、p.48-E
┗ ここが青だと裏面地図の30の位置にめざす物件があります。
　また、48ページのEの位置にもめざす物件があることを示します。

★レストラン・ページでの各種記号は以下のような意味です。
🇪：1人分のコースディナー（前菜＋主菜＋デザート）の目安。飲み物も含みます。
🕐：事前に予約を入れた方がよい店
👔：男性はネクタイ着用、女性はドレッシーな服装などのドレスコードのある店
★ホテル紹介ページのホテル料金は、各ホテル公式サイトの予約ページに掲載された料金を参照しています。平日のスタンダードクラスの客室で、Ｓはシングル、Ｔはツインまたはダブルの部屋料金を示します。週末や繁忙期の料金は高くなります。予約の際は、各ホテルの公式サイトやホテル予約サイト、旅行会社などでご確認ください。
★料金、営業時間、定休日、電話番号、交通機関の運行時刻など、本書の各種データは2018年3月確認時までのものです。その後の変更も予想されます。またイタリアでは、これらが実際には厳密に運用されていないケースも見受けられますので、あらかじめご承知おきください。

ヨーロッパ中心部

0 100km

7

イタリアの州と州都

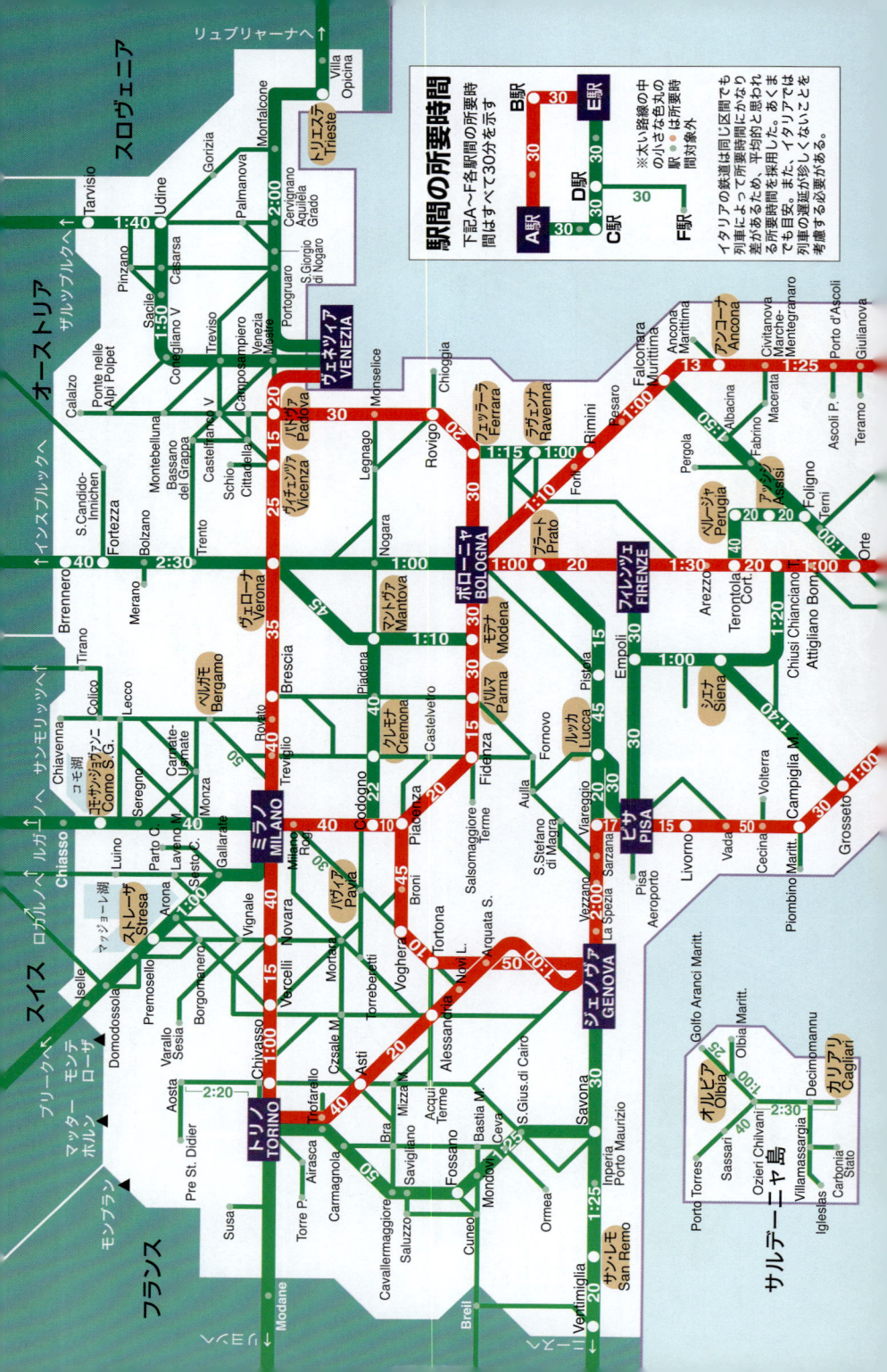

イタリア主要鉄道路線図

路線図凡例

駅	
■	所要時間表に掲載した主要駅および乗換駅
■	所要時間表での移動で経由する主要路線
■	主要路線
■	その他の在来線（なかでも主な路線は時間表示）

民間鉄道会社NTVが運営する高速鉄道イタロや旧国鉄系トレニタリアの新幹線「フレッチャ」シリーズのフレッチャロッサ(p.256参照)が最速。イタロの路線や料金についてはp.16を参照。

主な都市間の最短所要時間
（地図中の ━ 路線利用）

赤数字……フレッチャロッサなどの所要時間
黒数字……EC（ユーロシティ）、IC（インターシティ）など特急や急行での所要時間
最短時間を表示。（　）は乗換駅

	トリノ	ミラノ	ジェノヴァ	ヴェネツィア	ボローニャ	フィレンツェ	ローマ	ナポリ
バーリ	8:10	6:45 (ボローニャ)	8:46 (ミラノ)	7:26	5:28	5:27 (ローマ)	3:34	3:53 (カセルタ)
ナポリ	5:30	4:15	5:48	5:05	3:15	2:29	0:52	
ローマ	4:10	2:55	3:55	3:33	2:00	1:17		
フィレンツェ	2:50	1:40	2:30	1:53	0:35			
ボローニャ	2:17	1:02	2:32	1:15				
ヴェネツィア	3:35 (ミラノ)	2:13	4:05					
ジェノヴァ	1:34	1:27						
ミラノ	0:55							

路線図（本土）

Civitavecchia Maritt. — Fiumicino Aeroporto — Pte.Galeria — Civitavecchia — Fiumicino — Nettuno — Campoleone — Priverno-Foss — Terracina — Formia — Villa Literno — Aversa — Gragnano — **NAPOLI ナポリ** — **Pompei ポンペイ** — **CASERTA カセルタ** — Cancello — Codola — Nocera — Salerno — Battipaglia — Sarno — Cava — Avellino — Benevento — Carpinone — Sulmona — **ROMA ローマ** — Velletri — Albano — Frascani — Avezzano — Ciampino — Roccasecca — Vaiano Caianello — Isernia — Campobasso — Lucera — Mercato S.S. — Sicignano degli Alburni — Lagonegro — Castiglione Cosentino — Paola — Lamezia Terme C. — Tropea — Rosarno — Villa S.Giovanni — **Reggio di Calabria** — Eccellente — Catanzalo — Catanzalo Lido — Cosenza — Sibari — Crotone — Metaponto — Taranto — **Alberobello アルベロベッロ** — **Brindisi** — Brindisi Mar. — Lecce — **BARI バーリ** — **Foggia フォッジャ** — Cervaro — Rocchetta S.A.Lacedonia — Spinazzola — Gioia d.Colle — Potenza Centrale — Margherita di S.Ofantino — Margherita di Savoia-Barlette — Manfredonia — Termoli — **Pescara ペスカーラ**

所要時間（時:分）は図中に表示：1:35, 1:00, 1:15, 1:35, 1:00, 1:30, 0:30, 0:30, 2:30, 0:30, 1:00, 1:00, 1:40, 2:30, 0:50, 0:35, 0:50, 1:10, 0:15, 0:15, 2:00, 0:15, 0:30, 0:38, 0:45, 1:07, 0:55, 1:40, 1:10, 2:30, 1:10, 1:00, 0:55, 0:35 ほか

シチリア島

Messina — Taormina タオルミーナ — Giarre Piposto — Catania カターニャ — Lentini Diramazione — Siracusa シラクーザ — Ragusa — Gela — Canicatti — Caltanissetta Xirbi — Enna — Alia — Roccapalumba Alia — Aragona — Agrigento アグリジェント — Termini Imerese — Palermo パレルモ — Giachery — Alcano Diramaz. — Castelvetrano — Trapani トラパニ

所要時間（時:分）：0:45, 0:50, 1:20, 0:30, 2:30, 1:00, 0:30, 1:00, 0:25, 1:10, 3:50, 1:10, 0:20 ほか

イタリア旅行基本情報

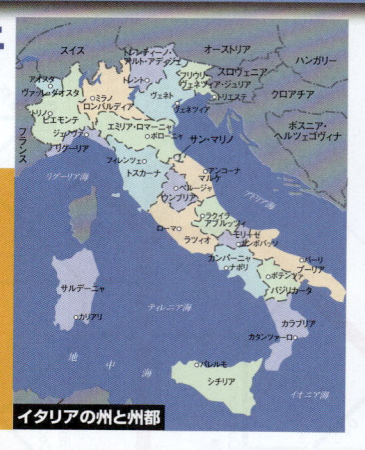

イタリアの州と州都

イタリアの国旗

イタリアの国章

　緑、白、赤の縦三色旗で「トリコローレ」と呼ばれている。フランスの三色旗が起源で、イタリア統一運動のシンボルだったもの。緑は美しい国土、白は雪、赤は愛国者の熱血を表わすと同時に、それぞれ自由、平等、博愛も意味している。

イタリアのミニ・ガイド

国名●イタリア共和国
首都●ローマ
面積●30万1268㎢（日本の約5分の4）
人口●6050万人（2018年推計）
公用語●イタリア語（北部ではドイツ語、フランス語も話される。歴史・文化的に複雑なため、方言も多様性がある）
民族●諸民族混合
宗教●キリスト教（カトリック）が国民の97％。他にプロテスタント、イスラム教、ユダヤ教。
時差●日本とは8時間の時差（夏時間実施中は7時間）
政体●共和制
主要産業●機械、繊維、自動車、鉄鋼
GDP●1兆8,507億ドル（2016年）
国民1人あたりのGDP●3万507ドル（実質、2016年）
経済成長率●0.9％（2016年）
物価上昇率●ー0.1（2016年）
失業率●11.7％（2016年）
通貨●ユーロ
国際電話に必要な国番号●39
在留日本人数●1万3,800人（16年）
イタリア雑学知識●飲酒できる年齢は16歳以上。20歳にならないと飲めない日本とは、だいぶ違うのは、ワイン大国のお国柄。また、イタリア料理といえばトマトを使うイメージもあるが、トマト消費量は世界6位と意外と少ない。1人あたり消費量は世界7位。

イタリアのあれこれ

■イタリア発祥の文化・芸術運動、食文化は？

　15～16世紀にフィレンツェを中心に始まった文芸復興運動であるルネサンス、「ファストフード」に対抗する概念である「スローフード」運動、新鮮な果物やミルクを使って作られるアイスクリーム「ジェラート」、世界中のカフェで人気メニューになっている「カフェ・ラテ」など。

■世界的なイタリア人音楽家は？

　ミラノ・スカラ座の芸術監督を務めていた高名な指揮者リッカルド・ムーティはナポリ出身。世界で活躍する現役バリトン歌手のダビデ・ダミアーニは中部のペーザ生まれ。故人では、テノールのルチアーノ・パバロッティ、ヴァイオリン奏者のパガニーニなどもイタリア人。

■イタリアの製品・メーカー

　自動車ではフィアット・グループ（マセラーティ、フェラーリ、アルファロメオ、ランチア）、家電製品ではデロンギ、電子機器ではオリベッティ、ファッションではベネトン、グッチ、ブルガリ、プラダ、ジョルジオ・アルマーニ、ジャンニ・ヴェルサーチ、ジャンフランコ・フェレ、フェラガモ、トッズなどが有名。

日本とくらべて

■バーゲンセールの公式解禁日が都市ごとに違う？

　イタリアでは、各都市のセール公式解禁日というものが設けられている。たとえば、ある年の冬のセールでは、ナポリが一番早く1月2日から、フィレンツェが7日、一番遅いのがローマで1月14日から、という具合だ。

■2階は1階？

　イタリアでは、建物の1階は「T（ピアノ・テッラPiano Terra、地上階）」と表示される。日本でいう2階は「1階（プリモ・ピアノPrimo piano）」、3階は「2階（セコンド・ピアノSecondo piano）」と表示される。エレベータなどでとっさに日本でいう階数のボタンを押しがちなので、間違わないようにしよう。

通貨

通貨単位　ユーロ€（イタリアではエウロ）
補助単位　ユーロ・セント₵（エウロ・チェント、1€＝100₵）

◆ユーロ換算レート　　　　　　　　　　（2018年5月現在）

1	132円	20	2640円
3	396円	30	3960円
5	660円	40	5280円
7	924円	50	6600円
10	1320円	100	13200円
15	1980円	150	19800円

チップ

　日本人にはなじみの薄いチップの習慣だが、基本的には気持ちよいサービスを受けた場合に払う「心付け」。サービスに不満があれば払う必要はない。下記のような場合に、さりげなく渡そう。レストランでサービス料が含まれない場合に5％、含まれていれば1人あたり€1くらいをテーブルの上に置く。タクシーは料金の5％程度。劇場のクロークに€0.5、案内係に€1程度。ホテルでは、ベルキャプテン€1、ベッドメイク係€1、ルームメイドに用事を頼んだ場合€1（料金は目安）。

イタリアの物価の目安

品物	値段（ユーロ）	解説
ミネラルウォーター、ジュース500ml	1	売店で購入の場合。ホテルのミニバーでは3～4倍
ビール350ml	2	
エスプレッソ（カフェで）	3～	バールでは少し安い
ランチ	15～	日本より高め
夕食（中級レストラン）	30～	コースでは安くても、ワインなどの飲み物代がかかる
夕食（高級レストラン）	50～	
地下鉄、バス	1.50	何度も乗るなら1日券などを購入
タクシー（初乗り料金）	3～3.30	ローマの中心部の移動なら€15くらいまで
観光名所、美術館の入館料	4～15	意外に大きな出費になることも
日本への電話（公衆電話）	3～5	ホテルからかけると手数料が加算される

イタリアのホテル

グレード	★★★★★	★★★★	★★★	★★	★
シングルの料金の目安	350～	200～	115～	70～	45～
ツインの料金の目安	500～	250～	155～	100～	70～
解説	重厚な感じで、サービスも充実。街の中心部や高級リゾート地にあり、観光やビジネスに便利な立地。	日本のシティーホテルに相当。近代的設備を完備し、サービスもよい。	日本のビジネスホテルに相当。なかには4つ星と変わらない高級感のあるホテルも。	トイレ・シャワーが共同だったり、朝食の時間が決められているなど、日本の民宿に近い。	

星の数は、ホテルのグレードを表す。多いほど高級。
1つ星のホテルは、ペンショーネ、ロカンダと呼ばれている
（単位はユーロ）

紙幣

 5ユーロ

 10ユーロ

 20ユーロ

 50ユーロ

 100ユーロ

 200ユーロ

 500ユーロ

　ユーロ紙幣のデザインは各国共通。表に門か窓が、裏には橋がデザインされている。紙幣を発行した国は、11桁の番号の最初のアルファベットでわかるようになっていて、イタリア発行の紙幣は番号が「S」で始まる。

コイン

1ユーロ

2ユーロ

1ユーロセント

2ユーロセント / 5ユーロセント

10ユーロセント / 20ユーロセント

50ユーロセント

　コインのデザインは表面が各国共通、裏面は発行国のオリジナルデザインになっている。イタリアの硬貨は、ボッティチェッリの『ヴィーナスの誕生』やローマのコロッセオなど、美術作品や観光名所がデザインされている。

祝祭日

1月1日●元日（Capodanno）
1月6日●キリスト公現祭
（Epifania）
4月21日●2019年の復活祭※
（Pasqua）
（春分後の最初の満月後の日曜）
4月22日●復活祭翌日の月曜
（Lunedi di pasqua）
4月25日●イタリア解放記念日
（Anniversario della
Liberazione d'Italia）
5月1日●メーデー
（Festa del Lavoro）
6月2日●共和国記念日
（Festa della Repubblica）
8月15日●聖母被昇天の日
（Assunzione di Maria）
11月1日●諸聖人の日
（Ognissanti）
12月8日●聖母受胎祭
（Immacolata Concezione）
12月25日●クリスマス
（Natale）
12月26日●聖ステファノの日
（Santo Stefano Martire）
※復活祭は移動祭日といって毎
年日にちが変わるので注意。

イタリアの単位

　日本と同じメートル法を採用
している。市場などで見かける
ettoエットは100グラムのこと。

イタリアまでのフライト時間

　日本からの定期直行便は、ア
リタリア–イタリア航空が成田
空港から週14便（冬季12便）
運航。到着空港はローマのフィ
ウミチーノ空港とミラノのマル
ペンサ空港。フライト時間は、
約13時間。直行便の他に、ルフ
トハンザ ドイツ航空、ブリティ
ッシュ・エアウェイズ、エール
フランスなどを利用して、欧州
各国から乗り継ぎで入国するこ
ともできる（→p.254）。

イタリアのプラグ

　右がコンセント。左がプラグ。

気候

　イタリアの気候は温暖で四季がはっきりしている。ローマ、ミラノの平均気温は東京とほぼ同じ。全体的には日本の気候に似ている。ただし、朝夕の気温差が大きく、中部以北の地方では冬季はかなり冷え込む。夏は直射日光が強く乾燥し、冬は湿度が高い。そのため特に夏季の水分補給はしっかりと。

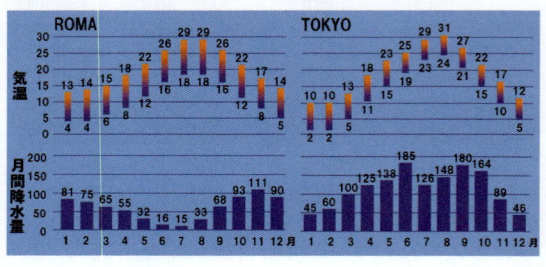

ビジネスアワー

■**銀行**　　8:20〜12:20
　　　　　（支店によっては、午後1時間ほど開けるところもある）
■**オフィス**　9:00〜13:00、14:00〜18:00
■**一般商店**　9:00/10:00〜12:30/13:00、15:30/16:00〜19:30/20:00
■**デパート**　9:00/10:00〜21:00/22:00
■**美術館**　9:30〜13:00、15:00〜18:30
　　　　　（午前だけ開館の美術館も多い）
■**レストラン**　12:00〜14:30、19:00〜24:00

電圧とプラグ

　イタリアの電圧は220V（日本は100V）。日本と電圧が異なるため、日本で使っていたものをイタリアで使う場合は、220V対応の国際仕様になっているか確認が必要（100-240Vという表示のあるもの）。国際仕様のものならそのまま使えるが、そうでないものは、電圧変換アダプターなどを持参すること。また、プラグの形も日本とは異なるいわゆるCタイプ（左下写真参照）。そのためのアダプターの持参も忘れずに。

イタリアの飲料水事情

　水道水は、アルプスを源流とする石灰質の多い硬水で、衛生上は飲めないことはないが、ミネラルウォーターの方が安心。ただし、ローマは水質がよいので水道水でも安心して飲むことができる。硬水が体質に合わない人は（お腹がゆるくなるなど）、軟水のミネラルウォーターで水分補給を。また硬水は髪を傷めるので、保湿性のあるシャンプーやリンスを持っていきたい。下着などを手洗いする場合、硬水では石鹼だと泡立ちにくいため、洗浄力の強い洗剤を持参するのもいい。

電話のかけ方

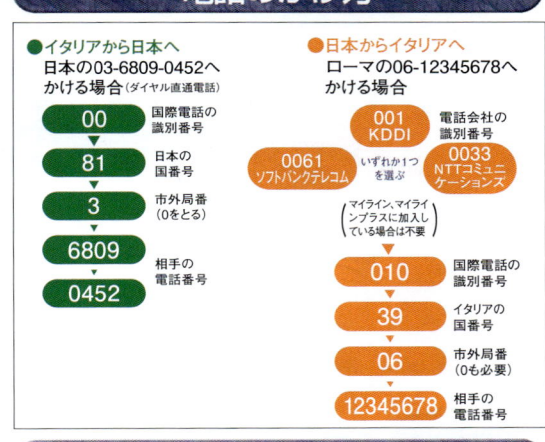

●イタリアから日本へ
日本の03-6809-0452へ
かける場合（ダイヤル直通電話）

00	国際電話の識別番号
81	日本の国番号
3	市外局番（0をとる）
6809	相手の電話番号
0452	

●日本からイタリアへ
ローマの06-12345678へ
かける場合

001 KDDI	電話会社の識別番号
0061 ソフトバンクテレコム / **0033 NTTコミュニケーションズ**	いずれか1つを選ぶ

マイライン、マイラインプラスに加入している場合は不要

010	国際電話の識別番号
39	イタリアの国番号
06	市外局番（0も必要）
12345678	相手の電話番号

携帯電話＆WiFi事情

　ホテルの客室や市内のカフェでは、無料もしくは有料でWiFiが使えるところが多く、空港バスや列車、駅構内などの公共スペースでも無料で使える。民間高速鉄道イタロはパスワードをもらい、無料で使える。携帯電話は、自分の機種がイタリアで使えるかどうか出国前に確認し、国際サービスの申し込みをしておきたい。スマートフォンの場合は、海外利用に便利なアプリを日本国内でダウンロードしておこう。

喫煙事情

　イタリアでは禁煙法が施行されており、レストランやバール、美術館、博物館、鉄道など、公共の場での喫煙が禁止されている。「VIETATO FUMAREヴィエタート・フマーレ」(禁煙)という表示や禁煙マークには注意しよう。違反した場合、€27.2～€275の罰金が課せられる。さらに周囲に子供や妊婦がいた場合は罰金が倍額になる。

◆サイズ比較表　日本・イタリア

■女性

	日本	イタリア
服	7	38
	9	40
	11	42
	13	44
	15	46
	17	48
靴	22	34
	22.5	35
	23	36
	23.5	37
	24	38
	24.5	39

■男性

	日本	イタリア
服	S	44
	M	48
	L	52
	LL	56
靴	25	40
	25.5	41
	26	42
	26.5	43
	27	44
	27.5	45

時差　日本は今、何時？

日本時間はイタリア時間に＋8時間。日本が8時間早い（夏時間は＋7時間）

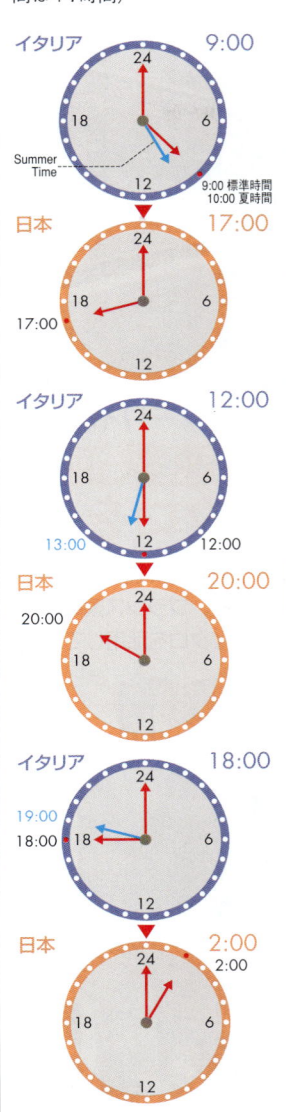

イタリア 9:00
9:00 標準時間
10:00 夏時間
Summer Time

日本 17:00
17:00

イタリア 12:00
13:00　12:00

日本 20:00
20:00

イタリア 18:00
19:00　18:00

日本 2:00
2:00

夏時間（サマータイム）

　毎年3月の最終日曜から10月の最終日曜までが夏時間となり、時差が1時間短くなる（開始日時と終了日時が変更される年もある）。

▲停車駅の構内には専用の待合室を用意。出発時刻までくつろげる

フェラーリやトッズが設立した
高速鉄道
イタロを使いこなして快適な旅を!

16

　2012年に運行を開始した民間高速鉄道イタロItaloは、フェラーリ社やアパレルのトッズ社、フランス国鉄などが設立したNTV社が運営する。こだわりの車両とサービスを誇るイタロを活用して、快適に旅しよう。

◀イタリアの家具メーカーが手がけた革張りの座席

▲乗車口には列車番号、車両番号が表示される。降車時は緑のボタンを押してドアを開く

　旧国鉄FSの業務を引き継ぐ鉄道会社トレニタリアの駅と線路を使い、最高時速360kmで走るイタロ。フェラーリのイメージカラーであるレッドを取り入れた高級感ある車体はこれまでのイタリアの鉄道と違い、注目を集めている。サービス面でも差別化が図られ、乗客は無料の高速インターネット接続が利用できるほか、駅には専用待合室が設置されている。

　価格設定は、安い方からローコスト、エコノミー、フレックスの3段階方式。早く予約すれば安く購入できる。旅の予定が決まったら、移動手段も早めに決めたい。注意点は、一番安いローコストチケットは購入後に払い戻しも変更もできないこと。スケジュール変更や乗り遅れでチケットをムダにすることがないよう、しっかりと旅程を立てよう。

◀各座席の使いやすい位置に電源コンセントを設置

◀ 4人がけコンパートメントも用意されている

◀▲ 映画上映などがあるシネマ車両（左）と通常の車両

運行区間と所要時間

イタロの運行区間は、トリノからミラノ、ボローニャ、フィレンツェ、ローマ、ナポリを経由してサレルノまでの幹線区間と、ボローニャ・ヴェネツィア間の支線がある。ミラノ〜ローマを最短ノンストップ便で2時間40分で結ぶ。ローマ〜フィレンツェ間は約1時間20分、ミラノ〜ナポリは約4時間3分。所要時間はトレニタリアとほぼ同程度か、やや短い。

座席の種類と料金

座席クラスは1列4席のスマートSmart、1列3席のプリマPrima、1車両に11席のみのクラブ・エグゼクティブClub Executive、さらに準1等のコンフォートComfortの4種類。座席クラスごとの料金一例は下記のとおり。キャンペーン時や購入時期によっても料金は変動する。

料金の一例 (ミラノ〜ローマ片道) ※2018年4月 単位:€				
	スマート	コンフォート	プリマ	クラブ・エグゼクティブ
フレックス	75.90	88.90	113.90	129
エコノミー	38.90	48.90	58.90	78.90
ローコスト	27.90	38.90	46.90	-

▲専用待合室ではチケット購入の手伝いもしてもらえる

予約方法と予約・購入の注意点

イタロの公式サイトhttps://www.italotreno.it/でオンライン予約購入ができるほか、フランス国鉄とスイス連邦鉄道の合弁会社「レイルヨーロッパ」の公式サイトhttp://www.raileurope-japan.com/では、イタロとトレニタリアのチケットを日本語で予約購入できる。

レイルヨーロッパ・ジャパンでのイタロのチケットは120日前に予約開始。サイトにアクセスし、乗車区間や乗車日などを入力してチケットを検索する。早めに申し込めばローコストチケットを買える可能性が高いが、安い乗車券ほど制約も多い。Non Refundable とあれば取り消し不可、Non Exchangeable と

あれば列車変更不可のチケットだ。列車変更可のタイプも変更は乗車の3日前までなど制約がある。チケットが取れたら画面を印刷して持参する。検札時、6ケタのチケットコード（PNR）の提示を求められる。

イタロ独自のサービス

食堂車はないが、自動販売機でのエスプレッソ、飲み物を販売する。最上級のクラブ・エグゼクティブでは、主要駅での専用ラウンジ利用、優先乗車サービスがある。車内では茶菓、軽食サービスもある。

中央駅に発着しない列車もある

トレニタリアと違い、ミラノやローマなどでは中央駅には停車しない列車もあるので注意が必要だ。ローマの停車駅はテルミニ駅とティブルティーナ駅。どちらも地下鉄に接続しており、テルミニ駅まで地下鉄で約10分とアクセスはよいので不便は感じない。トリノはポルタ・スーザ駅とポルタ・ヌオヴァ駅、ミラノはミラノ中央駅とロゴレード駅に停車する。

◀新しい車両なので洗面所も清潔

▶ローマのティブルティーナ駅にはイタロのローコストチケット販売ブースも

行儀のよいワンコも
買い物にお付き合い

イタリア最大の食のマーケット
「イータリー」ローマ店で
イタリア食文化をまるごと味わおう！

▲オリーブオイルのコーナー。
全国の主な産地から集めた質の
よいオイルが並ぶ

◀1階（イタリア式には0
階）は菓子やカフェ、飲
み物、コスメなど

**カフェ＆
スイーツ**

おいしい
お菓子が
勢ぞろい

▶高級チョコレートで人気のベンチ
のギフトボックス約€9

▲店内を歩き疲れたら1階でお茶しよう

イータリー・ローマ
Eataly Roma

MAP p.47-K p.107-A

　トリノに本拠を置く食のマーケット「イ
ータリー」のローマ店は、オスティエンセ
駅南側にあり、地元の人にも旅行者にも人気。
イータリーは、民間高速鉄道「イタロ」の
車内で用意しているランチボックスも提供
しており、イタリア国内に9店舗、ニューヨ
ークに1店舗、日本には東京・大阪を中心に
店舗がある。ここローマ店はそのなかでも1
万6000㎡と最大規模を誇る。

　元エアターミナルだったという巨大な建
物は、1階（イタリア式には0階と表示）か
ら4階（同3階）までの4フロアが売り場にな
っており、高品質のスローフードをはじめ、
カフェ、バール、ビッレリア（パブ）など
をそろえ、イタリアが誇る良質の食品を提
供する。ユニークなのは、肉、魚、パン、
チーズ、お酒と、それぞれの売り場ごとに、
イートインのコーナーがあること。旅の最
後にここに立ち寄れば、おみやげをまとめ
て買いながら、ついでにランチやディナー
も済ませてしまえる。どのコーナーも品ぞ
ろえ抜群。駅からのアクセスがよいミラノ・
スメラルド店（地図p.183-C）も利用したい。

　交オスティエンセ駅または地下鉄B線ピラミデ駅から地下道
を通り徒歩7分　住Piazzale XII Ottobre,1492
☎06-90279201　開9:00〜24:00　休8/15

◀ パスタソースやオリーブの瓶詰めなどが並ぶ加工品コーナー

コスメ＆日用品

種類豊富で選びきれない〜！

食材

▶ ビール酵母で髪つやつや？ ビールシャンプー€11

他店で見たことがないユニークな商品も！

◀ その場でカットしてもらえるフレッシュな食品を買える対面販売が特徴

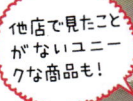

▲ デザイン性の高い調理器具もいろいろ

▶ 売り場で作るフレッシュなリコッタチーズ

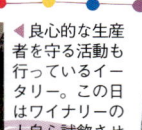

店内のあちこちで、座って食べられるイートインコーナーが、10カ所以上！

◀ 良心的な生産者を守る活動も行っているイータリー。この日はワイナリーの人自ら試飲させてくれた

ビール＆ワイン

シーフード＆肉料理

◀ 国産・欧州産ビールがずらりと並ぶ

▼ 鮮度抜群の魚介を使ったフライなどが食べられる

買い物ついでに軽く一杯

味を確認して買える安心感もプラス！

厳選されたワインをグラスで味わう

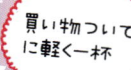

▼ 焼きたてパンに好みの具材でパニーノ（€4〜）を作ってもらえる

ビールに合うつまみ片手に軽く一杯

▲ こんがり焼きあがったローストチキンが、いい匂い

バールやカフェで、夕暮れ時に軽く一杯
おつまみ食べ放題のお店も！
アペリティーヴォの楽しみ

飲食店がディナータイム前にお酒の割引を行う「ハッピーアワー」。イタリアではその一形態に「アペリティーヴォ」がある。イタリア語で「食前酒」を意味する言葉だが、最近では夕食前にバールに立ち寄り、軽く食前酒1杯とおつまみを食べる習慣を指す言葉としても定着してきている。

おつまみといっても、上品なフィンガーフードだけではなく、揚げ物やパスタといった本格的なメニューをブッフェ形式で用意している店や、食べ放題になる店もある。ワンドリンクと前菜、おつまみがついて€10以下で済む店が多い。ミラノ発祥のこのアペリティーヴォ、最近はローマやフィレンツェなどでも増えつつある。

どうやって見つけるの？ Check

アペリティーヴォを実施している店は、夕暮れになると、店の入口にいろいろな種類の前菜やおつまみを大皿に盛って並べるところが多い。前菜やおつまみの種類は、多い店で15種類以上もあり、夕方18時ごろから地元っ子が集まってくる。そんな店を見つけたら、気軽に入ってみよう。1日の終わりを豊かな気分で締めくくることができる。

どんなつまみ＆飲み物があるの？ Check

カナッペや生ハム、オリーブの一口揚げなどの前菜から、コロッケ、ショートパスタにピッツァ、サラダなど。どの店も、店オリジナルの多彩なメニューで競っている。グラスワインも店によって20種類以上ものリストから選べる店も。地元っ子に混じって、発泡性の辛口スプマンテや、オレンジ色のリキュール「アペロール」を辛口の白ワインや炭酸水などで割った「スプリッツ」などを楽しもう。

▲カナッペなどとアルコール1杯でアペリティーヴォを楽しみ、遅めの夕食に出かけるのがイタリア流。⑤ミラノ・センピオーネ大通りにはアペリティーヴォの店が立ち並ぶ

カフェ・サン・カルロ
Caffe San Carlo

MAP p.142-E

サンタ・マリア・ノヴェッラ広場の近く

生ハム、野菜のグリル、一口ピッツァなど、ブッフェ形式のおつまみとアルコール1杯のアペリティーヴォが€8ほどで楽しめる。春から夏は、道路にせり出したテラス席が人気がある。気軽に立ち寄りたい。ビールの種類も豊富。

■交サンタ・マリア・ノヴェッラ駅から徒歩12分
■住Via Borgo Ognissanti 32/34r
■☎055-216879　■開7:00〜24:00　■休日曜

▲▼ワインやビールに合う10種類ほどの前菜やおつまみが並ぶ。おかわり自由

マンジャフォーコ
Mangiafoco

MAP p.142-J

▼スプリッツと生ハム、ピエンツァ産チーズのつまみ

厳選ハム、チーズで軽く一杯

アルノ川に近いワインバー&カフェ。入口は狭いが、中に入ると、奥のほうまで空間が続いている。厳選したチーズ、サラミ、生ハムから、ビオ（無農薬）素材を使ったジャムや蜂蜜も。オーナーはワイン通で、個性的なワイン50種類以上をセレクトし、ワインにあったつまみも教えてくれる。アペリティーヴォに人気があるカクテルは「スプリッツ」。リキュールとワインに炭酸水を加えたポピュラーな飲み物だ。店ごとにレシピは違うが、この店はほろ苦さがちょうどよく、本格的な食事前の一杯として最適。サラミ、生ハム、チーズの盛り合わせでワインを。「お通し」程度のおつまみは無料で付く。

■交ポンテ・ヴェッキオから徒歩5分
■住Borgo SS.Apostoli,26r
■☎055-2658170
■開12:00〜24:00
■休無休

イタリアよくばり旅

21

アペリティーヴォの楽しみ

クロスティーニ・ディ・フェガト
Crostini di Fegato

トスカーナ地方のパンに、鶏レバーペーストを塗ったカナッペ。生ハムなどとともに出されることもある。

カルパッチョ
Carpaccio di tonno

マグロのカルパッチョ。牛肉もある。パルミジャーノ・チーズやルッコラなどの野菜を合わせることが多い。

生ハムメロン／イチジク
Prosciutto e Melone/fichi

生ハムの定番メニュー。メロンMeloneの代わりにイチジクfichiを盛り合わせたプロシュート・エ・フィーキも人気。

イタリアよくばり旅

上手に活用して、暮らすように旅したい！
B&Bとアパートメント

どこに泊まるかで旅の印象が大きく変わってくるもの。手頃でリラックスできるB&Bとアパートメントも選択肢に加えれば、より快適な旅ができそう。

最近、ローマを中心に増えているのが、簡単な朝食付きのB&B（ベッド＆ブレックファスト）やキッチン付きのアパートメントホテル。どちらも手ごろな料金でありながら、自分の部屋のような感覚でくつろげるとあって、選ぶ人が増えている。

Q & A

Q アパートメントホテルは誰でも泊まれるの？

A 3日以上の滞在なら泊まれるところがほとんど。キッチンやリビングの清掃などにコストがかかるため、1、2日の滞在は受け付けていないところが多い

Q キッチン付きアパートの場合、キッチンに備え付けの器具や消耗品は使っていいの？

A 鍋やコーヒーマシン、お皿やカップ、フォーク＆ナイフ、洗剤など、置いてあるものは、自由に使ってOK。ただし、使ったら洗って元の場所に戻しておこう

Q タオル類などは持ち込まないといけないの？

A タオルやヘアドライヤー、アイロンなどは備品として置いてあるところが多い。レンタルは1滞在€5〜7。心配なら予約のときに確認しよう

ローマ

アパートメント

NGゲストハウス・サン・ピエトロ
NG Guest House San Pietro

MAP ●切りとり-13・p.52-J

ヴァチカン観光に便利

女性オーナーが経営するアパートメント。3Fフロアに2人部屋と4人部屋のアパートメントが2部屋あり、掃除がゆき届いている。アパートメントで朝食付きは珍しい。キッチン、新鮮な牛乳、ヨーグルト、ミネラルウォーターを入れた冷蔵庫の中身は自由に使ってよく、それも料金に含まれている。WiFi無料。

▶▶赤と緑、2タイプの基調色の部屋があり、どちらも快適

交サン・ピエトロ広場から徒歩10分
住Via Pelagio I ,10
☎333-9501175
料アパートメント　€100〜130

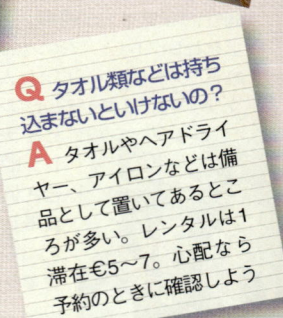

アル・コロンナート・ディ・サン・ピエトロ
Al colonnato di S.Pietro

MAP ●切りとり-13　p.52-J

ヴァチカンへの足に最適
　ヴァチカンの近くにある3室だけのB&B。うち2部屋がバス・トイレ付き。細部まで掃除がゆき届いた部屋は快適。WiFi無料、日本の衛星放送も映る。冷蔵庫、セーフティボックス、冷暖房完備。

■交サン・ピエトロ広場から徒歩5分
■住Viale delle Mura Aurelie 19
☎338-46-31-035　Ｆ06-5885653　■料S€60〜　D€75〜

▲▶アパルタメント・サン・ピエトロと同じ経営のB&B

B&Bカフェ・エ・クシーノ
B&B Caffe e Cuscino

MAP ●切りとり-12　p.49-H

テルミニ駅に近く便利
　テルミニ駅から徒歩7分という立地のよさ。入口には看板がなく、インターホンを鳴らして扉を開けてもらう仕組み。部屋は2人用から4人用まで4部屋のみ。明るく掃除がゆき届いた客室は、自宅にいるようにくつろげる。WiFi無料、セーフティボックスあり。セルフサービスのコーヒーマシンを用意してあり、いつでも飲める。朝食は近所の契約バールで出される。

■交テルミニ駅から徒歩7分
■住Via Gaeta,70　☎331-4325884
■料S€110〜　T€110〜

▲▼アートが飾られた、清潔で居心地のよい部屋は、一部屋ごとにインテリアが異なる

マイ・ゲスト・ローマ
My Guest roma

MAP p.47-D

落ち着いた住宅街のアパート
　2009年にオープンしたB&Bで、内装もモダン。8人まで泊まれるアパートメントが1室あるほか、通常の客室もある。セーフティ・ボックス、冷蔵庫あり、WiFi無料。アパート滞在中も毎日部屋掃除をしてくれ、朝食ルームで朝食をとることができる。

■交テルミニ駅前からバス90番ラルゴ・ラビアLargo Labia行きに乗り、ノーメンターナ21アプリーレNomentana Ventuno Aprile停留所で下車。または地下鉄B線ボローニャ駅下車、徒歩約10分　■住Viale Ventuno Aprile,12　☎06-8632-4590　Ｆ06-8632-1006　■料アパートメント（8人まで）€220　ホテルS€45〜　T€70〜

▼モダンなインテリアの広々としたB&Bとアパート

アメリカン
American

MAP p.214-J

アカデミア美術館からすぐ
　4人から7人まで泊まれる4部屋のアパートメントと通常の客室が30室。ほぼ全室バスタブ付きで、朝食はブッフェスタイル。水上バス（ヴァポレット）でアカデミアから徒歩5分という立地のよさで人気がある。清潔でモダンな部屋にアンティークが置かれた部屋もあり、ヴェネツィアの旅情たっぷり。

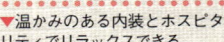
▼温かみのある内装とホスピタリティでリラックスできる

■交水上バス・アカデミアから徒歩5分
■住Dorsoduro, 628- Accademia
☎041-5204733　Ｆ041-5204048
■料アパートメント（6人まで）€220〜　ホテルS€170〜　T€170〜

ユニークな食材はもちろん、ランチにも！
フィレンツェの台所
中央市場へ出かけてみよう

　フィレンツェ市民の台所・中央市場はプロの料理人から家庭の主婦まで、さまざまな人が買いだしに来る卸売市場だが、旅行者の間でも人気が高まりつつある。市場の奥にあるイートインのコーナーでは、牛の内臓煮込みをパンに挟んだパニーノなどが大人気。ランチタイムにわざわざ訪れたいフィレンツェの食の名所だ。

フィレンツェ

ネルボーネ
Da Nerbone

MAP p.141-C

モツ系煮込みのパニーノが大人気

　市場の一番奥にあるイートインは、ネルボーネで買ったパニーノをほおばる客でいつもにぎわっている。1872年創業の老舗で、名物は牛の第四胃袋を柔らかく煮込んだランプレドット（写真）やトリッパ。これを手際よく薄切りにしたものを、パニーノにぎっしりと挟んでくれる。ピリ辛ソースを加えてほしいときは「ピッカンテPiccante（辛いの）」と頼む。一度食べたらやみつきになりそうなおいしさ。値段も安い！

■交サンタ・マリア・ノヴェッラ駅から徒歩10分
■住Piazza del Mercato Centrale, 47/r
■☎055-219949
■開7:00～14:00
■休日曜

▲▶深緑色の看板がかわいい。ランチタイムは世界から訪れる旅行者で込み合う

◀市場の奥にはイートインコーナーがあり、買ったものを食べられる。飲み物の注文もOK

コンティ
Conti

MAP p.141-C

オリーブオイルの試飲が楽しい

野菜・果物の販売から始まった店で、今ではオリーブオイルやバルサミコ酢をはじめ、自社ブランドのパスタソースやスパイスなど、さまざまな食材を扱っている。オリーブオイルとバルサミコ酢の試飲会（最低催行人数4人）も、前日までの予約が必要だが、随時受け付けている。料金は€8〜10。チーズやパテ、ワインなどと一緒に味わうことができ、味比べできるとあって人気がある。「どれを買っていいかわからない」と悩むときは、試飲会に参加してみては？

■交サンタ・マリア・ノヴェッラ駅から徒歩10分
■住Via Signa, 300
■☎055 2398501
■開7:30〜14:30
■休日曜

▶︎(上)オリーブオイルとバルサミコの試飲会ではチーズやナッツとの相性も確認 (下)野菜果物も新鮮

イタリアよくばり旅

25

フィレンツェ中央市場

チーズ、ワイン、リキュールの種類も豊富
説明を受けながら選べると好評

真空パックや
国際宅配便にも対応

チーズは滞在中に少し買って好みに合うものを探すのも楽しい。日本へ持ち帰るなら長期熟成のものの方が日持ちする。持ち帰る旨を伝えると、真空パックにしてくれる。リキュールやワインは店から国際宅配便で日本まで発送することも可能。

◀︎ゴルゴンゾーラ・チーズは1キロ約€12。さまざまな地方の各種チーズをそろえている。ワインショップでは、その日の特売品も

進化し続ける本場の味
イタリア・ジェラート最前線

街を歩くと、新しいジェラートショップが続々誕生。ひと言でジェラートといっても千差万別。本当においしいジェラートに出合える店をセレクト。値段は小カップで€3〜が目安。

老舗チョコレート店の実力
口どけ最高の「味の芸術品」
ヴェンキ ①
Venchi
MAP ●切りとり-41　p.184-E

1878年に「チョコレートの街」トリノで創業したチョコレート専門店。厳選されたカカオ豆を使い、伝統製法で作る本場のチョコを使ったメニューが一番人気。

🚇ミラノの地下鉄1・2号線カドルナCadorna駅から徒歩1分
🏠Via Boccaccio,2
☎02-4812703　🕐7:00〜20:00　休無休

保存料を一切加えない
素材重視の注目店
スーヴェニル・ディタリエ ②
Souvenir d'Italie
MAP p.183-C

シチリア産100%のピスタチオやピエモンテ産100%のヘーゼルナッツなど、混ぜ物のないナッツや果実そのものの味わいが凝縮。トッピングにイチゴやキウイ、さくらんぼの洋酒煮などのフルーツも用意。

🚇ミラノの地下鉄2号線モスコヴァMoscova駅から徒歩1分
🏠Via della Moscova,39
☎02-8410-3030
🕐12:00〜22:00
休1/1、8/15、12/25、12/26

シチリア伝統製法による
お菓子仕立てのジェラート
イ・ドルチ・ディ・ノンナ・
ヴィチェンツァ ③
I dolci di Nonna Vicenza
MAP ●切りとり-15、p.50-J

シチリアのカターニャ、ローマ、ボローニャに店舗を構えるノンナおばさんの店。シチリア伝統のナッツや果実をすりつぶしたジェラートは果肉感たっぷり。昔ながらのグラニータ（シャーベット）もジューシーな味わい。

🚇ナヴォーナ広場から徒歩10分
🏠Via dell'Arco del Monte, 98/a/b
☎06-92594322
🕐7:30〜20:30、日曜8:00〜
休8/15

▼ピスタチオとチョコレートの幸せなコラボ

作り手のこだわりが見える濃厚アイス

ミラノ

① il gelato

ミラノ

果実が香るナチュラル素材の進化系

②

▲フルーツをトッピング

▶果肉感たっぷりのモモ

ローマ

シチリアの家庭の味

◀ノッチョーラ（クルミ）とピスタチオ

③

ヴェネツィアほか

▶ピスタチオとモモを組み合わせ。小カップは2種類までOK

自社農園のフルーツに舌鼓

▼モモ、チョコ、イチジクのコラボレーション

フィレンツェ

無添加ジェラートの草分け

▼3種類盛りカップ

素材の味を徹底追及

フィレンツェ

フィレンツェ

季節をしっかり感じるフレッシュな味わい

フィレンツェ

▲シチリア産豆を使ったピスタチオとミルク

カカオがダイレクトに香る

▶伝統のレシピで作るチョコレート・ジェラート

新鮮素材にこだわる高品質ジェラートの名店
グロム④
Grom

MAP p.214-J

2003年に北イタリアのトリノで創業。香料や着色料、合成添加物を使わないジェラートとシャーベットは、完熟フルーツならではの芳醇な味わい。

交ヴェネツィアの水上バス1番線カ・レッツォーニコCa'Rezzonicoから徒歩4分　住Campo San Barnaba,2761　☎041-241-3531　開4〜9月の日〜木曜11:00〜23:00、金・土曜は〜24:00、10〜3月の日〜木曜は〜22:00、金・土曜は〜23:00　休無休

1939年創業の老舗らしいピュアな味わい
ペルケ・ノ！⑤
Perché No!

MAP p.143-G

保存料、添加物を使わないジェラートは素材の甘味がしっかりと感じられる。ヘーゼルナッツ、ゴマ入り生クリームFior di latte con sesamo、クロイチゴMora など、珍しいメニューも。

交フィレンツェのドゥオモから徒歩5分　住Via dei Tavolini,19r　☎055-2398969　開11:00〜23:00　休冬季の火曜、12/25

添加物を一切入れずに作る素材本来の納得の味わい
ラ・ボッテゲ・ディ・レオナルド⑥
La Botteghe di Leonardo
MAP p.141-C

フルーツは木で完熟したもの、ベースに使う牛乳は新鮮な生乳からと、素材に徹底的なこだわりを持っている。製品の温度管理も専用ステンレス容器で入念に行い、鮮度をキープ。

交フィレンツェのSanta Maria Novella駅から徒歩12分　住Via de'ginori,21r　☎055-933-7083　開12:00〜22:00　休11〜3月の日曜

シチリア出身オーナーの作るこだわり素材の本場ジェラート
カラベ⑦
Carabé

MAP p.141-C

鮮度抜群の果実を使うシチリア流の名店。ランポーネ（ラズベリー）やフラゴラ（イチゴ）などはもちろん、ミックスフルーツのマチェドニアも個性豊か。甘さと酸味のバランスが絶妙なリモーネ（レモン）のグラニータにもファンが多い。

交フィレンツェのドゥオモから徒歩10分　住Via Ricasoli,60r　☎055-289476　開10:00〜24:00　休無休

100％自然素材で作る伝統の味
ヴェストリ⑧
Vestri

MAP p.141-H

1960創業の老舗チョコレート店。自社でカカオ栽培まで行うチョコレートは、上質のカカオ豆の香りが際立ち、口どけも滑らか。

交フィレンツェのドゥオモから徒歩8分　住Borgo degli Albizi, 11r　☎055-2340374　開10:30〜20:00　休日曜・祝日、8月

イタリアよくばり旅

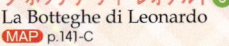

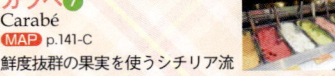

27

イタリア・ジェラート最前線

イタリアらしさが響き合う 逸品みやげ

デザイン、クオリティともすぐれたものが多いイタリア。使い続けたいハンドメイドの逸品から旅の思い出にぴったりの小物まで。いま気になる、とっておきのみやげを探してみよう。

伝統の技が光る
マーブル紙文具

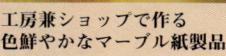

▼色の調合だけで3日かかるといい、文具といえど芸術品の域。形も柄もさまざまな小物入れもある

上質の革と多彩なデザイン
革小物

職人芸が光るバッグと財布は使い勝手もセンスも抜群
マイウァリト
Mywalit
MAP p.143-G

トスカーナ州ルッカで創業したブランド。一番の特徴は、鮮やかな多色使いのデザイン性と使い勝手のよさ。カードがたくさん入る財布€70やショルダー、タブレットケースなど見れば欲しくなるアイテムが豊富。

🚇フィレンツェのドゥオモから徒歩4分
🏠Via degli Speziali,10-12r
☎055-211668
🕐10:00～19:30
休1/1、12/25、12/26

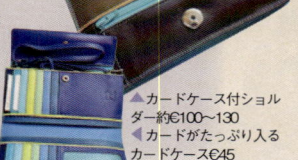

▶カードケース付ショルダー約€100～130
◀カードがたっぷり入るカードケース€45

手作りアクセサリ＆宝飾品

手ごろ価格がうれしいハンドメイドのアクセサリ
フィオーリ・デル・テンポ
Fiori del Tempo
MAP p.141-C

16歳からこの道に入ったフランチェスコ・デイッダ氏が姉とともに運営する工房兼ショップ。中世メディチ家で使われていたスタイルの商品は、現代ファッションにもよく合う。ピアスや指輪、ネックレスはどれもニッケルフリー。

🚇フィレンツェのサンタ・マリア・ノヴェッラ駅から徒歩12分
🏠Via de' Ginori,27r
☎055-217639
🕐9:30～19:30
休不定期で日曜

◀イミテーションパールとカラーストーンのピアス€14.50～

工房兼ショップで作る
色鮮やかなマーブル紙製品

アルベルト・コッツィ
Alberto Cozzi
MAP p.142-E

フィレンツェ伝統のマーブル紙を使った文具の店として1908年に創業。現在は4代目のリッカルド・ルーチさんが技を発揮、オリジナル商品を販売している。写真スタンドは約€15～20、便箋€10、ブックカバー約€40。

🚇フィレンツェのサンタ・マリア・ノヴェッラ駅から徒歩13分
🏠Via del Parione,35r
☎055-294968
🕐9:30～13:00、14:30～18:00
休土・日曜、1/1、復活祭、12/25、12/26

フィレンツェ伝統の技

老舗宝飾品店が誇る輝きのハンドメイド
パオロ・ペンコ・ボッテガ・オラファ
Paolo Penko Bottega Orafa
MAP p.143-C

オーナー兼マエストロのパオロ氏で3代目という老舗。フィレンツェに伝わる手作りの伝統製法によるジュエリーは、どれも1点もの。使ううちに黒くなりがちな銀製品でさえ独自研磨が施されたこの店の製品は、長く輝きを保持できる。

🚇フィレンツェのサンタ・マリア・ノヴェッラ駅から徒歩5分
🏠Via Ferdinando Zannetti,14/16r
☎055-211661
🕐9:30～13:30、15:30～19:30
休日・月曜

▲銀の指輪約€200～、ピアス約€250前後、小物で€50から

手ごろ感＆
豊富なアイテム

上質で
センスのよさが光る

化粧品

**ミラノ発コスメは
欧州中で大人気**

キコ
KIKO

`MAP` ●切りとり 29、p.108

1997年ミラノで創業したメイクアップ、スキンケア製品のブランド。ネイル€3.90～、日焼け止め€10.90～と手頃価格と品質で大人気。イタリア国内だけでなくヨーロッパ各国に500以上の店舗を構える。

▲◀リップグロス€4.90、パウダーファンデーション€13.50

■交ローマの地下鉄A線スパーニャSpagna駅から徒歩10分 ■住Via del Corso,145 ■☎06-6792167 ■開10:00～21:00 ■休無休

子供服

**手作りの子供服は
かわいらしく上品**

アッスンタ・アニキーニ
Assunta Anichini

`MAP` p.142-E

1912年に創業した家族経営の子供服メーカー。作り手の顔が見える、センスのよいオリジナル商品を中心に、他ブランドからもセレクト。高品質で素敵な子供服は、プレゼントにも最適。

▲ワンピース約€115～180、シャツやパンツは約€60～65

■交フィレンツェのサンタ・マリア・ノヴェッラ駅から徒歩15分 ■住Via del Parione,59r ■☎055-284977 ■開9:30～13:30、15:30～19:30 ■休日曜、月曜の午前

キッチングッズ

デザインと
使い勝手のよさが
際立つ

**どこの家庭にも一つはある
コーヒーメーカーの定番**

ビアレッティ
Bialetti

`MAP` p.143-G

エスプレッソ・マシンならまずはここのを求めたい。フィレンツェ店は共和国広場前というわかりやすい場所。他にも、すぐれものグッズが見つかる。

■交フィレンツェの共和国広場前 ■住Piazza Repubblica,25r ■☎055-2302554 ■開10:00～20:00、月曜13:00～、日曜11:00～ ■休12/25、12/26

▶エスプレッソ・マシン€14.90～。シルバーの他、オレンジ、ピンク、緑などがある

**セレクトショップで見つける
センス抜群の器＆小物**

スパツィオ・ロッサーナ・オルランディ
Spazio Rossana Orlandi

`MAP` p.182-F

アルマーニのニット部門でコンサルタントだったロッサーナさんのセレクトショップ。アーティスティックな感覚の商品＆ディスプレイから業界人の視察も多い。入口インターホンを押すと扉を開けてくれる。

■交ミラノの地下鉄2号線サンタンブロージョS.Ambrogio駅から徒歩8分 ■住Via Matteo Bandello,14 ■☎02-4674471 ■開10:00～19:00 ■休日曜

▲独自の審美眼で集めた食器コーナーのカップ＆ソーサー

食品

グルメ大国の
美味を持ち帰ろう

**良質の素材が香る
ピュアなチョコレート**

ケツァルコアトル
Quetzalcoatl

`MAP` ●切りとり 29、p.48-A

吟味された素材で作られた色とりどりのチョコは、まるでジュエリーのよう。葉巻の葉と生クリームを煮立てて香りを引き出し、その生クリームとラム酒を入れたチョコなど個性豊かなチョコが並ぶ。

■交ローマの地下鉄A線スパーニャSpagna駅から徒歩7分 ■住Via delle Carrozze, 26 ■☎06-69202191 ■開10:30～19:30 ■休日曜

◀▲クルミクリーム€12などオリジナルジャムも好評

**高級カフェが作る
トリュフ食材に大満足**

プロカッチ
Procacci

`MAP` p.142-F

高級ブランドが並ぶトルナブオーニ通りに1885年に開業した老舗カフェ、プロカッチ。店の人気メニュー「トリュフ入りパニーノ」は絶品。そのトリュフの瓶詰やトリュフバターはみやげに好評。

■交フィレンツェの共和国広場から徒歩5分 ■住Via tornabuoni,64r ■☎055-211656 ■開10:00～21:00、日曜11:00～20:00 ■休12/25

▶トリュフの薄切り50g€15、トリュフバター€8.60

永遠の都ローマ、その歴史と文化

街を歩けば古代帝国のすごさを実感できるローマ。旅を楽しむために、まずは歴史をおさらいしておこう。

紀元前753年ごろ

ローマの建国伝承

伝承では、紀元前753年ごろ、初代ローマ王ロムルスが建国したことになっている。実際には、そのころ半島に住み着いたラテン人が、テヴェレ川の畔に町を築いたのが始まりのようだ。やがて「小アジアのリディアからやってきた」（ヘロドトス）とされるエトルリア人の王を迎え、王政を敷いたとされる。

紀元前509年

共和制を採用

紀元前509〜510年ごろ、エトルリア人の第7代王（最後の3人はエトルリア系といわれる）が追放されて共和制となったとされる。

紀元前264〜146年

ポエニ戦争

都市国家として力をつけたローマは地中海への覇権をめざし、広大な領域の支配を始める。3度に分けて起こったポエニ戦争の前後から、ローマでたびたび内乱が起こり始め、絶対的な権限を有するカエサル（シーザー）が終身独裁官に就任する。だが、紀元前44年、カエサルは暗殺される。

紀元前27年

帝政ローマ始まる

元老院での投票により、カエサルの養子で、共和制の復活を宣言したオクタヴィアヌスに初代皇帝アウグストゥスの称号が与えられ、ローマは帝政期に入る。2代目のティベリウス帝以後、ローマ皇帝位が世襲されるようになると、カリグラ帝やネロ帝といった暴君が現れるといった弊害も目立つようになり、内乱が頻発した。

紀元96年〜

五賢帝時代へ

ネルヴァ、トラヤヌス、ハドリアヌス、アントニヌス・ピウス、マルクス・アウレリウスの5人の皇帝が統治した時代、ローマ帝国は最盛期を迎える。その領土は、西はイギリス中北部、東はシリアにまで及んだ。また、皇帝の膝元ローマでは、巨大なコロッセオやカラカラ浴場などの超大型公共施設が建設され、市民に娯楽施設を提供する一方、ローマ法、度量衡、交通網などの整備発展が行われた。だが、五賢帝の時代が過ぎると、再び政治の腐敗から内乱が続くようになる。

ローマの建国神話

伝説によると、オオカミの乳を飲んで育った双子のレムスとロムルス兄弟が紀元前753年ごろ建国したとされる。

エトルリア文化

エトルリア人が使っていたエトルリア語はアルファベットで記されているため音読はできるが、いまだに意味はすべて解読されていない。高度に発達した彫刻芸術など、謎多い文化を遺している。

フォロ・ロマーノ聖なる道

国家の政治・経済の中心地としてカエサルが建設を計画し、アウグストゥスが引き継いだフォロ・ロマーノ。カエサルも歩いた聖なる道はローマの最大の見どころの一つ

古代ローマ人の生活品、装飾品

国立ローマ博物館に展示されている古代ローマの生活用品と女性の装飾品。頭髪に着ける金製の飾りは繊細な細工が見事

セプティミウス・セウェルス帝の凱旋門

マルクス・アウレリウス帝没後の混乱を生き抜いて台頭したのがセプティミウス・セウェルス帝。カラカラ浴場を造ったカラカラ帝の父でもある

カラカラ浴場

征服した土地で次々とローマンバスを作ったローマ帝国で最大の浴場跡。当時からすでにセントラルヒーティング設備があったほか、図書室、レクリエーション室などを完備していた

284年

ディオクレツィアヌス帝の即位

広大なローマ帝国を単独で統治するのは無理があると考えたディオクレツィアヌス帝は、軍の同僚に西方を担当させるなどし、東西それぞれに正副2人の皇帝を置く四分割統治を採用。また、ディオクレツィアヌス帝は軍事力を強化して、官僚制を整え、専制君主制へ移行した。

380年

キリスト教がローマ帝国の国教となる

コンスタンティヌス帝が313年にキリスト教を公認した後、テオドシウス帝は380年にキリスト教を国教とした。

395年

東西ローマ帝国に分裂

ローマ帝国は東西に分割統治され、コンスタンティヌス帝は首都をローマからコンスタンティノポリス（現イスタンブール）に移して東ローマ帝国を設立した。

**15世紀
〜16世紀
初頭**

ルネサンス期

13世紀半ばに毛織物業や銀行業などが発展したフィレンツェで、富裕な銀行家メディチ家が芸術家のパトロンになり、絵画、建築、彫刻の一大ムーヴメントが起こる。これが「芸術復興運動」とも呼ばれるルネサンスだ。ローマでも、イタリア美術史上最高の偉大な芸術家が数々の作品を遺した。ローマをルネサンス文化の宝庫に変えたのは教皇ユリウス2世（在位1503〜13年）とレオ10世（在位1513〜21年）。

**17世紀〜
18世紀**

バロック期

起工から120年を経てサン・ピエトロ大聖堂が1626年に完成。建設途中の1546年に建築家に任命されたミケランジェロの設計による壮大なクーポラは以後、ローマの象徴的建造物に。バロック期の教皇たちは、ローマ市内に数多くの噴水、野外彫刻、オベリスク、聖堂などを建設し、現在見るようなローマの町並みができあがった。

1804年

ナポレオンによるイタリア支配

1861年

イタリア王国成立、イタリア王国憲法の制定

サルデーニャ国王の地位に就いていたヴィットリオ・エマヌエーレ2世が王位に就く。初の首相にカミッロ・ベンソ・ディ・カヴールが就任。

1946年

立憲君主制が廃止され、共和国へ

ディオクレツィアヌス帝の浴場跡

298〜306年にかけて建てられたディオクレツィアヌス帝の浴場跡。ローマ最大の浴場で、温冷浴室などの浴槽のほか、運動をするためのジムや集会場も備えていた。

サン・ピエトロ大聖堂の建立

キリスト教が公認されるまでの長い間、信者は迫害され、第1使徒の聖ピエトロ（ペテロ）はイエスの死後、教えを説くが殉教。その墓の上に建てられたのがサン・ピエトロ大聖堂。

サン・マルコ大聖堂のモザイク美術

東ローマ帝国の設立に伴い、東方の影響を受けたビザンチン様式と呼ばれる美術様式が現れる。その名残の一例は、ヴェネツィアのサン・マルコ大聖堂の建築様式や内部のモザイク美術などに見ることができる。東ローマ帝国は1453年にオスマン帝国によって滅ぼされるまで続いた。一方、西ローマ帝国は476年に滅亡。

華麗なヴァチカン芸術

「恐るべき教皇」と呼ばれた元軍人のユリウス2世は教皇国家の領土の回復、ラテラノ条約による教皇権の確立などに手腕を発揮するとともに、建築家ブラマンテを起用してサン・ピエトロ大聖堂の設計を任せ、ミケランジェロを起用してシスティーナ礼拝堂の天井画、ラファエロに同礼拝堂の壁画を描かせるなどの一大芸術事業を行った。

サン・ピエトロ広場

中でもバロック期の建築家ベルニーニの活躍は目覚ましく、ヴァチカンのサン・ピエトロ広場を取り囲む柱廊のプロジェクトは284本の巨大な柱が4列をなして楕円形を形作る。バロック期のローマを形容する「テアトロ」（劇場）と呼ばれる壮大で華麗な空間を創り出している。

4つのキーワードで読み解くルネサンス

西洋美術史上の黄金期といわれるルネサンス。フィレンツェを中心に起こったこのムーヴメントが変えたものを、4つのキーワードから解き明かす。

Keypoint 1 教会中心の美術から脱却し現実感のある肉体表現へ

ルネサンス以前、絵画には長らく、信仰画としての役割が求められてきた。人物といえば、聖性を強調した聖母やキリストが描かれるのが一般的で、その描き方は定型的で素朴で、二次元的だ。それが、ルネサンスに入ると現実の人間を思わせる描き方に変わる。その一例を見てみよう。ゴシック期の画家ドゥッチオの『荘厳の聖母』と、ルネサンスの画家ボッティチェッリの『聖母子と聖ジョバンニーノと天使』を見比べてほしい。同じテーマを扱いながら、それまでのマリア像とは違い、ボッティチェッリの作品では現実の人間として描かれている。

現実の人物の肖像画が描かれるようになったのも、ルネサンス以降なのだ。

▲ドゥッチオ『荘厳の聖母』
ウフィツィ美術館

▲サンドロ・ボッティチェッリ『聖母子と聖ジョバンニーノと天使』 アカデミア美術館

▲ラファエロ・サンツィオ『アニョロ・ドーニの肖像』 パラティーナ美術館
成功した商人アニョロ・ドーニ夫妻の依頼を受けて描いた一枚

Keypoint 2 古典的な美と調和を求め、理想のプロポーションを追求

宗教による縛りからの人間性の回復、復興を目指したルネサンスの時代。芸術家が扱うモチーフも、宗教、聖書と関連のあるものだけでなく、自由なテーマを選ぶことができるようになった。建築家や画家、彫刻家たちは、古代ギリシア彫刻・建築が数学的法則に基づいていることを発見し、そこに見られるプロポーションやバランス、比率に美の基準を置いた。そして、自身の作品で調和の取れた人物像の表現に努めた。ルネサンス芸術を代表するシスティーナ礼拝堂の天井画にも、人体の理想のプロポーションと肉体の躍動美を求めるミケランジェロの探究心が表れている。

▲ティツィアーノ・ヴェチェッリオ『フローラ』 ウフィツィ美術館
ローマ神話に出てくる花と豊穣の女神フローラを描いた初期の代表作。髪や肢体の豊かな量感、優雅な物腰が、豊穣の女神にふさわしい

▶ラファエロ『レオ10世と2人の枢機卿』 ウフィツィ美術館
細部まで観察し、写実的に描こうとする画家の姿勢が伝わってくる

▶ミケランジェロ・ブオナローティ『システィーナ礼拝堂の天井画』「リビアの巫女」 ヴァチカン美術館
キリスト到来の預言者の一人である巫女の壮麗な美しさ、生気あふれる豊かな肉体が効果的に表現されている

Keypoint 3　遠近法を駆使した遠景表現で画面に奥行きを表現

▼レオナルド・ダ・ヴィンチ『受胎告知』ウフィツィ美術館

　初期ルネサンスの画家フィリッポ・リッピ『聖母子とマリア誕生の物語』を見てほしい。当時の大画家マザッチョの影響を受けたリッピは、新しい技術だった遠近法を自分の絵に取り入れている。「遠くのものほど小さく見える」という遠近法の理論を取り入れたこの絵では、過去の物語が後方に小さく描かれている。この「線遠近法」をさらに発展、洗練させたのがレオナルド・ダ・ヴィンチだ。遠くのものほど輪郭線がぼやけ、色も青白く霞んで見えることを発見したレオナルドは、「空気遠近法」を使った「スフマート技法」を確立した。

　この技法で描かれたのが『受胎告知』だ。22歳のときこの絵を見たラファエロは影響を受け、『ヒワの聖母』などの代表作にも空気遠近法が使われている。

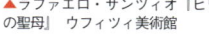
▲ラファエロ・サンツィオ『ヒワの聖母』　ウフィツィ美術館

▲フィリッポ・リッピ『聖母子とマリア誕生の物語』　ウフィツィ美術館

Keypoint 4　ギリシア神話のモチーフから画題を取ることが流行

　ギリシア神話に出てくる神々や英雄が躍動する物語は画家たちの創作意欲を大いに刺激した。神話の主題を明確に表現したものとしてはボッティチェッリの『春』や『ヴィーナスの誕生』が有名だ。ギリシア時代の彫刻『ラオコーン』が1506年にローマ近郊で発掘されると、ミケランジェロは発掘の様子を見学に訪れ、大きな感銘を受けている。また、このころキリスト教では、それまで見ることすら罪と定義した裸体の表現も行われるようになった。

　とはいえ、ミケランジェロはキリスト教の総本山ヴァチカンから依頼されたシスティーナ礼拝堂の壁画に裸体を描き、大きな物議をかもしている。だが、ルネサンスの精神はイタリアのみならずイタリア以北のヨーロッパへも伝わり、大きなムーヴメントになっていく。

▲サンドロ・ボッティチェッリ『ヴィーナスの誕生』（部分）ウフィツィ美術館

◀サンドロ・ボッティチェッリ『春』（部分）ウフィツィ美術館

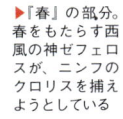
▶『春』の部分。春をもたらす西風の神ゼフェロスが、ニンフのクロリスを捕えようとしている

ヨーロッパ最古級カフェも現存！
水の都でのんびりカフェタイム

かつて一大帝国だったヴェネツィアには、ただそこにいるだけで幸せを感じる不思議な魔力がある。カフェもまた時間を忘れてゆったりと過ごしていたくなる場所。サン・マルコ広場の老舗カフェは雰囲気がいいが、値段もそれなりに高い。意外な穴場は美術館のカフェ。ペギー・グッゲンハイム・コレクションやグラッシ宮殿などが狙い目だ。

▲優雅なカフェ時間は
ヴェネツィアならでは

▶カフェ・フローリアン
のテラス席

カフェ・フローリアン
Caffè Florian **MAP** p.215-L

イタリア最古のカフェ

　18世紀の創業当時からサン・マルコ広場南側の回廊で営業を続けている。カフェラテはここが発祥とも。生クリーム入りココア「チョコラータ・コンパンナ」もおすすめ。
■データは p.232

◀▲カフェ・フローリアン
の回廊席は道行く人を眺め
たり眺められたり

ヨーロッパの老舗カフェ

　ヴェネツィアは1797年にナポレオン軍の侵攻を受けるまで、共和国として1000年の繁栄を続けた。その栄光を物語る遺産は、サン・マルコ広場やリアルト橋周辺の大邸宅や教会の内部を飾る巨匠の絵画などで体感できる。

　過去と現在が調和するヴェネツィアで感じるもう一つの遺産は、老舗カフェと、カフェタイムだ。サン・マルコ広場に面したカフェ・フローリアンはその代表格。1720年にフロリアーノ氏が創業したこの店は、ドイツの文豪ゲーテやロード・バイロン、プルースト、ストラヴィンスキーといった文化人が常連だった。「グランカフェ・ラヴェーナ」も音楽家の常連が多く、リヒャルト・ワーグナーも通っていた。1700年代後半には、サン・マルコ広場には30軒を超えるカフェがあったという。

　一説によれば、ウィーンのカフェ文化は1680年代、オスマン・トルコ軍が60日間に及ぶウィーン包囲を行った際にコーヒー豆を置きみやげにしたのが始まりとされる。そのウィーンの老舗カフェ「グリーンシュタイドル」が1844年、フィレンツェの「ジッリ」が1733年、ミラノの「コーヴァ」が1817年の創業だから、サン・マルコ広場のカフェがいかに長い歴史を持っているかわかる。

　カフェはただ飲み物を飲むための場所ではなく、新聞を読み友と語らい思索する、日常に欠かせない場所。滞在中、歩き疲れたらカフェで小休止しよう。美しい空間で、ゆったりとしたひとときを過ごせば元気も回復するはず。

グランカフェ・リストランテ・クアドリ
Gran caffè Ristorante Quadri **MAP** p.215-L €5.70〜

1775年創業の名門カフェ

　18世紀に、ジョルジオ・クアドリが創業した老舗カフェ。サン・マルコ広場の回廊にある。オーケストラがクラシックを奏でるオープンカフェに座るのもいいが、せっかくならドイツの作曲家ワーグナーや『赤と黒』を著したフランスの小説家スタンダールら文化人に愛された上品なインテリアの室内へ。上流社会の社交場だったカフェの歴史を感じることができる。見た目もかわいいドルチェ（お菓子）もおすすめ。

■交サン・マルコ広場内
■住Piazza San Marco,121　☎041-5222105
■開カフェ／9:00〜24:00、レストラン／12:30〜14:30、19:30〜22:30
■休レストランは月曜

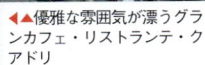
◀▲優雅な雰囲気が漂うグランカフェ・リストランテ・クアドリ

▶グラッシ宮殿内。アトリウムでは、さまざまな特別イベントが催される

グランカフェ・ラヴェーナ
Gran Caffè Lavena **MAP** p.215-L €5.70〜

1750年創業の名物カフェ

　カフェ文化創生期の18世紀の面影を色濃く残すこのカフェもまた、ワーグナーなどの音楽家たちに愛されてきた。品があるのにフレンドリーで温かみのある接客に、それも納得。

■交サン・マルコ広場内
■住Piazza San Marco,133/134
☎041-5224070
■開9:30〜24:00　■休冬季の火曜

おすすめの美術館カフェ

ペギー・グッゲンハイム・コレクション
Collezione Peggy Guggenheim **MAP** p.215-K

　庭に面した明るいガラス張りのカフェでくつろげる。■美術館のデータはp.223

カ・ジュスティニアン
Ca' Giustinian **MAP** p.215-L

　ヴェネツィア・ビエンナーレの本部建物の中に2009年にオープン。大運河に面したテラス席がおすすめ。

■交サン・マルコ広場から徒歩5分　■住Calle Ridotto, 1364/a　■営10:00〜20:00（月〜金曜）土曜は〜13:00　■休日曜

グラッシ宮殿
Palazzo Grassi **MAP** p.214-J

　安藤忠雄が依頼を受けて2005年に改装を手がけた現代美術館。館内にはランチもとれるカフェレストランがある。ただし美術館の入場料€10を払って入館する必要あり。

■交水上バス1番線サン・サムエレSan Samueleから徒歩1分　■住Campo San Samuele,3231　☎041-2719031（予約）　■営10:00〜19:00
■休火曜、12/25

祝祭都市ミラノの領主と芸術家

商業都市として成長を遂げたミラノは、芸術文化の一大拠点としての一面も持つ。
その歴史をおさらいしてみよう。

初代ミラノ公のもとで
ドゥオモ建築が始まった

　ローマと北部ヨーロッパを結ぶ大通商路の要に位置するミラノ。ローマ教皇グレゴリウス10世を出した名門貴族ヴィスコンティ家が支配者となった1310年代には、農工業の中心地に。そして、14世紀末以降は商業都市として発展した。14世紀末にミラノ公になったジャン・ガレアッツォ・ヴィスコンティ（1378〜1402年）は、富を背景に、イタリア最大のゴシック様式の壮大なドゥオモ建築を命じるなど、街の美化に努めた。華やかな街づくりの基本はこの時期から始まった。

▲ドゥオモ屋上
外部は135本の尖塔と3400体の彫像で彩られている

▶金色のマリア像
ジャン・ガレアッツォが聖母マリアに捧げるために建造したドゥオモ。最も高い尖塔の上にはマリア像が祀られている。右は屋上からの眺め

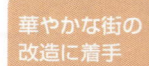
華やかな街の改造に着手

ジャン・ガレアッツォ・ヴィスコンティ

▲ヴィスコンティ城
北イタリアのパヴィアにもジャン・ガレアッツォの時代の華やかな建造物が残る

ドゥオモの屋上に登ってみよう

　イタリア最大のゴシック聖堂、ミラノのドゥオモは屋上へ登ることができる。屋上への入口は、大聖堂正面に向かって左手奥の建物内外にある。階段とエレベーターで入口が違うので注意しよう。屋上は、屋根を囲むように飾られた尖塔と彫像が間近に見られる特等席。ミラノ市内も一望できる。

イタリア貴族
スフォルツァ家が領主に

フランチェスコ・スフォルツァ

教会の建築、城の改築を指示

　やがてスフォルツァ家が権力を握り、傭兵隊長だったフランチェスコ・スフォルツァが1450年ミラノ公に任じられると、フランチェスコはサンタマリア・デッレ・グラツィエ教会の建設を開始。1469年に完成したこの教会のほか、ヴィスコンティ家の居城だったスフォルツェスコ城の改築・拡大も行った。この城が宮殿というよりも城塞に見えるのは、諸侯の勢力争いが耐えない時代の必然性でもあったといえる。

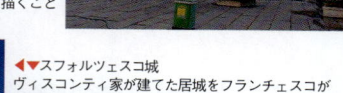
▶サンタマリア・デッレ・グラツィエ教会
後にレオナルド・ダ・ヴィンチが1495年から『最後の晩餐』の壁画を描くことになる教会は1463年に着工

◀▼スフォルツェスコ城
ヴィスコンティ家が建てた居城をフランチェスコが1450年に改築・拡大した

フランチェスコの息子の時代
天才芸術家が活躍

　フランチェスコの息子、ルドヴィーゴが1494年にミラノ公になると、宮廷に芸術家や学者を集め、学芸を保護する。1482年、30歳のときミラノに活動拠点を移したレオナルド・ダ・ヴィンチはミラノ公に仕えながら自分の工房を開いた。1490年、ルドヴィーゴが甥夫婦のために開いた大祝祭行事の演出を任されたレオナルドは壮大な寓意劇『天国』の舞台装置を考案し、満場の喝采を博したという。その翌年もルドヴィーゴの結婚式の演出を頼まれたレオナルドは華やかな騎馬試合を再現。豪華な祝祭で式典を飾り、後のオペラにつながる劇場芸術に新たな道を開いた。

天才芸術家を庇護し、文芸の隆盛に貢献

ルドヴィーゴ・スフォルツァ

ドナト・ブラマンテ設計のサンタマリア・プレッソ・サン・サティロ教会（ミラノ）
レオナルドとともにルドヴィーゴの庇護を受けた建築家ブラマンテもルネサンスを代表する建築を手がけた

▲「ヘリコプター復元模型」レオナルド・ダ・ヴィンチ科学技術博物館
回転翼の構想を得て1487〜90年ごろに考案。当時、コウモリの翼をモチーフにした人工の翼のスケッチも描いている

▲レオナルド・ダ・ヴィンチ『東方三博士の礼拝』ウフィツィ美術館
1481年にフィレンツェで着手したこの未完の作品を残し、翌年レオナルドはミラノに移住

▲レオナルド・ダ・ヴィンチ『最後の晩餐』サンタ・マリア・デッレ・グラツィエ教会
1495〜98年に描かれたレオナルドの代表作

オペラ文化の揺籃期17世紀とその後の隆盛

　豪華な祝祭は16世紀に入っても続き、1594年に最初の劇場が建設された。だが、その木造の劇場は20年と持たず損傷が激しくなる。その後、何度も火事と再建を繰り返した後、1778年、当代一流の建築家ピエルマリーニの手による新古典様式のスカラ座が開場した。ホールの美しさと音響の見事さは熱烈な賛辞を持って迎えられ、スカラ座の評判は高まるばかり。だがそれもつかの間、侵攻したナポレオン軍によって占領され、再びオペラ上演が行われたのは1800年。やがてミラノ音楽院で学んだヴェルディがオペラ作曲家として脚光を浴び、以降、多くの才能がスカラ座の華麗な歴史を彩り、数々の素晴らしい舞台が生み出された。

▲ヴェルディ肖像画
オペラ博物館（ミラノ）

▶ジャコモ・プッチーニ作『トゥーランドット』の衣装　スカラ座博物館（ミラノ）
1944年、スカラ座で行われた舞台での衣装

乗り降り自由のバス＆ウォーキング・ツアーで
ローマを散歩

定番観光コースを効率よく見て回りたいとき、乗り降り自由のツアーバスはとても便利。主要スポットを巡回するバスで、手ごろに気ままに街の雰囲気を楽しもう。

1. エスクィリーノ広場
Piazza dell' Esquilino

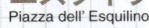

広場にはローマ4大聖堂の一つ、サンタ・マリア・マッジョーレ教会が建っている。
MAP p.49-K

3. コロッセオ
Colosseo

紀元80年に完成、5万人の観客を収容し、300年間、市民を沸かせた闘技場。
p.102

2. ヴェネツィア広場
Piazza Venezia

イタリア統一を成し遂げた初代国王ヴィットリオ・エマヌエーレ2世の記念堂が目印。
p.76

4. ナヴォーナ広場
Piazza Navona

古代ローマの競技場跡に、3つの噴水彫刻が置かれた美しい広場は、市民の憩いの場。
p.79

乗り降り自由で安心・安全
オープントップ・バスツアー

ローマ市内には360度パノラミック・ダブルデッカー、いわゆる2階建てのオープントップ・バスがたくさん走っている。その代表格が、ホップ・オン・ホップ・オフ・バス。周遊ルートの観光ツアーバスで、ルート上のどこの停留所でも乗り降り自由なのが特徴。

複数のバス会社が運営していて、ヘッドフォンによる日本語のオーディオガイド付き。

料金例は、1日券（当日限り有効）€20、24時間券€25、48時間券€30、ノーストップ券（乗り降りなしで1周）€16など。

5. ヴァチカン市国
Città del Vaticano

カトリック信者10億人の総本山ヴァチカンには、キリスト教2000年の遺産がぎっしり。
p.82

いろいろあるオープントップ・バスツアー
周遊型以外にも豊富な選択肢

　2階建てのオープントップ・バスによる周遊ツアーはシティ・サイトシーング・ローマ、グリーン・ライン・オープン・バス、ビッグ・バス・ツアーなどのバス会社が運行している。
　これらのバス会社は、ほかにもオリジナルのバスツアーをたくさん用意している。郊外の観光地を往復したり、主要な観光施設の割引き入場券がセットになっているツアーもあるので、自分の旅行プランに合わせて選ぶのがよい。

7. ポポロ広場
Piazza del Popolo

ローマ時代に築かれたアウレリウス城壁の一部、ポポロ門がある。ローマの北の玄関口。
p.75

6. サンタンジェロ橋
Ponte Sant'Angelo

教皇の住居や要塞、牢獄として使われたこともある城塞にかかる。城塞の屋上からの眺めも抜群。　p.95

8. ヴィットリオ・ヴェネト通り
Via Vittorio Veneto

ボルゲーゼ公園前から南に延びるこの通りはローマの華やかなメインストリートの一つ。
p.71

9. 共和国広場
Piazza della Repubblica

古代にはディオクレツィアヌス帝の浴場があった場所。イタリア統一を記念して誕生。
p.69

10. テルミニ駅
Stanzione Termini

市内巡りや近郊のアッピア旧街道を回るバスの出発点はテルミニ駅前の五百人広場。
p.68

使い勝手のよいホップ・オン・ホップ・オフ・バス
10分ごとに運行、待ち時間なし

　ホップ・オン・ホップ・オフ・バスは15分ごとと頻繁に運行されているので、次のバスの時間を気にせずに途中下車して見学ができる。1周約100分。停留所は8カ所で、ルートは運行するバス会社によって少しずつ異なる。いずれもテルミニ駅が出発地となっているが、途中からツアーを始めてもかまわない。本見開きルートもその例。

ウォーキング・ツアー

　ボランティアにより月～土曜の毎日運営されている無料ウォーキング・ツアー。集合場所はスペイン広場にあるスペイン階段の前。予約不要で、ツアー開始の10分前に集合。コースはヴァチカン（10時集合）、コロッセオ（16時集合）の2つ。各ツアーとも所要時間は約2時間。無料だがツアー終了後、€1でもいいからガイドしてくれた人にチップを渡してあげたい。

ローマ・フリー・ツアー
Rome Free Tour
■info@newromefreetour.com
http://www.newromefreetour.com/
■ 説明は英語のみ

乗り降り自由のバス＆ウォーキング・ツアーで
フィレンツェを散歩

▶ツアーバスはオープンのダブルデッカー

歩いても回れるフィレンツェも、乗り降り自由バスなら時間を節約でき、フィレンツェを一望する高台へも足を延ばせる。ウォーキング・ツアーで美術館巡りなどをするのもいい。

Hop on Hop offの気ままな観光バス　シティ・サイト・シーイング

主な見どころ＆ミケランジェロ広場を回る 🚐 A線

駅前を出発
サンタ・マリア・ノヴェッラ駅
MAP p.140-B
FS Stanzione SMN

サン・マルコ美術館／アカデミア美術館
リベルタ広場
Piazza della Liberta'

ゲラルデスカ庭園前
ドナテッロ広場
Piazzale Donatello

ドゥオモの東側

▲アンジェリコの大作「受胎告知」が見られる

サンタ・クローチェ教会西側
ティントーリ通り
MAP p.141-G
Corso Tintori

フィレンツェの展望台
ミケランジェロ広場
→p.161
Piazzale Michelangelo

▶フィレンツェ市街を一望できる見晴らしのよい丘

高台の高級住宅街
ヴィラ・コーラ
Villa Cora

▶街外れの丘に建つ貴族の館　ルネサンス様式の壮大な宮殿

市の西南門
ポルタ・ロマーナ
MAP p.140-I
Porta Romana

メディチ家のライバルだったピッティ家の宮殿
ピッティ宮殿 →p.160
Palazzo Pitti

フィレンツェで名高いショッピングストリート
トルナブオーニ通り →p.162
Via Tornabuoni

トルナブオーニ通りの北端
アンティノリ
Antinori

サンタ・マリア・ノヴェッラ広場
ウニタ
MAP p.140-B
Unita'

シティ・サイトシーイング・フィレンツェ
City Sightseeing Firenze
☎055-290451 ■休無休 ■料A線・B線共通1日券€20、48時間券€25
■運行はA線:9:00始発　B線:10:00始発、季節により変動あり http://www.city-sightseeing.it/it/firenze/

隣町フィエーゾレまで回る 🚐 B線

A.ヴェスプッチ橋対岸を出発
フレディアーノ門
Porta S.Frediano

フィレンツェで名高いショッピングストリート
トルナブオーニ通り →p.162
Via Tornabuoni

トルナブオーニ通りの北端
アンティノリ
Antinori

▶世界の一流ブランドが立ち並ぶショッピング通り

駅前を出発
サンタ・マリア・ノヴェッラ駅
MAP p.140-B
FS Stanzione SMN

サン・マルコ美術館／アカデミア美術館
リベルタ広場
Piazza della Liberta'

ゲラルデスカ庭園前
ドナテッロ広場
Piazzale Donatello

ドゥオモの東側

サンタ・クローチェ教会西側
ティントーリ通り
MAP p.141-G
Corso Tintori

▶ミケランジェロの墓があることでも有名な教会

フィレンツェ全体を見渡せる展望台
フィエーゾレ
Fiesole

サッカースタジアム
スタジオ
Studio

▲フィレンツェの雄大なパノラマを望める街

フィレンツェ最古の橋
ポンテ・ヴェッキオ →p.155
Ponte Vecchio

▶アルノ川にかかるフィレンツェで一番古い橋

メディチ家のライバルだったピッティ家の館
ピッティ宮殿 →p.160
Palazzo Pitti

ピッティ宮殿北西側の下町エリア
サント・スピリト →p.161
Sant Spirito

カッライア橋対岸のカルミネ広場
カルミネ MAP p.140-F
Carmine

ガイド付きウォーキング・ツアー

▶クーポラ内部のフレスコ画『最後の審判』が有名

💡ツアーバス会社が主催するガイド付きウォーキング・ツアーを数社が実施している。主要美術館が閉まる月曜に、メディチ家礼拝堂など月曜も開いているアート・スポットを巡るツアーなどもあるので、目的に合わせて選びたい。

▶見晴台に登ると街の中心から大パノラマを一望

主な見どころ
Tour Start

ドゥオモ
Duomo
3

ジョットの鐘楼
Campanile di Giotto
4

サン・ロレンツォ教会
Basilica di S. Lorenzo
2

メディチ家礼拝堂
Cappelle Medicee
1

CAF Tour & Travel
Florence walking tour
🏠Via degli Alfani,151r
☎055-283200　休無休
営月～土曜8:00～19:00、日・祭日
～15:00　料€25　出発は9:15(集
合は10分前)、駅前広場のPiazza dell'
Unita Italiana側。解散は11:45
http://www.caftours.com
見どころの欧文はパンフレットの英語表記に従う

サン・ジョヴァンニ洗礼堂
Battistero di San Giovanni
5

ダンテの家
Casa di Dante
6

ピッティ宮殿
Palazzo Pitti
10

バルジェッロ美術館
Palazzo del Bargello
7

▲聖ジョヴァンニを祭る八角形の礼拝堂

ウフィツィ美術館
Galleria dogli Uffizi
9

シニョリーア広場
Piazza della Signoria
8

Tour Ends

▶シニョリーア広場に面して立つ宮殿

41

日本語ガイド付き

ウォーキング・ツアーも！

💡フィレンツェ・アンド・トスカーナツアー社のウォーキング・ツアー。ウフィツィ美術館、アカデミア美術館、職人の工房見学など、曜日ごとに異なる内容でフィレンツェの魅力を紹介。

FLORENCE AND TUSCANY TOURS
🏠Via Condotta,12
☎055-210301
料€20（市内散策）、€30～（アカデミア美術館と楽器博物館）、€30～（ウフィツィ美術館）など。
出発は市内散策の場合、火・木・土曜の13:45、共和国広場に面したハードロックカフェ前に15分前に集合、所要時間1時間45分。
http://www.florenceandtuscanytours.com

徒歩で回るヴェネツィア

ヴェニス・シティ・ツアー サン・マルコ

💡徒歩で回るツアーの他にゴンドラツアーもあり、料金は€30、出発は14:45、所要時間約35分。集合場所は水上バスのサン・マルコ・ジャルディネッティ停留所前にあるPalazzina Selva-pavillion前（MAP p.215-L）。
　夕方のゴンドラツアー「ゴンドラ・セレナーデ」もあり、毎日17:00の出発、所要時間約35分で、料金は€30、集合は上記と同じ。

Venice City Tours San Marco
☎041-2413422　休無休
€25のツアーの場合、出発は9:00、サン・マルコ広場にある時計塔前に集合。
http://www.turive.it

ツーリスト・インフォメーションで申し込みできるウォーキング・ツアー。ドゥカーレ宮殿やサン・マルコ大聖堂など、サン・マルコ広場周辺の主要な見どころを英語で案内する。所要約2時間、料金€25と、サンマルコからリアルトまでを案内する料金€22のツアーがある。

イタリアの世界遺産

国別登録数では世界一を誇るイタリアの世界遺産。現在、北から南まで文化遺産は48カ所、自然遺産5カ所。イタリア全土に点在するこれらの世界遺産を一挙に紹介する。

イタリア北部

❶ ピエモンテとロンバルディアのサクリ・モンティ
16〜17世紀に作られた聖なる山々と呼ばれる教会群。ピエモンテ州・ロンバルディア州

❷ サヴォイア王家の王宮
ピエモンテ州トリノ。

❸ ヴァルカモニカの岩絵
川沿い約70kmの地域の岩壁に、前18世紀〜前2世紀頃描かれた約14万点の岩石絵がある。ロンバルディア州。MAP p.8-A

❹ クレスピ・ダッタ
19世紀末の資本家クレスピが作った労働者村。資本家と労働者が協力し合った理想の工業都市の姿が残る。ロンバルディア州カプリアーテ・サン・ジェルヴァージオ。

❺ レオナルド・ダ・ヴィンチの『最後の晩餐』があるサンタ・マリア・デッレ・グラツィエ教会とドメニコ会修道院→p.190

❻ マントヴァとサッビオネータ
マントヴァとサッビオネータは、ともにルネサンス期の都市計画を具現化した秀逸な実例。→p.209

❼ レーティシュ鉄道アルブラ線・ベルニナ線と周辺の景観
アルプスの難所を自然景観を壊すことなく完成させた驚くべき鉄道技術と美しい景観。アルブラ峠を走るアルブラ線は1904年に開通。ランドヴァッサー橋などの144の石の高架橋が見事。ベルニナ峠を走るベルニナ線は、サン・モリッツからイタリアのティラーノまでの61kmを結ぶ。イタリア・スイス共同登録。ロンバルディア州。MAP p.8-A

❽ ヴェネツィアとその潟→p.211

❾ ヴェローナ市→p.238
紀元前の円形競技場は今も夏の野外オペラの舞台。

❿ ヴィチェンツァ市街とヴェネト地方のパッラーディオ様式の住宅群
16世紀の建築家アンドレア・パッラーディオが設計した建築群が街を彩る。→p.237

⓫ パドヴァの植物園
パドヴァ大学付属の植物園として1222年に世界最初に造られた。→p.237

⓬ アクイレイアの遺跡地域と総主教聖堂バシリカ
東ローマ帝国の中で最大の富裕都市だったアクイレイア。遺跡や11世紀の教会、総主教聖堂などを見ることができる。フリウリ・ヴェネツィア・ジュリア州アクイレイア。MAP p.8-B

すばらしいモザイクが見られるラヴェンナ

⓭ レ・ストラーデ・ヌオーヴェとパラッツィ・デイ・ロッリ
16〜17世紀に建てられた富裕貴族の豪華な大邸宅が見事。リグーリア州ジェノヴァ。

⓮ ポルトヴェーネレ、チンクエ・テッレと小島群
海に面した岩壁沿いの5つの村々。→p.313

⓯ ラヴェンナの初期キリスト教建築物群→p.196
ビザンチン帝国時代のモザイク芸術が残る。

⓰ フェッラーラ：ルネサンス期の市街とポー川デルタ地帯
エステ家ゆかりの宮廷文化が香る。→p.179

⓱ ドロミティ山系
氷河のある最高峰マルモラーダ山Marmolada（3342m）など3000m級の山々が18峰も連なる。カルストが侵食され氷河によって削られた断崖絶壁、美しい湖など変化に富む景観が魅力。ドロミティの中心地はコルティナ・ダンペッツォ。全体は3つの州にまたがる。トレンティーノ・アルト・アディジェ州、ヴェネト州、フリウリ・ヴェネツィア・ジュリア州／●自然遺産。

⓲ サン・ジョルジョ山／●自然遺産。

⓳ イタリアのロンゴバルド族：権勢の足跡
ミラノの東93kmにあるブレシャ市のサン・サルヴァトーレ修道院など7カ所。

⓴ アルプス山脈周辺の先史時代の杭上住居群 ガルダ湖周辺やクレモナ郊外など19カ所にある紀元前5000年〜500年の遺跡。MAP p.8-A

㉑ ピエモンテの葡萄畑の景観：ランゲ・ロエロ・モンフェッラート

中世の塔の町サンジミニャーノ

㉒ モデナの大聖堂、鐘楼とグランデ広場
12世紀ロマネスク様式のカテドラルとグランデ広場は当時最高水準の建築技術。

㉓ フィレンツェ歴史地区→p.139

㉔ ピサのドゥオモ広場→p.179

㉕ シエナ歴史地区→p.178

㉖ サン・ジミニャーノ歴史地区
13〜14世紀の塔が残る。→p.178

㉗ ピエンツァ市街の歴史地区
シエナの南方に位置する小さな町ピエンツァは、15世紀にローマ法皇ピオ2世が理想都市として、ルネサンスの建築家ロッセリーノに建築させた。トスカーナ州ピエンツァ。MAP p.8-E

㉘ ヴァル・ドルチャ
田園地帯が広がるラディコファニ、カスティリオー

(31)

ミネルヴァ神殿が残るアッシジ

カゼルタの18世紀の王宮

ネ・ドルチャ、サン・クウィリコ・ドルチャ、ピエンツァ、モンタルチーノが自然保護地域に。トスカーナ州シエナ郊外。

㉙　ウルビーノ歴史地区

ローマとその周辺

㉚　トスカーナ地方のメディチ家ヴィラ群と庭園

㉛　アッシジ：フランチェスコ聖堂と関連修道施設群→p.137

㉜　ローマ歴史地区、教皇領とサン・パオロ・フオーリ・レ・ムーラ大聖堂　MAP p.46-J

㉝　ヴィラ・アドリアーナ
ハドリアヌス帝の別荘跡。→p.135

㉞　ティヴォリのエステ家別荘
数十種類の彫刻噴水が点在。→p.135

㉟　チェルヴェテリとタルクィニアのエトルリアのネクロポリ
ネクロポリとは墳墓遺跡。タルクィニアとチェルヴェテリ近郊のネクロポリは、エトルリア文化を今に伝える。ラツィオ州チェルヴェテリ、タルクィニア。

イタリア南部

㊱　ナポリ歴史地区
カンパーニャ州ナポリ。→p.239

㊲　ポンペイ、エルコラーノおよびトッレ・アヌンツィアータの遺跡地域→p.245

㊳　アマルフィ海岸

㊴　カゼルタの18世紀の王宮と公園、ヴァンヴィテッリの水道橋とサン・レウチョ邸宅群
ブルボン家・カルロス3世が、建築家ヴァンヴィテッリに造らせた城。海からの攻撃に備え、ベルサイユ宮殿以上の城を目指して造られた。カンパーニャ州カゼルタ。

㊵　パエストゥムとヴェリアの古代遺跡群を含むチレントとディアノ渓谷国立公園とパドゥーラのカルトジオ修道院
紀元前、ギリシア人によって築かれた植民地パエストゥム。平坦な草原に広がる神殿群、円形闘技場などが残る。カンパーニャ州パドゥーラ、パエストゥム。

㊶　アルベロベッロのトゥルッリ

㊷　デル・モンテ城
丘の上に建つ八角形のこの城は、1240年頃、神聖ローマ皇帝フェデリコ2世に

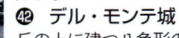
(37)

ポンペイの遺構

よって建てられた。皇帝の好んだ鷹狩も行われ、塔の一つは鷹の飼育小屋として使用されていた。プーリア州アンドリア。

㊸　マテーラの洞窟住居
古代の洞窟住居地が密集。

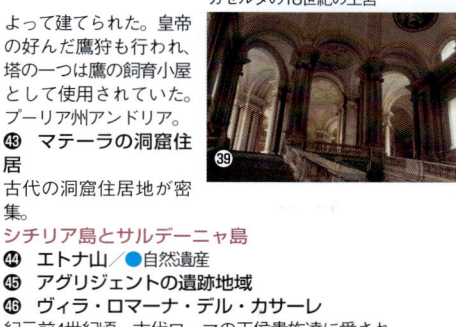
(39)

シチリア島とサルデーニャ島

㊹　エトナ山／●自然遺産

㊺　アグリジェントの遺跡地域

㊻　ヴィラ・ロマーナ・デル・カサーレ
紀元前4世紀頃、古代ローマの王侯貴族達に愛されたシチリア中部の休養地。自然石で作られたローマ時代最大のモザイク装飾が施された宮殿が残り、当時の貴族達の優雅な生活をうかがい知ることができる。シチリア州ピアッツァ・アルメリーナ。

㊼　シラクーザとパンタリカ岸壁古墳

㊽　ヴァル・ディ・ノートの後期バロック様式の町々
バロック様式で造られた8つの町。シチリア州カルタジローネ、カターニャ、ミリテッロ・イン・ヴァル・ディ・カターニャ、モディカ、ノート、パラッツォロ・アクレイデ、ラグーサ、シクリ。

㊾　エオリエ諸島
シチリア島の北のティレニア海にY字型に浮かぶ島々。ストロンボリ火山をはじめ、活火山を含むこの島は自然遺産として登録される。シチリア州エオリエ諸島／●自然遺産。

㊿　スー・ヌラージ・ディ・バルーミニ
古代サルデーニャ人が地中海からの外敵からの襲撃を防ぐために建てた砦がヌラーゲ。先史時代の重要な建造物だ。サルデーニャ州バルーミニ。

(51)　パレルモのアラブ＝ノルマン様式建造物群及びチェファル大聖堂、モンレアーレ大聖堂

●　15世紀から17世紀のヴェネツィア共和国防衛施設群：スタート・ダ・テーラと西スタート・ダ・マール（注：3カ国にまたがる）

●　カルパティア山脈とヨーロッパ各地の古代及び原生ブナ林／●自然遺産（注：12カ国にまたがる）

とっておき情報

街全体が世界遺産といえるローマ

　ローマ帝国の都として栄えたローマはフォロ・ロマーノなどの遺跡群とヴァチカン市国ほか16カ所が登録。そのなかで唯一、城壁外にあるサン・パオロ・フオーリ・レ・ムーラ大聖堂はローマ五大聖堂の一つ。4世紀に皇帝コンスタンティヌス1世が使徒パウロの墓の上に建てた教会堂をもとに、皇帝テオドシウス1世が大聖堂を建設。内部は「ヨハネの黙示録」の場面を表した壮大なモザイクが施されている。場所は地下鉄B線Basilica San Paolo駅からすぐ。

※サン・マリノ歴史地区とティターノ山（→p.207）とヴァチカン市国（→p.100）も世界遺産に登録されている。

イタリア世界遺産マップ

頼れる旅行関連のホームページ

観光情報ならまずここを確認
イタリア政府観光局
http://visitaly.jp/
気候などの基本情報のほか、サッカーやオペラの日程確認もできる

民間高速鉄道イタロの利用に
ITALO
http://www.italotreno.it/
空席照会や予約購入が可能。英語版あり。お得なキャンペーン情報も

鉄道の旅ならここ
TRENITALIA
http://www.trenitalia.com/
イタリア鉄道のサイト。チケットの予約がオンラインで。英語版あり

世界遺産に関する最新情報
世界遺産オンラインガイド
https://worldheritagesite.xyz
世界中の世界遺産についての写真付きの最新情報が得られる。イタリアは世界でいちばん多く世界遺産を保有している国である。

レイルヨーロッパ・ジャパン
Rail Europe Japan
http://www.raileurope-japan.com/
トレニタリアや高速鉄道イタロの鉄道チケットを事前に日本語で予約購入できる。払い戻しや予約変更も日本語でできる安心感がある

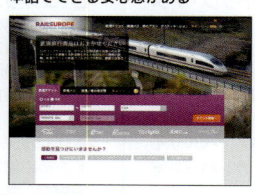

アリタリア航空の公式サイト
アリタリア-イタリア航空
http://www.alitalia.com/
航空券予約はもちろん、フライトスケジュールの確認や、キャンペーンの紹介も。ほかにヨーロッパの天気、イタリアの最新情報なども得られる

※上記のサイトのほか日本航空www.jal.co.jp/などにも注目

とっておき情報

イタリア鉄道の英語サイトは便利

　イタリアを鉄道で移動する際に、頼りになるのがトレニタリア（イタリア鉄道）のサイト。英語版があり、とくに個人旅行には欠かせない。出発地と到着地と日時を入力すれば、候補の列車・料金が表示される。座席の等級、列車やチケットの種類（p.409）を見て、旅程を立てるのに役立つ。注意しなければならないのは、フレッチャロッサやインターシティには座席指定が必要であること。割引運賃では変更や払い戻しができないものもあるので、よく確認を。

STEP1
候補の列車を探す

英語版の検索画面。出発地、到着地、日程を選んで「SEND」ボタンを押せば候補が表示される

STEP2
検索結果から列車を選ぶ

検索結果の画面。出発・到着時間、所要時間、列車番号、列車の種類、1等・2等料金などが表示される

STEP3
座席の等級を確認

チケットの種類（p.390）を選ぶと1・2等の詳細料金が表示される。通常運賃は「BASE」

ローマ
ROMA

MAP

47

ヴァチカン～サンタンジェロ城
Citta del Vaticano / Castel San't Angelo

0 　　　400m

【H ローマ・カヴァリエリへ】
トリオンファーレ広場
Largo Trionfale
【R ジャコメリ】

Via T. Campanella
Via Andrea Doria
Via アンドレア・ドリア通り
Via Famagosta

P. za F. Morosini
エロイ広場
Piazzale degli Eroi

Via Santamaura
Via Tolemaide
Via Ostia

Via Giorgio Scalia

チプロ・ミュゼイ・ヴァチカーニ
Cipro Musei Vaticani

地下鉄A線

Via F. caraccciolo
Via Mocenigo
Via Tunisi
Via La
Goletta
カンディア通り
Via Candia

Via Seb.Veniero

アリマンディ
H

ダルト・スカーノ

地下鉄A線

サンタ・マリア・デル・グラツィエ広場
Pza. S. Maria delle Grazie

チプロ通り
Via Cipro

S.Maria

レジデンス・カンディア
H

Via della Meloria

Viale

混雑時はここに一行列ができるので目印に

Vaticano

Via Leone IV

ヴァチカン美術館入口

リソルジメント広場
Piazza del Risorgimer

アンジェロ・エモ通り
Via d'Angelo Emo

ピナコテカ(絵画館)
Pinacoteca Vaticana

ピーニャの中庭

ヴァチカン美術館
Musei Vaticani

Viale Vaticano

新回廊

Via di P. ta Angelica

ヴァチカン市国
Città del Vaticano

科学アカデミー
Pontificia Accademia d. Scienze

ベルヴェデーレの中庭

郵便局
Poste

ヴァチカーノ通り

ラファエロの間
チッタ・レオニーナ広場
Piazza Città Leoni

大柱廊

52

E

F

システィーナ礼拝堂

サン・ピエトロ広場
Piazza San Pietro

エチオピア大学
Collegio Etiopico

ヴァチカン市国政庁
Pal. del Governatorato

サン・ピエトロ大聖堂
Basilica di San Pietro

大柱廊

ヴァチカン・ラジオ局
Radio Vaticana

S. Stefano Degli Abissini

ヴァチカン駅
Stazione Ferroviaria

Piazza S. Marta

Tribunale

宝物館
Sala del Tesoro

サントゥフィッツィオ宮殿
Palazzo del S. Uffizio

Viale Vaticano

Via della Stazione Vaticana

謁見ホール
Aula delle Udienze

ニコラウス5世通り Via Nicolò V

64番ポルタ・
カヴァレッジェッリ
停留所

Galleria

Via Vitalia Alberici

ア・ウレリア通り Via Aurelia

ポルタ・カヴァッレッジェッリ通り
Via di Porta Cavalleggeri

アル・コロンナート H
ディ・サン・ピエトロ

NGゲストハウス・
サン・ピエトロ H

グレゴリオ7世広場
Piazzale Gregorio VII

Via d. Crocifisso

Via d. Stazione

サンタ・マリア・アッレ・フォルナチ広場
Piazza S. Maria alle Fornaci

Via Pelagio I

アウレリアヌスの城壁

Via Paolo II

Via Nicolo III

サンタ・マリア・アッレ・フォルナチ教会
S. Maria D. G. R. Alle Fornaci

Via Innocenzo III

サン・ピエトロ駅
Staz. di S. Pietro

Via d. Silveri

P.54·55
ヴァチカン市国 Città del Vaticano
スペイン広場 P.za di Spagna
テルミニ駅 Staz. Termini P.48·49
トレヴィの泉
P.50·51
コロッセオ Colosseo
P.58·59
P.56·57

53

- ヴィアーレ・ジュリオ・チェーザレ通り / Viale Giulio Cesare
- オッタヴィアーノ・サン・ピエトロ / Ottaviano S. Pietro
- エノテカ・デル・プラーテ
- クィリーティ広場 / Piazza dei Quiriti
- モンダドーリ
- コーラ・ディ・リエンツォ広場 / Piazza Cola di Rienzo
- イル・マトリチャーノ
- 統一広場 / Pza. d. Unità
- ステファネル
- コイン
- Via Cola di Rienzo
- マクドナルド
- サン・マルコ
- マックスマーラ
- コーラ・ディ・リエンツォ通り
- ツィ・ガエタナ
- マックスアンドコー
- フルラ
- ザ・ボディショップ
- マンダリナ・ダック
- フランキ
- アドリアーノ劇場 / Teatro Adriano
- S. ポルカリ通り / Via S. Porcari
- アトランテ・ガーデン
- レゼトワール
- カヴール広場 / Piazza Cavour
- カッポーニ広場 / Piazza A. Capponi
- アトランテ・スター
- Via Alberico II
- 裁判所 / Palazzo di Giustizia
- ヴィットリオ通り / Via G. Vitelleschi
- アドリアティコ / Borgo Vittorio
- サンタンナ
- ピオ通り / Borgo Pio
- サンタンジェロ城 / Castel Sant'Angelo
- ハドリアヌス帝廟 / Mausoleo di Adriano
- 検察局 / Casa Madre dei Mutilati
- Via del Corridori
- トルロニア宮殿 / Torlonia
- 観光案内所
- カステッロ河岸通り / Lung. Castello
- トリブナーリ広場 / Piazza dei Tribunali
- ピウス12世広場 / Piazza Pio XII
- コンチリアツィオーネ通り / Via della Conciliazione
- テヴェレ川 / Fiume Tevere
- コロンブス
- サンタンジェロ橋 / Ponte S. Angelo
- サント・スピリト通り / Borge S. Spirito
- ヴィットリオ・エマヌエーレ2世橋 / Ponte Vittorio Emanuele II
- 船乗り場
- トール・ディ・ノナ河岸通り / Lungotevere Tor di Nona
- サン・スピリト病院 / Ospedale di S. Spirito in Sassia
- パオリ広場 / Piazza P.Paoli
- p.50 ▶
- Piazza Coronari
- コロナーリ通り / Via del Coronari
- サン・スピリト門 / Pta. S. Spirito
- ローヴェレ広場 / Pza. della Rovere
- タヴェルナ宮殿 / Pal. Taverna
- Principe Amedeo S. A.
- プリンチペ・アメデオ橋 / Ponte Pr. Amedeo Savoia Aosta
- タッソーニ広場 / Largo Tassoni
- Via del Gianicolo
- ヌオヴァ教会 / Chiesa Nuova
- ゴヴェルノ・ヴェッキオ宮殿 / Pal. del Governo Vecchio
- カルディナル
- スフォルツァ・チェザリーニ宮殿 / Pal. Sforza Cesarini
- ジョセフィーヌ・ディ・ヴェルタス / テラ・ディ・シエナ
- サルヴィアティ宮殿 / Palazzo Salviati
- チェーザ・ヌオヴァ広場 / Piazza della Chiesa Nuova
- カンチェッレリア宮殿 / Palazzo della Cancelleria
- ジャニコロの丘 / Parco Gianicolense
- サント・フリオ教会
- アンティキータ
- リナシメント
- Via di Monserrato
- ▼ p.50 p.59

ボルゲーゼ公園周辺
Villa Borghese

0 —————— 400m

P.52・53 ヴァチカン市国 Città del Vaticano
スペイン広場 Pza di Spagna
テルミニ駅 Staz.Termini
P.48・49
トレヴィの泉
P.50・51
コロッセオ Colosseo
P.58・59
P.56・57

N

リヴォリ リ H リヴォリ通り
Buozzi ブルーノ・ブォッツィ通り

ドン・ミンツォーニ広場
Piazzale Don Minzoni

Viale Bruno
Via Antonio Gramsci
Via dei Monti Parioli
Via die Monti Parioli

ロード・バイロン H B
イスラエル大使館

建築専門学校
Scuola Sup.
di architettura

アルドロヴァンディ・パラ

イギリス学士院
Accademia Britannica

ヴィラ・ジュリア・エトルリア博物館
Museo Nazionale di Villa Giulia

W.チャーチル広場
Piazzale W.Churchill

ヴィラ・ジュリア
Villa Giulia

トルヴァルセン広場
Piazzale Thorvaldsen

国立近代美術館
Galleria Nazionale
d'Arte Moderna

ルーマニア学士院
Accademia di Romania

P.za Jose de
S. Martin

ベッレ・アルティ通り

マリーナ広場
Piazza della
Marina

海軍省
Ministero della
Difesa Marina

Via G. Filangeri

オランダ歴史協会
Istituto Storico olandese

フィルダウシー広場
Piazzale Firdusi

パブロ・ピカソ広場
Largo P. Picasso

Via D. A. Azuni

ヴィラ・ストロール・フェルン
Villa Strohl Fern

パオリーナ・ボルゲーゼ広場
Piazzale Paolina Borghese

エスクラピオ神殿
Tempio di Esculapio

54

E

Via P. S. Mancini

ヴィラ・ルッフォ
Villa Ruffo

フィオッコ広場
Piazzale del Fiocco

F

Porta Egizia

Via d. Scialoia

フラミニオ
Flaminio

ワシントン通り
Viale Washington

ヴィクトル・ユゴー広場
Piazzale V. Hugo

ベッカリア通り
Via C.Beccaria

フラミニオ広場
Piazzale le Flaminio

ヴァラディエ通り
Viale Valadier

カネストレ広場
Piazzale delle Canestre

ポポロ門
Porta del Popolo

ピンチョの丘
Pincio

マニョリエ通り
Viale delle Magnolie

L.サヴォイア通り
Via L. di Savoia

サンタ・マリア・デル・
ポポロ教会
Chiesa di Santa Maria
del Popolo

ナポレオン広場
Piazzale Napoleone

馬術競技場
Galoppato

F.サヴォイア通り
Via F. di Savoia

ポポロ広場
Piazza del Popolo

カノーヴァ

Viale d. Obelisco

ロカルノ H
双子の教会

Via della Penna

チェザーリ S

サンタ・マリア・イン・
モンテサント教会
S. Maria in
Montesanto

Viale del Muro Torto

ヴィラ・メディチ
Villa Medici

サンタ・マリア・ディ・ミラコリ教会
S. Maria dei Miracoli

Via A. Brunetti

ゲーテ博物館
Casa di Goethe

エディ R

Viale della Trinità dei Monti

Via del Babuino

Via del Vantaggio

マリパルミ S

モスキーノ・ブティック S

Via del Galoppatoio

イル・ディスカウント・デッラルタ・モーダ

リコルディ S

Via Gesue Mara

Via Marguitta

アティエレ川 Fiume Tevere

Lungotevere in Augusta

Gesù E Maria

サン・ジャコモ病院
Ospedale S.Giacomo

Via S. Giacomo

Via A. Conova

Via Grice

フルラ S

Via Vittoria

▼p.48

ピタゴラ広場
P.za Pitagora

↑ Ⓡ アルチェッポへ

I.ピッツェッティ広場
Largo I. Pizzetti

ピンチアーノ
Pinciano

レジーナ・マルゲリータ通り
（トラム3,19番で） Regina Margherita

ドイツ大使館
ヴィラ・ズヴェッツィア
Villa Svezia

C

アフリカ博物館と動物学博物館
Museo Africano e di Zoologia

アメリカ大使館

P.パリオーリ Ⓗ

Istituto Poligrafico d. Stato

D

ギリシア大使館

動物園
Giardino Zoologico

Ⓗ パルコ・ディ・プリンチピ

ピエトロ・ライモンディ通り

オーストリア大使館

サウジアラビア大使館

動物園広場
Piazzale del Giardino Zoologico

ダイニ広場
Piazzale dei Daini

中世の城砦(カノニカ美術館)
Forttezzuola

G

時計の館
Palazzetto d. Orologio

ボルゲーゼ美術館
Galleria Borghese

H

55

シエナ広場
Piazza di Siena

海馬の噴水
Fontana dei Cavalli Marini

サラリオ
Salario

ボルゲーゼ公園
Villa Borghese

ラファエロの別荘

ウンベルト1世騎馬像
Mon.A Umberto I

ディアーナの神殿
Tempietto di Diana

S. Teresa

フィウメ広場
Piazza Fiume

ジョリー・ホテル・ヴィットリオ・ヴェネト Ⓗ

K

ピンチアーナ門
Porta Pinciana

グランド・ホテル・フローラ アンドレア

ヴィクトリア

メイフェア Ⓗ
レジデンス オックスフォード Ⓗ

L

パリーズ・バー Ⓝ

エリゼオ Ⓗ

カフェ・ヴェネト
バロンS

芸術劇場
Teatro delle Arti

Ⓗ ヴェネト

日本大使館

サルスティオ広場
Piazza Sallustio

ローズ・ガーデン・パレス Ⓗ

Ⓗ ウェスティン・エクセルシオール

カフェ・ド・パリ

サヴォイ Ⓗ

アメリカ大使館

▼ *p.49*

フォロ・ロマーノ〜カラカラ浴場
Foro Romano / Terme di Caracalla

p.49 ▲

サンタ・プラッセーデ教会
Basilica di
Santa
Prassede

ヴィットリオ・エマヌエーレ
2世広場
Piazza Vittorio Emanuele II

モンティ
Monti

ブランカッチョ宮殿（国立東洋美術館）
Pal. Brancaccio
Museo Naz. D' Arte Orientale

レオパルディ広場
Largo Leopardi

エスクィリーノ
Esquilino

C

トラヤヌス公園
Parco di Traiano

スコーリオ・デ・フェージオ
7層の井戸
Cisterna
delle Sette Sale

ダンテ広場
Piazza Dante

D

ドムス・アウレア
Domus Aurea

トラヤヌス帝の浴場
Terme di Traiano

オッピオ公園
Parco Oppio

サン・ジョヴァンニ・イン・ラテラノ教会
S. Clemente

カーポ・ダフリカ通り
Via Capo d'Africa

サン・クレメンテ教会
S. Clemente

サン・ジョヴァンニ病院
Ospedale S. Giovanni

プレジデント

ヴィラ
Wolkonsky

サンティッシミ・クアトロ・
コロナティ教会
SS. Quattro Coronati

G

チェリオ陸軍病院
Ospedale Militare del Celio

サン・ジョヴァンニ病院
Ospedale S. Giovanni

オベリスク
Obelisco
Lateranense

スカラ・サンタ
聖なる階段
Scala Santa

H

サニタ・ミリターレ広場
Largo d. Sanita Militare

Piazza
S. Giovanni
in Laterano

Palazzo Lateranense

サン・ジョバンニ門広場
Piazza di Porta S. Giovanni

57

サン・ジョバンニ・イン・ラテラノ教会
Basilica di San Giovanni in Laterano

サン・ジョバンニ門
Porta S. Giovanni

サント・ステファノ・ロトンド
S. Stefano Rotondo

ラテラノ教皇大学
Pontificio Ateneo
Lateranense

コイン

E

イギリス病院
Ospedale
Britannico

H

イッポニオ広場
Piazzale Ipponio

メトロニア門広場
Piazza di Porta Metronia

メトロニア門
Porta Metronia

K

サン・シスト・ヴェッキオ教会
S. Sisto Vecchio

Parco Egerio

ヌーマ・ポンピリオ広場
Piazzale Numa Pompilio

Piazza Epiro

P.54・55

P.52・53

ヴァチカン市国
Città del Vaticano

スペイン広場
Pza di Spagna

テルミニ駅
Staz. Termini

トレヴィの泉

P.48・49

P.50・51

P.58・59

コロッセオ
Colosseo

0   400m

アッピア旧街道へ

ラティーナ門へ

トラステヴェレ地区
Trastevere

0   400m

↑ サン・ピエトロ駅へ

N

P.54・55
P.52・53
ヴァチカン市国
Città del Vaticano
スペイン広場
Pta di Spagna
テルミニ駅
Staz Termini
P.48・49
トレヴィの泉
P.50・51
コロッセオ
Colosseo
P.56・57

58

Via delle Mantellate

レジーナ・コエリ監獄
Carcere Regina Coeli

Francesco di Vic. di Sales

Via delle Penitenza

Via P. V. d. Penitenza

Lungotevere d. Farnesina

ルンゴテ通り

Fiume Tevere

Via dei Riari

B

リアリ通り Via

コルシーニ宮殿
Palazzo Corsini

Lungara

ジャニコレンセ公園
Parco Gianicolense

ヴィラ・ファルネジーナ
Villa Farnesina

ローマ大学付属植物園
Orto Botanico

Via Corsini

セッティミアーナ門
Porta Settimiana

トリオニア宮殿 ロモロ
Pal. Torilonia

ガリバルディ像
Mon. A. G. Garibaldi

ガリバルディ広場
Piazzale Garibaldi

サンタ・マリア・デッラ・スカラ教会
S. M. D. Scala

ジャニコロの丘
Parco Gianicolense

ダ・ルチア通り Via del Panieri

ダ・ルチア門
Via d. Marzato

S. Maria dei Sette Dolori

アンティーカ・ベーザ
リソラ・フェリーチェ
Piazza S. Pietro

アウレリオ
Aurelio

Via Porta S. Pancrazio

パオラの噴水
Fontana d. Acqua Paola

Via S. Pietro d. Montorio

Villa Aurelia

サン・ピエトロ・イン・モントリオ教会
Chiesa di San Pietro in Montorio

アウレリアヌスの城壁 Viale della Mura Aurelie

Passeggiata di Gianicolo

サン・パンクラツィオ門
Porta S. Pancrazio

オッサリオ・ジャニコレンセの廟
Mausoleo

E

アウレリオ広場
Piazzale Aurelio

Via A. Masina

F

ガリバルディ通り
Via G. Garibaldi

クアトロ・ヴェンティ駅
Qattro Venti

Via G. Medici

Via G. Mameli

ヴィッラ・ドーリア・パンフィーリ
Doria Pamphili

グランドホテル・デル・ジャニコロ
Accademia D'America

Via G. Nardini通り

Viale XXX Aprile

Via Nicola Fabrizi

Via G. Mameli

Via G. Sacchi

サン・パンクラツィオ通り
Via di S. Pancrazio

4月30日通り

N.ファブリツィ通り

クロリオーゾ通り
Viale Glorioso

F.クッキ広場
Piazza F. Cucchi

Via F. lli Bonnet

Via del Vascello

Via Giacinto Carini

カランド通り Via Caland relli

ヴィッラ・シャッラ
Villa Sciarra

ダンドロ通り

Via Dandolo

I

Via g. Dezza

Gianicolensi

Viale delle Mura

ヴィットリア・シャッラ
Vittoria Sciarra

J

Viale di Villa Pamphili

Via F.S. Sprovieri

G.ロゼッティ通り
Via G. Rossetti

R.ピロ広場
P.za R. Pilo

M.クアドリオ・アルビニ通り
Via M. Quadrio Albini

Viale dei Quattro Venti

S. Maria Reg. Pacis

Via A. Colautti

F.トッレ通り Via F. Torre

Viale Aurelio Saffi

イッポリト・ニエーヴォ広場
Piazza Ippolito Nievo

↓ トラステヴェレ駅へ

モンセッラート通り
Via Monserrato
カンポ・デ・フィオーリ広場
Campo de' Fiori

▲p.50

カンポ・デイ・フィオーリ
H カンポ・デイ・フィオーリ

アルジェンティーナ広場発着所
アルジェンティーナ広場発着所

プレビシット通り
Via del Plebiscito

アルジェンティーナ劇場
Teatro Argentina

S リタ・ヌッチ

アルジェンティーナ広場
Largo di Torre Argentina

ジェズ教会
Chiesa Gesù

ダ・パンクラツィオ
Pal. Righetti

ピオ・リゲッティ宮殿

サン・マルコ通り
Via S. Marco

ファルネーゼ広場
Piazza Farnese

カッファレッリ宮殿
Palazzo Cafferelli

アルジェンティーナ神殿跡

V. d. Bottegghe Oscure

カンボネスキ

ジュリア通り
Via di Giulia

ファルネーゼ宮殿
Palazzo Farnese

スパーダ宮殿(絵画館)
Palazzo Spada e
Galleria Spada Museo

Via dei Farnesi
V.
Mascherone

V. d. Giubbonari

V. d. Pettinari

アレヌラ広場
Largo Arenula

ロッショーリ

チェンチ・ボロゲッティ宮殿
Palazzo Cenci Bologhetti

マティ・パガニカ宮殿
Pal.Mattei Paganica

Via d'Aracoeli

D

B.カイローリ広場
Piazza B.Cairoli

Via Arenula

V. d. Specchi

V. d. Funari

M.コロンナ宮殿
Pal.M. Colonna

船乗り場
シスト橋
Ponte Sisto

Piazza San G. d. Malva

V. d. Conservatorio

V. di

法務省
Min. di Grazia e
Giustizia
Zoccolette

チェンチ宮殿
Pal Cenci

ポルティコ通り
Via Portico

マルチェロ劇場跡
Teatro di Marcello

トリルッサ広場
Piazza Trilussa

Via Benedetta

L. dei Vallati

チェンチ河岸通り
Lungotevere dei Cenci

Catalana

Via di Teatro di Marcello

ケッコ・エル・カレッティエレ
R

フェッララ
R

Via di Bologna

ガリバルディ橋
Ponte Garibaldi

ファブリチオ橋
Ponte Fabricio

p.51 p.56▶

イル・ドゥーカ
R

Piazza
De' Renzi

Via del Moro
Via del Politeama

ティベリーナ島
Isola Tiberina

ファテベネフラテッリ市立病院
Ospedale Fatebenefratelli

ソーラ・レッラ

Via Petroselli

サンタ・マリア・イン・
トラステヴェレ教会
Basilica di Santa Maria in Trastevere
Piazza S.
Maria in Trast

カゼッタ・ディ・トラステヴェレ
R

G.G.ベッリ広場
Piazza G. G. Belli

Renella

V. d. Olmetto

Ram.

Sanzio

船乗り場 サン・バルトロメオ教会
S. Bartolomee all'Isola

チェスティオ橋
Ponte Cestio

パラティーノ橋
Ponte Palatino

Lung. Perleoni

59

サンカリスト広場
Piazza S. Calisto

サバティーニ
ローマ・ストア

P. za S. Sonnino

パリス・イン・トラステヴェレ

ルンガレッタ通り

映画館

Via d. Lungaretta

ピシヌーラ広場
Piazza in Piscinula

パネッテリア・ローマーナ・エ・
スパッチャ・ディ・パスティ

コルヌコピア
R

サン・クリゾゴーノ教会
S.Crisogono

Via d. Anicia

トラットリア・ダ・テオ
R

Piazza di Ponziani

Paglia

サンティッシミ・マリア・エ・ガッリカノ病院
Ospedale SS. Maria E Gallicano

マクドナルド
M

ルチアーノ・マナーラ通り
Via Luciano Manara

Via Meuzian

Via Giacomo

Via S. Francesco a Ripa

トラステヴェレ地区
Trastevere

Via d. Fratte

ポピポピ

V. d. Luce

dei Salumi

グティ
R

Via Vascelori

トラットリア・ダ・エンツォ・アル29
R

N ブルンキャッサガーバ

H

リーパロ

Genovesi

サン・コジマト広場
Piazza S. Cosimato

メッツァリーナ

マスタイ広場
Piazza Mastai

サンタ・チェチリア・イン・
トラステヴェレ教会
Basilica di Santa Cecilia in Trastevere

アンティカ・カチャラ
R

Via Natale del Grande

映画館

専売公社
Monopoli di Stato

メルカンティ広場
Piazza Mercanti

ルミ・ボッテガ・オルガニカ
S ルミ・ボッテガ・オルガニカ

コルセッティ1921
R

ピッツァリート
R

V. Mad. d. Orto

ダ・メオ・パタッカ
R

タヴェルナ・ダ・チェルチェアッキオ
R

新レジーナ・マルゲリータ病院
Ospedale Nuovo

E. モロシーニ通り
Via E. Morosini

p.56▶

エザミ宮殿
Palazzo Esami

サン・フランチェスコ・ダッシジ広場
Piazza S. Francesco d'Assisi

Via di S. Michele

文化財省
Ministero dei
Beni Culturali

Lungotevere Ripa

サンタ・サビーナ教会
S. Sabina

文部省
Ministero D.
Puubblica i
Struzione

Via G. Induno

サン・フランチェスコ・ア・リーパ教会
Chiesa San Francesco a Ripa

Fiume Tevere

サンタレッジオ教会
S. Alessio

Via S. Domenico

ポルタ・ポルテーゼ
Porta Portese

テヴェレ川

Ponte Sublicio

マルタ騎士団広場
Piazza dei
Cavalieri
di Malta

Via S. Alessio

Viale di Trastevere

Viale delle Mura Portuensi

ポルタ・ポルテーゼののみの市

S

Via M. Carcani

ベルナルディーノ・ダ・フェルトレ広場
Pza. Bernardino da Feltre

サンセルモ広場
Piazza S. Anselmo

K

B. Mussolino

Via Serra

エンポリオ広場
Piazza d. Emporio

サンセルモ教会
S. Anselmo

Via S. Anselmo

Lungotevere Portuense

Lung Testaccio

Via Amerigo Vespucci

Via G. Branca

Via G. Marmorata

Melania

Via P. ta Lavaicala

ポポロ広場

Linea Metro A 地下鉄A線

M フラミニオ Flaminio

M レパント駅 Lepanto

M オッタヴィアーノ駅 Ottaviano

23

490

492

490

492

M チプロ駅 Cipro Musei Vaticani

492

リソルジメント広場

ヴァチカン市国

サン・ピエトロ大聖堂

サン・ピエトロ広場

492

492

サンタンジェロ城

62

40

492

62

ナヴォーナ広場

パンテオン

ヴァチカン駅 Staz. Vaticano

64番ヴァチカン停留所

64

64

サン・ピエトロ駅 Staz. e S. Pietro

FERROVIA 鉄道線

23

ヴィットリオ・エマヌエーレⅡ世通り

64

40

62

ジャニコロの丘

アルジェンティーナ広場

60

ガリバルディ広場

テヴェレ川

23

トラステヴェレ

780

ドーリア・パンフィリ公園

44

ポルテーゼ門

44

23

44

8

780

170

● 数字はトラム、バスの路線番号
● バス路線は観光に使える,
　主要なもののみ掲載
　四角囲み数字は
　その路線の起点・終点

ボルゲーゼ公園
ボルゲーゼ美術館

地下鉄＆トラム＆バス路線
I Percorsi Metro & Tram & Autobus
0　　　　600m

490
117
490
492

スペイン広場
スパーニャ駅
Spagna

ヴェネート通り

カストロ・プレトリオ駅
Castro Pretorio
75

7

バルベリーニ駅
Barberini

トリトーネ広場発着所
トリトーネ通り

レプブリカ駅
Repubblica
共和国広場

40、64、170、714

クィリナーレの丘

テルミニ駅
Termini

テルミニ駅
Staz. Roma Termini

トレヴィの泉

40

64

117

鉄道線

ヴェネツィア広場
8
780
44

カヴール通り

カヴール駅
Cavour

地下鉄B線 Linea Metro B

ヴィットリオ・エマヌエーレⅡ世広場

ヴィットリオ駅
Vittorio

117

75

117

フォロ・ロマーノ

23

コロッセオ駅
Colosseo

714

44

コロッセオ

真実の口

75

117（平日のみ運行）

マンゾーニ駅
Manzoni

地下鉄A線 Linea Metro A

170

117

サン・ジョバンニ駅
S.Giovanni
サン・ジョヴァンニ・イン・ラテラノ教会

チルコ・マッシモ駅
Circo Massimo

カラカラ浴場

714

ピラミデ駅
Piramide

ホームにある刻印機

空港から市内へ

空港内循環バス

空港内のターミナル間の移動には無料シャトルバスが使える。1日中ほぼ15分間隔で運行。ただし深夜1:00〜早朝5:00までは、停留所の赤いボタンで呼び出す。

空港直通列車のホーム

観光案内所

[MAP] ●切りとり-18、p.49-L
[交]テルミニ駅構内24番線側
[住]Staz.Roma Termini
[☎]06-421381
[開]8:00〜18:45
[休]無休

空港直通列車

フィウミチーノ空港 （レオナルド・ダ・ヴィンチ空港）
Fiumicino Airport

　日本からの国際便が到着するフィウミチーノ空港が、ローマの玄関口。入国審査を終えたら、空港でできること、やっておきたいことを済ませておこう。

　空港でまず済ませておきたいのが両替。為替レートがあまりよくない（p.271参照）のでたくさん替える必要はないが、少なくとも市内までの鉄道切符を買ったり、ホテルの予約をしていない人もその日の宿泊費くらいは替えておく必要がある。両替所は入国審査を終えてすぐのところにある（p.270空港到着ロビー地図参照）。次にやっておきたいのが情報収集。空港内の観光案内所で無料のローマ地図をもらおう。また、ホテルをこれから探そうと思っている人は予約を頼むこともできる。

　レンタカーの窓口もあるので、日本から予約してきた人はここで手続きを。地方でレンタカーを借りようと思っている人も、ここで予約しておいた方が安心だ。

空港から市内への行き方

　市内までは35km離れている。交通手段としては、列車、バス、タクシーなどがあるが、市内の玄関口であるテルミニ駅までノンストップの直行列車を利用するのが、いちばん早くて便利。テルミニ駅に到着したら、そこで地下鉄やタクシーに乗り換えてホテルまで行くといい。

レオナルド・エクスプレス
Leonardo Express

　空港とテルミニ駅を32分で結ぶノンストップの直通列車。運行は空港発5:35から22:35まで、約30分に1本の間隔。空港ターミナル3と連絡通路でつながれており、カート移動できる。自動券売機か改札手前にある専用窓口でチケットを購入する。料金は片道€14。急いでいてもチケットは乗車前に必ず購入し、ホーム入口にある刻印機で刻印すること。チケットを持たずに乗車すると罰金を取られる。

ここに注意 ローマ市内へのアクセスは、列車、バス、タクシーの3種類。初めてのローマならわかりやすく安心な列車がおすすめ。バスは複数社が運行していて本数も多い。事前に予約しなくても、その場でバスを選び、運転手からチケットを買うので大丈夫。

空港バス
Airport Shuttle Bus

フィウミチーノ空港およびチャンピーノ空港とテルミニ駅を結ぶバスは4社が運行している。フィウミチーノ空港からは所要時間約45〜60分、料金は€4.50〜7で、列車より安い。5:00〜23:00の間は頻繁に出ている。テルミニ駅の乗降場所は、TAM社、コトラル社、ソシエテイタリア社は駅西側のジョバンニ・ジョリッティ通りに、テッラヴィジョン社は東側のマルサーラ通りにある。

▲コトラル社の空港バスは途中、ティブルティーナ駅に立ち寄る。空港から片道€5

◀テッラヴィジョン社の空港バス。空港から片道€5

普通列車&深夜バス
FS-Train & Bus

直通列車の発着時間外に到着した人や、テルミニ駅以外へ行きたい場合、普通列車か深夜バスを利用する。普通列車は5:57〜22:42まで平日約15分、休日約30分間隔で運行している。ティブルティーナ駅まで48分かかる。料金は片道€8。

空港〜テルミニ駅間の深夜バスはTAM社が運行し、所要時間は約45分。運行時間は空港発が0:15、1:30、2:30、5:40、テルミニ駅発が0:30、1:30、2:30、3:30、4:30で、料金は片道€6。

タクシー　Taxi

市内まで30〜40分ほど。フィウミチーノ空港から市内中心部（城壁内）までの料金は、スーツケース代含め一律€48、チャンピーノ空港からは€30。

ローマの主な鉄道駅

テルミニ駅
Staz. Roma Termini

国際線、国内線が発着する鉄道をはじめ、地下鉄A線、B線も通る最大の拠点駅。空港直通のレオナルド・エクスプレスはホーム最奥部にある23・24番線から発着。始発は5:35、最終22:35（季節により変動あり）。駅構内には観光案内所、デパート、スーパー、銀行、カフェ、バールなどがそろっている。

ローマ・ティブルティーナ駅
Staz. Roma Tiburtina

市中心部の北東にあり、フィウミチーノ空港から普通列車で約40分。地下鉄B線のティブルティーナ駅（テルミニ駅まで約10分）に接続している。民間高速鉄道「イタロ」発着駅でもある。71・492番バスでも市内中心部に行ける。

ローマ・オスティエンセ駅
Staz. Roma Ostiense

市中心部の南西にあり、フィウミチーノ空港から普通列車で約25分。地下鉄B線のピラミデPiramide駅（テルミニ駅まで約10分）と連絡通路で接続している。95番バスで市内中心部に行ける。

市内の交通

　市内には、A線、B線、一部開通のC線の地下鉄をはじめ、バス、トラムが走っており、タクシーを使わなくても、たいていの観光ポイントにアクセスすることができる。ただ、バスやトラムは路線が複雑。それらをどれだけ使いこなせるかが、安く快適に市内を回るカギになるといえるだろう。

自動券売機の使い方（ローマの例）

　自動券売機は、写真にあるようなタイプが一般的。まず4カ国語から表示言語を選び、次にキップの種類を選ぶ。紙幣またはコインを入れキップとお釣りを受け取る。

❶説明（ガイダンス）を受けたい言語のボタンを押す

❸購入したいキップを選ぶ

❷❶で選んだ言語による説明が表示される

❹キャンセルするときは、「Annulla mento」ボタンを押す

❺お金を入れる。使用できる紙幣は限られている場合も。コインは上にある挿入口から

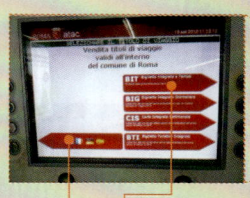

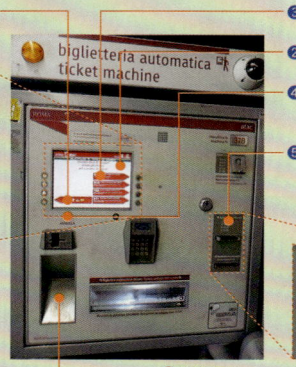

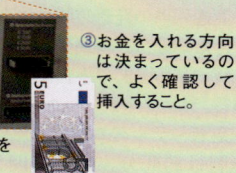

②上から、1回券、1日券、3日券、1週間券のボタンになっている

①表示言語は、イタリア語、英語のほか、全部で4カ国語ある

⑥受取口からキップを受け取る

③お金を入れる方向は決まっているので、よく確認して挿入すること。

ローマ地下鉄路線図

Grottarossa グロッタロッサ
Clodio-Mazzini クローディオ・マッツィーニ

B1線

Jonio ジョーニ
Conca d'Oro コンカ・ドーロ
Libia/Gondar リビア／ゴンダール
Annibaliano アンニバリアーノ
Tiburtina ティブルティーナ
Quintiliani クインティリアーニ
Monte Tiburtini モンテ・ティブルティーニ
Pietralata ピエトララータ
S.maria del Socoorso サンタ・マリア・デル・ソコルソ
Ponte Mammolo ポンテ・マンモロ
Rebibbia レビッビア

Battistini バッティスティーニ
Corneria コルネリア
Baldo d. Ubaldi バルド・デリ・ウバルディ
Valle aurelia ヴァッレ・アウレリア
Cipro-Musei Vaticani チプロ／ムセイ・ヴァティカーニ
Otteviano S.pietro オッタヴィアーノ／サン・ピエトロ

Lepanto レパント
Flaminio フラミニオ

Spagna スパーニャ
Barberini バルベリーニ
Repubblica レプッブリカ

C線

Venezia ヴェネツィア

S.Pietro サン・ピエトロ

Termini テルミニ

Cavour カブール

Colosseo コロッセオ

Bologna ボローニャ
Policlinico ポリクリニコ
Castro Pretorio カストロ・プレトリオ

Vittorio Emanuele ヴィットリオ・エマヌエーレ
Manzoni マンゾーニ
Lodi ロディ

Parco di Centocelle パルコ・ディ・チェントチェッレ

C線

Circo Massimo チルコ・マッシモ

Piramide ピラミデ

Garbatella ガルバテッラ

Basilica S.paolo バシリカ・サン・パオロ

Marconi マルコーニ

E.U.R.Magliana エウル・マリアーナ

E.U.R.Palasport エウル・パラスポート

E.U.R.Fermi エウル・フェルミ

Laurentina ラウレンティーナ

Amba Aradam アンバ・アラダム
S.giovanni サン・ジョヴァンニ
Colli Albani コッリ・アルバーニ
Arco di Travertino アルコ・ディ・トラヴェルティーノ
Porta Furba-Quadraro ポルタ・フルバ・クアドラーロ
Numidio Quadrato ヌミディオ・クアドラート

Re di Roma レ・ディ・ローマ
Ponte Lungo ポンテ・ルンゴ
Furio Camillo フリオ・カミッロ

Montecompatri / Pantano モンテコンパトリ／パンターノ

Lucio Sestio ルチオ・セスティオ
Giulio Agricola ジウリオ・アグリコラ
Subaugusta スバウグスタ
Cinecitta チネチッタ
Anagnina アナニーナ

A線

B線

※C線は一部開通

ここに注意 1回券は有効時間（100分）以内ならバス、トラムへも乗り換え自由だが、地下鉄は1度だけ。

混み合う車両では乗降時にスリに注意

地下鉄 Metropolitana

利用価値の高いオレンジ色のA線と青色のB線

ローマの地下鉄駅は赤地に白いMがマークでわかりやすい。路線はオレンジ色のA線（左ページ路線図では赤）、青色のB線、緑色のC線の3本ある。C線は部分開通で利用機会は少ないが、A線、B線は市内観光に利用価値が大きい。また両線が交差するテルミニ駅は地方の各都市に向かう列車やバスのターミナルでもある。

地下鉄で行ける主な観光スポットには、A線オッタヴィアーノ・サン・ピエトロ駅のヴァチカン市国、サン・ピエトロ大聖堂、スパーニャ駅のスペイン広場、B線コロッセオ駅のコロッセオ、フォロ・ロマーノなどがある。

始発は5:30、最終は23:30（金・土曜は翌1:30）で、平日は5分おき、日曜・祝日は7分おきの運行。

出口を表すUSCITAの標識

STEP1 チケットを買う

チケットは地下鉄、バス、トラム共通で、1回券（BIT）€1.50、24時間券（ROMA24H）€7、48時間券（ROMA48H）€12.50、72時間券（ROMA72H）€18、7日券（CIS）€24などがある。いずれも地下鉄乗り場にある自動券売機（p.64参照）やチケットオフィスのほか、「T」のマークが目印のタバッキ（キオスク）や新聞・雑誌のスタンドで買える。1回券は100分間有効。24時間券は最初の刻印から24時間有効で何回でも乗車可能で、乗車するたびに刻印機に通す必要がある。

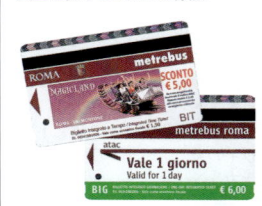

バス・トラム共通チケット

STEP2 乗車する / 降車する

■改札を通る

矢印ランプが点灯している改札口にチケットを入れるとゲートが開く。1日券や3日券などは初回のみ刻印し、2回目からはチケットを挿入すればゲートが開く。検札のとき刻印のないチケットが見つかると罰金が課されるので注意しよう。

■乗車する

古い車両の多いB線は、出入口が自動ドアでなく、手でボタンを押して開閉するタイプの車両も走っている。乗車時に混雑の隙を狙ったスリも多いので注意しよう。

■降車する

手動式ドアの場合はボタンを押してドアを開ける。出口が混み合っているときは「失礼Permesso（ペルメッソ）」と一声かけて。他人を押したりしないよう気をつけよう。

■改札を出る

改札を出る際はチケットは必要なく、バーを押して出る。出口を表すサイン「USCITAウシータ」をたどって出よう。

チケットの有効期間

1回券は刻印してから100分以内であればバス、トラムに何回でも乗り換えできる。有効期限は券面裏側の「Scad」欄に記載されている。

矢印ランプ点灯のゲートから入る

体でバーを押して出る

運行時間

始発は5:36、最終は24:00ころまで。その後は深夜バスも走っている。運行間隔は10〜15分ほど。

便利な路線

40番＝テルミニ駅〜サン・ピエトロ広場南東へ。62番の急行版

62番＝レプブリカ広場〜バルベリーニ駅〜ヴェネツィア広場〜ヴァチカン

64番＝テルミニ駅〜ヴェネツィア広場〜ヴァチカンへ

トラム3番・19番＝テルミニ駅から地下鉄B線で2つ目のポリクリニコ駅〜ボルゲーゼ公園へ

75番＝テルミニ駅からトレヴィの泉、ヴェネツィア広場、コロッセオへ

116番＝バルベリーニ駅とトレヴィの泉、スペイン広場、ヴァチカンへ

119番＝ポポロ広場からコルソ通りを経てヴェネツィア広場、スペイン広場へ

492番＝レプブリカ広場〜コルソ通り〜リソルジメント広場（ヴァチカンのそば）へ

780番＝ヴェネツィア広場〜トラステヴェレへ

路線図を入手するには

atacのチケットオフィスやインフォメーションで無料でもらえる。atacのサイトでも掲載。http://www.atac.roma.it/

「FERMATA」の文字がバス停の目印

バス Autobus

市内全域を網羅するバスは、慣れてくるとやはり便利

オレンジ色の路線バスは地下鉄と同じatacが運営しているが、3路線の地下鉄に比べ、普通のバスは市内全域を網羅しており便利。車1台がやっと入れるというような路地まで、電気で走るエコロジータイプのミニバスが通っている。路線を把握すれば、行動範囲は大きく違ってくる。ただし、渋滞することもあるので、時間には余裕をもって行動しよう。

STEP1 路線を知る

あらかじめ路線図を用意するのが、バスを乗りこなす助けとなるが、初めての人にとっては路線図を見ても迷ってしまうほどローマのバス路線は複雑。停留所で確かめながら乗ること。

STEP2 チケットを買う

チケットは地下鉄と共通なので、買い方は同じ（p.65参照）。バスの中では売られていないので注意。不便なところへ行く場合は1回券を数枚買っておくか、1日券などを利用しよう。

STEP3 乗車する

■バス停を見つける

フェルマータFermataと呼ばれるバス停は、左のような案内板が目印。そこを通るバス番号と路線の停留所名、いちばん下に終点が書いてある。現在地は赤い枠で囲んであり、わかりやすい。

■乗車する

バスが来たら、バス前面の上に表示されている番号を確認し、前後にある乗車口から乗り込む。ただし、ドライバーに手をあげ、意思表示しないと通り過ぎてしまうことがあるので注意したい。乗ったら、地下鉄と同様に、バス後方にある刻印機でチケットを刻印。検札が行われることがあるので、忘れずに。

■降車する

ブザーを押して合図し、中央口から降車するが、車内アナウンスはないので、初めは目的地で降りるのが難しいかも。不安な人は、目的地名を紙に書き、運転手に見せておくといい。

乗車口　　　降車口　　　乗車口

トラムやタクシーは、補助的手段として利用しよう。タクシーにはいろいろな特別料金が設定されているので、確認を。

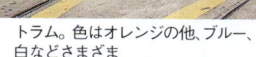

トラム Tram

外の景色を見ながら、気に入ったところで降りられる

路線数はバスに比べると少なく、市街周辺部を走る路線が多い。観光に便利なのはトラステヴェレへ行く8番や、チルコ・マッシモ、ボルゲーゼ公園の北側へ行く3番、ヴァチカン前のリソルジメント広場からボルゲーゼ公園の北側へ行く19番など。チケットや乗降の仕方もバスと同じ。路線タバッキ（キオスク）で販売のバス路線図に載っている。

トラム。色はオレンジの他、ブルー、白などさまざま

タクシー Taxi

快適に利用するために知っておきたいこと

TAXI乗場の表示

正規のタクシーには車体の色が黄色と白の2種類あり、後部座席のドアに登録番号が表示されている。空車は車体の上のプレートにランプが付いているが、流しで止まることは少なく（最近では止まってくれる車もいるので、手をあげてみるといい）、主要な観光ポイントにあるTAXI乗場から乗るか、電話で呼ぶのが一般的。電話呼び出しは€3.50が別途かかる。

黄色、白、いずれのタクシーも自動ドアではないので注意

料金メーターは運転席横にあるので、乗車したらすぐにメーターが作動しているか確認を。初乗り料金は€3、1kmごとに€1.10が加算される。また、次のような場合は、特別料金が加算される。深夜料金（22時〜翌6時）€3.50、日曜・祝日料金€1.50、大きな手荷物は2個目から1個につき€1。

市内からフィラミチーノ空港までは定額制で€48。

運転席横にあるメーターを確認してから行き先を告げて

気軽に利用できる hop-on-hop-off-bus

日本語オーディオガイド付き

オープントップバス

市内を観光するには、周遊型で乗り降り自由なホップ・オン・ホップ・オフ・バスが便利だ。オープントップの2階建てバスで、ローマのパノラマ風景が楽しめる（→p.38）。毎日8:00〜20:30まで運行。市内8カ所にバス停があり、1周約100分だが、複数のバス会社が運営していてコースが微妙に異なるので、自分の旅行プランに合わせて選ぶとよい。ヘッドフォンによる日本語のオーディオガイド付き。料金例は、1日券（当日限り有効）€20、24時間券€25、48時間券€30、ノーストップ券（乗り降りなしで1周）€16など。テルミニ駅前が出発点でチケット売り場もある。

レトロなツアーバス

グリーンライン・ツアーズ
日本語の観光バス
Via Giovanni Amendola,32
☎06-4827480
https://www.greenlinetours.com/

マイバス・イタリー社
Via Vittorio Emanuele
Orlando,73
http://mybus-europe.jp/
☎06-4825560

コトラル社
Via Bernardino Alimena,105
☎800-174471（月〜金曜
8:00〜18:00）
http://www.cotralspa.it/

観光馬車もあるが料金は高め

ローマ国立博物館の角を西に進むとオペラ座が現れる

おすすめコース

地下鉄テルミニ駅
↓ 🚶 徒歩3分
ローマ国立博物館（マッシモ宮殿）
↓ 🚶 徒歩12分
サンタンドレア・アル・クィリナーレ教会
↓ 🚶 徒歩2分
クィリナーレ宮殿
↓ 🚶 徒歩5分
国立絵画館
↓ 🚶 徒歩3分
地下鉄バルベリーニ駅

● ボルゲーゼ公園
ポポロ広場
サンタンジェロ城
サン・ピエトロ大聖堂
ナヴォーナ広場
テルミニ駅
フォロ・ロマーノ
コロッセオ
カラカラ浴場

エリア 1

テルミニ駅～
クィリナーレの丘

Termini ～ Monte Quirinale

街のしくみ

重要ミュージアムや教会、
官庁街のある中心エリア

ローマの玄関口のこのエリアには、古代ローマ時代の膨大な美術品コレクションを誇るローマ国立博物館や、重要作品を展示する国立絵画館、オペラ座などがあり、第一級のアートに触れられる。テルミニ駅周辺だけでも、4世紀に建造されたディオクレツィアヌスの浴場跡など、都心とは思えないほど広大な遺跡もある。

官邸のあるクィリナーレの丘はローマにある7つの丘の一つ。周辺にはバロック芸術の巨匠ボッロミーニとベルニーニの代表作とされる教会もあり、見応えがある。

どんなエリア？

楽しみ
観光 ★★★★★
食べ歩き ★★★★★
ショッピング ★★★★★
交通の便
地下鉄 ★★★★★
バス ★★★★★
タクシー ★★★★★
基点となる駅・バス停
地下鉄テルミニ駅、レプブリカ駅、バルベリーニ駅
※乗り降り自由バス＆ウォーキングツアー情報はp.38参照

68

見どころ

テルミニ駅
Stazione Roma Termini

テルミニ駅
MAP ●切りとり -12 p.49-H

ガラスと大理石を用いたローマ最大の駅

ガラスと大理石をふんだんに使った建物は、ムッソリーニ時代に建築が始まり、1950年に完成した。映画『終着駅』の舞台にもなった。駅構内にはデパートの「ウピム」、レストラン、カフェ、バール、薬局、銀行、スーパーマーケットの「コナード」「デスパー」などの施設がそろい、旅の必需品を買うの

にも両替にも便利。駅前の五百人広場は、かつてエチオピアで倒れた500人の無名兵士を祀ったもの。

デパート、スーパーは駅構内の東側と西側にある

共和国広場
Piazza della Repubblica

地下鉄A線レプブリカRepubblica駅すぐ
MAP ●切りとり-11 p.49-G

浴場を囲む半円を利用して完成した広場

ディオクレツィアヌスの浴場を囲んでいた建造物の跡地を利用して、イタリア統一後の19世紀後半に完成。別名エクセドラ広場と呼ばれる。中心にあるナイアディの噴水Fontana delle Naiadiは、彫刻家マリオ・ルテッリによって1901年に完成したが、裸体に近い4人の妖精の姿に当初は波紋を投げかけた。夜はライトアップされ、とてもきれい。近くには長距離バスの発着所がある。

4人の妖精の姿が刻まれた噴水のある共和国広場

サンタ・マリア・デリ・アンジェリ教会
Basilica di Santa Maria degli Angeli

地下鉄A線レプブリカRepubblica駅から徒歩2分
MAP ●切りとり-11 p.49-G

浴場をそのまま利用した広壮な身廊がみごと

16世紀半ば、ディオクレツィアヌスの浴場を建造する際に殉教したキリスト教徒のため、教皇ピウス4世がミケランジェロに設計を命じて改築した教会。外光がふんだんに入る高さ91mの広大な身廊が特徴的で、遺跡を効果的に利用した曲線ラインのファサードは、ミケランジェロの発想の豊かさを伝えている。
開7:30〜19:00、日曜7:30〜19:30 休無休 料無料

岩山のような外観とは対照的に、荘厳で洗練された内部。中央の床には子午線が引かれている

古代の傑作彫刻を所蔵する本館のマッシモ宮殿

ローマ国立博物館(マッシモ宮殿)
Museo Nazionale Romano (Palazzo Massimo)

テルミニTermini駅から徒歩2分
MAP ●切りとり-11 p.49-G

古代ギリシア・ローマ時代の作品を収蔵

ローマ国立博物館は、本館のマッシモ宮殿の他、アルテンプス宮殿Palazzo Altempsとクリプタ・バルビ、ディオクレツィアヌスの浴場跡の、4つの分館がある。

本館となるマッシモ宮殿は、1800年代に建てられた名門貴族マッシモ家の館を使用。ローマ帝政末期までの古代ローマ美術・彫刻作品を、4フロアを使って展示している。コレクションでは、2世紀ごろの名作『ランチェロッティの円盤投げ』Discobo Lancellotti、『ニオベの娘』Niobide dagli Horti Sallustiani、アウグストゥス帝の妻リヴィアの家から出土した『リヴィアの家のフレスコ画』など傑作が多い。

ナヴォーナ広場近くのアルテンプス宮殿の分館では、枢機卿ルドヴィシが収集した『ルドヴィシの玉座』などのルドヴィシ・コレクションや石棺、モザイクなどを展示。

マッシモ宮殿から近いディオクレツィアヌスの浴場跡では、古代遺構の一部にミケランジェロが設計し、彼の死後、弟子により建設された『ミケランジェロの回廊』が見られる。3世紀に建造された浴場跡は敷地面積が約14万㎡もあり、集会堂や温浴室、体育館などが完備され、一度に3000人も収容できたという。

開9:00〜19:45(チケット売り場は〜18:45)
休月曜、1/1、12/25
料€12(ローマ国立博物館4館共通券、3日間有効)
ディオクレツィアヌスの浴場跡

サンタ・マリア・デッラ・ヴィットリア教会

サンタ・マリア・デッラ・ヴィットリア教会
Chiesa di Santa Maria della Vittoria

地下鉄A線レプブリカRepubblica駅から徒歩3分
MAP ●切りとり-11　p.49-G

バロック様式の傑作を収蔵

　後期ルネサンスの建築家カルロ・マデルノの傑作中の傑作といわれる、17世紀に建てられた教会。華やかな内部にはベルニーニの『聖テレーザの法悦』も飾られている。『モーゼの噴水』があるサン・ベルナルド広場に面し、すぐ前には同じくマデルノ作サンタ・スザンナ教会Chiesa di Santa Susannaがある。

開8:30〜12:00、15:30〜18:30　休無休　料無料

バロック彫刻の最高傑作の一つ、ベルニーニ作『聖テレーザの法悦』。甘美な表情と動きのある構図で神秘体験を表現

オペラ座
Teatro dell'Opera

地下鉄A線レプブリカRepubblica駅から徒歩5分
MAP ●切りとり-11　49-G

『トスカ』の初演もここで。オペラの殿堂

　ミラノのスカラ座、ヴェネツィアのフェニーチェ劇場、フィレンツェのコムナーレ劇場などとともに、イタリアを代表するオペラ劇場。1880年に建てられたバロック様式の重厚な建築。内部は馬蹄形に9つのクラスの座席を2200席配置。チケットオフィスはPiazza Beniamino Gigli 1番地。

内部見学のみの入場はできない

内部は伝統的な造り

バルベリーニ広場
Piazza Barberini

地下鉄A線バルベリーニBarberini駅すぐ
MAP ●切りとり-31　p.48-F

多くの通りが交差する要衝

　ヴェネト通り、バルベリーニ通り、トリトーネ通りなどの重要な通りが交わり、エリアの観光起点になっている。広場中央にはアンデルセンの「即興詩人」にも登場したベルニーニの『トリトーネの噴水 Fontana del Tritone』がある。イルカ4頭に支えられた貝の上に座る、法螺貝を吹く海神トリトーネの姿が力強い。

バルベリーニ家の紋章や教皇の冠なども刻まれているトリトーネの噴水

国立絵画館（バルベリーニ宮殿）
Galleria Nazionale d'Arte Antica

地下鉄A線バルベリーニBarberini駅から徒歩3分
MAP ●切りとり-36　p.48-F

ラファエロの絵も見られるバロック式宮殿

　バルベリーニ家出身の法王ウルバヌス8世の私邸として、17世紀に造られたバロック様式の宮殿。完成までに9年の月日が費やされており、はじめの設計はカルロ・マデルノが行ったが、彼の死後は、マデルノとベルニーニの助手で、ベルニーニと並ぶバロッ

バロック様式の国立絵画館

ク期の奇才ボッロミーニが引き継いだ。

　ガラス張りの回廊はベルニーニの作、ファサード右側のらせん階段は、ボッロミーニの設計による。

　内部は絵画館になっており、ラファエロ作『ラ・フォルナリーナ』や、フィリッポ・リッピの『聖母子』、ホルバインの『ヘンリー8世の肖像』などの秀作が見られる。

開8:30〜19:00（チケットは〜18:00）
休月曜、1/1、12/25　料€7

蜂の噴水
Fontana delle Api

地下鉄A線バルベリーニBarberini駅すぐ
MAP ●切りとり-31　p.48-F

ベルニーニ作のかわいらしい噴水

　ウルバヌス8世の命によりベルニーニが手がけた作品で、1644年に完成した。バルベリーニ家の紋章である蜂と、生命と豊穣の象徴である二枚貝をモチーフにしたかわいらしい噴水で、骸骨寺のそばにある。湧き出る水は、おいしい飲み水として、ローマ市民に今でも親しまれている。

ヴィットリオ・ヴェネト通り
Via Vittorio Veneto

地下鉄A線バルベリーニBarberini駅から徒歩1分
MAP ●切りとり-5、11　p.48-B

映画『甘い生活』の舞台にもなった

　ヴェネト通りはバルベリーニ広場からボルゲーゼ公園の入口、ピンチアーナ門Porta Pincianaにつながる道。フェリーニの映画『甘い生活』ではこの通りに集う上流階級の生活が描かれていたが、今も高級レストラン、ホテル、おしゃれなカフェなどが立ち並ぶ、大人のショッピング・ストリートだ。

街路樹が並ぶ、優雅で落ち着いた通り

ヴィットリオ・エマヌエーレ2世広場
Piazza Vittorio Emanuele Ⅱ

地下鉄A線ヴィットリオ・エマヌエーレ駅から徒歩1分
MAP ●切りとり-18　p.49-L

活気のある青空市場がずらり

　テルミニ駅の南西にあるヴィットリオ・エマヌエーレ2世広場は、1870年以降の都市開発で整備されたもので、平日の午前中は青空市でにぎわっている。活気のある声とともに、チーズ、野菜、鮮魚などさまざまな食品や衣料品が売られており、ローマの庶民的な日常風景をかいま見ることができる。

おいしい水を飲むために立ち寄る人も多い

サンタ・マリア・マッジョーレ教会
Basilica di Santa Maria Maggiore

テルミニTermini駅から徒歩5分
MAP ●切りとり-17　p.49-K

聖母マリアに捧げられたローマ最大の教会

　356年の真夏の夜、教皇リベリウスの夢に現れた聖母から「雪の降る地に教会を建てよ」とのお告げがあり、数日後この地に雪が降ったという。この伝説に基づき、5世紀に創建されたのがこの教会で、ローマ四大聖堂の一つ。

バロック様式のファサードが美しい

　バロック様式のファサードは18世紀の改築時に造られたものだが、身廊の壁に見られる36面の鮮やかなモザイクは5世紀から13世紀までの作で、クーポラや壁画にも聖母マリアが数多く描かれている。また、この教会を中心にして都市計画が進んだといわれており、教会の周囲はまっすぐな道路が延びている。
開7:00〜19:00（冬季は〜18:00）、日曜・祝日9:30〜12:00　休無休　料無料

サンタ・プラッセーデ教会
Basilica di Santa Prassede

テルミニTermini駅から徒歩6分
MAP ●切りとり-17　p.49-L

中世のモザイク装飾が残る教会

　殉教した聖女プラッセーデに捧げられたといわれる教会。内部には、3つの部分に分かれたモザイクがきれいな形で残っており、とくに聖ゼノの礼拝堂にあるモザイク『キリスト四天使』はすばらしい。
開7:30〜12:00、16:00〜18:30　休無休　料無料

クィリナーレ宮殿の広場で見られる衛兵交代式。約20分の儀式は、マーチングバンドの演奏のなか厳かに行われる

サン・ピエトロ・イン・ヴィンコリ教会
Basilica di San Pietro in Vincoli

地下鉄B線カヴールCavour駅から徒歩2分
MAP ●切りとり-23　p.49-K

ミケランジェロのモーゼ像で名高い教会

　聖ペテロが投獄されたときに使われた鎖（ヴィンコリ）を祀るため、教皇レオ1世の命により5世紀に創建された。祭壇下の聖櫃の中にはその鎖が納められている。右側廊奥にあるミケランジェロの代表作『モーゼ像』は教皇ユリウス2世が彼自身の廟墓建立計画のためミケランジェロに造らせたもの。また、天井にはジョヴァンニ・バディステロ・バローディによるフレスコ画『鎖の秘密』が描かれている。開8:00 ～ 12:30、15:00 ～19:00、10～3月は～18:00　休無休　料無料

ヴィンコリ教会は、カヴール通りの階段を登った上にある

クィリナーレ宮殿
Palazzo del Quirinale

地下鉄A線バルベリーニBarberini駅から徒歩5分
MAP ●切りとり-16　p.48-F

ローマで最も高い丘に建つ大統領官邸

　ローマに7つある丘の中でも最も高いクィリナーレの丘は、古くは権力者の館が建ち並んでいた。その丘に建つクィリナーレ宮殿は16世紀後半、グレゴリア13世の離宮として建設が開始され、18世紀半ばに完成。

マデルノやベルニーニをはじめ、彫刻家フォンターナやフーガも建築に携わった。以後、教皇の離宮として使われたが、ヴィットリオ・エマヌエーレ2世がローマに入城した時、教皇領の廃止を決め、執務室として使用。現在は大統領官邸として使われ、午後3時から衛兵交代の儀式が見られる。開日曜8:30～12:00(平日は事前予約のみ見学可)　休月～土曜　料€5

国立パスタ博物館
Museo Nazionale degli Paste Alimentari

地下鉄A線バルベリーニBarberini駅から徒歩6分
MAP ●切りとり-10　p.48-F

イタリアならではのユニークな博物館

　イタリアといえば、なんといってもパスタ。そのパスタの歴史やパスタ製造機などを展示した博物館。11室に分かれた展示室には、ナポリタンの部屋、小麦の部屋などのネーミングがついている。場所は、クィリナーレ宮殿の脇にある階段を降りたところにある(2018年5月現在改修閉館中)。開9:30～17:30　料€7.75

入口が小さいので見落とさないように

サンタンドレア・アル・クィリナーレ教会
Chiesa di Sant'Andrea al Quirinale

地下鉄A線バルベリーニBarberini駅から徒歩7分
MAP ●切りとり-11　p.48-F

ベルニーニの技が光るバロック教会の傑作

　イエズス会の依頼により、ベルニーニが手掛けた唯一の教会。教会では円形のクーポラが一般的だが、狭い敷地を最大限に利用す

るためベルニーニは楕円形クーポラを採用。その結果、「ベルニーニの真珠」と呼ばれる独特の空間に仕上がっている。主祭壇を飾る聖アンドレアの殉教を描いた絵と、それを囲む4本の円柱がドラマティック。

開8:30〜12:00、14:30〜18:00、日曜・祝日9:00〜12:00、15:00〜18:00　休月曜　料無料

結婚式場としても人気

サン・カルロ・アッレ・クアトロ・フォンターネ教会
Chiesa di San Carlo alle Quattro Fontane

地下鉄A線バルベリーニBarberini駅から徒歩5分
MAP ●切りとり-36　p.48-F

重厚な曲線が美しいボッロミーニ作の教会

　ベルニーニと並んでバロック期の奇才と称えられる建築家ボッロミーニの傑作。やはり珍しい楕円形のクーポラには八角形と六角形を組み合わせた模様が使われ、高さと奥行きが強調されている。太い柱を2層に重ね、うねるような曲線を使ったファサード、実際よりも広く見える修道院の回廊などにも奇才ボッロミーニの才能が凝縮されている。

開10:00〜13:00、15:00〜18:00、土曜10:00〜13:00、日曜12:00〜13:00　休無休（ただし7〜8月の午後は休み）　料無料

教会前の交差点には4つの彫刻噴水がある。内部には美しい修道院の回廊も

本音でガイド

バロックの二大巨匠
ベルニーニとボッロミーニ

　フィレンツェがルネサンス芸術の町なら、ローマはバロック芸術の町だ。ヴィットリオ・ヴェネト通りにある蜂の噴水、バルベリーニ広場のトリトーネの噴水、スペイン広場のバルカッチャの噴水など、ローマのいたる所に、重厚な石の彫刻に囲まれた噴水を発見できる。時に過剰なまでに華麗さを強調したバロック様式は、ローマを彩る装飾。このバロック芸術を支えたのが、2人の天才的な建築家、彫刻家、ベルニーニとボッロミーニだ。

　仕事の受注を巡っての2人のライバル関係は熾烈だった。数々のエピソードが美術史上に残されているが、中でもイタリアの人々によく知られているのは、ナヴォーナ広場にあるベルニーニ設計の『四大河の噴水』と、その前に建っているボッロミーニ設計の「サンタ・アニエーゼ・イン・アゴーネ教会」を巡るエピソードだ。

　ナイル川を擬人化したベルニーニの像は、「こんな教会は見るに耐えない」と言わんばかりに教会に背を向け、おまけに頭部をすっぽりと布で覆い隠しているのだとか。南米を流れるラプラタ川を擬人化した像は、倒れてくるかもしれない教会を支えようとして、左手を前方に突き出しているという設定になっている。このように、作品の中でもこの2人はとにかくお互いを牽制し合った。だが、この2人のライバル関係も、精神的に不安定だったボッロミーニの自殺によって突如、幕を閉じることになる。

　芸術性においては、凹凸を巧みに使った波のような視覚効果を使うことを得意としたボッロミーニの様式は、教会や宮殿の正面壁に用いられ、独特の劇的な雰囲気を醸し出している。

　一方、ベルニーニは、古典を題材にした彫刻などボルゲーゼ美術館（p.97）に収められた彫刻群が有名だ。わずか26歳の時の作品であるにもかかわらず、そこにはすでに「巨匠」の風格さえ感じられる。

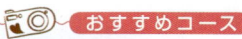

おすすめコース

地下鉄スパーニャ駅
↓ 🚶 徒歩3分
スペイン広場
↓ 🚶 徒歩3分
トリニタ・デイ・モンティ教会
↓ 🚶 徒歩12分
ポポロ広場／双子の教会
↓ 🚶 徒歩7分
アウグストゥス帝廟
↓ 🚶 徒歩6分
スペイン広場

エリア 2

『バルカッチャの噴水』はバロック期を代表する彫刻家ベルニーニの父ピエトロによって17世紀に造られた

スペイン広場～ポポロ広場

Piazza di Spagna ～ Piazza del Popolo

街のしくみ

華やかなスペイン広場周辺はローマを代表するショッピング街

映画『ローマの休日』のワンシーンで有名なスペイン階段の周辺は、ローマでも一番にぎやかな繁華街。広場の前は、一流ブランドショップが並ぶコンドッティ通りの基点。コンドッティ通りと交差し、南北に延びるコルソ通りにもショップが多く、ローマっ子の人出が多い。ぶらぶら歩きに楽しいエリアだ。スペイン広場から、ローマの北の玄関口ポポロ広場までは歩いて10分ほど。コンドッティ通りと交差するコルソ通りにもデパートや人気ショップの路面店が多く、人通りがある。エリア内は徒歩圏内だ。

どんなエリア？

楽しみ
観光 ★★★☆☆
食べ歩き ★★★★☆
ショッピング ★★★★★
交通の便
地下鉄 ★★★★☆
バス ★★★☆☆
タクシー ★★★☆☆
基点となる駅・バス停
地下鉄スパーニャ駅、フラミニオ駅
※乗り降り自由バス＆ウォーキングツアー情報は p.38 参照

見どころ

スペイン広場
Piazza di Spagna

地下鉄A線スパーニャ Spagna駅から徒歩3分
MAP ▶切りとり-26　p.48-A

いまも飲み水として愛されている噴水が

名前の由来は、17世紀にスペイン大使館があったこと。広場前にはトリニタ・デイ・モンティ階段（通称スペイン階段）があり、観光客でにぎわっている。階段前にある『バルカッチャの噴水』は、かつてテヴェレ川でワイン運搬のため使われていた老いぼれ船（バルカッチャ）をかたどったもの。

※スペイン広場での飲食は禁止。罰金あり。

ゲーテ博物館
Casa di Goethe

ポポロ広場Piazza del Popolo から徒歩2分
MAP ▶切りとり-3　p.48-A

ゲーテが住んだ家が博物館に

1973年に設立された文豪ゲーテの博物館。ゲーテはコルソ通り18番地のこの家に、1786年から15カ月住んでいた。入口がわかりづらいが建物の2階にあり、呼び鈴を押

ブランド・ショップが建ち並び、にぎわうコンドッティ通り

74

してあけてもらう。内部は日記や書簡などの資料展示室になっている。

開10:00～18:00(入館は～17:30) 休月曜 料€5

トリニタ・デイ・モンティ教会
Chiesa della Trinita dei Monti

地下鉄A線スパーニャSpagna駅から徒歩3分
MAP ●切りとり-30 p.48-B

2つの鐘楼が印象的な広場のシンボル

2つの鐘楼の間にオベリスクが建っている

スペイン階段の一番上に建つ、2つの鐘楼が特徴ある教会。フランス国王ルイ12世の命により1585年に完成した。内部は後期ゴシック様式。礼拝堂に飾られたダニエレ・ダ・ヴォルテッラの『キリストの降架』が有名だ。教会前の小広場にあるオベリスクは1789年に教皇ピオ6世によって建てられたもの。

開6:30～20:00 休月曜 料無料

ヴィラ・メディチ
Villa Medici

地下鉄A線スパーニャSpagna駅から徒歩1分
MAP ●切りとり-26 p.48-A

かつてのメディチ家の別荘

ナポレオン統治時代、フランスの手に渡り、現在もフランス・アカデミーの建物。庭園のみ一般公開されている。　開9:30～17:30
休月曜、1/1、5/1、12/25 料€12

ポポロ広場とポポロ門
Piazza del Popolo e Porta del Popolo

地下鉄A線フラミニオFlaminio駅から徒歩1分
MAP ●切りとり-3 p.54-I

多くの旅人が行き交ったローマの玄関口

ポポロ広場のオベリスク

鉄道ができる前までは、フラミニア街道を経て馬車でやって来る旅人たちでにぎわったローマの北の玄関口。ポポロ門の内側の装飾は、1655年に建築家ベルニーニによって完成。広場中央に立つ高さ36mのオベリスクは、初代皇帝アウグストゥスがエジプトから持ち帰ったものだ。

双子の教会
Santa Maria dei Miracoli e Santa Maria in Montesanto

地下鉄A線フラミニオFlaminio駅から徒歩2分
MAP ●切りとり-3 p.48-A

ポポロ広場に面して建つ19世紀バロック教会

2つのそっくりな教会は右がサンタ・マリ

ア・デイ・ミラコリ教会、左がサンタ・マリア・イン・モンテサント教会。右の本堂のクーポラは正円、左は楕円と微妙に異なるが、見た目に同じになる工夫がされている。

かわいい姿で人気の双子の教会。

サンタ・マリア・デル・ポポロ教会
Chiesa di Santa Maria del Popolo

地下鉄A線フラミニオFlaminio駅から徒歩1分
MAP ●切りとり-3 p.54-I

芸術品にあふれたルネサンス様式の教会

内部はバロック美術の宝庫

皇帝ネロの魂が悪霊になったという噂を鎮める目的で、教皇パスカリス2世が1099年に創建した。ラファエロの設計によるキージ家礼拝堂や、ベルニーニの彫刻、主祭壇左手の礼拝堂にはカラヴァッジョの絵画『聖ピエトロの磔刑』がある。

開7:30～12:30、16:00～19:00 休無休 料無料

アウグストゥス帝廟
Mausoleo di Augusto

地下鉄A線スパーニャSpagna駅から徒歩10分
MAP ●切りとり-9 p.48-A

初代皇帝アウグストゥスと、その一族が眠る

初代ローマ皇帝アウグストゥス帝が自分のために建てた墓。妻のリヴィアもここに眠る。西隣には米国人建築家によりリニューアルされた、アラ・パチス博物館 Museo dell' Ara Pacisがある。アラ・パチス(平和の祭典)はアウグストゥスが平和を祈願して建てた祭壇。

アラ・パチス博物館

▲アウグストゥス帝廟

開11:00～20:00、木・金曜は～22:00、土曜は～23:00、日曜12:00～20:00（博物館は9:30～19:30、12/24・31は～14:00）
休1/1、12/25
料アラ・パチス博物館€11

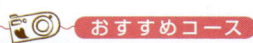

おすすめコース

ヴェネツィア広場
↓ 🚶 徒歩3分
ドーリア・パンフィーリ宮殿
↓ 🚶 徒歩3分
コロンナ宮殿
↓ 🚶 徒歩6分
トレヴィの泉
↓ 🚶 徒歩6分
マルクス・アウレリウスの記念柱
↓ 🚶 徒歩5分
パンテオン

エリア 3

18世紀の大改築以来、ローマ有数の観光スポットになったトレヴィの泉

ヴェネツィア広場〜トレヴィの泉

Piazza Venezia 〜 Fontana di Trevi

街のしくみ

都市を彩る華やかな舞台装置に感嘆

「ローマのへそ」ヴェネツィア広場は、巨大な白い建物ヴィットリオ・エマヌエーレ2世記念堂が目印。ここから北へ向かってコルソ通りが延び、近くにはローマで一番有名な噴水トレヴィの泉がある。南へ向かえば、ローマ時代の彫刻傑作を収蔵するカンピドリオ美術館やフォロ・ロマーノへと続く。

トレヴィの泉は、フェデリコ・フェリーニ監督の映画『甘い生活』で、アニタ・エクバーグが黒いドレスに身を包み水と戯れた噴水。バロック期に造られた壮大な噴水は祝祭性に富んだ造形だ。

🏃 どんなエリア？

楽しみ
観光　★★★★★
食べ歩き　★★★★☆
ショッピング　★★★☆☆
交通の便
地下鉄　★★☆☆☆
バス　★★★★★
タクシー　★★★☆☆
基点となる駅・バス停
ヴェネツィア広場
※乗り降り自由バス＆ウォーキングツアー情報は p.38 参照

見どころ

ヴェネツィア広場
Piazza Venezia

64番バスなどでヴェネツィア広場下車、または地下鉄B線コロッセオColosseo駅から徒歩12分
MAP ●切りとり-16　p.51-G

巨大な記念像が目印

コルソ通りを南に下ると、ヴィットリオ・エマヌエーレ2世記念像のあるこの広場に出る。広場の南側中央には、巨大なヴィットリオ・エマヌエーレ2世記念堂Monumento a Vittorio Emanuele II が建っている。この建物は、統一イタリアの初代国王になったヴィットリオ・エマヌエーレ2世の偉業を記念するもの。内部は統一記念博物館になっている。周辺には美術館として使われている貴族の宮殿も多い。

記念堂／開10:00〜16:00　休月曜　料無料

ヴェネツィア広場周辺は8番トラム発着点ということもあり、交通量が多い

純白のヴィットリオ・エマヌエーレ2世記念堂

ドーリア・パンフィーリ宮殿（美術館）
Palazzo Doria Pamphilj e Galleria Doria Pamphilj

｜ヴェネツィア広場Plazza Veneziaから徒歩2分
MAP ●切りとり-16　p.51-G

カラヴァッジョの作品がある貴族の館

　教皇を輩出したドーリア・パンフィーリ家の館として15世紀に建てられ、現在も一族が居住する。1000以上の部屋に3つの玄関広間を持ち、一部は美術館として公開中。カラヴァッジョの『エジプトへの逃避の間の休息』やベラスケスの『法王インノチェンツォ10世』などの絵画作品がある。入口はコルレッジオ・ロマーナ広場に面した側。
開9:00～19:00　休1/1、復活祭、12/25　料€12

マルクス・アウレリウスの記念柱
Colonna di Marco Aurelio

｜ヴェネツィア広場から徒歩6分
MAP ●切りとり-33　p.51-G

戦いの場面を浮き彫りにした記念柱

　コロンナ広場Piazza Colonnaの中央にそびえている。紀元前2世紀、ドイツ遠征の戦いの勝利を記念して建てられたもので、高さ30mに及ぶ柱の表面には戦いのエピソードが、らせん状に浮き彫りされている。すぐ横には内閣総理府が置かれているキージ宮殿Palazzo Chigiがある。

ナポレオンが羨んだといわれるオベリスク

モンテチトリオ宮殿
Palazzo di Montecitorio

｜ヴェネツィア広場から徒歩8分
MAP ●切りとり-33　p.51-C

エジプトから運ばせたオベリスクが目印

　17世紀の下院の建物で、宮殿の正面の装飾は、バロック期の天才彫刻家ベルニーニが手掛けた。現在も国会議事堂の下院として使われている。モンテチトリオ広場に建っているアウグストゥス帝のオベリスクは、紀元前6世紀ごろのもの。初代ローマ皇帝アウグストゥス帝がエジプトから運ばせて、日時計として使用したというエピソードが残っている。18世紀末に、この場所へ移された。

宮殿とオベリスク

コロンナ宮殿（コロンナ美術館）
Palazzo Colonna e Galleria Colonna

｜ヴェネツィア広場から徒歩3分
MAP ●切りとり-16　p.51-H

ルネサンス絵画を展示する美術館

　ローマの貴族コロンナ家が所有する宮殿で、枢機卿ジョヴァンニ・コロンナによって、13世紀に建てられた。14世紀には後の教皇マルティヌス5世の邸宅として使われたこともある。『ローマの休日』のラストシーンで、アン王女の記者会見会場として使われた。
　内部は、17世紀の枢機卿ジローラモ・コロンナとその甥ロレンツォ・オノフーリオが収集した美術品が展示されている。なかでも、16世紀のヴェネツィア派の巨匠ティントレットの絵画は見逃せない。入口は建物東側のピロッタ通り17番。
開土曜9:00～13:15　休土曜以外、8月　料€12

トレヴィの泉
Fontana di Trevi

｜ヴェネツィア広場から徒歩10分
MAP ●切りとり-34　p.51-H

ローマで最も人気のある、美しい泉

　泉にコインを投げると願いがかなうという伝説で知られるこの泉の前身は、1453年、教皇ニコラウス5世の命令で築かれた噴水。教皇は、アウグストゥス帝が築いた古代の水道「アクア・ヴィルジネ」（処女の泉）の水源を約1000年ぶりに復活させようと、噴水事業に着手した。その後、1762年に教皇クレメンス13世の依頼で現在の姿に。ポーリ宮殿の壁面を飾る噴水には神話上の半人半魚の2人の海神トリトンや大洋の神などが彫刻され、泉と調和している。泉の中央は海神ネプチューンの姿。

おすすめコース

アルジェンティーナ広場バス発着場
↓ 🚶 徒歩5分
パンテオン
↓ 🚶 徒歩7分
ナヴォーナ広場
↓ 🚶 徒歩6分
サンタンドレア・デッラ・ヴァッレ教会
↓ 🚶 徒歩5分
カンポ・デ・フィオーリ広場
↓ 🚶 徒歩3分
ファルネーゼ宮殿

開放的な雰囲気のナヴォーナ広場はいつも大勢の人でにぎわう

エリア **4**

パンテオン〜
ナヴォーナ広場

Pantheon 〜 Piazza Navona

街のしくみ

ローマ時代の遺跡と
バロックの名作が競演

　古代ローマの競技場跡を利用して造られたナヴォーナ広場は、南北に長く延びた楕円形をしている。この辺りは15世紀までは一面を花で覆われた野原だったが、サン・ピエトロ大聖堂を訪れる巡礼者たちの道筋にあたっていたため、急速に町並みが形成されたといわれる。広場の真ん中に3つ並んだ噴水彫刻はベルニーニの大作。バロック期の息吹が伝わる作品の周りは多くの人でにぎわう。古代ローマ最大のドームを持つパンテオンやローマ国立博物館分館などもあり、ローマの歴史と文化をたどれる。

🏃 **どんなエリア？**

楽しみ
観光 ★★★★★
食べ歩き ★★★★★
ショッピング ★★★☆☆

交通の便
地下鉄 ★★☆☆☆
バス ★★★☆☆
タクシー ★★★☆☆

基点となる駅・バス停
63番バスのアルジェンティーナ広場か70番バスのサン・パンタレオ広場バス停
※乗り降り自由バス＆ウォーキングツアー情報はp.38参照

見どころ

ジェズ教会
Chiesa del Gesù

ヴェネツィア広場Piazza Veneziaから徒歩5分
MAP ▶切りとり-16　p.51-K

豪華なバロック装飾はローマでも屈指

　1584年に建てられた、イエズス会の代表的な教会。ラテン十字形の単廊式内部は、説教に集中できるよう考慮されたものだ。遠近法を駆使した天井のフレスコ画『イエスの御名の勝利』はバロック期のガウッリの作。右の翼廊にはフランシスコ・ザビエル礼拝堂がある。

開7:00〜12:30、16:00〜19:45　休無休　料無料

外観は地味だが、内部は壮麗なバロック装飾で見応えがある。ローマのイエズス会で最も古い教会

聖マタイの生涯を描いた
3部作がある

サンタ・マリア・ソプラ・ミネルヴァ教会
Chiesa di Santa Maria Sopra Minerva

パンテオンPantheonから徒歩2分
MAP ●切りとり-15　p.51-G

ガリレイが地動説を唱えた場所

　ローマ時代にポンペイウスが建てたミネルヴァ神殿跡地に造られた教会。ラテン十字の3廊式の内部にはフィリッピーノ・リッピによる『聖母の被昇天』やミケランジェロの『十字架を運ぶイエス・キリスト』がある。隣接する修道院はガリレオ・ガリレイが「それでも地球は動いている」とつぶやいた場所とされる。

ベルニーニの弟子による彫像も

開6:55～19:00,土曜10:00～12:30,15:30～19:00、日曜8:10～12:30,15:30～19:00　休無休　料無料

パンテオン
Pantheon

ナヴォーナ広場Piazza Navonaから徒歩5分
MAP ●切りとり-15　p.51-G

完璧な形で残る古代ローマの遺構

　アグリッパによって、紀元前25年に創建された神殿。その後、火災に遭い、120年ころハドリアヌス帝が再建して、現在のような姿に。609年以降はキリスト教教会として使われてきた。完成し

天井から差し込む光が神秘的

た2世紀当時の姿をほぼ完全にとどめる数少ない建築物で、当時の建築水準の高さがうかがえる。16本の円柱のある入口を通って中に入ると、床直径と高さが同じ43.3mという、ローマ最大のドームが現れる。

開8:30～19:30(日曜9:00～18:00、祝日は～13:00。ただし、土・日曜のミサ中は入場できない)
休1/1、5/1、12/25　料無料

サン・ルイージ・デイ・フランチェージ教会
Chiesa di San Luigi dei Francesi

パンテオンから徒歩2分
MAP ●切りとり-15　p.50-F

フランス王ルイ9世に捧げられた教会

　十字軍を指揮したフランスのルイ9世を祀

るこの教会は、16世紀にクレメンス7世の命により創建された。教会のファサードにはカール大帝などの像も見られるが、いちばんの目玉は左側廊奥の礼拝堂にあるバロック期の画家カラヴァッジオの3部作『聖マタイの召命』『聖マタイの殉教』『聖マタイと天使』だ。

開10:00～12:30、15:00～18:45
休木曜の午後　料無料

サンタ・マリア・デッラニマ教会
Chiesa di Santa Maria dell'Anima

ナヴォーナ広場から徒歩1分
MAP ●切りとり-15　p.50-F

外観からは想像できない豪華な内部

　教皇ハドリアヌス6世を祀る教会。内部にはローマでは珍しいゴシック期の彫刻があり、豪華な装飾が施されている。入口はパーチェ通りの裏手。呼び鈴を鳴らして入る。

開9:00～12:45、15:00～19:00

ナヴォーナ広場
Piazza Navona

パンテオンから徒歩5分
MAP ●切りとり-15　p.50-F

3つの噴水が並ぶ美しい広場

　古代ローマの競技場の跡をそのまま使ったため、細長い楕円形になったといわれるナヴォーナ広場。縦260m、横50mの広場中央にはベルニーニ作の彫刻大作『四大河の噴水』がある。その両側にも噴水があり、ヴィットリオ・エマヌエーレ2世通り側には『ムーア人の噴水』が、反対側には『ネプチューンの噴水』がある。1651年に造られた『四大河の噴水』は、高さ17mのオベリスクがそびえるシンボル的な存在。毎年12月上旬にはイルミネーションが鮮やかなベファーナの市が行われる。広場の周りにはカフェもあり、ローマ市民の憩いの場となっている。

ナヴォーナ広場とパンフィーリ宮殿

サンタゴスティーノ教会外観とカラヴァッジョの『ロレートの聖母』

サンタゴスティーノ教会
Chiesa di Sant'Agostino

ナヴォーナ広場Piazza Navonaから徒歩4分
MAP ●切りとり-9 p.50-B

気品にあふれるファサードが印象的

聖アウグスティヌスに捧げるため、1483年G・ダ・ピエトロサンタが創建した初期ルネサンス様式の教会。カラヴァッジョ作『ロレートの聖母』をはじめ、ラファエロの『予言者イザヤ』のフレスコ画などがある。1761年に大規模な改装が行われた。

開7:30～12:30、16:00～18:30 休無休 料無料

サンティーヴォ・アッラ・サピエンツァ教会
Chiesa di Sant'Ivo alla Sapienza

ナヴォーナ広場から徒歩1分
MAP ●切りとり-15 p.50-F

建築家ボッロミーニの代表作の一つ

国立文書館になっているサピエンツァ宮Palazzo Sapienzaの敷地内にある教会。曲線を描いたファサードや2つの正三角形を組み合わせた星型の床面など、ボッロミーニによる独創的デザインが印象的。白を基調にした内部は清楚な雰囲気が漂う。

開日曜の9:00～12:00 休祝日、7～8月

サンタ・マリア・デッラ・パーチェ教会
Chiesa di Santa Maria della Pace

ナヴォーナ広場から徒歩2分
MAP ●切りとり-15 p.50-F

ドーリア式円柱のある半円形ファサード

教皇シクストゥス4世が戦争の終結と平和（パーチェ）を願い、1482年に建立。2本対のドーリア式円柱のあるファサードをくぐると、内部にラファエロのフレスコ画がある。

開9:00～12:00、月・金曜10:00～16:00
休無休

ローマ国立博物館（アルテンプス宮殿）
Museo Nazionale Romano （Palazzo Altemps）

ナヴォーナ広場から徒歩3分
MAP ●切りとり-9 p.50-B

ローマ美術の宝庫

ギリシア・ローマ美術の傑作を展示するローマ国立博物館の分館の一つ。世界的に有名な「ルドヴィシ・コレクション」を観るためだけにでも訪れたい。ルドヴィシ・コレクションとは、17世紀の枢機卿、ルドヴィゴ・ルドヴィシが収集した作品群が1901年に寄贈されたもの。

コレクションで見逃せないのは、海から引き上げられる瞬間のヴィーナスを表現したレリーフ『ルドヴィシの玉座』。前5世紀のギリシアの作品。ギリシア彫刻の名作『瀕死のゴール人とその妻』は敵に敗北したゴール（ガリア）人兵士をモデルにした名作。

開9:00～19:45 休月曜、1/1、復活祭、12/25
料€7（国立博物館4館共通）

サンタンドレア・デッラ・ヴァッレ教会
Chiesa di Sant'Andrea della Valle

ナヴォーナ広場から徒歩3分
MAP ●切りとり-15 p.50-F

ローマで2番目に高いクーポラを持つ教会

サン・ピエトロ大聖堂に次いで、ローマで2番目に高いクーポラを誇る。バロック様式の建物は1591年、ジェズ教会を設計した建築家デッラ・ポルタによって創建され、カルロ・マデルノがクーポラを付け加えたもの。

まず目につく巨大なファサードは、17世紀の建築家カルロ・ライナルディの見事な設計によるもの。外光の降り注ぐ豪華な内部には、17世紀のフレスコ画も飾られている。

巨大なファサードが印象的

開7:30～12:30、16:30～19:30
休無休 料無料

細部まで手の込んだ内部装飾

マッシモ宮殿
Palazzo Massimo

ナヴォーナ広場から徒歩3分
MAP 切りとり-15　p.50-F

6本のドーリア式円柱が目印

　ドミティアヌス帝の劇場跡に創建された名門マッシモ家の館。1527年、ローマの略奪で壊された。現存する建物は、後に建築家バルダッサーレ・ペルッツィが再建したもの。6本の円柱とファサードは劇場部分を利用したものといわれる。(内部見学はできない)

ローマ博物館
Museo di Roma

ナヴォーナ広場から徒歩1分
MAP ●切りとり-15　p.50-F

中世から近代のローマの歴史を展示

　教皇一族の最後の宮殿といわれるブラスキ宮殿を利用した博物館。

ナヴォーナ広場南側に面して入口があり、1階にカフェスペースもある

開 10:00〜19:00、12/24・12/31は〜14:00
休 月曜、5/1、12/25、1/1　料 €11

カンポ・デ・フィオーリ広場
Piazza Campo de' Fiori

ナヴォーナ広場から徒歩7分
MAP 切りとり-15　p.50-J

活気のある市場が並ぶ「花の広場」

　日曜・祝日を除く毎朝、花や生鮮品を売る市場が立つ。中央の銅像は1887年、異端者の烙印を押された思想家ジョルダーノ・ブルーノがここで1600年に刑に処せられたことをしのんで建てられた。夕方はハッピーアワーを実施する店でにぎわう。

市場が引けるとバールが出るカンポ・デ・フィオーリ広場

同名の広場に建つ落ち着いた雰囲気のファルネーゼ宮殿

ファルネーゼ宮殿
Palazzo Farnese

ナヴォーナ広場から徒歩8分
MAP 切りとり-15　p.50-J

静かな広場に建つルネサンス様式の建物

　ファルネーゼ家の館で、現在はフランス大使館の建物。ファルネーゼ家の象徴であるユリの紋章が施されたファサードとバルコニーは、ミケランジェロの作といわれる。

スパーダ宮殿(絵画館)
Palazzo Spada e Galleria Spada Museo

ナヴォーナ広場から徒歩10分
MAP 切りとり-15　p.50-J

遠近法を駆使した建物の内部は絵画館

　ロムルス、カエサル、トラヤヌスなどの紀元前から帝政前期の王の像が埋めこまれたスタッコ(装飾漆喰)のファサード(正面)が見事。ボッロミーニ作『遠近法の間』がある中庭は実際より広く見える。
開 8:30〜19:30　休 火曜、1/1、5/1、12/25
料 €5

バッラッコ美術館
Museo Barracco

ナヴォーナ広場から徒歩3分
MAP 切りとり-15　p.50-F

バッラッコ男爵のコレクション

　19世紀の政治家ジョヴァンニ・バッラッコ男爵の彫刻コレクションを展示。紀元前1500年ごろの作といわれるエジプト女王ハトシェプストのスフィンクスや、紀元前6世紀ごろの青年像などがある。
開 6〜9月13:00〜19:00、10〜5月10:00〜16:00
休 月曜、1/1、5/1、12/25　料 無料

カンチェレッリア宮殿
Palazzo della Cancelleria

ナヴォーナ広場から徒歩4分
MAP 切りとり-15　p.50-F

ローマ屈指の美しい中庭

　1513年に完成したルネサンス建築。設計はブラマンテ。ドーリア式の44本の円柱からなる回廊に囲まれた中庭が美しい。展示会等がある時のみ入場可。

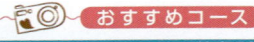

おすすめコース

64番バス P.Cavalleggeri停留所
↓ 🚶 徒歩3分
サン・ピエトロ広場
↓ 🚶 徒歩2分
サン・ピエトロ大聖堂
↓ 🚶 徒歩12分
ヴァチカン美術館
↓ 🚶 徒歩18分
サンタンジェロ城
↓ 🚶 徒歩18分
地下鉄オッタヴィアーノ・サン・ピエトロ駅

エリア
5

サン・ピエトロ大聖堂のドームから見た
サン・ピエトロ広場の眺め

ヴァチカン市国〜
サンタンジェロ城

Citta del Vaticano 〜 Castel Sant'Angelo

ポポロ広場　●ボルゲーゼ公園
　　　　　　　サンタンジェロ城　テルミニ駅
サン・ピエトロ　　ナヴォーナ広場
大聖堂
　フォロ・ロマーノ　●コロッセオ
　　　　カラカラ浴場

街のしくみ

見る人を圧倒するカトリックの総本山
ローマのなかの世界最小の独立国

　世界最大のキリスト教教会であり、カトリックの総本山であるサン・ピエトロ大聖堂。ローマ法王のミサが行われる特別な日には、世界中から約6万人の信者が集まる。ヴァチカン市国は世界最小の独立国として認められており、独自の切手も発行している。世界最大級の芸術の宝庫、ヴァチカン美術館も必見。

　ミケランジェロが設計したサン・ピエトロ大聖堂のドームに昇れば、ヴァチカン市国の全貌を展望できる。ローマへ来たからにはぜひ1日「ヴァチカンに出かける日」を作ってゆっくり見学を。

🏃 どんなエリア？

楽しみ
観光	★★★★★
食べ歩き	★★★★★
ショッピング	★★★★★

交通の便
地下鉄	★★★★★
バス	★★★★★
タクシー	★★★★★

基点となる駅・バス停
地下鉄オッタヴィアーノ・サン・ピエトロ駅、バス64番Porta Cavalleggeri停留所
※乗り降り自由バス＆ウォーキングツアー情報はp.38参照

見どころ

ヴァチカン市国
Città del Vaticano

地下鉄A線オッタヴィアーノ・サン・ピエトロOttaviano S. Pietro駅から徒歩10分、バス64番Porta Cavalleggeri停留所から徒歩3分
MAP ●切りとり-7　p.52-E・F

豪華なバロック装飾はローマでも屈指

　バス64番の停留所から北に向かって歩くと、すぐサン・ピエトロ広場に到着する。ここがヴァチカン市国の玄関口。帝政末期、皇帝ネロはここに庭園を造って競技場を完成させ、エジプトから運ばせたオベリスクで飾った。その柱がサン・ピエトロ広場の中央に残っている。

　教皇庁は、初めローマ市内のラテラノ宮殿に置かれていたが、1309年からアヴィニョンに移され、1377年にこの地に移ってきた。1929年2月、教皇庁とムッソリーニ政権下のイタリア政府との間でラテラノ条約が

ヴァチカン美術館「ピーニャ（松ぼっくり）の中庭」

※ヴァチカン市国は全域が世界遺産に登録されている。

結ばれて、ヴァチカンは独立国に。独自の通貨や切手を発行し、鉄道駅、放送局、郵便局、教皇の居室などの施設・機能を備えている。その全貌はサン・ピエトロ大聖堂のクーポラに昇れば一望のもとにすることができる。

ヴァチカンには短パン、ミニスカート、ノースリーブ、サンダルばきなどの服装では入場不可。神聖な場所であることを忘れずに。

サン・ピエトロ広場
Piazza San.Pietro

ヴァチカン市国に同じ
MAP ●切りとり-7 p.52-F

大聖堂への入口

前述のオベリスクは、もともとは大聖堂の南側に建っていたもの。それを広場の中央に配し、その周りを半円形の柱廊が取り囲んでいる。その形は、まるで広場に入ってくるすべての人をキリストが両腕を広げて包み込むかのようにも見える。

広場の設計はバロック期を代表する建設家・彫刻家のベルニーニが担当し、1666年に完成した。柱廊には284本の巨大な柱が並び、サン・ピエトロ大聖堂まで導くように続いている。柱の上を見上げると、カトリックの聖人たちの彫刻がずらり。その数140体。オベリスクの左右にはベルニーニと、サン・ピエトロ大聖堂の造営主任だったマデルノが設計した二つの噴水が左右対称に向かい合っている。大聖堂に向かって右側の噴水がマデルノの設計によるもの。

夜間はライトアップされ美しい

柱廊の上には聖人像がずらり

本音でガイド

サン・ピエトロって、どんな人物?

サン・ピエトロ大聖堂は、初代法王・ピエトロ（ペトロともいう）に捧げられている。ピエトロはキリスト12使徒の一人だ。新約聖書によれば、臆病で小心者の人物だが、キリストはどういう訳か、このできの悪い弟子を、自分が死んだ後の後継者に指名した。

キリストが処刑された後、弟子たちは各地に散って布教活動を始め、ピエトロはローマにやって来る。運悪く、折りしもローマは、皇帝ネロによるキリスト教迫害の嵐が吹き荒れていた。これに恐れをなしたピエトロは、一目散にローマから逃げ出す。そんな彼の前にキリストの御姿が現れた。

ピエトロが「主よ、どこに行かれます?」と問うと、キリストは答えた。「ローマへ行く。もう一度、十字架に架けられるために」と。ピエトロはその言葉を聞いて自分が恥ずかしくなりローマに引き返す。そしてヴァチカンの地で処刑され、遺体はそこに埋葬された。

4世紀になると、皇帝コンスタンティヌスがキリスト教をローマ国教と定め、ピエトロを祀る最初の教会が建てられた。これがサン・ピエトロ大聖堂の始まりだ。近年、墓の調査が行われ、埋まっている骨は確かに紀元1世紀頃の人物のものだと判った。

聖堂内部に置かれたブロンズのピエトロ像の前には、「像の右足を触ると幸せになれる」という伝説を信じるカトリック信者たちが列を作っている光景も見られる。

サン・ピエトロ大聖堂

Basilica di San Pietro

MAP ●切りとり -7、p.52-F

🏛 ヴァチカン市国に同じ 🕐 7:00～19:00(10～3月は～18:30)
クーポラ8:00～18:00(10～3月は～17:00)
💴 クーポラ/階段€6、エレベータ€8

　古代ローマ時代この辺りは墓地で、ネロ帝の迫害を受けた聖ピエトロは殉教してここに葬られた。その墓の上にコンスタンティヌス帝が326年に教会を建立したのが始まり。1452年教皇ニコラウス5世によって再建が命じられ、1506年には教皇ユリウス2世のもとで建築家ブラマンテが工事を開始。壮大な構想を持っていた教皇ユリウス2世は設計者にラファエロ、ペルッツィ、サンガッロらを次々と起用。1546年にはミケランジェロが任命され、ブラマンテ案をもとにした設計を進めたものの、高齢により完成には至らず、彼の死後ジャコモ・デラ・ポルタやマデルノらが仕事を引き継いだ。広場側の入口は5つあるが、一番右には25年に一度の聖年（次は2025年）にだけ開く聖なる扉がある。

身廊
Navata

　十字架の形になっている聖堂平面の、長い方の軸は身廊と呼ばれる。身廊はさらに中央部分と、両側の側廊とに分かれている。サン・ピエトロ大聖堂にまず入ったときの印象は、この身廊の巨大さ。広さはもちろんだが、さまざまな装飾や彫刻が織り成す壮麗さによるところも大きい。

　3つに分かれた身廊の右側廊には、ベルニーニ作の秀作である秘蹟の礼拝堂がある。その先にグレゴリウス13世の墓碑があり、この教皇がグレゴリオ暦に改めたいきさつがレリーフで彫られている。

　身廊の床には世界の大きな聖堂の広さを示す印が付けられているが、それを見てもこの大聖堂の奥行きの深さがわかる。

ピエタ
Pieta

　身廊に入って一番手前の礼拝堂には、この大聖堂で最も有名な作品、ミケランジェロのピエタ像がある。死せるキリストを腕に抱いて悲嘆にくれる聖母マリアを描いたこの大理石像は、1499年から1500年にかけて製作されたもので、ミケランジェロ23歳の傑作。

聖ピエトロ像
Statua di San Pietro

　身廊には聖ピエトロの姿を模

世界最大の教会の持つ荘厳な美しさは圧倒的

したブロンズの像がある。13世紀の作品で、ディ・カンビオの作と見られている。左右の足が磨耗しているのは信者たちが手でさすったり接吻するため。

大天蓋
Baldacchino

　身廊をさらに進み、左右の翼廊と交差するドームの下には教皇の祭壇があり、ブロンズの大天蓋で覆われている。この大天蓋はベルニーニが助手ボッロミーニとともに1633年に完成させたもので、バロックを代表する傑作。ツタのからまるねじれた柱が、力強い躍動感と厳かで高貴な雰囲気を漂わせている。だが完成当時は大仰なデザインだと酷評を浴びた。

　この作品には膨大な量のブロンズが使われているが、それらは古代ローマの建築パンテオンから剥がしてきたものという。

ブロンズの大天蓋

グロッテ
Grotte

大聖堂の地下にはグロッテと呼ばれる洞窟墓地がある。歴代ローマ教皇の墓が並ぶグロッテの入口は聖ピエトロ像近くの柱にあり、内部は意外に広い。最も古い部分は6世紀に造られ、初期キリスト教の石棺も集められている。

後陣
Abside

聖堂の最も奥深いところは後陣と呼ばれ、とりわけ聖なる場所。ここに聖ピエトロの司教座が置かれている。ベルニーニが1665年に完成させた作

クーポラから差し込む光が美しい。右は後陣

品で、雲に群がる天使たちの後ろには化粧漆喰でできた大きな光背が輝いている。ブロンズ製の司教座の内部には、聖人が使っていたとされる木製の古い司教座が入っている。

その手前、右の内陣にはベルニーニの傑作ウルバヌス8世の墓碑がある。内陣の左には聖大レオ祭壇があり、バロック様式の美しい祭壇飾りが付いている。

クーポラ
Cupola

大天蓋の前に立って上を見上げると巨大なクーポラの美しさに圧倒される。地面から十字架までの高さ136m。このクーポラには有料のエレベーターがあり、屋上テラスまで一気に上がることができる。足で登りたいとい

この頂上からの眺めはp.86に

う人は階段を選べる。入口は右側廊を出た中庭。テラスから先は、体を傾けながらクーポラの内側を登る。狭くてかなりの急勾配だが頂上からの眺めはすばらしい。

宝物館
Sala del Tesoro

長い抗争の時代をくぐり抜けて残った聖遺物や財宝が集められている。11世紀のビザンチン刺繍の傑作や、6世紀にビザンチン皇帝から贈られた、宝石をちりばめた十字架などがある。

料 €8

サン・ピエトロ大聖堂

クーポラの天井
ミケランジェロが設計したドーム。クーポラの部分はフォンタナらが完成させた。この頂上まで昇ることができる

聖ピエトロの司教座
Cattedra di San Pietro

クーポラの上から
クーポラの上までエレベーターか階段での昇ることができる

右翼部

ヴァチカンの聖なる洞窟入口
Sacre Grotte Vaticane

後陣

クーポラへの登り口　秘蹟の礼拝堂

身廊

クーポラの壁画
クーポラの内側壁面には16世紀末の貴重なモザイクが見られる

左翼部

聖ヴェロニカの彫刻

屋上入口

告解の礼拝堂
Cappella della Confessione

死の扉
Porta della Morte

内陣
クーポラの下は教皇の祭壇。ブロンズの大天蓋で覆われている。バロックを代表する作品の一つ

身廊
身廊の幅は58mにも及ぶ。床には世界の主な聖堂の広さを示す印がつけられている

クーポラの上から
西の方角には行政庁の建物。
その周囲を広大な庭園が取り囲んでいる

『ピエタ像』
ミケランジェロ作。
入口から身廊の右側廊
に向かってすぐガラス
越しに見えてくる

『聖ピエトロ像』
身廊の中央、支
柱部分には13世
紀に造られた玉
座の聖ピエトロ像
がある

ローマ

87

聖年の扉
Porta Santa

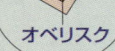

秘蹟の扉
Porta dei
Sacramenti

大柱廟

マデルノの噴水

フィラレーテの
ブロンズの扉
Porta dell´Antico
San Pietro

サン・ピエトロ広場

オベリスク

ベルニーニの噴水

大柱廟

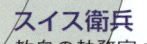

スイス衛兵
教皇の執務室への入口に
は、一説にミケランジェロ
デザインといわれる制服
に身を包んだスイス衛兵
がいる

ヴァチカン美術館

Musei Vaticani

MAP ●切りとり -7、p.52-F

図地下鉄A線チプロ・ミュゼイ・ヴァチカーニCipro Musei Vaticani駅から徒歩10分
圏9:00〜18:00(入場は〜16:00)、最終日曜は〜14:00　休日曜(最終日曜を除く)、
1/1、1/6、3/19、復活祭、復活祭の翌月曜、5/1、6/29、8/14、8/15、11/1、12／8、12/25、
12/26(2018年の場合。HPで確認のこと)
料€17(毎月最終日曜は無料)　■http://museivaticani.va/

　ロンドンの大英博物館、パリのルーブル美術館と並び、世界最大級の重要文化財を誇る美術館。ミケランジェロの大作『最後の審判』のあるシスティーナ礼拝堂を筆頭に、ラファエロやレオナルド・ダ・ヴィンチ、ティツィアーノなどイタリアを代表する絵画作品を所蔵する絵画館、ギリシア・ローマ時代の彫刻を集めたピオ・クレメンティーノ美術館、地図のギャラリーなど、実に20を超える博物館、美術館、宮殿からなっている。「美の迷宮」とも賞賛される理由だ。

　この美術館のもう一つの特徴は、ローマ美術に至るまでのエジプト、アッシリア、ギリシアという古代、古典作品を体系的に集めていること。それらを総合的に眺めることで、ローマ美術につながる文化的背景を理解することができる。さらに、宗教をテーマに20世紀の巨匠たちが描いた現代美術も積極的に収集展示している。

　内部は広大で、レストラン＆カフェがあるほか、有料の日本語による説明テープの貸出もある。ここで1日を過ごすつもりで腰を据えて、じっくりと見学したいところだ。また、コースの途中にヴァチカン郵便局もある。独自に発行している美しい切手を買い求め、ハガキを投函する楽しみも。

　入口は、リソルジメント広場からヴァチカン通りを進んだ坂の途中にある。内部は、構造が複雑で鑑賞者の数が多いため一方通行となっている。展示コースの長さは全部で7kmにも及ぶが、時間がない人のためにクイック・コースもある（右ページのコラム参照）。所要時間は最短ルートの約1時間30分から完全コース5時間となっている。

システィーナ礼拝堂の天井画。左上から時計回りに『太陽と月の創造』『光と闇の分離』『アダムの創造』『預言者ヨナ』

ヴァチカン美術館2階エントランス

エジプト美術館
Museo Egizio

グレゴリウス16世によって1839年に創設された美術館で、ローマ時代にエジプトから運ばれた美術品・建築などが集められている。

展示を担当したのはイタリア最初のエジプト研究者ウンガレッリ神父。エジプト建築を忠実に再現するため、列柱や翼のある太陽のモチーフなど、独特の技法を取り入れている。

ラファエロの間
Stanze di Raffaello

ユリウス2世からグレゴリウス13世までの歴代教皇の応接室だった4部屋で、1508年から24年、ラファエロと助手によって室内装飾が施された。最も有名なのはユリウス2世の書斎兼図書室だった署名の間。ラファエロ自身の手で描かれた「人間精神の3つの最上のもの」、つまり真、善、美をテーマにしたフレスコ画は盛期ルネサンスを代表する作品だ。

署名の間を完成させたラファエロがすぐ取りかかったヘリオドロスの間には、聖書の場面に出てくる「ノアの前に現れた神」や、「聖ペトロの解放」を描いた壁画がある。

中世の宗教画コレクションも名品ぞろい

ローマ

89

見どころ

とっておき情報
迷わず疲れず鑑賞するには

夏から秋にかけてのオン・シーズンには世界各地から観光客がやって来るヴァチカン。当然、最大の見どころであるヴァチカン美術館も長蛇の列ができる。防犯と労力の節約を考えると、できるだけ並ぶ時間を短くしたいものだ。

スケジュールが自由になる人は、冬のオフ・シーズンに旅行すれば、少なくともそうした問題には頭を悩まさなくてすむ。だが、そうはいかないという人は、できるだけ朝一番に到着するよう心がけよう。窓口が開く8時45分前に到着していれば、並ばずに切符が買える。また雨の日の、オープンから午前10時までの間も人が少ない。これは、朝起きて雨が降っていると出かけるのがおっくうになる心境からか。とにかく、人の裏をかくのがコツ。逆に土日は混む。予約しておくのも、並ばずにチケットを受け取る一つの方法だ。予約はヴァチカン美術館公式サイトで可能。
(http://www.museivaticani.va/)

中に入ったら、自分の元気度や持ち時間と相談して、どの展示コースで回るかを決めよう。コースは、所要時間によってA、B、C、Dの4つ。展示コースの床に、**Aが紫、Bが茶、Cが緑、Dが黄**で色分けされていて、色をたどれば一巡できるようになっている（p.90～91のフロア図参照）。

Aコースは時間のない人向け。燭台のギャラリー、タペストリーのギャラリー、システィーナ礼拝堂を見たあと、ヴァチカン図書館のギャラリーを見て戻ってくる最短ルートで、所要約1時間30分。

Bコースはそれにエトルリア美術、絵画館のなかの代表作、グレゴリウス世俗美術館などが加わるもので、所要約3時間。

Cコースはさらにピオ・クレメンティーノ美術館、ラファエロのフレスコ画、現代美術コレクションなどが加わり、所要約3時間30分。

Dコースはすべてを網羅する完全コース。約5時間かかる。

美しいらせん階段を登った上階に切符売場がある

絵画館（ピナコテカ）
Pinacoteca

『キリストの埋葬』
絵画館のなかでも光るカラヴァッジョの最高傑作。第12室にある。徹底した写実主義と力量がうかがえる

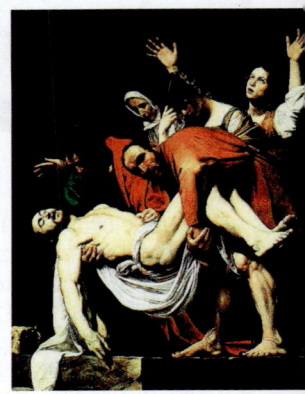

見学コース
- ── Aコース
- ── Cコース
- ── Bコース
- ── Dコース

ラファエロの間
Stanze di Raffaello

『アテネの学堂』
上の階の署名の間にある。ルネサンス期の教皇ユリウス2世の書斎だった部屋で、弱冠25歳のラファエロが壁画を手掛けた。新プラトン主義の真・善・美をテーマに、真理を表現

上の階

タペストリーのギャラリー
Galleria degli Arazzi

燭台のギャラリー
Galleria dei Candelabri

地図のギャラリー
Galleria delle Carte Geografiche

現代宗教美術コレクション
Collezione d´Arte Religiosa Moderna

システィーナ礼拝堂
Cappella Sistina

ミケランジェロは600㎡にも及ぶ天井画全体に『創世期』の9つのエピソードを4年間を費やして描いた

ヴァチカン図書館
Biblioteca Apostolica Vaticana

古文書や写本を納めた図書館には貴重な資料だけでなく、天球儀や聖遺物容器なども展示されている

下の階の絵画館には11
〜19世紀のイタリア絵
画の最高峰が並ぶ

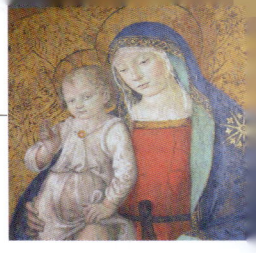

『奏楽の天使たち』
メロッツォ・ダ・フォル
リのかわいらしい作品

ブラッチョ・ヌオヴォ
Braccio Nuovo

キアラモンティ美術館
からブラッチョ・ヌオヴ
ォ（新館）に入ると、皇
帝や神話像の人物の
像が並ぶ廊下がある。
廊下中央の張り出し
た部分にはカエサル
像と、祝福の神ナイル
の巨像がある

グレゴリウス
世俗美術館
Museo Gregoriano
Profano

入口

エトルリア
美術館
Museo Etrusco

ピーニャの中庭

エジプト美術館
Museo Egizio

キアラモンティ美術館
Museo Chiaramonti

下の階

ベルヴェデーレの中庭
Cortile del Belvedere

ローマ

91

見どころ

ブラマンテ階段
Scala del Bramante

ピオ・クレメンティーノ美術館第11室の
横には、教皇ユリウス2世が16世紀初め
に作らせた美しいらせん階段がある

ピオ・クレメンティーノ美術館
Museo Pio Clementino

『ベルヴェデーレ
のアポロン』
紀元前330年ご
ろアテネに置か
れていたブロ
ンズの原作
を130年 後
大理石で模し
たもの。古代
芸術のなかで
も最高峰の作品

『ラオコーン』
C・Dコースで見学で
きる。ヘレニズム期
の作品で教皇ユリ
ウス2世が購入

キアラモンティ美術館
Museo Chiaramonti

　教皇ピウス7世が創設したローマ彫刻の美術館。ハドリアヌス帝時代に紀元前5世紀のオリジナルを模刻したとされる巨大なアテナ像や、同じく巨大なアウグストゥス帝、ティベリウス帝の頭部彫刻などを収蔵している。美術館に続いて、石碑のギャラリーがある。

ボルジア家の間
Appartamento Borgia

　現代宗教絵画と現代美術のコレクションの間。ボルジア家出身の教皇がピントゥリッキオに装飾を依頼して完成したフレスコ画が残っている。マティス、ロダン、ゴヤ、ピカソ、パウル・クレーといった巨匠作品も見られる。

ヴァチカン図書館
Biblioteca Apostolica Vaticana

　ヴァチカン美術館は、システィーナ礼拝堂や絵画館、聖遺物館など24ものカテゴリーに分類されるほど複雑で巨大な構造を持っている。その一つ、この図書館も貴重な資料の宝庫。紀元前1世紀の作とされるフレスコ画のある部屋、初期キリスト教美術を集めた部屋、教皇古文書や記録を収めた部屋、殉教者聖ピエトロの生涯を描いた16世紀絵画のある礼拝堂などからなっている。図書館内の美しいサロンでは収蔵書籍や写本の展示が行われる。

新館（ブラッチョ・ヌオヴォ）
Braccio Nuovo

　1863年にフラミニア街道にある皇妃リヴィアの別荘跡から発見されたアウグストゥス帝の像など貴重な作品が並んでいる。

ピオ・クレメンティーノ美術館
Museo pio Clementino

　12室からなる美術館で、ヴァチカンを代表する彫刻が展示されている（p.91参照）。その中の一つ『ラオコーン』はトロイの木馬の罠を見破った神官ラオコーンを題材にしたもの。策略を見抜かれた女神アテナは怒り、ヘビを送ってラオコーンと彼の二人の息子を殺してしまったという神話。1506年にネロ帝の黄金宮殿跡から発掘され、11世紀ごろ造られた『ベルヴェデーレのトルソ』とともにミケランジェロらに多大な影響を与えたといわれる。

ベルヴェデーレのトルソ

◉ 本音でガイド

ルネサンス三大巨匠とヴァチカン

　ヴァチカンと三大巨匠の関係はどのようなものだったのか。まずはレオナルド・ダ・ヴィンチ。ローマに残っているのは、ヴァチカン美術館絵画館にある未完成の『聖ヒエロニムス』1枚のみ。万能の人といわれ、芸術、科学、発明の分野で才能を発揮したが、もともと彼の絵画作品は多くない。その理由の一つが、制作姿勢。大工房を構えた他の作家と違い、ダ・ヴィンチは特定の宮廷や大富豪をパトロンに持ち、仕事や研究に没頭した。亡くなったのも宮廷から招かれたフランスだった。享年67歳。

　イタリア中部、ウルビーノ出身のラフ

ァエロは、歴代の教皇に気に入られたお陰で、ローマでいかんなく才能を発揮している。明るく屈託のない性格ゆえ、常に取り巻きに囲まれ女性に大いにモテた。37歳という若さで死んだのも自堕落さゆえといわれた。生前の希望通りラファエロの遺体はパンテオンに埋葬され、彼の横には、おそらく一度も会ったことのない正式な婚約者が眠っている。

　3人の中で、一番の長寿をまっとうしたのはミケランジェロ。頑固で偏屈、人嫌いの激しかった彼は、パトロンである教皇ともたびたび衝突した。サン・ピエトロ大聖堂のクーポラの模型が、最後に手がけた作品。享年89歳。ミケランジェロの死をもって、ルネサンス時代は終わりを告げる。

地図のギャラリー
Galleria delle Carte Geografiche

教皇グレゴリウス13世が1580年から83年にかけて描かせた40の地図がかかっている。これらはイタリア全土と教会領地を示すもので、16世紀の地学研究に欠かせない貴重な資料。ギャラリーの広さは幅6m、奥行120m。両側の壁面ばかりか丸天井も、スタッコ装飾と教会の歴史を描いた壁画で覆われている。

燭台のギャラリー
Galleria dei Candelabri

柱廊の両側に美しい彫刻が並べられ、アーチの下に大きな燭台が置かれている。ゼウスに遣わされた鷲に連れ去られる『ガニュメデス』や、ティヴォリのハドリアヌス帝の別荘跡で発見された『エフェソスのアルテミスの像』、2世紀のアルカイック期作品『アポロン』が見られる。

シモネッティの階段を登ると燭台のギャラリーへと続く

エトルリア美術館
Museo Etrusco

ピーニャの中庭を見下ろす上の階にあり、B・Dコースのなかに組み込まれている。グレゴリウス16世が1837年に開設した美術館で、ローマが属するラツィオ州の墳墓から発見されたエトルリア美術の出土品を収蔵している。

グレゴリウス世俗美術館
Museo Gregoriano Profano

教皇庁が発掘したローマ帝政期の作品や、そのオリジナルであるギリシア彫刻が集められている。アテネのパルテノン神殿を飾っていた『馬の頭部断片』や『少年の頭部のあるレリーフ断片』などの彫刻もある。

絵画館（ピナコテカ）
Pinacoteca

中世11世紀から近代19世紀までの絵画作品を集めた美術館で、システィーナ礼拝堂とともにヴァチカン美術館のなかでも白眉とされる。時間のない人は、システィーナ礼拝堂とここだけでもしっかり鑑賞して帰ろう。

1932年に開設された絵画館は、全部で15の部屋からなる。どの部屋も粒ぞろいの充実した作品を展示。なかでも、カラヴァッジョの最高傑作『キリストの埋葬』、ラファエロの代表作の一つ『キリストの変容』、レオナルド・ダ・ヴィンチの未完の傑作『聖ヒエロニムス』、ジョットの『ステファネスキの祭壇画』などの重要作品が有名だ。フラ・アンジェリコの『聖ニコラウス伝』とメロッツォ・ダ・フォルリの『奏楽の天使たち』などのフレスコ作品もすばらしい。

システィーナ礼拝堂
Cappella Sistina

教皇シクストゥス4世によって1477年から80年にかけて建造された礼拝堂。現在も、教皇を選出する際は枢機卿がここで選挙を行うという神聖な場だ。

最初、教皇はボッティチェッリやギルランダイオらの画家を招いて、長さ約40m、幅約13m、高さ約20mもあるこの礼拝堂の両側6面、計12面の壁に新約・旧約聖書の物語を描かせた。できあがった壁画は現在見られるとおりすばらしいもの。だが、その後のミケランジェロによる天井画と『最後の審判』はあまりにすばらしく、この礼拝堂をヴァチカン美術館のハイライトにしている。

ミケランジェロの天井画は約500年の時の経過による損傷と、長年の修復による傷みもあった。だが、1980年から10年におよぶ洗浄と修復が施された結果、描かれた当時の鮮やかな色彩が蘇った。そのあでやかさ、華やかさは驚くばかり。あらためてミケランジェロのすごさが伝わってくる。

天井画

教皇シクストゥス4世の跡を継いだ甥の教皇ユリウス2世は、文化・芸術の保護に力を入れた。ミケランジェロに自分の霊廟の制作を依頼し、その後、この天井画の制作を命じた。ミケランジェロは壮大な『創世記』をほとんど1人で1508年から12年にかけて描いた。

天井画は真ん中に『創世記』の9画面が並ぶ劇的な構図で、「太陽と月の創造」「陸と水の分離」「アダムの創造」「イヴの創造」「原罪と楽園追放」「ノアの大洪水」などの創世記の物語が展開する。そこに描かれた、さまざまなポーズをとった人体のダイナミックな躍動感と壮大な物語性、色彩の美しさに息をのむ思いがする。礼拝堂の壁際にはベンチが置かれ、ゆっくり座って鑑賞できるようになっている。

『最後の審判』

壮大な天井画をほぼ1人で描いた後、20年間仕事を引き受けなかったミケランジェロだが、1536年教皇パウルス3世の強要を受け入れ、入口の壁に『最後の審判』を描くことになった。このときすでに60歳。恐らく渾身の力をふりしぼってこの大作に向かったのだろう。彼はこの絵を450のパーツに分け、1パートを1日分の仕事として自分に課したという。

作品は中央に審判者キリストがいて、いま最後の裁きを行おうとしている。隣には惨状に目を伏せる聖母。2人の足元にはローマの守護聖人である聖ラウレンティウスと聖バルトロメオが描かれている。ミケランジェロは、キリストや聖者の大半を裸体で描いたが、スキャンダラスとの批判を受け、ピオ4世の命で画家ダニエレ・ダ・ヴォルテッラが腰布を加筆した。この壁画も洗浄と修復が行われ、1994年に工事が完成。見事な色彩が蘇った。

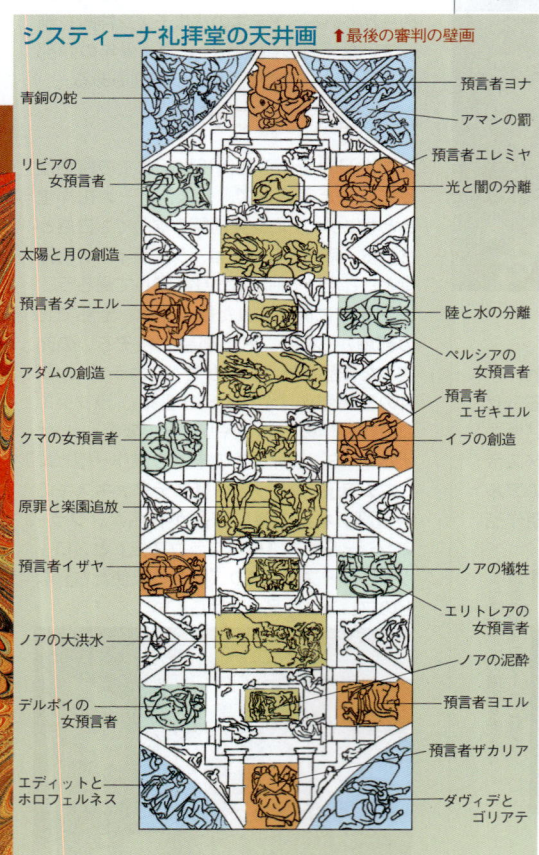

システィーナ礼拝堂の天井画 ↑最後の審判の壁画

- 青銅の蛇
- リビアの女預言者
- 太陽と月の創造
- 預言者ダニエル
- アダムの創造
- クマの女預言者
- 原罪と楽園追放
- 預言者イザヤ
- ノアの大洪水
- デルポイの女預言者
- エディットとホロフェルネス
- 預言者ヨナ
- アマンの罰
- 預言者エレミヤ
- 光と闇の分離
- 陸と水の分離
- ペルシアの女預言者
- 預言者エゼキエル
- イヴの創造
- ノアの犠牲
- エリトレアの女預言者
- ノアの泥酔
- 預言者ヨエル
- 預言者ザカリア
- ダヴィデとゴリアテ

『最後の審判』

聖母マリア
終末の日の恐ろしい光景に目をそむける

審判者キリスト
最後の裁きを行うキリストが、たくましい審判者として描かれている

聖バルトロメオ
ローマの守護聖人のひとり。人間の皮を手に持っている

人間の皮
痛々しい人間の皮は、作者自身の自画像といわれている

らっぱを吹き鳴らす天使たち
第7の天使がらっぱを吹き、最後の審判が行われることを予告している

聖ラウレンティウス
守護聖人が焼き網を手に持つ恐ろしい姿が描かれている

最後の審判とは、「世界の終りにキリストが再降臨し、すべての人類と死者が集められ、永遠の生命を与えられる者（この絵では画面左中段）と地獄へ堕ちる者（同・画面右下）とに分ける裁きを受ける」という新約聖書の教義。画面左下は死者を甦らせているところ

サンタンジェロ城
Castel Sant' Angelo

サン・ピエトロ広場Piazza San Pietroから徒歩10分
MAP ●切りとり-8　p.53-H

牢獄として使われたこともある要塞

　皇帝の霊廟から城塞に、その後、教皇の住居から牢獄へと、この建物は劇的で陰惨な歴史をつぶさに見てきた。

　139年にハドリアヌス帝の霊廟として建て

城の前のサンタンジェロ橋にはベルニーニの彫刻があるられたのが始まり。6世紀にペストが流行したとき、教皇グレゴリオ1世はこの城の頂上で剣を振るう聖天使ミカエルを見て、ペストの終焉を告げられたとされる。14世紀からは

要塞として強化され始めた。ルネサンス期に大改築が行われ、ヴァチカンとの間の城壁の上には屋根の付いた秘密の通路がめぐらされ、非常時には教皇がここへ避難したという。

　現在は博物館として、中世から近世までの兵器のコレクションなどが展示されている。

開9:00〜19:30（7〜9月夜間開放あり）
休1/1、5/1、12/25　**料**€14

◀城の中庭には彫像も

▼屋上からはサン・ピエトロ大聖堂が正面に望める

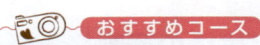
おすすめコース

地下鉄ポリクリニコ駅
↓ 🚌 19番トラム15分
トルヴァルセン広場
↓ 🚶 徒歩5分
ヴィラ・ジュリア・エトルリア博物館
↓ 🚶 徒歩6分
国立近代美術館
↓ 🚌 116番ミニバス10分
ボルゲーゼ美術館
↓ 🚶 徒歩20分
地下鉄フラミニオ駅

ボルゲーゼ家の夏の別荘を美術館にした
ボルゲーゼ美術館

エリア **6**

ボルゲーゼ公園 周辺

Villa Borghese, Pincio

街のしくみ

家族連れの市民が憩う 都心のオアシス

ローマ中心部の北端には広大なボルゲーゼ公園がある。ドーリア・パンフィーリ公園に次ぐローマで2番目の広さを持つ緑の空間は、17世紀に枢機卿となったシエナ出身の名門貴族ボルゲーゼ家の別荘として造園されたもの。公園の中央に位置するのは、古代ギリシアのエスクラビオ神殿が建つ池Giardino del Lago。池の北西には国立近代美術館、その並びにヴィラ・ジュリア・エトルリア博物館がある。店が閉まる日曜には、こんなオアシスで過ごしては？　公園の入口には夕焼けの名所ピンチョの丘がある。

🏃 どんなエリア？

楽しみ
観光　　　★★ ★★★
食べ歩き　★ ★★★★
ショッピング　★ ★★★★

交通の便
地下鉄　　★ ★★★★
バス　　　★ ★★★★
タクシー　★ ★★★★

基点となる駅・バス停
地下鉄フラミニオ駅、ミニバス116番終始点、19番トラムトルヴァルセン広場停留所

見どころ

ボルゲーゼ公園
Villa Borghese

地下鉄A線フラミニオFlaminio駅からすぐ
MAP ●切りとり -4　p.55-G

ローマ市民の憩いの場

広さ約80ヘクタールのイギリス式庭園で、1600年ごろまではブドウ畑だった。イギリ

ス式に改修されたのは19世紀になってから。中世を代表するスペインの宮廷画家ベラスケスはこの公園の美しさに魅了され、『ヴィラ・メディチの庭園』と題された小品ほか、数枚の風景画を描いている。

ヴィラ・ジュリア・エトルリア博物館
Museo Nazionale di Villa Giulia

地下鉄A線フラミニオFlaminio駅から徒歩10分
MAP p.54-A

エトルリア文化を知る格好の博物館

ローマ近郊には、タルクィニアやチェルヴェテリなど、古代エトルリア人の都市の遺構が多数ある。それらの墳墓などから発掘された生活品、装飾品を集めた世界でも

不思議な笑みをたたえた『夫婦の寝棺』

ヴィラ・ジュリア・エトルリア博物館

ベルニーニの傑作『アポロンとダフネ』

ベルニーニ作『プロセルピーナの略奪』

有数の博物館で、7万点以上のコレクションを収集。

　謎多いエトルリア文化については近年、イタリア文化の源流としての関心が高まっている。とくに『夫婦の寝棺』は、古代エトルリアの造形力、技術力の高さがうかがえる作品。口元に浮かぶアルカイック・スマイルが神秘的だ。『アポロン像』も傑作の一つ。ローマの北30kmのヴェイオの町にあった神殿跡から発掘された。

　建物は、16世紀の教皇ユリウス3世の別荘として建てられた館で、ルネサンス後期の特徴を備えている。

開9:00～20:00（チケットは～19:00）
休月曜、1/1、5/1、12/25　料€8

国立近代美術館
Galleria Nazionale d'Arte Moderna

地下鉄A線フラミニオFlaminio駅から徒歩15分
MAP p.54-B

19世紀から現代までのイタリア美術を展示

　絵画では、ジョルジョ・デ・キリコやア

ルベルト・ジャコメッティら、彫刻ではマリノ・マリーニなどのイタリア人作家を筆頭に、セザンヌ、モネ、クリムト、モディリアーニら19世紀以降の絵画・彫刻作品を常設展示。開8:30～19:30
休月曜、1/1、5/1、12/25　料€10

ボルゲーゼ美術館
Galleria Borghese

ヴェネト通りVia Venetoからミニバス116番で終点下車、徒歩5分、地下鉄A線スパーニャ Spagna駅から徒歩15分
MAP ●切りとり -5　p.55-H

ベルニーニのパトロンが集めた傑作を公開

　ボルゲーゼ家の夏の別荘だった建物で、18世紀から美術館として使われている。展示品は枢機卿シピオ・ボルゲーゼが集めた、ベルニーニの代表作をはじめとする彫刻コレクション。さすがベルニーニのパトロンだっただけあって、傑作ぞろいだ。

開8:30～19:30　予約制。予約☎06-32810（9:00～18:00、土曜は～13:00、日曜休み。受け取りは入館30分前まで）　休月曜、1/1、12/25　料€15
■http://www.galleriaborghese.it/

● とっておき 情報 ●

広大なボルゲーゼ公園を回るなら トラム＆バスをうまく使おう

　ヴィットリオ・ヴェネト通り側のピンチアーナ門始発のミニバス116番は、バルベリーニ駅やトリトーネ通り、パンテオンへ出るのに便利。116番は行きと帰りでルートが違い、中心部から公園内に入る。また、ヴィラ・ジュリア・エトルリア博物館前や公園北側をトラム3番、19番が通る。

広い公園なので、迷子にならないように

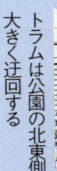

トラムは公園の北東側を大きく迂回する

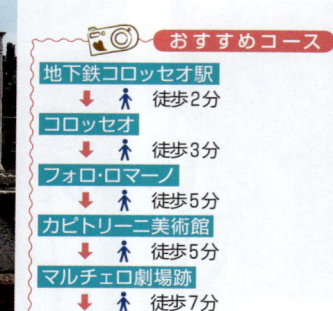

おすすめコース

地下鉄コロッセオ駅
↓ 🚶 徒歩2分
コロッセオ
↓ 🚶 徒歩3分
フォロ・ロマーノ
↓ 🚶 徒歩5分
カピトリーニ美術館
↓ 🚶 徒歩5分
マルチェロ劇場跡
↓ 🚶 徒歩7分
真実の口

カピトリーニ美術館の裏側からはフォロ・ロマーノを一望できる

エリア 1

フォロ・ロマーノ〜 カラカラ浴場

Foro Romano〜Terme di Caracalla

街のしくみ

古代ローマの権力と文化を 垣間見ることができる遺跡エリア

　約1000年にわたって古代ローマの街の中心であり政治の中枢でもあったフォロ・ロマーノ。4世紀末の西ゴート族の侵入でローマ帝国とともに廃頽し、ルネサンス期には石切り場として破壊されたこともある。広大な遺跡を歩けば最盛期のローマ帝国の権力の大きさと繁栄ぶりを想像することができる。2000年の歴史の舞台である石畳を歩けば、カエサルやオクタヴィアヌス帝の足音が聞こえてきそう。隣接するコロッセオや、古代ローマ時代の彫刻作品を所蔵するカピトリーニ美術館もじっくり見学したい。

🏃 **どんなエリア？**

楽しみ
観光　　　　★★★★★
食べ歩き　　★★★★★
ショッピング ★★★★★

交通の便
地下鉄　　　★★★★★
バス　　　　★★★★★
タクシー　　★★★★★

基点となる駅・バス停
地下鉄コロッセオ駅、チルコ・マッシモ駅、ヴェネツィア広場バス停

見どころ

マルチェロ劇場跡

Teatro di Marcello

ヴェネツィア広場Piazza Veneziaから徒歩8分
MAP ●切りとり-21　p.56-A

アウグストゥス帝が造った大劇場

紀元前11年に完成した円形劇場で、1万5000人の観衆を収容できた。1階から上へドーリア式、イオニア式、コリント式という3つの異なる様式の円柱で飾られている。

カンピドリオ広場

Piazza dei Campidoglio

ヴェネツィア広場Piazza Veneziaから徒歩3分
MAP ●切りとり-16　p.56-A

ミケランジェロ設計のモザイク

ミケランジェロによって設計された広場で、3つの宮殿に囲まれた広場中央には美しい幾何学模様のモザイクがある。中央に建つマルクス・アウレリウス帝の騎馬像もミケランジェロが制作したもの。

カンピドリオ広場

カピトリーニ美術館
Musei Capitolini

ヴェネツィア広場Piazza Veneziaから徒歩5分
MAP ●切りとり-16 p.56-A

古代ローマ彫刻の名作を展示

　ローマ時代には紀元前4〜2世紀のギリシア、ヘレニズムの彫刻が盛んに模倣され、研究された。今日、私たちが紀元前のギリシア彫刻の完成度の高さについて知ることができるのは、古典の世界に憧れたローマ人の情熱のおかげというほかない。そのローマ彫刻を多数収蔵しているのがカピトリーニ美術館だ。

　カンピドリオ広場を挟みコンセルヴァトーリ館とヌオヴォ館(カピトリーニ館)に分かれ、地下通路で結ばれている（p.100参照）。『瀕死のガラティア人』『棘を抜く少年』『負傷した戦士』などの名品を鑑賞したい。

開9:30〜19:30、12/24と12/31は〜14:00（入館は閉館の1時間前まで）　休月曜、1/1、5/1、12/25　料€15（コンセルヴァトーリ館、ヌオヴォ館共通）

フォロ・トライアーノ
Foro Traiano

ヴェネツィア広場Piazza Veneziaから徒歩3分
MAP ●切りとり-16 p.56-B

4年の歳月をかけて作られた記念柱

　ヴェネツィア広場南側の一角にあるフォロ（公共広場）の跡。高さ30mの記念柱は、トラヤヌス帝がダキア（現在のルーマニア・トランシルヴァニア地方）遠征の勝利を記念して造らせたもの。直径3.5mの大理石の円筒を18個積み上げ、表面にはポエニ戦争の情景が詳細に彫られている。東側には市場があった。

精密な浮彫が施されている

ティトゥス帝の凱旋門はローマに残る最古の凱旋門

フォリ・インペリアーリ博物館
Museo dei Fori Imperiali nei Mercati di Traiano

ヴェネツィア広場Piazza Veneziaから徒歩5分
MAP ●切りとり-16 p.56-B

古代ローマの市場遺跡を公開

　ローマ皇帝トラヤヌスがクィリナーレの丘の一部を切り崩して建てたフォーラム（市場）があったところ。半円形の建物は上層階が事務所、下層階のトラヤヌスの市場に面した部分はオリーブオイルやワイン、果物、穀物、魚介、花など約150品目の商材を扱う商店が並んでいたという。

開9:30〜19:30、12/24と12/31は〜14:00（入館は閉館の1時間前まで）　休1/1、5/1、12/25　料€15

フォロ・ロマーノ
Foro Romano

地下鉄B線コロッセオColosseo駅から徒歩5分
MAP ●切りとり-22 p.56-B

古代ローマの政治、宗教、商取引の中心地

　フォロとは公共広場のこと。1200年も続いた帝政ローマ時代、歴代の皇帝たちは権力の象徴としてこのフォロに、元老院、裁判所、凱旋門を次々と建立した。中心はクーリア（元老院）で、議会場として使われた。クーリアの隣に建つエミリアのバシリカは紀元前179年に建設された。長さ100mある建物の表側は2層の柱廊になり、1階には商店が並んでいたが、ルネサンス期に大部分が壊され、大理石が持ち出された。4世紀末、西ゴート族が侵入すると、以後、フォロ・ロマーノは衰退の一途をたどる。入口はフォリ・インペリアリ通り側ほか。

開夏季8:30〜19:15（季節により時間が早まる。入場は閉場の1時間前まで）　休1/1、12/25　料€12（2日間有効。コロッセオ、パラティーノの丘と共通）

パラティーノの丘
Monte Palatino

地下鉄B線コロッセオColosseo駅から徒歩10分
MAP ●切りとり-22 p.56-B

広大な草原に宮殿遺跡が点在

　フォロ・ロマーノのティトゥス帝の凱旋門から南へ続く坂道を登ったところにある。ローマ時代、皇帝の宮殿が置かれた場所で、なかでも初代元首アウグストゥス帝の邸宅は最大の見どころ。保存状態が極めて良好で、赤や黄色の彩色を施した壁画が色鮮やかに残っている。

邸宅／開8:30〜19:15（季節により時間が早まる。入場は閉場の1時間前まで）　休1/1、12/25　料€12（2日間有効。フォロ・ロマーノ、コロッセオと共通）

『狩りをする
セウェルス帝』
3世紀に作られた大理
石像。2階中央にある

カピトリーニ美術館
ヌオヴォ館

※カピトリーニ美術館についてはp.99
参照

『負傷した戦士』
紀元前460年のミローネ作
『円盤投げの選手』の胴体
部分を使い、紀元1世紀に
『負傷した戦士』として作
り変えられた作品

『女性の頭部』
1世紀の大理石像。当
時流行の髪形だろうか

『ファウヌス神の像』
ティヴォリで発見された珍
しい赤大理石の彫像

『瀕死のガリア人』
紀元前3世紀の有名なギ
リシア彫刻をコピーし
たもの

カピトリーニ美術館
コンセルヴァトーリ館

『コンスタンティヌス帝頭部』
フォロ・ロマーノのマクセンティウス帝
のバシリカから発見された

2階

『ホラティウス』
エトルリア侵入の際、
ローマを守った英雄の
姿を描いた作品

『雌狼』
紀元前5世紀のもの。15
世紀にロムルスとレム
スの双子が付け加えら
れた

『棘を抜く少年』
紀元前2世紀のギリシア
彫刻を、100年後のロー
マでコピーしたもの

3階

『洗礼者ヨハネ』
16世紀の巨匠、
カラヴァッジ
オの作品

ROMAN
MUSEUM GARDEN

ROMAN
GARDEN

COURT

フォロ・ロマーノ
Foro Romano

アントニヌスと
ファウスティーナの神殿
Basilica di Antonius e Faustina
　アントニヌス・ピウス帝が亡き妻のために建造した

マクセンティウス帝のバシリカ
Basilica di Massenzio
　マクセンティウス帝によって建設が始められ、4世紀にコンスタンティヌス帝が完成させた教会堂

クーリア（元老院）
Curia
　共和制ローマの最高機関である元老院の議場。カエサルが殺されたのはクーリアの前

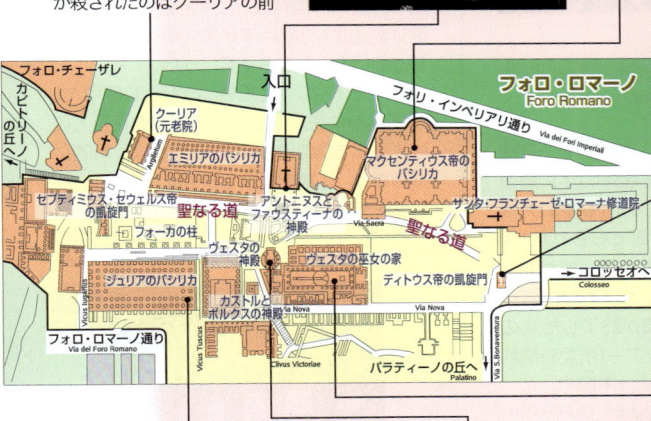

ティトゥス帝の凱旋門
Arco di Tito
　ティトゥス帝の死後、元老院によって建てられた。現存するローマ最古の凱旋門。内側にもレリーフがある

ヴェスタの神殿
Tempio di Vesta
　かまどの女神で、国家の安全を司る役目を担っていたヴェスタを祀る円形神殿

ジュリアのバシリカ
Basilica di Giulia
　紀元前46年にカエサルによって建設が始められ、アウグストゥス帝が完成させた。裁判所。長さ82mの建物に4つの裁判所があった

ヴェスタの巫女の家
Casa delle Vestali
　ヴェスタの神殿を守っていた貴族出身の6人の巫女の家。神殿の裏側にある。中庭の周囲を取り囲むように食堂や応接間があった

コンスタンティヌス帝の凱旋門
Arco di Constantino

地下鉄B線コロッセオColosseo駅から徒歩3分
MAP ●切りとり-23　p.56-B

ローマ最大の壮大な凱旋門

　315年にコンスタンティヌス帝がマクセンティウス帝に勝利したのを記念して建造された。高さ21m、幅25.7mの門の表面は浮彫がびっしり施されている。

ドムス・アウレア
Domus Aurea

地下鉄B線コロッセオColosseo駅から徒歩5分
MAP ●切りとり-23　p.57-C

紀元68年に建立されたネロ帝の黄金宮殿跡

　古代ローマの皇帝ネロが起源65年に建造した黄金宮殿の跡。長さ250mもの広大な宮殿は人工の湖や古代彫刻で彩られた150もの部屋を誇ったが、15世紀に一部が発掘されるまで地中に眠っていた。現在も修復工事を行っているが、工事が終了した15の区間を週末のみガイド付ツアー(所要時間約80分)で公開している。予約は下記で。
www.coopculture.it/en/ticket_office.cfm

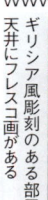

ギリシア風彫刻のある部屋。天井にフレスコ画がある

八角形の間の天井は大きな採光窓が開口

開土・日曜の8:30〜16:45（11〜2月は9:15〜16:00）　料€14（予約・ガイド料含む）

コロッセオ
Colosseo

地下鉄B線コロッセオColosseo駅から徒歩3分
MAP ●切りとり-23　p.56-B

8年の歳月をかけて完成した古代競技場

　ヴェスパシアヌス帝が紀元72年に着工した4階建ての円形競技場。剣闘士同士、あるいは剣闘士と猛獣との生死をかけた試合がここで行われ、一度に5万人もの見物客が手に汗握る試合を楽しんだという。442年には震災に遭い、中世には石切場として切り崩されたこともある。

　各階で建築様式が違い、1階はドーリア式、2階はイオニア式、3・4階はコリント式。1階の座席は大理石張りで元老院の議員席、2階は騎士席、3階は市民席、4階は市民権を持たない人々の立ち見席だった。

　2014年現在、大規模な修復工事中で、2015年中に完成予定だが、年間数百万人の観光客に支障が出ないよう工事は段階的に進められ、工事期間中も見学は可能。

開夏季8:30〜19:15（季節により時間が早まる。入場は閉場の1時間前まで）　休1/1、12/25　料€12（フォロ・ロマーノ、パラティーノの丘と共通）

完成後は今より25％見学可能な場所が増えるという

チルコ・マッシモ
Circo Massimo

地下鉄B線チルコ・マッシモCirco Massimo駅からすぐ
MAP ●切りとり-22　p.56-E

ローマ時代の巨大な競技場跡

　紀元前7世紀の終わりから6世紀にかけて造営された競技場の跡。長さ約620m、幅約120mの細長い競技場では4頭立ての馬車に引かせた戦車競技が行われ、皇帝は競技場に面した壮大な宮殿のなかから試合の模様を見学したという。

サン・ジョバンニ・イン・ラテラノ教会
Basilica di San Giovanni in Laterano

地下鉄A線サン・ジョバンニSan Giovanni駅から徒歩3分
MAP p.57-H

ローマ四大教会堂の一つ

　コンスタンティヌス帝がキリスト教を公認した直後に奉納された教会で、歴代教皇の公邸として使われたこともある。バロック期の名建築家ボッロミーニが設計した建物で、内部はサン・ピエトロ大聖堂に似た壮麗な空間。
開7:00〜18:30（回廊9:00〜18:00）
休無休　料無料（回廊€2）

荘厳な雰囲気のサン・ジョヴァンニ・イン・ラテラノ教会

真実の口
Bocca della Verità

地下鉄B線チルコ・マッシモCirco Massimo駅から徒歩10分
MAP ●切りとり-22、p.56-E

古代のマンホールの蓋だった

　「嘘つきが手を入れると食べられてしまう」という言い伝えのある真実の口。映画『ローマの休日』で、オードリー・ヘプバーン

手が抜けなくなりそうでドキドキ？

扮するアン王女の驚いた顔が印象的だった。この顔、海神トリトーネのもので、大きな大理石製の円盤に顔が彫刻されている。
教会／開9:30〜17:30（冬季は〜16:50）
休無休　料€2

カラカラ浴場
Terme di Caracalla

地下鉄B線チルコ・マッシモCirco Massimo駅から徒歩10分
MAP p56-J、p.107-A

1600人もが入浴できた古代の社交場

　216年ごろにカラカラ帝によって造られた大浴場の跡。浴場部分だけでも冷水浴室、サウナ、高温浴室などの施設があり、色鮮やかなモザイク床で覆われた豪華な内装を誇っていた。入口はテルメ通りVia Terme側。
開9:00〜17:00（季節により時間が早まる。入場は閉場の1時間前まで）、月曜は〜14:00
休12/25、1/1　料€8

建設当時のタイルも良好な状態で残っている

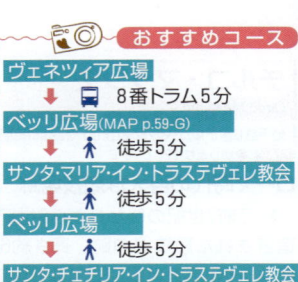

おすすめコース

ヴェネツィア広場
↓ 🚌 8番トラム5分
ベッリ広場（MAP p.59-G）
↓ 🚶 徒歩5分
サンタ・マリア・イン・トラステヴェレ教会
↓ 🚶 徒歩5分
ベッリ広場
↓ 🚶 徒歩5分
サンタ・チェチリア・イン・トラステヴェレ教会

エリア 8

ベッリ広場からサンタ・マリア・イン・トラステヴェレ教会にかけての道。昼どきはテラス席のレストランがにぎわう

トラステヴェレ

Trastevere

街のしくみ

下町情緒あふれる、自分だけのローマ発見！

ジャニコロの丘からテヴェレ川の川岸に広がる一帯は、トラステヴェレと呼ばれる下町エリア。昔はテヴェレ川を利用した運搬船や倉庫で働く人たちの生活の場であった地区で、歴史ある教会や古い建物が多い。メインストリートはトラムの行き交うトラステヴェレ通りと、斜めに交わるサン・フランチェスコ・ア・リーバ通り、サンタ・マリア・イン・トラステヴェレ教会とヴィラ・ファルネジーナを結ぶスカラ通りなど。気さくなレストランや老舗食材店、ピッツェリアなどが点在し、街歩きが楽しいエリアだ。

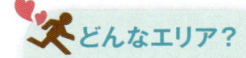

どんなエリア？

楽しみ
観光 ★★☆☆☆
食べ歩き ★★★☆☆
ショッピング ★☆☆☆☆
交通の便
地下鉄 ★☆☆☆☆
バス ★★☆☆☆
タクシー ★★☆☆☆
基点となる駅・バス停
トラム8番トラステヴェレ・マスタイ、ベッリ広場、トラム40番キエサ・ヌオヴァの各停留所

見どころ

ティベリーナ島
Isola Tiberina

トラム8番ベッリ広場Belli下車徒歩5分
MAP ●切りとり -21　p.59-D

テヴェレ川の中洲に浮かぶ島

船のような形に見える小さな島。紀元前3世紀に医術の女神を祀る神殿が建てられ、病気回復を祈願する人々であふれたという。神殿跡にはサン・バルトロメー教会S. Bartolomeeが、島の中央には16世紀から市立病院が建っている。左岸との間に架かるファブリチオ橋Ponte Fabricioは1世紀に完成したローマ最古の橋の一つ。

全長約270mのティベリーナ島

サンタ・チェチリア・イン・トラステヴェレ教会
Basilica di Santa Cecilia In Trastevere

トラム8番ベッリ広場 Belli下車徒歩5分
MAP ●切りとり-21 p.59-H

音楽の守護聖人チェチリアを祀った教会

　ローマの貴族の娘で、殉教した聖女チェチリアを祀る教会。チェチリアの活動に理解があり、後に殉教して聖人となった夫ヴァレリアヌスの邸宅跡に建つ。地下にはマデルノが彫った『聖チェチリア像』が安置されている。この像は、聖女の遺体が無傷のまま発見されたときの様子を現して制作されたもの。

開10:00〜13:00、16:00〜19:00、フレスコ画10:00〜12:30　休無休　料無料、地下室€2.50、フレスコ画展示室€2.50

サンタ・マリア・イン・トラステヴェレ教会

サンタ・チェチリア・イン・トラステヴェレ教会

ヴィラ・ファルネジーナ
Villa Farnesina

トラム8番ベッリ広場 Belliから徒歩10分
MAP ●切りとり-14 p.58-B

16世紀ルネサンス様式の代表的な邸宅

　銀行家アゴスティーノ・キジが夏の別荘として建てたルネサンス様式の邸宅で、後にローマの名門ファルネーゼ家が買い取った。内部の装飾はラファエロとその弟子たちが担当。ラファエロは柱廊に『プシュケの伝説』、広間の天井に傑作『ガラティア』などのフレスコ画を残している。

開9:00〜14:00　休日曜・祝日　料€6

サンタ・マリア・イン・トラステヴェレ教会
Basilica di Santa Maria In Trastevere

トラム8番ベッリ広場 Belliから徒歩5分
MAP ●切りとり-20 p.59-G

聖母マリアに捧げられたモザイクがきれい

　3世紀からあった小さな礼拝堂を、12世紀に聖母教会としたもの。内部にはビザンチン様式のモザイク装飾が施されている。後陣で目につくのはモザイク作品『マリアの生涯』。これは13世紀の画家ピエトロ・カヴァリーニが制作したもの。

開8:00〜12:30、16:00〜19:30　休無休　料無料

コルシーニ宮殿
Palazzo Corsini

ヴィラ・ファルネジーナに同じ
MAP ●切りとり-14 p.58-B

17〜18世紀のイタリア絵画を展示

　ヴィラ・ファルネジーナの前にある堂々とした建物で、内部はコルシーニ枢機卿が集めたイタリア絵画のコレクションを展示する美術館となっている。

開8:30〜19:00　休火曜、1/1、12/25
料€6（バルベリーニ宮殿との共通券€12）

街角ワンショット
●MAP p.59-K

お店が閉まる日曜の午前はポルタ・ポルテーゼののみの市へ

　ショップが閉まってしまう日曜には、早起きしてのみの市へ出かけてみては？　日用品から衣料品、はてはガラクタまでごちゃ混ぜに並んだ店が川沿いに延々と続く。早朝6時にオープンし、昼過ぎにはもう店じまい。

　あまり掘り出し物はないが、Tシャツや下着などはかなり安い。

宝もの探しが楽しい？

ローマ中心部の周囲に巡らされた城壁を出て南へ向かうと、アッピア旧街道へ出る。左は、約1万人の観客を収容できたマクセンティウスの競技場跡

交通：地下鉄A線コッリ・アルバーニColli Albani駅からバス660番で終点チェッチリア・メッテラCecilia Mettelaバス停下車、または地下鉄B線チルコ・マッシモCirco Massimo駅からバス118番でポルタ・サン・セバスティアーノPorta San Sebastianoバス停下車。アッピア街道のおもな見どころは、この2つのバス停の間のおよそ3kmの間に点在する。

市内からタクシーを使ったツアーもある。アッピア街道3時間で€165〜。

日帰りで気軽に散策

アッピア旧街道

Via Appia Antica

紀元前3世紀に完成したアッピア旧街道は、ローマのサン・セバスティアーノ門から南イタリアまで延びる古代の軍用道路。石畳の道路には、基点からの距離を示すマイルストーンが埋め込まれ、古代の面影を残している。

ドミネ・クォ・ヴァディス教会
Chiesa di Domine Quo Vadis

バス118番ドミネ・クォ・ヴァディスバス停から徒歩3分
MAP p.107-A

ペテロの殉教を記念して建設された教会

64年、ローマの町はネロ帝の統治下で大火に遭う。それを機にネロ帝のキリスト教徒への迫害が始まった。その際、この地に逃れて来た聖ペテロの前にキリストが現れ、「主よ、何処へ（ドミネ・クォ・ヴァディス）」と問うたペテロに対し、「再び十字架にかかるためローマへ」と答えたという。ペテロは自らを恥じてローマに戻り殉教することになる。この伝説の場所に建設されたのがこの教会。内部にはキリストの足跡といわれる足型も残る。

開8:00〜18:00（夏季は〜19:00）

サン・セバスティアーノ門
Porta San Sebastiano

バス118番ポルタ・サン・セバスティアーノバス停下車すぐ
MAP p.107-A

アッピア旧街道の入口に建つ城門

13あるローマの城門の中でも最大の門で、3世紀（塔は5世紀）に創建された。街道の出発点になっていることから、アッピア門

とも呼ばれていた。現在は博物館になっており、見張り台に昇れるほか、カラカラ浴場へ水を送っていたアーチなどが見られる。

開9:00〜14:00　休月曜、1/1、5/1、12/25　料無料

サン・カッリストのカタコンベ
Catacombe di San Callisto

バス118番カタコンベ・サン・カッリストバス停下車すぐ
MAP p.47-K　p.107-B

歴代ローマ教皇が眠る共同墓地

城壁内に墓地を造れなかったため生まれたといわれる共同墓地カタコンベ。このサン・カッリストのカタコンベは、歴代ローマ教皇をはじめ、初期のキリスト教徒たちが眠っている。墓地は長さ約20km以上、10万人が葬られているとされ、16世紀になって再発見された。発掘されたものは一部のみ。周囲には約30ものカタコンベが残るが、サン・カッリストのカタコンベはそのなかで最大のもの。

内部には3世紀のフレスコ画で装飾された「秘蹟の埋葬所Cubicoli dei Sacramenti」などがある。入口前に英語ガイドでの説明受付がある。日本語テープガイドも用意あり。

開9:00〜12:00、14:00〜17:00
休水曜、1/25〜2/21（年により異なる）　料€8

サン・セバスティアーノ聖堂のカタコンベ
Catacombe di San Sebastiano

バス118番サン・セバスティアーノバス停から徒歩2分
MAP p.47-L　p.107-B

礼拝堂にはキリストの足跡をかたどった石が

　殉教者聖セバスティアヌスの墓の上に建つ教会。礼拝堂にはキリストの足跡をかたどった石がある。地下のカタコンベには聖ペテロと聖パウロの遺骨が移され、現在も墓室の壁に彼らの書いた碑文が残されている。

開10:00〜17:00（入館は〜16:30）
休日曜、1/1、12/1〜12/28　料€8

サン・セバスティアーノ聖堂

ひときわ目を引くチェチリア・メテッラの墓

チェチリア・メテッラの墓
Tomba di Cecilia Metella

バス660番チェチリア・メテッラバス停下車すぐ
MAP p.107-B

巨大な防護壁を備えた円筒型の墓

　もともとは、ローマの執政官メテルス・クレティクスの娘、チェチリアを葬る墓として紀元前1世紀に造られたものだったが、12世紀後半、豪族のカエタニ家が円筒型の防護壁を付け加え、街道を通行する人から、通行料を巻き上げたといわれている。

開9:00〜日没1時間前（夏は19:00頃、冬は17:00頃）　休月曜、1/1、5/1、12/25　料€6

ローマ

- サンタ・サビーナ教会
  Chiesa di Santa Sabina
- チルコ・マッシモ
  Circo Massimo
- テルミニ駅へ
- サン・ジョヴァンニ
  S. Giovanni
- テルミニ駅へ
- ティブ ルティーナ駅へ
- レ・ディ・ローマ
  Re di Roma
- カラカラ浴場
  Terme di Caracalla
- ポンテ・ルンゴ
  Ponte Lungo
- ピラミデ
  Piramide C.C
  Roma Ostia
- オスティエンセ駅
  Staz. Ostiense
- 巷線
- イータリー・ローマ
- フリオ・カミーロ
  Furio Camillo
- サン・セバスティアーノ門
  Porta di San Sebastiano
- 118番
- Linea-A
- Via Tuscolana
- 118番
- アッピオ・ラティーノ
  APPIO LATINO
- コッリ・アルバーニ
  Colli Albani
- ドミネ・クォ・ヴァディス教会
  Chiesa di Domine Quo Vadis
- アルコ・ディ・トラヴェルティーノ
  Arco di Travertino
- ガルバテッラ
  Garbatella
- Linea-B
- Via Ostiense
- アッピア旧街道
  Via Appia Antica
- Via della Caffarella
- オスティエンセ
  OSTIENSE
- サン・カッリストのカタコンベ
  Catacombe di San Collisto
- 118番
- サン・パオロ・フォーリ・レ・ムーラ大聖堂
  Paolo Fuori le Mura
- サン・パオロ
  S.Paolo
- Via Appia Pignatelli
- Via Cristoforo
- Colombo
- ロムルスの墳墓
  Mausoleo di Romolo
- マクセンティウスの競技場
  Villa di Massenzio
- Via Appia Nuova
- サン・セバスティアーノ聖堂のカタコンベ
  Catacombe di San Sebastiano
- 118番
- チェチリア・メテッラの墓
  Tomba di Cecilia Metella
- Via Ardeatina
- Via Appia Antica
- 660番
- アッピオ・ピニャテッリ
  APPIO PIGNATELLI
- アドレアティーノ
  ARDEATINO

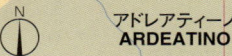

アッピア旧街道
Via Appia Antica

0　　　　　1km

ショッピング

高級店が多いのはスペイン広場周辺とヴェネト通り。イタリアにはデザイン性と機能性を兼ね備えた雑貨やキッチン用品、自然派コスメなど、毎日の生活に役立つ品もたくさん。

コンドッティ通り
MAP ●切りとり -29　p.48-E

　スペイン広場の前から真っすぐに延びている通り。コルソ通りと交差する辺りまでブランドショップがずらりと軒を連ねている。ブランド好きな人にとってはショッピング天国。コンドッティ通りと並行するボルゴニョーナ通りや、フラッティーナ通りと交わるボッカ・ディ・レオーネ通り、スペイン広場前の通りにもブランドショップが多い。

ヴィットリオ・ヴェネト通り
MAP ●切りとり -5　p.48-B

　バルベリーニ広場からボルゲーゼ公園まで延びている。5つ星ホテルやカフェ、ブランドショップが点在し、航空会社のオフィスも多い。並木道をぶらぶら散策するのも楽しい。

コルソ通り
MAP ●切りとり -3　p.48-A

　ポポロ門からヴェネツィア広場に向かって真っすぐ延びているコルソ通りには、ショッピングモールや専門店が並び、ルスポリ宮殿周辺にはブランドショップが多く集まる。

トリトーネ通り
MAP ●切りとり -10　p.48-E

　バルベリーニ広場からコルソ通りに建つキージ宮殿まで延びている。交通量が多く、騒然としている感があるが、デパートのリナシェンテや、食器や書店などの専門店も多い。

コーラ・ディ・リエンツォ通り
MAP ●切りとり -2　p.53-C

　ヴァチカン前にあるリソルジメント広場から東に延びる通りもファッションエリア。オッタヴィアーノ駅周辺には高級食材店もある。

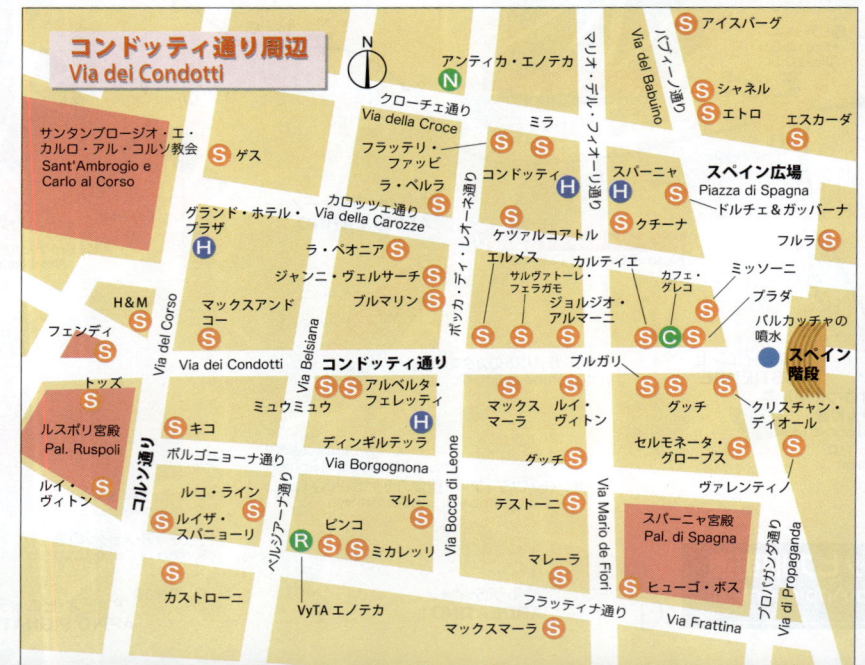

プラダ
Prada
MAP ●切りとり-30　p.108

フルアイテムがそろう

スペイン広場のすぐ目の前のコンドッティ通りに面している。1913年にミラノで革製品の店として創業した人気ブランド。靴、バッグ、ウエア、フレグランスなど、フルアイテムが充実している。

- ■交地下鉄A線スパーニャSpagna駅から徒歩5分
- ■住Via dei Condotti, 88/90
- ■☎06-6790897
- ■開10:00〜19:30、日曜10:00〜19:00
- ■休1/1、12/25、12/26

ブルガリ
Bvlgari
MAP ●切りとり-30　p.108

創業1884年のブルガリ本店

ピンクゴールドとホワイトゴールドからなる「ビー・ゼロワン」リングや時計、サングラス、香水、スカーフなどのフルラインが並ぶ。スキンケア用品、バッグ、ネクタイ、カフスなどのアイテムも。

- ■交地下鉄A線スパーニャSpagna駅から徒歩5分
- ■住Via dei Condotti, 10
- ■☎06-696261
- ■開10:00〜19:30、日・月曜11:00〜19:30
- ■休無休

サルヴァトーレ・フェラガモ
Salvatore Ferragamo
MAP ●切りとり-29　p.108

質のよい革を使ったバッグと靴

1927年創業。履き心地のよさで定評ある靴ブランド。オードリー・ヘプバーンやマリリン・モンローなど多くのハリウッド女優を虜にした靴のほかバッグや財布などの小物も靴と合うものがそろう。

- ■交地下鉄A線スパーニャSpagna駅から徒歩5分
- ■住Via Del Condotti, 73/74
- ■☎06-6791565
- ■開10:00〜19:30、日曜11:00〜19:00
- ■休1/1、12/25、12/26

シャネル
Chanel
MAP ●切りとり-25　p.108

バッグやウエアからフレグランス、ホームウエアまで

ツイードの帽子やウエア、Cのロゴを組み合わせたカシミアシルクのスカーフなど、センスのよいアイテムが見つかる。時計愛好家から高い評価を受けているウォッチや創造性あふれたジュエリーも。

- ■交地下鉄A線スパーニャSpagna駅から徒歩5分
- ■住Via del Babuino, 98/101
- ■☎06-69766599
- ■開10:00〜19:00
- ■休日曜、8/15、8/16

グッチ
Gucci
MAP ●切りとり-30　p.108

GG柄キャンバスバッグが人気

バッグは、太い糸で厚手に織ったGG柄キャンバス地やGGナイロン、2本のリボンをあしらったプリンシーラインなど。グッチらしい落ち着いたデザインの財布、キーホルダーなどの小物もある。

- ■交地下鉄A線スパーニャSpagna駅から徒歩5分
- ■住Via dei Condotti, 8
- ■☎06-6790405
- ■開10:00〜19:30
- ■休1/1、12/25、12/26

マックスアンドコー
Max & Co.
MAP ●切りとり-29　p.108

マックスマーラの妹版

フェミニンなデザインとリーズナブルな価格で人気のブランド。マックスマーラ同様、着やすくて着映えのするコートはとくに注目。この店はレディースが中心。コンドッティ通りにも数店舗ある。

- ■交地下鉄A線スパーニャSpagna駅から徒歩7分
- ■住Via dei Condotti, 46
- ■☎06-6787946
- ■開10:00〜20:00、日曜は10:30〜
- ■休12/25

トッズ
Tod's
`MAP` ●切りとり-29　p.48-E　p.108

靴底に突起がついたモカシン靴が有名に

ソールに133個のゴムの突起を配した一枚革の軽いレザーモカシンで有名。400年前の邸宅を改装した店内にはアルティザン魂を感じさせるハンドメイドの品を中心に、バッグ、革小物を展開。

- 交地下鉄A線スパーニャSpagna駅から徒歩7分
- 住Via Fontanella Borghese,56A/57
- ☎06-68210066
- 開10:30～19:30、日曜10:30～14:00、15:00～19:30
- 休祭日

テストーニ
A.Testoni
`MAP` ●切りとり-29　p.108

最高品質の皮革製品で定評

ボローニャで1929年に創業。バッグの素材は、防水性に優れ、軽量のカリブ（トナカイ）、靴は柔らかくきめの細かいカーフを使用。作業工程が170以上に及ぶ手の込んだ「ボロネーゼ技法」で作られている。

- 交地下鉄A線スパーニャSpagna駅から徒歩7分
- 住Via Borgognona,21
- ☎06-6787718
- 開10:00～19:00
- 休8月の日曜

アイスバーグ
Iceberg
`MAP` ●切りとり-25　p.108

ちょっとおしゃれな普段着

1974年にメンズからスタートし、リゾートで着るカジュアルウエアで知られるようになった。ハイクオリティなニットウエアが得意。日本であまり知られていないフレグランスも好評。

- 交地下鉄A線スパーニャSpagna駅から徒歩3分
- 住Via del Babuino 87/88
- ☎06-32600221
- 開10:00～19:00
- 休祭日

フルラ
Furla
`MAP` ●切りとり-29　p.108

伝統の技術と職人による高品質なバッグ

ボローニャで1927年に開業した。現在は世界で250以上の旗艦店を展開するインターナショナルブランド。伝統的なクラフトマンシップに支えられた機能的なバッグやサイフ、小物に出会えるはず。

- 交地下鉄A線スパーニャSpagna駅から徒歩5分
- 住Piazza di Spagna, 22
- ☎06-6797159
- 開10:00～19:30
- 休12/25

アルベルタ・フェレッティ
Alberta Ferreti
`MAP` ●切りとり-29　p.108

フェミニンでトレンド感たっぷりのスカートやブラウスが人気

1974年設立、体に心地よく寄り添う着心地のよさで人気のブランド。この店ではセカンドラインの「フィロソフィ・ディ・アルベルタ・フェレッティ」の洋服や靴のほかスキンケア、香水も扱う。

- 交地下鉄A線スパーニャSpagna駅から徒歩8分
- 住Via dei Condotti, 34
- ☎06-6991160
- 開10:00～19:00
- 休1/1、12/25、12/26

マレーラ
Marella
`MAP` ●切りとり-30　p.108

マックスマーラグループのウエアの店

日本にも店があり、働く女性の間で人気のショップ。1988年にマックスマーラから創業。洗練された女性をイメージさせる上質でシックなスーツやパンツ、ワンピースなどに力を入れている。

- 交地下鉄A線スパーニャSpagna駅から徒歩6分
- 住Via Frattina, 42/43
- ☎06-69923080
- 開10:00～20:00、日曜10:30～～19:30
- 休1/1、12/25

ルイ・ヴィトン
Louis Vuitton

`MAP` ●切りとり-29　p.108

■交地下鉄A線スパーニャSpagna駅から徒歩6分
■住Via Condotti,13
■☎06-69940000
■開10:00～19:30、日曜11:00～
■休無休

マックスマーラ
Max Mara

`MAP` ●切りとり-29　p.108

■交地下鉄A線スパーニャSpagna駅から徒歩5分
■住Via dei Condotti,17～18A
■☎06-69922104
■開10:00～20:00、日曜は10:30～
■休1/1、8月の日曜、12/25

フェンディ
Fendi

`MAP` ●切りとり-29　48-E　p.108

■交地下鉄A線Spagna駅から徒歩10分
■住Largo Carlo Goldoni, 420
■☎06-33450890
■開10:00～19:30
■休1/1、12/25、12/26

クリスチャン・ディオール
Christion Dior

`MAP` ●切りとり-30　p.108

■交地下鉄A線スパーニャSpagna駅から徒歩5分
■住Via dei Condotti,1/4
■☎06-69924489
■開10:00～19:00
■休1/1、12/25

ジャンニ・ヴェルサーチ
Gianni Versace

`MAP` ●切りとり-29　p.108

■交地下鉄A線スパーニャSpagna駅から徒歩7分
■住Piazza di Spagna,12
■☎06-6780521
■開10:00～19:30、日曜11:00～19:00
■休無休

エスカーダ
Escada

`MAP` ●切りとり-26　p.108

■交地下鉄A線スパーニャSpagna駅から徒歩5分
■住Piazza di Spagna, 7
■☎06-6786995
■開10:00～19:00　■休日曜・祭日、1/1、8/15、12/25、12/26

エルメス
Hermès

`MAP` ●切りとり-29　p.108

■交地下鉄A線スパーニャSpagna駅から徒歩6分
■住Via dei Condotti, 67
■☎06-6791882
■開10:15～19:00
■休日曜、12/25

カルティエ
Cartier

`MAP` ●切りとり-29　p.108

■交地下鉄A線スパーニャSpagna駅から徒歩5分
■住Via dei Condotti, 83
■☎06-6967548
■開10:30～19:30、日曜11:00～19:00
■休無休

エトロ
Etro

`MAP` ●切りとり-25　p.108

■交地下鉄A線スパーニャSpagna駅から徒歩5分
■住Via del Babuino,102
■☎06-6788257
■開10:00～19:30、日曜10:30～19:30
■休1/1、復活祭、12/25、12/26

ブルマリン
Blumarin

MAP ●切りとり-29　p.108

大人のかわいらしさを演出するフェミニンなアイテム

1980年にアンナ・モリナーリが創業。淡い色使いと大人のかわいらしさを演出するロマンティックなシルエット。ニット工場から出発したブランドで、創業時からニット製品の品質には定評がある。

- ■交地下鉄A線スパーニャSpagna駅から徒歩7分
- ■住Via Borgognona,31
- ■☎06-6790951
- ■開10:00〜19:30、日曜11:00〜19:00
- ■休1月、2月、7月、8月、11月の日曜

ピンコ
Pinko

MAP ●切りとり-29　p.48-E

1976年創業のブランド

パルマ郊外で若者向けにスタートし、現在はロンドン、パリなど世界で店舗展開。「大人のセクシーさ」を表現したカッティングに特徴がある。ワンピースで€200前後、トップスで€110程度。

- ■交地下鉄A線スパーニャSpagnaから徒歩10分
- ■住Via Frattina 101-103
- ■☎06-69294666
- ■開10:00〜19:30、土曜は〜20:00、日曜11:00〜19:30
- ■休無休

ガレリアとテルミニ駅構内のお店も要チェック！

　ローマの意外な穴場としておすすめなのが、トレヴィの泉に近いコルソ通りにあるガレリアとテルミニ駅構内。ガレリアには老舗のリナシェンテ、テルミニ駅には庶民派のコインと、どちらも百貨店があるほか人気の専門店が軒を連ねている。とくにテルミニ駅には100店舗を超える専門店街があるほか、スーパーマーケットのコナドConadなどもあり、おみやげや旅の必需品など何でもそろう。

はじめ、トラサルディ・ジーンズ、コッチネッレなどポピュラーなイタリアンブランド、チョコレートのリンツなどが入っている。
　モールの天井は「ヴェラリウム」と呼ばれる美しいステンドグラス。床や照明も建築当時の様式を生かしたエレガントな空間になっていて、ブックショップやカフェもあり、休憩場所としても最適。

- ■交地下鉄A線バルベリーニ駅から徒歩12分。コロンナ広場前
- ■住Piazza Colonna
- ■☎06-69190769　■開8:30〜21:00、土曜は〜22:00、日曜は9:30〜　■休1/1、8/15、12/25

ガレリア・アルベルト・ソルディ
Galleria Alberto Sordi

MAP ●切りとり-33 p.48-E

　国会議事堂や首相官邸といった重要官庁が集まるコロンナ広場。その向かいにあるガレリア・アルベルト・ソルディは、2003年オープンのショッピングモール。1900年代初めのリバティ様式で建てられた美しい建物のなかに、老舗デパートのリナシェンテや、お手ごろ価格で人気のアパレルZARAなどの大型店を

コイン テルミニ駅店
Coin

MAP ●切りとり-18　p.49-L

　テルミニ駅のホームに向かって右端の24番線脇にあるコインは、デパートとスーパーの中間的な存在で親しまれている。コスメやウエア、バッグ、アクセサリー、インテリアグッズなど手ごろな価格の商品が見つかる。

- ■交テルミニ駅構内
- ■住Via G. Giolitti,10
- ■☎06-47825909　■開8:00〜22:00
- ■休無休

マリパルミ
Maliparmi

MAP ●リゾート-3 p.48-A

都会のリゾート着を提案

バリ島風のエスニックテイストを加味した洋服や靴、バッグが個性的。カッティングの美しい服は着映えする。トップスで約€120、ワンピースで€300前後、サンダル約€100。

■交地下鉄A線スパーニャSpagna駅から徒歩8分
住Via del Babuino,161
☎06-3225681
開10:00〜19:30、火・水・日曜は11:00〜
休無休

ニア
Nia

MAP ●切りとり-25 p.48-A

ほどよいトレンド感を盛り込んだ服

流行を盛り込んだクラシカルでエレガントな服造りを目指すブランド。ここ本店のほか、向かいに若者向けカジュアルファッションの店、近くにアウトレットと3店舗を構える。

■交地下鉄A線スパーニャSpagna駅から徒歩7分
住Via Vittoria,48
☎06-3227421
開火〜土曜10:00〜19:00、月曜15:00〜19:00、日曜11:00〜18:00（オンシーズンのみ営業）
休1/1、12/25、12/26

ミッソーニ
Missoni

MAP ●切りとり-30 p.108

色の魔術師といえば、ここ

独特のミッソーニカラーと呼ばれるカラフルな幾何学模様、抽象模様のニットで定評がある。同系色で織り成すハーモニーが魅力。バッグなど小物もある。

■交地下鉄A線スパーニャSpagna駅から徒歩5分
住Piazza di Spagna, 78
☎06-6792555
開10:30〜19:30、日曜11:00〜19:00
休8月の日曜

ボッテガ・ヴェネタ
Bottega Veneta

MAP ●切りとり-33 p.48-E

モノグラムのバッグ＆サンダルが人気

上質のなめし革を編み込んでつくる「イントレチャート」という技法のバッグが人気。旅行にも使える大きめのトートバッグや財布も種類が豊富。

■交地下鉄A線スパーニャSpagna駅から徒歩12分
住Piazza S.Lorenzo in Lucina, 9/13
☎06-68210024
開10:00〜20:00、木曜は〜19:00、日曜10:30〜19:30
休1/1、12/25、12/26

ジョルジオ・アルマーニ
Giorgio Armani

MAP ●切りとり-29 p.108

イタリアを代表するトップブランド

イタリアで最もエレガントなファッションブランド。ミラノにメガストアを持つが、ローマではここだけ。1階と2階がメンズ、3階がレディース。

■交地下鉄A線スパーニャSpagna駅から徒歩6分
住Via Condotti, 77
☎06-6991460
開10:00〜19:00、日曜10:00〜14:00、15:00〜19:00
休1/1、復活祭、8/15、12/25、12/26、8月の日曜

マルニ
Marni

MAP ●切りとり-29 p.108

個性あふれるカジュアルブランド

日本でも人気の高いマルニ。個性的でロマンティックなテイストのシャツやスカート、ニットなどの服のほか、サングラスなどの小物も充実している。

■交地下鉄A線スパーニャSpagna駅から徒歩8分
住Via Bocca di Leone, 8
☎06-6786320
開10:00〜19:00、日曜10:00〜13:00、14:00〜19:00
休日曜

ヴァレンティノ
Valentino

MAP ●切りとり-29 p.108

優雅で洗練されたファッションアイテム

北イタリア生まれのヴェレンティノ・ガラバーニが1959年に創業したブランド。バッグや靴、洋服、小物などのアイテムを幅広く取りそろえている。

■交地下鉄A線スパーニャSpagna駅から徒歩8分
住Piazza di Spagna, 38
☎06-94515710
開10:00〜19:30、日曜は〜19:00
休1/1、12/25

ルイザ・スパニョーリ
Luisa Spagnoli

MAP ●切りとり-29　p.48-E、p.108

品質のよいニットやアウターが人気

　国内に150店舗以上を展開しているイタリアンブランド。コルソ通りに面したこの店は最大の売り場面積。上質な糸と仕立てのよさに上品なタッチを加えたコレクションからお気に入りを見つけたい。

■交スペイン広場から徒歩5分
■住Via frattina, 84/B
■☎06-6991706
■開10:00～20:00、日曜は10:30～
■休1/1、12/25、12/26

ルコ・ライン
Luco Line

MAP ●切りとり-29　p.108

おしゃれなスニーカーならここ

　85年にウンブリア州で生まれた靴ブランド。高めのヒールとデザイン性の高さで海外でも展開している。ローマには2店舗あり、ベルジアーナ通りのほか、スペイン広場27番地にもある。

■交スペイン広場から徒歩8分
■住Via Belsiana, 65
■☎06-6790879
■開10:00～19:30、日曜11:00～19:00
■休1/1、8/15、12/25

コッチネッレ
Coccinelle

MAP ●切りとり-33　p.48-E

人気のバッグブランド

　コルソ通りに面したショッピングモール「ガレリア・アルベルト・ソルディ」内にあり、アクセスしやすい。ほどよいモード感のあるバッグは、上質の革を使い、日常使いしやすく機能性も抜群。

■交地下鉄A線スパーニャSpagna駅から徒歩12分
■住Galleria Alberto Sordi, 5/6
■☎06-69291849
■開10:00～20:00、土曜は～20:30
■休無休

セルモネータ・グローブス
Sermoneta Gloves

MAP ●切りとり-30　p.108

手ごろな価格の革手袋の専門店

　スペイン広場前にある革手袋の店。自社工場を持ち手ごろな価格を実現している。内側にカシミアを使った寒冷地用、滑りのよいシルク素材、裏地なしなど種類・デザイン豊富、色も50色から選べる。

■交地下鉄A線スパーニャSpagna駅から徒歩5分
■住Piazza di Spagna, 61
■☎06-6791960
■開9:30～20:00、9月～6月の日曜と復活祭は10:30～
■休祝日、7月・8月の日曜

ステファネル
Stefanel

MAP ●切りとり-2　p.53-C

気軽なカジュアルウエアなら

　日常シーンで活躍しそうなシャツやセーターなど、遊び心のあるカジュアルなアイテムが豊富。革のジャケットやバッグなどもクオリティが高い。新鮮な日常着のなかに自分らしさを見つけて。

■交地下鉄A線オッタヴィアーノOttaviano駅から徒歩8分
■住Via Cola di Rienzo, 223
■☎06-3211403
■開10:00～20:00、日曜11:00～20:00
■休1/1、12/25、12/26

ペッリカーノ
Pellicano

MAP ●切りとり-15　p.51-G

オーダーメイドもできる手作りネクタイの店

　手作りのシルクネクタイ専門店。布の裁断から縫製まで、すべての工程を店舗2階にある工房で職人が丁寧に作る。布・柄を指定してオーダーすることもできる。自分らしい一品を探したいときに。

■交ナヴォーナ広場から徒歩5分
■住Via del Seminario 93
■☎06-69942199
■開10:00～19:00
■休12/25、12/26

ファビオ・ピッチョーニ
Fabio Piccioni
MAP ●切りとり-17　p.48-J

アンティークからオリジナルまで

1950年代を中心にしたアンティークのほか、オーナーのファビオ氏が制作するジュエリーを扱う。シャネルの時計など70年台の品物も。所狭しと置かれた品々を宝探し気分で選んでみては。

- ■🚇地下鉄A線カヴールCavour駅から徒歩6分
- ■🏠Via del Boschetto,77
- ■☎06-472837
- ■🕙10:30〜20:00
- ■休土・日曜、夏冬に不定休

フェミニリタ
Femminilita
MAP ●切りとり-16　p.51-G

最高級のインナーウエア＆部屋着

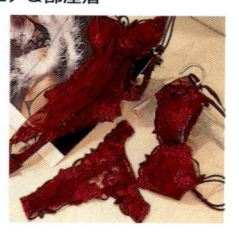

エクシリア、コットンクラブなどのランジェリーを取りそろえている。セクシーなデザインと上質な素材使いの製品にも注目。フィリップ・マンディニョンなどの高級ストッキング（€6〜）も豊富。

- ■🚇パンテオンから徒歩5分
- コロンナ広場Piazza Colonnaからすぐ
- ■🏠Via della Colonna Antonina 36、37
- ■☎06-6795947　■🕙10:00〜19:30、8月の土曜10:00〜14:00　■休8・9月の日曜、8月の土曜午後

スーペル
Super
MAP ●切りとり-17　p.49-K

服飾やインテリア雑貨のセレクトショップ

ヨーロッパ各地やイタリア国内のメジャーではないが人気があったり、注目されているブランドを集めている。新しいものに混じって、50〜60年代のヴィンテージものもある。店の造りもおもしろい。

- ■🚇地下鉄B線カヴールCavour駅から徒歩3分
- ■🏠Via Leonina,42　■☎06-98266450
- ■🕙10:30〜14:00、15:30〜20:00、月曜15:30〜20:00、土曜10:30〜14:00
- ■休日曜

グスト
Gusto
MAP ●切りとり-9　p.48-A˝

ハイセンスな料理本＆厨房用品を探すなら

おしゃれでセンスのよいキッチングッズが見つかる店。店内は、料理をテーマに集められた本とグッズでいっぱい。料理を楽しくするアイテムを見つけよう。レストランも併設している。

- ■🚇地下鉄A線スパーニャSpagna駅から徒歩10分
- ■🏠Piazza Augusto Imperatore, 7
- ■☎06-3236363
- ■🕙10:30〜20:00
- ■休無休

キコ
KIKO

`MAP` p.108

欧州で人気のお手頃コスメ

　ミラノで創業し、今や「キコミラノ」で欧州中に展開する人気ブランドに。お手頃価格ながらイタリア製なので、おみやげにも好適。リップ、ネイル、アイシャドウなど色ぞろえが豊富で、選ぶのも楽しい。

- 交地下鉄A線スパーニャSpagna駅から徒歩10分
- 住Via del Corso, 145
- ☎06-6792167
- 開10:00〜20:00
- 休無休

ポデーレ・ヴェッチアーノ
Podere Vecciano

`MAP` ●切りとり-17　p.48-J

トスカーナの農園主が経営する食料品＆コスメの店

　オリーブオイル、ワイン、バルサミコ酢などの食品や石鹸、シャンプーなど、扱う品はすべてトスカーナ産。オリーブの木で作るまな板やフォーク、スプーンなど見た目にも美しい一品が見つかる。

- 交地下鉄B線カヴールCavour駅から徒歩7分
- 住Via dei Serpenti, 33
- ☎06-48913812
- 開10:00〜20:00
- 休5〜9月の月曜、1/1、復活祭、12/25、12/26

サンタマリア・ノヴェッラ薬局
Offcina Profumo-Farmaceutica di Santa Maria Novella

`MAP` ●切りとり-15　p.50-F

天然素材のバス用品が人気

　フィレンツェにある同名の修道院で作られた天然素材のコスメ＆バス用品の店。製品はすべて中世のままのレシピで作られ、無添加。赤ちゃんにも安心して使えると好評だ。美しいインテリアにも注目。

- 交ナヴォーナ広場Piazza Navonaから徒歩1分
- 住Corso Rinascimento, 47
- ☎06-6872446
- 開10:00〜19:30
- 休1/1、12/25、12/26

ローマ三越
Roma Mitsukoshi

`MAP` ●切りとり-11　p.49-G

日本語が通じるのでショッピングも安心

　ロエベ、グッチ、フェラガモ、フェンディ、フルラなどのイタリアンブランドのバッグや靴、時計、ファッション小物から貴金属まで扱い、チョコレートやオリーブオイルなどの食料品もそろう。

- 交地下鉄A線レプブリカRepubblica駅から徒歩1分
- 住Via Nazionale, 259
- ☎06-4827828
- 開10:45〜19:15
- 休1/1、復活祭、12/25、12/26

チッタ・デル・ソーレ
Citta'del Sole

`MAP` ●切りとり-15　p.50-F

世界のおもちゃがずらりと並んだ子どもの天国

　店内には子どもと一緒に親も楽しめるようなハイテクおもちゃから木製の知育玩具まで、あらゆるおもちゃが並べられている。日本ではなかなか見つからない珍しい玩具もあり、宝探しの気分。

- 交パンテオンPanteonから徒歩5分
- 住Via della Scrofa, 65
- ☎06-68803805
- 開10:00〜19:30、日曜は11:00〜
- 休1/1、復活祭、4/25、8/15、8/16、12/25、12/26

クチーナ
Cucina

`MAP` ●切りとり-25　p.108

おしゃれで機能的なキッチン用品

　デザインと美術の国ならではの、美しくて使いやすいキッチン用品が見つかる店。アレッシのヤカンやコーヒーメーカー、チーズおろしなど、キッチンを楽しく彩るグッズはおみやげにも喜ばれそう。

- 交地下鉄A線スパーニャSpagna駅から徒歩6分
- 住Via Mario de' Fiori, 65
- ☎06-6791275
- 開10:00〜19:30、月曜は15:30〜、土曜は10:30〜
- 休日曜、1/1、復活祭、12/25

モンダドーリ
Mondadori

MAP ●切りとり-2 p.53-D

DVDも豊富、巨大なブックストア

ローマ中心部で1、2の品ぞろえを誇る大型書店。洋書ファンなら必見。DVDやCDのコーナーもある。視聴ブースで最新のイタリアン・ポップスを聴いて、旅の記念に一枚を選ぶのも楽しい。

- ■交地下鉄A線レパントLepanto駅から徒歩7分
- ■住Piazza Cola di Rienzo, 81/83
- ■☎06-3220188
- ■開9:00～22:00
- ■休1/1、復活祭、8/15、12/25、12/26

リナシェンテ
La Rinascente

MAP ●切りとり-33 p.48-E

ローマに新しく誕生したショッピングモール

老舗のデパート、リナシェンテがショッピングモールを新装オープン、ローマの新しいランドマークとして話題になっている。8フロアに800近いブランドがそろい、展望のよい屋上レストランも人気。

- ■交地下鉄A線スパーニャSpagna駅から徒歩10分
- ■住Via del Tritone, 61
- ■☎06-879161
- ■開9:30～23:00
- ■休1/1、復活祭、12/25、12/26

コイン
Coin

MAP p.57-H

地元の人でもにぎわう庶民的なデパート

リナシェンテよりリーズナブルな品ぞろえ。Tシャツやジャンパーなどオリジナルのウエアもイタリアらしいデザインのものが見つかる。とくにインテリア雑貨はセレクトのセンスが光る。

- ■交地下鉄A線サン・ジョバンニSan Giovanni駅から徒歩3分　■住Piazzale Appio, 7
- ■☎06-7080020
- ■開9:30～20:00、土曜は～20:30、日曜10:30～20:30
- ■休無休

ボッテガ・ヴェルデ
Bottega Verde

MAP ●切りとり-18 p.49-H

肌に優しい自然派化粧品

イタリアで人気の自然派コスメブランド。化粧水からシャンプー、ボディー・ローションまで、原料に自然素材を使用した体にやさしいコスメが集められている。値段も手ごろなので試しては？

- ■交テルミニ駅構内
- ■住Via G. Giolitti, 1
- ■☎06-47786801
- ■開8:00～22:00
- ■休1/1、12/25、12/26

アントナンジェリ
Antonangeli

MAP ●切りとり-15 p.50-F

有名ブランドの陶磁器とキッチン用品

ロングセラーを送り出しているリチャード・ジノリやロイヤル・コペンハーゲンなど、ヨーロッパを代表する陶磁器ブランドの人気アイテムを集めた器の専門店。色や柄などセンスのよいものばかり。

- ■交ナヴォーナ広場Piazza Navonaから徒歩5分
- ■住Corso Emanuele II, 81/83
- ■☎06-68803892
- ■開10:00～19:30、月曜12:30～19:30
- ■休日曜・祭日

モリオンド＆ガリーリオ
Moriondo e Gariglio

MAP ●切りとり-16 p.51-G

上質なチョコとフルーツゼリー

19世紀にトリノで創業した静かで落ち着いた老舗チョコレート専門店。手作りのチョコレート、ヌガー、アーモンド菓子、フルーツゼリーなど、どれもおすすめ。パッケージも美しく、贈答用包装もしてくれる。

- ■交パンテオンPanteonから徒歩5分
- ■住Via del Pie di Marmo, 21-22
- ■☎06-6990856
- ■開9:00～19:30
- ■休日曜

アンティカ・カチャラ
Antica Caciara
MAP ●切りとり-21 p.59-G

産地・生産者にこだわるチーズ専門店

オーナーのロベルト氏で3代続くチーズのセレクトショップ。昔ながらの製法を守る職人のチーズを扱い、地元客の信頼を得ている。地元ラツィオ州のペコリーノ・ロマーノで100g約€1.60。

🚉サンタ・マリア・イン・トラステヴェレ教会から徒歩3分
🏠Via di San Francesco a Ripa, 140A/B
☎06-5812815
🕐7:00～14:00、16:00～20:00
休日曜

ドルチェ・イデア
Dolce Idea
MAP ●切りとり-9 p.50-B

保存料、植物油不使用のチョコレート

ナポリに本拠を置くチョコレートの匠ボットーネ氏のチョコを専門に扱う。保存料や植物油を一切使わないチョコはカカオ含有量がダークチョコレートで70％と大手の約1.6倍も多く、上質。

🚉ナヴォーナ広場Piazza Navonaから徒歩6分
🏠Via della Stelletta, 27
☎06-6861703
🕐10:00～20:00、日曜は11:30～
休6/20前後～8/31

ローマ・ストア
Roma Store
MAP ●切りとり-21 p.59-G

500種類の香りをそろえた香りの専門店

世界中からセレクトされた香水がずらりと並ぶ店内は香りでいっぱい。エトロ、ロレンゾ・ヴィロレッシ、アクア・ディ・パルマなどのイタリア製の香水や自然派コスメもこだわりの品ばかり。

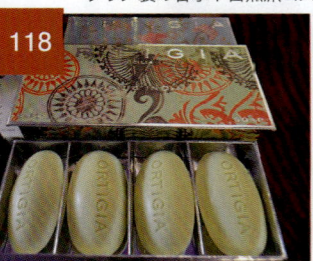

🚉ベッリ広場Piazza G.G. Belliから徒歩2分
🏠Via della Lungaretta, 63
☎06-5818789
🕐10:00～20:00 休12/25

カストローニ
Castroni
MAP ●切りとり-29 p.51-C

1932年創業の高級食料品店

高品質のオリーブオイルや長期熟成のバルサミコ酢、有機栽培の素材で作ったパスタソース、缶詰や瓶詰など、全国から集められた厳選食材が棚いっぱいに並ぶ。調味料や乾燥パスタ、お菓子も豊富。

🚉スペイン広場Piazza di Spagnaから徒歩8分
🏠Via Frattina, 79
☎06-69921903
🕐9:30～20:00、日曜10:30～20:00
休1/1、12/25、12/26

パロンビ
Palombi

MAP ●切りとり-27 p.48-B

焼きたてクッキーの香るおしゃれなベーカリー

　おしゃれなヴェネト通りにある人気のベーカリー。店内はいい香りが漂い、焼きたてのパンやクッキー、パイなどがずらりと並んでいる。ピッツァも切り売りしてもらえるので小腹が空いたときに。

- ■交地下鉄A線バルベリーニBarberini駅から徒歩8分
- ■住Via Vittorio Veneto, 114
- ■☎06-4885817
- ■開7:30～19:30
- ■休日曜・祭日、8月第2週～月末

ラ・ペオニア
La Peonia

MAP ●切りとり-29 P.48-A

南国サルデーニャの食品が人気

　サルデーニャ出身の店主が、郷里の誇れる産物を扱う。自ら手作りするボッタルガ(からすみ)は、ボラ、クロマグロ、メカジキの魚卵を使い、味の違いも楽しめる。オリーブオイルなども上質。

- ■交地下鉄A線スパーニャSpagna駅から徒歩7分
- ■住Via Carrozze,85
- ■☎06-679-8552
- ■開10:00～20:00
- ■休8月の日曜

フラッテリ・ファッビ
Fratelli Fabbi

MAP ●切りとり-29 p.108

新鮮なチーズやハムは地元でも評判

　常時30種類以上のチーズやハムを計り売り。地元の高級レストランにも卸しているとあって味は保証済み。レストランでの食事に飽きたときに、ここで惣菜を買ってホテルの部屋で味わうのもいい。

- ■交地下鉄A線スパーニャSpagna駅から徒歩6分
- ■住Via della Croce, 27/28
- ■☎06-6790612
- ■開8:00～19:45
- ■休8月中旬の2週間

フランキ
Franchi

MAP ●切りとり-2 p.53-C

食の豊かさを感じるイタリアの惣菜

　チーズだけで100種類。味の評判は口コミで広がり、食通が訪れるそう。チーズや生ハムなどは計り売りしているので、外食に飽きたときは欲しい分量をメモなどで伝え、テイクアウトするのも手。

- ■交地下鉄A線オッタヴィアーノOttaviano駅から徒歩5分
- ■住Via Cola di Rienzo, 200
- ■☎06-6874651
- ■開9:00～20:30
- ■休日曜・祭日

ラ・ボッテガ・デル・チョコラート
La Bottega del Cioccolato

MAP ●切りとり-17 p.49-K

チョコレート職人のオーナーが作るこだわりチョコ

　北イタリア・ピエモンテの製法で作られている、保存料、食品添加物、植物油を一切加えない伝統のチョコレート。自然食のためチョコの日持ちは15日以内。ギフト用包装もしてくれる。

- ■交地下鉄B線カヴールCavour駅から徒歩3分
- ■住Via Leonina, 82
- ■☎06-4821473
- ■開9:30～19:30
- ■休日曜(12月の日曜を除く)

ケツァルコアトル
Quetzalcoatl
MAP p.108

厳選素材のとろけるチョコレート

　店頭に並べられたジュエリーのようなチョコレート（1kg約€120）は種類が多く、目移りしそうになる。フルーツの砂糖漬けやマカロン、カラメルソースの瓶詰などみやげに最適なスイーツも見つかる。

■交地下鉄A線スパーニャSpagna駅から徒歩6分
■住Via delle Carrozze, 26
■☎06-69202191
■開10:00～19:30
■休日曜

ディフュジオーネ・テッシーレ
Diffusione Tessile
MAP p.46-J

マックスマーラのアウトレット

　カジュアルなアイテムからフォーマルなドレスまで、品ぞろえもサイズも豊富。アウトレット品につきタグは外されているが、市価の3～7割引とお買い得な買い物ができる。ローマ郊外にある。

■交地下鉄B線エウル・フェルミE.U.R.Fermi駅下車タクシー利用
■住s.s. Pontina KM 28, 200　☎06-9105673
■開10:00～20:00　■休1/1、復活祭、12/25、12/26

カステル・ロマーノ
Castel Romano
MAP p.9-H

ローマ郊外の巨大アウトレットモール

　ローマ郊外にあるアウトレットモール。ブルガリ、プラダ、ポリーニなどの人気ブランドが約100店舗出店している。商品の割引率は品物により30～70%。レストランやカフェもあり、一日中買い物が楽しめ

る。アウトレットモール提携バスで往復€13。テルミニ駅前を10:00、12:30、15:00発。ほかにマイバスイタリーなどの旅行会社が主催するローマ発着バスツアーもある。
　問合せ：マイバスイタリーp.67

■交テルミニ駅東側のマルサラ通りVia Marsalaの空港行きバス乗り場 (p.63) からモール提携バスで約40分
■住Romano via Ponte di Piscina Cupa, 64
■☎06-5050050　■開10:00～20:00、土・日曜は～21:00
■休8月の日曜（変動あり）

グルメ

Gourmet

ローマには気軽なピッツェリアから高級レストランまで、おいしい店がたくさん。テヴェレ川の対岸にも気取らない店が多い。この際、ダイエットは忘れて本場の料理を楽しもう。

€予算：ディナー1人分　☎予約が必要　👔服装に注意

フリット・アッラ・ロマーナ
Fritto alla Romana

野菜や内蔵のフリット。古代からこの地方で食べられていたアーティチョークCarciofi、牛や羊の内臓も定番素材。

アバッキオ
Abbacchio

子羊の肉をローズマリーを添えて焼いたもの。乳のみ羊の肉はまったく臭みがない。

スパゲッティ・アマトリチャーナ
Spaghetti all'Amatriciana

トマト、豚ほほ肉、羊乳のチーズ「ペコリーノ・ロマーノ」で仕上げたソースを絡めたもの。

サルティンボッカ
Saltimbocca alla Romana

薄めに切った子羊肉を生ハムで包み、セージの葉で香りを添えて焼いたもの。

イル・コンヴィーヴィオ
高級　Il Convivio

MAP ●切りとり-9　50-B　€120〜　☎👔

ミシュラン1つ星に輝く創作イタリアン

　実力派シェフ、アンジェロ・トロイアーニの店。マルケ州で育った彼の料理は、ローマとマルケの伝統料理をベースに、修業先のフランス、ポルトガルなどの外国料理のエッセンスも加えたもの。

■交ナヴォーナ広場Piazza Navonaから徒歩3分
■住Vicolo dei Soldati, 31
■☎06-6869432
■開20:00〜23:00
■休日曜、復活祭、12/25、12/26、8月の1週間

カンポネスキ
高級　Camponeschi

MAP ●切りとり-15　50-J　€70〜　☎👔

ソフィスティケートされたローマ料理と優雅な内装

　行き届いたサービスと、繊細な味わいが評判で、市内でも指折りの名店。水牛のモツァレラチーズを使った前菜、軽い口当たりに仕上げたエビフライなど、定番メニューにも実力がうかがえる。

■交ナヴォーナ広場Piazza Navonaから徒歩7分
■住Piazza Farnese, 50a
■☎06-6874927　■開19:30〜0:00a.m.
■休日曜、復活祭の2日間、8/10〜8/24

パリス・イン・トラステヴェレ
高級 Paris in Trastevere
MAP ●切りとり-21 53-G €50～ ☎

伝統的なローマ料理で定評のある1軒

アーティチョークのフリット、エビと花ズッキーニのパスタ、内蔵料理など伝統のローマ料理が味わえる。ワインの品ぞろえもよく、とくにトスカーナワインに力を入れている。日本語メニューもある。

■交8番トラム、マスタイ広場Mastaiから徒歩5分
■住Piazza S. Calisto, 7a
■☎06-5815378
■開12:30～15:00、19:30～23:00
■休月曜

コッリーネ・エミリアーネ
高級 Colline Emiliane
MAP ●切りとり-35 p.48-F €35～ ☎

ローマでは珍しいボローニャ料理の専門店

ローマにいながら「食の都」ボローニャの料理が味わえる。ウサギやイノシシ肉の煮込みを合えたパスタは口中に肉汁が広がる。打ち立てのパスタだけでなくデザートもこの店特製。

■交地下鉄A線バルベリーニBarberini駅から徒歩5分
■住Via degli Avignonesi, 22
■☎06-4817598
■開12:45～14:45、19:45～22:45
■休日曜の夜、月曜、復活祭、8月、12／25

アンドレア
高級 Andrea
MAP ●切りとり-28 48-B €40～ ☎

新鮮な魚介料理が好評

1928年に創業以来、親子3代で守っている老舗。新鮮な魚介類のメニューが自慢で、人気はトマトとオマールエビのサラダ（2人前€85～）など。ボリュームもたっぷり。パスタは1皿€10～。

■交地下鉄A線バルベリーニBarberini駅から徒歩10分
■住Via Sardegna, 28
■☎06-4821891
■開12:00～15:00、19:00～23:00、日曜19:00～23:00
■休無休

アガタ・エ・ロメオ
高級 Agata e Romeo
MAP ●切りとり-18 p.49-L €65～ ☎T

自家製パンがおいしい、モダンなローマ料理

女性シェフのアガタとソムリエのロメオの夫妻が経営する新感覚のローマ料理は地元でも人気。地下には9000本のワインが眠る蔵も。入口の扉がややわかりにくいが、ベルを押して開けてもらおう。

■交地下鉄A線 ヴィットリオ・エマヌエーレVittorio Emanuele駅から徒歩7分
■住Via Carlo Alberto, 45
■☎06-4466115 ■開12:30～14:30、19:00～22:00
■休日曜、8月の2週間

アルマンド・アル・パンテオン
高級 Armando al Pantheon
MAP ●切りとり-15 p.51-G €50～ ☎T

パンテオンからすぐの伝統的ローマ料理の店

1960年代から約半世紀続いている家族経営の店。鶏肉の白ワイン煮ポテト添えなど。アーティチョークのローマ風など、伝統的なローマ料理をアレンジした料理は、値段も手ごろでおいしい。

■交ナヴォーナ広場Piazza Navonaから徒歩4分
■住Salita de' Crescenzi, 31
■☎06-68803034
■開12:30～15:00、19:00～23:00
■休日曜・祭日、土曜の夜、7月の土曜、8月

コルセッティ1921
高級 Corsetti1921
MAP ●切りとり-20 p.59-G €35～ ☎T

ソムリエのいる魚料理の名店

1922年創業。帆船をイメージした店内がユニーク。おすすめは貝とスカンピ（手長エビ）が入ったパスタ。トリュフオイルを使ったステーキやサルティンボッカ（子牛と生ハムのソテー）も人気。

■交サンタ・マリア・イン・トラステヴェレ教会 Piazza S. Maria in Trastevereから徒歩7分
■住Piazza San Cosimato, 27 ☎06-5809009
■開12:00～15:00、19:00～23:00
■休月～水曜のランチ

クインツィ＆ガブリエリ
高級
Quinzi e Gabrieli
MAP ●切りとり-9　p.50-F　€70〜

テーブル前でグリルするアツアツ魚介料理

海からもほど近いローマ。近郊の港から直送される、獲れたてのロブスターや鮮魚を目の前でグリルしてくれる魚料理は、まさに自然の恵みいっぱい。魚介のカルパッチョやパスタもおいしい。

■交ナヴォーナ広場Piazza Navonaから徒歩3分
■住Via delle Coppelle, 5/6
■☎06-6879389
■開12:30〜15:00、19:30〜23:30
■休無休

ラ・カンパーナ
高級
La Campana
MAP ●切りとり-9　p.50-B　€35〜

1500年代から続く老舗中の老舗

画家のカラバッジョも顧客だったという歴史ある店。料理は揚げたアーティチョーク、小鰯とペコリーノチーズソースのタリオリーニなどのローマ伝統料理で、魚介料理も得意。メイン料理で€10〜16。

■交ナヴォーナ広場Piazza Navonaから徒歩5分
■住Vicolo della Campana, 18
■☎06-6875273
■開12:30〜15:00、19:30〜23:00
■休月曜、一部の祭日

トラットリア・ダ・エンツォ・アル29
中級
Trattoria da Enzo al 29
MAP ●切りとり-21　p.59-H　€25〜

トラステヴェレ地区にある家庭的なトラットリア

揚げたズッキーニの花の詰め物やボウダラの揚げ物などの前菜、アバッキオなどの肉料理、どれもおいしい。その日のおすすめをぜひ教えてもらおう。高級ワインもグラスでオーダーできる。

■交ベッリ広場Belliから徒歩7分
■住Via dei Vascellari, 29
■☎06-5812260
■開12:30〜15:00、19:30〜23:00
■休日曜

VyTA エノテカ
ワインバー
VyTA Enoteca Regionale del Lazio
MAP ●切りとり-29　p.48-E　€3.50〜

ラツィオ州が経営するエノテカ

ローマのあるラツィオ州が、地元の食文化をもっと知ってもらおうと、2004年に開店。本場ペコリーノチーズや無農薬ワインなどを味わうことができる。食事の前後に軽く1杯というときに最適な一軒。

■交地下鉄A線スパーニャSpagna駅から徒歩10分
■住Via Frattina,94
■☎06-47786876　■開エノテカ9:00〜23:00/食事12:30〜15:30、18:30〜22:30
■休日曜、8月の1週間

ロッショーリ
中級
Roscioli
MAP ●切りとり-15 p.50-J　€30〜（昼）　€40〜（夜）

デリを兼ねた地元っ子御用達の一軒

グルメ誌で、カルボナーラのおいしい店1位に選ばれる名店。3代続く家族経営の店で、デリを併設。チーズは450種類以上、とくに水牛のモツァレラや生ハムは上質なものをそろえている。

■交サンタンドレア・デッラ・ヴァッレ教会から徒歩3分
■住Via dei Giubbonari, 21
■☎06-6875287
■開デリ8:30〜20:30／食事12:30〜24:00
■休日曜

⊛前菜€13〜、プリモ€12〜。⊛カルボナーラはベーコンの塩味が強いがカリッとしていて香ばしい

ダ・パンクラツィオ
高級 Da Pancrazio

MAP ●切りとり-15　p.50-J　€35～　☎

古代の劇場跡に建つローマ料理の店

　古代のポンペイウス劇場遺跡の上に建っている。おすすめはキノコのスパゲッティなど。地下の席では遺跡の壁の一部を見ながら食事ができる。古代に思いを馳せながら旅情にたっぷりと浸りたい。

■交ナヴォーナ広場Piazza Navonaから徒歩5分
■住Piazza del Biscione, 92
■☎06-6861246
■開12:00～15:00、19:00～23:00
■休水曜

イル・マトリチャーノ
中級 Il Matriciano

MAP ●切りとり-2　p.53-C'　€40～　☎

太めの辛いパスタ「ブカティーニ」が名物

　ローマでよく知られた名店。名物のブカティーニのほか、唐辛子がピリリと効いたパスタや子羊のグリル、牛スネ肉をトマトで煮込んだオッソブーコなどのローマ料理をぜひ試したい。

■交地下鉄A線オッタヴィアーノOttaviano駅から徒歩5分
■住Via dei Gracchi, 55
■☎06-3213040
■開12:30～14:30、20:00～23:00
■休8月、6月～9月の土曜、10月～5月の水曜

グスト
中級 Gusto

MAP ●切りとり-9　p.48-A'　€40～　☎

洗練された地中海料理が自慢の店

　ピッツェリア、レストラン、ワインバーのコーナーに分かれている。料理はイタリア料理と創作的地中海料理。70種類もそろえたチーズとワインで食後のひとときを楽しむ、という使い方もいい。

■交地下鉄スパーニャSpagna駅から徒歩10分
■住Piazza Augusto Imperatore, 9
■☎06-3226273
■開12:00～15:30、18:00～24:00
■休無休

ダル・トスカーノ
中級 Dal Toscano

MAP ●切りとり-1　p.52-B'　€35～　☎

陽気なシェフがいるトスカーナ料理の店

　Tボーンの炭火焼ビステッカBisteccaが名物。トスカーナ風白いんげんのオリーブオイル煮、豚肉とベーコンの煮物なども滋味豊か。コケモモのジャムのクロスタータ（タルト）などのデザートも好評。

■交地下鉄A線オッタヴィアーノOttaviano駅から徒歩3分
■住Via Germanico, 58/60
■☎06-39725717
■開12:30～15:30、20:00～23:15
■休月曜

コルヌコピア
中級 Cornucopia

MAP ●切りとり-21　p.59-H　€40～　☎

海の幸がおいしい、下町の隠れ家

　ソレント出身オーナーが作るトマトソースは絶品。フレッシュなトマトの酸味が魚介と合う。カニ入りトマトソースのパスタやシーフードのニョッキ、豪快なアクアパッツァ（蒸し魚）も試したい。

■交トラム8番ベッリBelli停留所から徒歩5分
■住Piazza in Piscinula, 18
■☎06-5800380
■開12:00～23:30
■休無休

ケッコ・エル・カレッティエレ
中級 Checco er Carrettiere

MAP ●切りとり-20　p.59-C　€35～　☎

1935創業の下町の老舗

　気軽な食堂のオステリアとリストランテが隣り合い、昔ながらのローマ料理を食べさせてくれる。オステリアの人気メニューは牛テールのトマト煮込み。柔らかく煮込まれた肉は「おふくろの味」。

■交サンタ・マリア・イン・トラステヴェレ広場から徒歩5分
■住Via Benedetta, 10/13
■☎06-5817018
■開12:30～14:30、19:30～23:00
■休無休

パネッテリア・ロマーナ・エ・スパッチョ・ディ・パステ
Panetteria Romana e Spaccio di Paste

MAP ●切りとり-21　p.59-H　€5.50～

デリを兼ねた気軽なバール

　1860年代創業とトラステヴェレでも古参。切り売りピッツァ、パニーニ、惣菜、ドルチェまですべて自家製。手軽なランチに最適。プレーンなフォカッチャに好きな具を挟んでもらうこともできる。

- 交トラム8番ベッリBelli停留所から徒歩2分
- 住Via della Lungaretta, 28-31
- ☎06-5831-0598
- 開8:00～19:00
- 休日曜、7・8月の土曜午後

ジャコメッリ
Giacomelli

MAP ●切りとり-1　p.46-B　€30～（ピッツァ＋ドリンクは€10～）

名物のピッツァは食べ応え満点

　常時20種類のピッツァを用意。シンプルなマルゲリータや魚介のペスカトーレなどの定番ピッツァはもちろん、野菜や魚介などの具をたっぷり載せた店の名物「モストロ（怪物）ピッツァ」が評判。

- 交地下鉄A線オッタヴィアーノOttaviano駅から徒歩12分
- 住Via Emilio Faa'di Bruno, 25
- ☎06-3725910
- 開12:30～14:30、19:30～23:00
- 休月曜、8月

スコーリオ・ディ・フリージオ
La Scoglio di Frisio

MAP ●切りとり-24　p.57-C　€30～　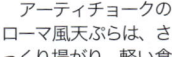

陽気なカンツォーネとディナーを堪能

　イタリアの伝統音楽カンツォーネを聴きながら食事のできる店。魚のカルパッチョやスズキの蒸し煮、アクアパッツァなど本格的な地中海料理が楽しめる。オーナーの妻が日本人とあって親日的。

- 交地下鉄A線ヴィットリオ・エマヌエーレVittolioEmanuele駅から徒歩6分
- 住Via Merulana, 256
- ☎06-4872765　開10:00～15:00、18:30～23:30（ショーは完全予約制）　休不定期

トラットリア・ダ・テオ
Trattoria da Teo

MAP ●切りとり-21　p.59-H　€30～　

地元っ子が通う下町のローマ料理店

　アーティチョークのローマ風天ぷらは、さっくり揚がり、軽い食感。イカとアーティチョークのオーブン焼きやペコリーノチーズと黒胡椒のパスタ「カチョ・エ・ペペ」などが自慢。

- 交トラム8番ベッリBelli停留所から徒歩5分
- 住Piazza del Ponziani, 7
- ☎06-5818355
- 開12:30～15:00、19:30～23:30
- 休日曜、12/25

トラットリア・モンティ
Torattoria monti

MAP ●切りとり-18　p.49-L　€35～

気取らずに出かけたい下町のトラットリア

　マルケ州出身のオーナーが作るローマ＆マルケ料理が人気のトラットリア。赤たまねぎの洋風茶碗蒸し（フラン）ゴルゴンゾーラ添え、ツナソースをかけたローストビーフ、など他店では見たことがない独創的なメニューが好評で、夜遅くまで混み合う。

アーチ型天井と温かみのある内装で落ち着ける店内

リンゴのゼリー寄せと、ローストビーフのツナソースがけ

- 交地下鉄A線ヴィットリオ・エマヌエーレ駅から徒歩5分
- 住Via di San Vito,13　☎06-4466573
- 開12:00～15:00、19:30～22:30
- 休日曜夜、月曜

ポピポピ
中級 Popi Popi
`MAP` ●切りとり-21 p.59-G €25〜（ピッツァ＋ドリンク€15〜）

昔ながらの薪窯で焼くアツアツのピッツァ

　1974年創業の下町のピッツァ専門店。昔ながらの薪窯で焼く極薄のピッツァは、パリパリした食感。生ハムや卵、ムール貝などが載ったオリジナルの「ポピ・ポピ」やローマ料理も人気。

- ■交サンタ・マリア・トラステヴェレ広場Piazza S. Maria in Trastevereから徒歩4分
- ■住Via delle Fratte di Trastevere, 45/47
- ■☎06-5895167　■開18:00〜翌1:00、10〜5月12:00〜0:00a.m.　■休無休

ジョイア・ミア
中級 Jioia Mia
`MAP` ●切りとり-35 p.48-F €25〜

幅広パスタと具だくさんの極薄ピッツァ

　歯ごたえのよい太めの手打ち麺パッパルデッレや、さくさくした生地のピッツァが大評判のピッツェリア。食後の定番デザート「マチェドニア」（フルーツポンチ）もフレッシュでおいしい。

- ■交地下鉄A線バルベリーニBarbelini駅から徒歩3分
- ■住Via dei Avignonesi, 34/35
- ■☎06-4882784
- ■開12:00〜15:00、19:00〜23:00
- ■休日曜、8月

トゥッチ
中級 Tucci
`MAP` ●切りとり-15 p.50-F €30〜（ピッツァ＋ドリンク€15〜）

テラスはカジュアル、店内はおしゃれ

　ナヴォーナ広場に面したテラス・レストラン。パスタや肉料理はもちろん、食後のジェラートやオリジナル・デザートも充実している。夏は明るいテラス席で、開放的に食事を楽しみたい。

- ■交ナヴォーナ広場Piazza Navona前
- ■住Piazza Navona, 94
- ■☎06-6861547
- ■開9:30〜24:00
- ■休火曜、1月、2月

ルミ・ボッテガ・オルガニカ
カジュアル RUMI Bottega Organica
`MAP` ●切りとり-21 p.59-G €6〜

2014年オープンのバール兼自然食品店

　地元産野菜やチーズを使った惣菜やドルチェをカウンターで食べることができる。天然酵母パンのパニーノ（€3〜）、花ズッキーニとリコッタチーズ入りマフィン€2.50も野菜たっぷり。

- ■交サンタ・マリア・イン・トラステヴェレ教会から徒歩4分
- ■住Via di San Francesco a Ripa, 133
- ■☎06-581 4988
- ■開10:00〜21:30
- ■休日曜

エディ
中級 Edy
`MAP` ●切りとり-4 p.48-A´ €35〜

手作りパスタが手ごろな値段で味わえる

　打ちたてのホームメイド・パスタや、子羊の煮込み「アバッキオ」、アーティチョークのローストなどの伝統的なローマ料理がおいしい。料理は1皿約€7〜€10が中心。しっくいの壁に壁画が描かれた店内はクラシックな雰囲気で、ゆったりと食事が楽しめる。スペイン広場に近いので、買い物のついでに立ち寄りたい。

- ■交地下鉄A線フラミニオFlaminio駅から徒歩6分
- ■住Vicolo del Bavuino, 4
- ■☎06-36001738
- ■開12:00〜15:00、18:30〜23:00
- ■休日曜、8月15〜17日

テラ・ディ・シエナ
中級 Terra di Siena

MAP ●切りとり-15 p.50-F €30〜 🏠

トスカーナの家庭料理を日替わりメニューで

店の入口に飾られたトレードマークの太陽のように明るくにぎやか。4種類のチーズを混ぜたコクのあるパスタや、牛肉を焼いて薄く切った「タリアータ」、トスカーナ風フェトチーネなどがおいしい。

■交ナヴォーナ広場Piazza Navonaから徒歩2分
■住Piazza di Pasquino, 77/78
■☎06-68307704
■開12:00〜15:30、18:00〜23:30
■休7・8月の日曜

エル・ファッチョラーロ
中級 Er Faciolaro
MAP ●切りとり-15 p.51-G €20〜

陽気なピッツァ職人のいる賑やかな店

陽気な職人が薪で焼くパリパリッとしたピッツァがおいしい。タリアテッレなどの手作りパスタやリゾット、肉・魚料理などメニューは豊富で、地元の人に人気。2階席もあり、かなり広い。

■交ナヴォーナ広場Piazza Navonaから徒歩7分
■住Via dei Pastini, 123
■☎06-6783896
■開12:00〜24:00
■休無休

サン・マルコ
中級 San Marco
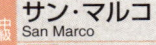
MAP ●切りとり-2 p.53-D €25〜 🏠

ピッツァとパスタがおいしい

1947年創業のレストラン。ピッツァ、パスタはもちろんデザートも手作り。スパゲティのペコリーノチーズソースなど、その日のパスタは地元っ子にも人気。1品のボリュームも多く、大満足。

■交地下鉄A線オッタヴィアーノ・サン・ピエトロOttaviano S. Pietro駅から徒歩6分
■住Via Tacito, 29　■☎06-3235398
■開12:00〜24:00
■休無休

カフェ・グレコ
カフェ Caffè Greco
MAP ●切りとり-29 p.48-A €1.30〜(立ち飲み)、€6〜(テーブル席)

1760年創業のエレガントなカフェ

1760年創業の老舗カフェ。文豪ゲーテやスタンダール、アンデルセン、作曲家のワグナーなど多くの文化人がこの店を愛した。赤い壁紙やアンティーク家具が、創業当時の雰囲気を伝えている。

■交地下鉄A線スパーニャSpagna駅から徒歩5分
■住Via dei Condotti, 86
■☎06-6791700
■開9:00〜23:30
■休無休

ディティランボ
中級 Ditirambo
MAP ●切りとり-15 p.50-F €30〜

手打ちパスタと自家製デザートが好評

自家製手打ちパスタがローマっ子に評判の店。肉、魚料理のほか、ベジタリアン・メニューもあり、ピスタチオと黒胡椒のジェラートなどドルチェも自家製。プリモ€9〜、セコンド€14〜と値段も手ごろ。400種類あるワインと料理のマッチングも楽しみたい。

イラストがかわいい看板

リコッタチーズを詰めた花ズッキーニのフライと燻製のカモ肉メロン添えの前菜€15

■交ナヴォーナ広場から徒歩4分
■住Piazza della Cancelleria,75
■☎06-6871626　■開12:45〜15:15、19:00〜23:00　■休月曜の午前

チャンピーニ
Ciampini
`カフェ` **MAP** ●切りとり-29　p.48-E　€12〜

ジェラートとサンドイッチが自慢

　現在は3代目のマルコに引き継がれている家族経営の店。口の中で滑らかに溶けるジェラートが人気。

■交地下鉄A線スパーニャSpagna駅から徒歩10分
■住Piazza di San Lorenzo in Licina, 29
■☎06-6876606　■開7:30〜22:00、日曜は9:00〜、夏季は〜23:00　■休一部の休日

ジョリッティ
Giolitti
`カフェ` **MAP** ●切りとり-9　p.51-G'　€3〜（ドリンク）

100年以上の歴史を持つカフェテリア

　1900年創業という歴史あるジェラテリア。自家製のジェラートは、フルーティでおいしい。

■交パンテオンPantheonから徒歩5分
■住Via Uffici del Vicario, 40
■☎06-6991243　■開7:00〜翌1:30
■休無休

カノーヴァ
Canova
`カフェ` **MAP** ●切りとり-3　p.48-A　€20〜（昼食、ブッフェ形式）、€35〜（夕食）

人気のバールでフレッシュ・ジュースを

　絞りたてのオレンジやグレープフルーツ・ジュース「スプレムータ」がおすすめ。

■交ポポロ広場Piazza del Popolo前
■住Piazza del Popolo, 16　☎06-3612231
■開7:30〜翌1:00
■休無休

デッラ・パルマ
Della Palma
`カフェ` **MAP** ●切りとり-9　p.51-G'　€2〜（ジェラート）

50種類以上の手作りジェラート

　新鮮なフルーツやナッツ、チョコレートなどを素材にした種類豊富なジェラートが人気。

■交パンテオンPantheonから徒歩3分
■住Via della Maddalena, 19／23
■☎06-68806752
■開8:30〜24:00　■休無休

アンティカ・エノテカ
Antica Enoteca
`ワインバー` **MAP** ●切りとり-29　p.48-A　€5〜（ワイン）、€15〜（食事）

おいしいワインがグラスで頼める

　ツナと豆のサラダやアンティパスト盛り合わせなどの軽食もあり、軽いランチもOK。

■交地下鉄A線スパーニャSpagna駅から徒歩6分
■住Via Della Croce 76
■☎06-6790896　■開12:00〜0:30a.m
■休火曜

トリマーニ・イル・ワイン・バー
Trimani Il Wine Bar
`ワインバー` **MAP** ●切りとり-12　p.49-D　バール€35〜　☎

特製料理をつまみにワインを1杯

　1821年創業の老舗ワインショップが母体のエノテカ（居酒屋）。19時までグラスワインの割引タイム。

■交地下鉄A線レプブリカRepubblica駅から徒歩6分
■住Via Cernaia, 37/b　■☎06-4469630
■開11:30〜15:00、17:30〜24:30
■休日曜、8月の2週間

フェッラーラ
Ferrara
`ワインバー` **MAP** ●切りとり-21　p.59-C　€60〜

軽くワインを1杯というときに

　食事もできるワインバー。オーナーが選んだ100種類以上のワインをそろえている。

■交ベッリ広場Piazza G.G. Belliから徒歩7分
■住Piazza Trilussa, 41　☎06-58333920
■開12:30〜16:00、19:30〜23:00
■休8月の日曜、12/24

ハリーズ・バー
Harry's Bar
`ワインバー` **MAP** ●切りとり-27　p.48-B　€10〜（バー）、€80〜（レストラン）

有名人も訪れる大人の社交場

　おしゃれなヴェネト通りにふさわしい高級感のある大人のバール。

■交地下鉄A線バルベリーニBarberini駅から徒歩10分
■住Via Vittorio Veneto, 150　■☎06-484643
■開10:00〜翌2:00
■休無休

グラン・カフェ・エスペリア・アントニーニ
Gran Caffe Esperia Antonini
`カフェ` **MAP** ●切りとり-9　p.50-B　€1.50〜（コーヒー）、€20〜（昼食）

お菓子とジェラートで有名なカフェ

　1920年創業の有名カフェの2号店。ケーキとコーヒーだけでなく軽い食事もできる。

■交地下鉄A線スパーニャSpagna駅から徒歩12分
■住Lungotevere dei Mellini, 1
■☎06-3203971　■開7:00〜21:00
■休無休

フラン・オブライエン・アイリッシュ・パブ
Flann O'brien Irish Pub
`夜遊び` **MAP** ●切りとり-17　p.49-G　€25〜

早朝から深夜まで開いているアイリッシュ・パブ

　ウイスキーやブランデー、生ビールなどワイン以外が飲みたくなったら、ここがおすすめ。

■交地下鉄A線レプブリカRepubblica駅から徒歩3分
■住Via Nazionale, 17
■☎06-4880418　■開7:00〜翌2:00
■休無休

Hotel

リーズナブルなホテルが多いテルミニ駅周辺。高級ホテルはスペイン広場やヴェネト通り周辺。ナヴォーナ広場、共和国広場、ヴァチカン周辺も中高級ホテルが多い。

アルドロヴァンディ・パラス
高級
Aldrovandi Palace Hotel
MAP p.54-B

緑あふれる環境が抜群

ボルゲーゼ公園沿いの閑静な住宅街に建つホテル。バロック調の内装と、現代的な設備が快適。シックなレストランもある。市内中心部からはちょっとはなれていて、静かにすごしたい人向き。

- 交地下鉄A線フラミニオFlaminio駅から徒歩20分
- 住Via Ulisse Aldrovandi, 15
- ☎06-3223993　F06-3221435
- 料S€315〜　T€315〜　103室　WiFi 無料
- http://www.aldrovandi.com/

グランド・ホテル・パレス
高級
Grand Hotel Palace
MAP ●切りとり-28　p.48-B

'95年開業と比較的新しい

ヴェネト通りに面し、地下鉄駅からも近い。建物は少々古いが、客室はシックな造りで、周辺の環境も静か。朝食を取るテラスも雰囲気がいい。近くにはレストランやカフェもあり、観光の足場に便利。

- 交地下鉄A線バルベリーニBarberini 駅から徒歩5分
- 住Via Vittorio Veneto, 70
- ☎06-47871　F06-47871800
- 料S€350〜　T€350〜　87室　WiFi 無料
- http://www.grandhotelpalaceroma.com/

マジェスティック
高級
Majestic Rome
MAP ●切りとり-31　p.48-B

1889年創業の格式ある宿

優美なホテルの多いヴェネト通りでも、最古の歴史を持つホテル。貴族の館を思わせる白い部屋はエレガントな雰囲気。バスルームなどは改装されモダンに。朝食も細部まで気配りされていて満足できる。

- 交地下鉄A線バルベリーニBarberini駅から徒歩3分
- 住Via Vittorio Veneto, 50
- ☎06-421441　F06-4885657
- 料S€280〜　T€420〜　98室　WiFi 無料
- http://www.hotelmajestic.com

ローマ・カヴァリエリ
高級
Rome Cavalieri
MAP p.46-A　p.52-B

広い部屋と充実した設備の高台の宿

ヴァチカンの北にある大型ホテル。市内を見渡す高台に位置していて中心街からは離れているが、夕暮れの眺めはすばらしく、市内まで無料シャトルバスもある。街中へは約15分ほどの距離。

- 交地下鉄A線チプロCipro駅からタクシー7分
- 住Via Alberto Cadlolo,101
- ☎06-35091　F06-35092241
- 料S€460〜　T€460〜　370室　WiFi 無料
- http://romecavalieri.com/

ウェスティン・エクセルシオール
高級
Westin Excelsior Rome
MAP ●切りとり-28　p.48-B

華麗な名門ホテル

華やかなヴェネト通りでも、ひときわ目を引くドームのある外観。歴史あるホテルだがバスルームなどは改装されアメニティやフィットネスなどの設備も充実している。地下鉄駅にも近く、観光に便利。

- 交地下鉄A線バルベリーニBarberini駅から徒歩7分
- 住Via Vittorio Veneto 125
- ☎06-47081　F06-4826205
- 料S€356〜　T€456〜　316室　WiFi 無料
- http://www.westinrome.com/

シナ・ベルニーニ・ブリストル
SINA Berini Bristol

MAP ●切りとり-31　p.48-F

王侯貴族の歴史と格式の高さを誇る

バルベリーニ広場に面して建つ。小説『天使と悪魔』にも登場したホテル。建物は名門貴族の館だったもの。館内は18世紀のタペストリーがかけられエレガントな雰囲気。トレヴィの泉にも近い。

■交地下鉄A線バルベリーニBarberini駅から徒歩1分
■住Piazza Barberini, 23
■☎06-488931　■料S €243～　T €345～
■127室　■WiFi 無料
■http://www.berninibristol.com/

パラティーノ
Grand Hotel Palatino

MAP ●切りとり-17　p.49-K

コロッセオに近い

地下鉄カブール駅近くに建つ、大型の近代的ホテル。テルミニ駅から1駅の立地で、コロッセオやフォロ・ロマーノへもそれぞれ歩いて8分ほど。客室はシンプルだが清潔。設備も整っている。

■交地下鉄B線カヴールCavour駅から徒歩3分
■住Via Cavour, 213/m
■☎06-4814927　■F06-4740726
■料S €178～　T €187～　■200室　WiFi 無料
■http://www.hotelpalatino.com/

ハスラー・ヴィラ・メディチ
Hotel Hassler Villa Medici

MAP ●切りとり-30　p.48-B

メディチ家の旧邸宅だった建物が豪華

スペイン階段の上に建つローマを代表するホテルの一つ。建物は、かつてメディチ家の邸宅だったもので、当時の面影も随所に。最上階にあるレストランからはローマ市街の眺めがすばらしい。

■交地下鉄A線スパーニャ駅Spagnaから徒歩1分
■住Piazza Torinita dei Monti, 6
■☎06-699340　■F06-69941607　■料S €597～　T €597～
■91室　■WiFi 無料（高速回線は有料）
■http://www.hotelhasslerroma.com/

アトランテ・スター
Atlante Star

MAP ●切りとり-8　p.53-G

サン・ピエトロ大聖堂が望める立地のよさ

ヴァチカンから数分の距離にあり、観光と買い物のどちらにも便利なロケーション。マホガニー一色でまとめられた客室は大きめのバスタブ付き。日本人スタッフもいる。無料の空港送迎サービスあり。

■交地下鉄A線オッタヴィアーノOttaviano駅から徒歩10分、テルミニからバス40番終点（ピア広場）より徒歩5分
■住Via Vitelleschi, 34　☎06-6873233　■F06-6872300
■料S €180～　T €205～　■85室　WiFi 無料
■http://atlantestarhotel.com/

バリオーニ・ホテル・レジーナ
Baglioni Hotel Regina

MAP ●切りとり-28　p.48-B

最高の立地に建つ優雅な貴族の館

華やかなヴェネト通りのほぼ中央に位置する。サヴォイア家の王妃マルゲリータが使った部屋やブロンズ仕上げの階段が残り名門ホテルの貫禄漂う。広い客室は落ち着ける配色。中庭がないのは惜しい。

■交地下鉄バルベリーニBarberini駅から徒歩6分
■住Via Vittorio Veneto, 72
■☎06-421111　■F06-42012130
■料S €505～　T €505～　■118室　■WiFi 無料
■http://www.baglionihotels.com/

アトランテ・ガーデン
Atlante Garden

MAP ●切りとり-8　p.53-G

ヴァチカン観光に便利なホテル

リソルジメント広場から東に歩いたクレシェンツィオ通りに面し、ヴァチカンに近い。平行して走る1本北側の通りは、ショッピング街のコーラ・ディ・リエンツォ通り。客室は落ち着ける色調。

■交地下鉄A線オッタヴィアーノ・サン・ピエトロ駅から徒歩7分
■住Via Crecenzio, 78
■☎06-6872361　■F06-6872315　■料S €125～　T €145～
■70室　■WiFi 無料
■http://www.atlantegardenhotel.com/

クィリナーレ
高級 Hotel Quirinale
MAP ●切りとり-11 p.49-G

三越、オペラ座に近い大型ホテル

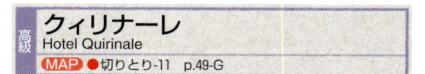

　レプブリカ広場に近いナッツィオナーレ通りにある。オペラ座に続くコネクティングドアがあり、オペラ関係者の定宿に選ばれてきた。高い天井、広めの客室、木の床の客室が伝統を感じさせる。

■交地下鉄A線レプブリカ駅Repubblicaから徒歩3分
■住Via Nazionale, 7
■☎06-4707　■F06-4820099　■S€156〜　T€156〜
■210室　■WiFi 無料
■http://www.hotelquirinale.it/

レジデンツァ
高級 La Residenza
MAP ●切りとり-27 p.48-B

ヴェネト通りやボルゲーゼ公園が近い

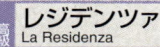

　ヴェネト通り裏手の静かな通りにあり、ボルゲーゼ公園へも歩いて3分。立地のよさで、大使館やマスコミ関係者の利用が多い。毎週金曜の午後には生演奏を聞きながら無料カクテルが楽しめる。

■交地下鉄A線バルベリーニBarberini 駅から徒歩5分
■住Via Emilia, 22-24
■☎06-4880789　■F06-485721　■S€157〜　T€167〜
■29室　■WiFi 無料
■http://www.laresidenzaroma.com/

ディンギルテッラ
高級 Hotel d'Inghilterra
MAP ●切りとり-29 p.48-E

作家や著名人に愛された洗練の宿

　コンドッティ通りそばの歩行者専用道路に面したホテル。全室に液晶衛星TV、DVDプレーヤーが備わり、地元客の利用も多いバー、レストランがある。宿を一歩出ればショッピング街という便利さ。

■交地下鉄A線スパーニャSpagna駅から徒歩5分
■住Via Bocca di Leone, 14
■☎06-699811　■F06-69922243
■88室　■WiFi 無料
■S€425〜　T€430〜
■https://www.starhotelscollezione.com/

グランド・ホテル・プラザ
高級 Grand Hotel Plaza
MAP ●切りとり-29 p.48-E

コンドッティ通りへも近い

　建物は貴族の館として建てられ、その後、修道院として使われていた時代もある。豪華なロビーとシックな客室に心安らぐ。コンドッティ通りへも歩いて行ける立地。屋上のテラスは眺望抜群。

■交地下鉄A線スパーニャSpagna駅から徒歩5分
■住Via del Corso, 126
■☎06-69921111
■S€227〜　T€243〜　■200室　■WiFi 無料
■https://grandhotelplaza.com/

サヴォイ
高級 Hotel Savoy
MAP ●切りとり-27 p.48-B

買い物や食事に便利

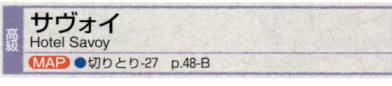

　ヴェネト通りからルドヴィシ通りに入ってすぐのところにある。建物は、1920年まで個人の邸宅だったもの。クラシカルな内装の客室は機能的。ヴェネト通り、スペイン広場どちらにも歩いて行ける。

■交地下鉄A線バルベリーニBarberini駅から徒歩7分
■住Via Ludovisi, 15
■☎06-421551　■F06-42155555
■S€245〜　T€290〜　■120室　■WiFi 無料
■http://www.savoy.it/

カルロ・アルベルト・ハウス
中級 Carlo Alberto House
MAP ●切りとり-18 p.49-L

テルミニ駅から徒歩圏内の日本人経営の宿

　日本人オーナー原野さんが経営する駅近のB＆B。観光・レストラン情報などを日本語で説明してもらえる。シングル、ダブル、トリプルの3タイプがある。

■交地下鉄A線Vittorio Emanuele駅すぐ
■住Via Carlo Alberto,63
■☎338-1380175　■S€104〜　T€140〜
■5室　■WiFi 無料
■http://carlo-alberto-house.com/

中級 アルベルゴ・サンタ・キアラ
Albergo Santa Chiara

MAP ●切りとり-15　p.51-G

パンテオンがすぐ目の前、好立地の3つ星

　パンテオンの裏手、ミネルヴァ広場に面していて、観光に便利。19世紀の建物の内部は清潔で、センスよくまとめられている。風呂はバスタブがなくシャワー・ブースのみ。1階にはバールもある。

■交パンテオンPantheonから徒歩1分
■住Via Santa Chiara, 21
■☎06-6872979　■F06-6873144
■料S €138〜　T €250〜　■96室　■WiFi 無料
■http://www.albergosantachiara.com

中級 チェザーリ
9 Hotel Cesari

MAP ●切りとり-16　p.48-E

ゆとり空間と大きなベッド

　パンテオンとトレヴィの泉の中間に位置し、コルソ通りへもすぐ。温かみのある色調の客室は居心地がよく、スタッフの対応も親切。書斎デスク、エアコン、バスローブが全室に備わっている。

■交地下鉄A線バルベリーニBarberini駅から徒歩14分
■住Via di Pietra, 89A
■☎06-6749701　■F06-67497030
■料S €230〜　T €240〜　■48室　■WiFi 無料
■http://www.9-hotel-cesari-rome.it/

中級 ドムス・セッソリアーナ
Domus Sessoriana

MAP p.47-H　p.57-H

教会の建物を利用したホテル

　サンタ・クローチェ教会に隣接し、交通の便もよいこのホテルは10世紀の修道院を使用しており、静かな滞在を望む人に最適。WiFi対応もあり、ロビーなど共有スペースは無料で利用できる。

■交地下鉄A線サン・ジョヴァンニ駅から徒歩8分
■住Piazza Santa Croce Gerusalemme 10
■☎06-706151　■F06-7018411
■料S €60〜　T €70〜　■60室　■WiFi 無料(ロビーのみ)
■http://www.domussessoriana.it/

中級 プレジデント
Best Western President Hotel Rome

MAP ●切りとり-24　p.57-H

朝食も好評

　地下鉄マンゾーニ駅からすぐで、コロッセオも徒歩圏内。清潔で使いやすいバスルーム、卵料理やソーセージも付く朝食が好評。WiFiはロビーなど共有スペースでは無料、部屋では有料で利用できる。

■交地下鉄マンゾーニManzoni駅から徒歩1分
■住Via Emanuele Filiberto 173
■☎06-770121　■F06-7008740
■料S €134〜　T €134〜　■192室　■WiFi 無料
■https://www.hotelpresident.com/

プチホテル マンフレディ
Hotel Manfredi

MAP ●切りとり-25　p.48-A

地下鉄駅に近い

　スペイン広場から近く、ショッピングにも観光にも便利な立地。建物はやや古いが、明るい色調の客室は清潔感がある。アメニティやタオル類も充分に備えられており、クオリティも好評。

■交地下鉄A線スパーニャSpagna駅から徒歩1分
■住Via Margutta, 61
■☎06-3207676　■F06-3207736　■料S €260〜　T €260〜
■16室　■WiFi 無料
■http://www.hotelmanfredi.it/

プチホテル サンタンナ
Hotel Sant'Anna

MAP ●切りとり-8　p.53-G

フレスコ画が壁を飾る、個性的な中世の館

　16世紀の貴族の館だった建物の面影を残した、優雅なたたずまい。古い建物だがバスルームは改装され、不便さは感じない。中庭のテラスや客室などの壁面にはフレスコ画が描かれ、優雅に過ごせる。

■交地下鉄A線オッタヴィアーノ・サン・ピエトロ駅から徒歩15分
■住Via Borgo Pio, 134
■☎06-68801602　■F06-68308717
■料S €174〜　T €174〜　■20室　■WiFi 無料
■http://www.santannahotel.net/

フォンタネッラ・ボルゲーゼ
Fontanella Borghese

プチホテル

MAP ●切りとり-9　p.51-C

貴族の館に泊まる贅沢

買い物客でにぎわうコンドッティ通りから歩くと、コルソ通りを越えてすぐのところにある。98年オープンと比較的新しい。ボルゲーゼ家の王妃ゆかりの貴族が使っていた建物

はノーブルな趣。カーテンやベッドリネンなどのファブリック、照明器具のセンスもよく、くつろげる。バスタブ付きの部屋は7室なので、希望する場合は早めに予約を。

■交地下鉄A線スパーニャSpagna駅から徒歩12分
■住Largo Fontanella Borghese, 84
■☎06-68809504
■料S €99〜　T €139〜　■24室　■WiFi 無料
■http://www.fontanellaborghese.com

スパニッシュ・ステップス
The Inn at the Spanish Steps

プチホテル

MAP ●切りとり-30　p.51-C

秘密の隠れ家のようなホテル

スペイン階段のすぐ前、カフェ・グレコが入っているビルに2000年に開業。向かいはブルガリ。全室バス

タブ付きの邸宅のようなプチホテルで、そのうち12室は豪華なジャクジー付き。

■交地下鉄A線スパーニャSpagna駅から徒歩5分
■住Via dei Condotti, 85
■☎06-69925657　■F06-6786470
■料S €398〜　T €398〜　■24室　■WiFi 無料
■http://www.atspanishsteps.com

コンドッティ
Condotti

プチホテル

MAP ●切りとり-29　p.48-A

恵まれた立地がうれしい、落ち着いたホテル

建物は古く、部屋は狭めだが、スペイン広場や地下鉄スパーニャ駅から近く、買い物途中で荷物を置きに戻るにも便利。レストランで夕食を終えてホテルに戻る際にも人通りが多く安心。

■交地下鉄A線スパーニャSpagna駅から徒歩3分
■住Via Mario di'Fiori, 37
■☎06-6794661　■F06-6790457
■料S €183〜　T €183〜　■16室　■WiFi 無料
■http://www.hotelcondotti.com

ロード・バイロン
Lord Byron

プチホテル

MAP p.54-B

ボルゲーゼ公園裏手にある静かな白亜の館

中心部からやや離れたボルゲーゼ公園の北端にある。客室ごとに内装が異なり、美しい中庭が魅力的。個人の邸宅を訪れた雰囲気が味わえる。中心街の喧騒を離れてゆっくりと滞在したいときに。

■交地下鉄A線フラミニオFlaminio駅から徒歩20分
■住Via Giuseppe de Notaris, 5
■☎06-3220404　■F06-3220405
■料S €270〜　T €285〜　■28室　■WiFi 無料
■http://www.lordbyronhotel.com

コロンビア
Hotel Columbia

プチホテル

MAP ●切りとり-11　p.49-G

細やかな心遣いと趣味のよいくつろぎの空間

部屋は狭めだが、一部屋ずつインテリアが異なるおしゃれなプチホテル。最上階のダイニングにはテラス席もあり、晴れた日はここで朝食を食べたり、午後のティータイムを過ごすのが楽しみ。

■交テルミニTermini駅から徒歩5分　■住Via Viminale, 15
■☎06-4883509　■F06-4740209
■料S €112〜　T €116〜
■45室　■WiFi 無料
■http://hotelcolumbia.com

ラファエル Raphael
高級

MAP ●切りとり-9　p.50-F

蔦のからまる外観が印象的なホテル

ナヴォーナ広場の裏手にあり、多くの著名人に愛されたホテル。眺めのよい屋上がある。

■交ナヴォーナ広場Piazza Navonaから徒歩1分
■住Largo Febo, 2
■☎06-682831　■F06-6878993　■料S €410～　■T €450～
■51室　■WiFi 無料　■http://www.raphaelhotel.com/

クアトロ・フォンターネ Nuovo Hotel Quattro Fontane
中級

MAP ●切りとり-35　p.48-F

アンティーク調の調度品がおしゃれ

サン・カルロ・アッレ・クアトロ・フォンターネ教会の並びにあり観光に便利。

■交地下鉄A線バルベリーニ駅Barberini から徒歩4分
■住Via delle Quattro Fontane, 149/A　■☎06-79844142
■F06-79800131　■料S €110～　■T €120～　■36室
■WiFi 無料　■http://www.hotel4fontane.com/

アルテミデ Artemide
中級

MAP ●切りとり-17　p.49-G

オペラ座に近いシックなホテル

モダンなインタリアの客室、朝食が好評で、トレヴィの泉やテルミニ駅へも歩いて行ける。

■交地下鉄A線レプブリカRepubblica駅から徒歩5分
■住Via Nazionale,22　■☎06-489911　■F06-48991700
■料S €300～　■T €300～　■91室　■WiFi 無料
■http://www.hotelartemide.it/

アルベルゴ・デル・セナート Albergo del Senato
中級

MAP ●切りとり-15　p.51-G

パンテオンが近く、市内の眺望が楽しめる

ロトンダ広場に面して建つホテル。手ごろな価格ながら大理石のロビーと美しい客室が魅力的。

■交地下鉄A線スパーニャSpagna駅から徒歩15分
■住Piazza della Rotonda, 73　■☎06-6784343
■F06-69940297　■料S €185～　■T €265～　■56室
■WiFi 無料　■http://www.albergodelsenato.it/

ポルトゲージ Portoghesi
中級

MAP ●切りとり-9　p.50-B

女性がくつろげるインテリア

客室は狭いが、クリームイエローの外観が上品。ナヴォーナ広場に近く観光に便利。

■交ナヴォーナ広場Piazza Navonaから徒歩5分
■住Via dei Portoghesi, 1　■☎06-6864231
■F06-6876976　■料S €160～　■T €200～　■28室
■WiFi 無料　■http://www.hotelportoghesiroma.it/it/

ロカルノ Locarno
中級

MAP ●切りとり-3　p.54-I

ポポロ広場の眺望が楽しめるホテル

アールデコ調のエントランス。暖炉のあるロビーなど落ち着いた雰囲気。テラスや中庭で朝食も。

■交地下鉄A線フラミニオFlaminio駅から徒歩5分
■住Via della Penna, 22
■☎06-3610841　■F06-3215249　■料S €185～　■T €185～
■65室　■WiFi 無料　■http://www.hotellocarno.com/

カリフォルニア California
エコノミー

MAP ●切りとり-18　p.49-L

防音窓でプライバシーに配慮

クラシックなインテリアの客室。部屋には、バスタブ付きと、シャワーのみの2タイプある。

■交テルミニTermini 駅から徒歩3分
■住Via Principe Amedeo, 39　■☎06-4822002
■F06-4817575　■料S €116～　■T €125～　■45室
■WiFi 無料　■http://www.hotelcaliforniaroma.it/

ホテル・デル・ソーレ Hotel del Sole
エコノミー

MAP ●切りとり-15　p.50-F

ナヴォーナ広場やパンテオンに近い

木の梁をそのまま残した高い天井や、アンティークの家具や調度品でリラックスできる。

■交ナヴォーナ広場Piazza Navonaから徒歩5分
■住Via del Biscione, 76　■☎06-68806873
■F06-6893787　■料S €105～　■T €110～　■58室
■WiFi 無料　■http://www.hotelsoleroma.it

ホテル・テティ Hotel Teti
エコノミー

MAP ●切りとり-18　p.49-L

テルミニ駅の近くで移動に便利

ホテルが何軒も入った雑居ビルの3階にある手ごろな宿。全室バスタブはなくシャワーのみ。

■交テルミニTermini 駅から徒歩3分
■住Via Principe Amedeo, 76
■☎06-48904088　■F06-92912102　■料S €50～　■T €70～
■12室　■WiFi 無料　■http://www.hotelteti.it/

ローマからの小さな旅

ローマで1〜2日自由時間ができたら、近郊の見どころへ。市街から約30km圏内には、古代ローマ時代には商業港として栄えたオスティア・アンティーカや、当時の王侯貴族の別荘地だったティヴォリなどがある。また、フィレンツェ方面へ足を延ばせば、古都ペルージャや、教皇の別荘地オルヴィエートなども日帰り圏内。

オスティア・アンティーカ
Ostia Antica

MAP p.9-H

5世紀に衰退した古代ローマの港町

ローマ時代はテヴェレ川の河口にあり、ティレニア海に面した港町として繁栄していた。紀元前2世紀頃に地中海貿易が盛んになると、植民地や異国からの輸送船で港はにぎわうようになり、帝政時代の最盛期には10万人以上の人口を抱える都市に発展していたと思われる。だが、その後、帝政ローマの衰退とともに運命を共にし、9世紀にテヴェレ川の氾濫によって町は土砂に埋もれた。

遺跡の発掘作業が本格化

したのは1938年以降のことで、遺跡群は東西1300m、南北500mの規模。倉庫や神殿、劇場跡などの建物を見ることができる。

史跡公園の入口までは一本道。ローマ門から、メイン・ストリートのデクマヌス・マクシマスDecumanus Maximusを西へ進むと、迷うことなくたどり着ける。通りの両側には2世紀に造られた浴場跡や半円形の劇場、円形神殿、フォロ、共同住宅跡などが次々と現れる。

■交通：ローマの地下鉄B線エウル・マリアーナEUR Magliana駅で、私鉄のオスティア・リド線に乗り換え（待ち時間20〜30分、所要時間約40分）、オスティア・アンティーカOstia Antica駅で下車。駅から史跡公園の入口までは徒歩5分ほどで到着。開3月最終日曜〜8月8:30〜19:15（入場は〜18:15、季節により変動あり）休月曜、1/1、5/1、12/25 料約€8

オスティアの港町の中心部

2000年前の建築と思えない姿をとどめている

135

オスティア・アンティーカ／ティヴォリ

ティヴォリ
Tivoli

MAP p.8-E

修道院を改装した別荘と大小の噴水のある庭園

ローマから北東へわずか約30kmの丘陵地帯にあるティヴォリには、テヴェレ川の支流であるアニエーネ川の水を引いて大小さまざまな噴水を設けた庭園ヴィラ・デステVilla d'Esteがある。16世紀のなかば、エステ家

出身の枢機卿イッポリート・デステは、ベネディクト会の修道院を別荘として改築。土地の高低を利用したユニークなデザインの噴水を配置した庭園を造ることを思いついた。古代建築を研究したこの庭園には、動物や女神の顔を象った噴水や、オルガンに見立てた噴水などが次々と現れ、目を楽しませます。ヴィラ・デステの見学所要時間は約2時間。

近くには、ハドリアヌス帝の別荘だったヴィラ・アドリ

■交通：ローマの地下鉄B線の終点レビッビアRebibbia駅、またはPonte Mammolo駅などからティヴォリ行きコトラルCotral社バスを利用。ティヴォリの町の入口、ペヌルティマーテPenultimate停留所まで約40分。バスチケットは、バス乗場前にあるタバッキで購入できる。

アーナVilla Adrianaもあり、遺跡群が残っている。

劇場、浴場などの遺跡が残る

ハドリアヌス帝お気に入りの池

134年に造られたヴィラ・アドリアーナ

オルヴィエート
Orvieto

MAP p.8-E

輝かしいドゥオモのある山頂都市

ローマから北へ約120kmに位置するこの町の起源も古く、エトルリア時代にさかのぼる。

町が最も栄えたのは、13世紀から15世紀にかけて。13世紀にはロマネスク・ゴシック様式のポポロ広場が、さらに14世紀にはイタリアのゴシック建築の傑作と称えられるドゥオモが建てられた。この町のドゥオモは、正面最上段に手の込んだ彫刻や、細かいモザイク模様が施され、ひときわ華やか。とくに、夕日を受けて輝く様子は一見の価値がある。

台形状の丘の頂上に位置するこの町は、16世紀にはメディチ家出身の教皇の要塞として使われたこともある。教皇は敵に攻め入られたときのために、深さ62mの聖パトリツィオの井戸を造らせ、水不足に備えた。井戸の内側には300段の階段が2層に付けられ、昇り降りする人がぶつからないよう配慮されている。白ワインの里としても知られ、気軽にグラスワインを試せるエノテカも数軒ある。

■交通：ローマから特急ICで約1時間。鉄道オルヴィエート駅から山頂の町へは、バスかケーブルカーに乗り、約5分で到着する。ケーブルカー駅は鉄道駅のすぐ前にある。

町歩きの起点はケーブルカー上側終点のカーエン広場。半日あればほとんど見てまわれる。ケーブルカーとバスを利用できるチケット€1を購入しておくと便利。

ローマからは、日帰りの観光ツアーバスも出ている。詳しくは4つ星以上のホテルに問い合わせを。

ローマから丘陵地帯を行くと到着

▲町の中心部。中世の建物が残っている
▶聖パトリツィオの井戸は底まで降りられる

スポレート
Spoleto

MAP p.8-E

中世の町並みと夏のオペラ、バレエ公演が人気

ローマとアッシジの中間に位置するスポレートの魅力は、古代や中世の面影を残す町並みが生活の中に息づいていること。小さな町だが、毎年6月末から7月半ばに催される「スポレート・フェスティバル」が有名。古代ローマ劇場でオペラやバレエ、コンサートなどのプログラムが組まれ、著名なバレリーナや演奏家も出演するとあって、静かなこの町もこの時期は込む。

スポレートのドゥオモはほかの町とは違い、丘の上から階段を下ってのアプローチが特徴。ドゥオモに近づくにつれて階段幅が広くなる建築的な工夫により、訪れる人をドラマティックな気分に誘う。中世を代表する画家フィリッポ・リッピの墓があるドゥオモは、内部にもリッピの『聖母マリアの戴冠』があり、心安らかな気持ちに浸れる。旧市街の外側には12世紀に起源を持つ水道橋もある。

■交通：テルミニ駅から特急ICで約1時間20分。アッシジから普通列車で約30分。ペルージャから普通列車で約1時間。

◀繊細なばら窓が美しいドゥオモのファサード
▼ドゥオモと並ぶ町の中心リベルタ広場

▲空間的な広がりを計算したドゥオモへのアプローチ

ペルージャ
Perugia

MAP p.8-E

エトルリア時代に輝いた古都

ウンブリアの州都ペルージャは、紀元前8世紀から2世紀のエトルリア時代からの歴史をもつ古都。市内に残る堅牢なエトルリア門がかつての隆盛を物語っている。

13世紀から15世紀にかけては自由都市として栄え、プリオーリ宮殿や、イタリアでもとくに美しいといわれる11月4日広場などが建築された。15世紀にはまた、強大な力を持つ商人も現れ、豪勢な両替商の館などのルネサンス建築が残っている。広場の周辺には中世の家々やアーケードが残る美しいマエスタ・デッレ・ヴォルテ通りがあり、

中世の都市に迷い込んだような錯覚を味わうことができるのも、この街の魅力だ。

また、13世紀から18世紀にかけては、ウンブリア派と呼ばれる芸術が発達し、ドゥッチオ、フラ・アンジェリコ、ピントゥルッキオなどのすばらしい宗教画家を輩出した。こうした芸術家たちの作品を、国立ウンブリア博物館で見ることができる。

■交通：ローマからアンコーナAncona行き列車に乗り、フォリーニョFolignoで乗り換える。ローマからの所要時間は約2時間30分。

ペルージャ駅から駅前のバスターミナルに出て、街の入口イタリア広場Piazza Italia行きのバスに乗ろう。切符はバスターミナルにある売り場で購入。帰りの分もここで買っておくことをおすすめする。

石造りの堅牢な建物が並ぶ▶

現在も市庁舎として使われているプリオーリ宮殿

アッシジ
Assisi

MAP p.8-E

キリスト教の聖者を生んだ祈りの地

スバシオ山の西の中腹に位置する古い町。1180年代の初めに、キリスト教の聖者フランチェスコが生まれたことによって、信徒にとって有数の重要な場所となっている。

この町の裕福な家に生まれたフランチェスコは、神の啓示を受けて出家し、生涯を清貧に徹して民衆の魂の救済に尽力した。フランチェスコ会修道院を創設した彼は貧困と純潔の生涯を44歳で閉じるまで神への祈りを捧げ、死後、聖人の一人に。彼の生涯は多くの人に感銘を与えたが、その逸話や奇跡はサン・フランチェスコ聖堂に残る壁画に描

かれている。

1997年にウンブリアを襲った地震で町は大きな被害を受け、サン・フランチェスコ聖堂の壁画の一部が崩れたが、修復工事によりほぼ元の姿に戻った。重要なジョットのフレスコ画などの作品は無事。

町の中心はコムーネ広場。こぢんまりした町は端から端まで歩いても20分ほどしかかからない。アッシジから3、4km離れた郊外にも聖フランチェスコゆかりの修道院、エレモ・デッレ・カルチェリEremo delle Carceriがあり、聖人が使った質素な部屋を見学することができる。

■交通：ローマから鉄道で所要約2時間。一部の列車はフォリーニョFoligno乗り換え。ペルージャからは鉄道で約20分。アッシジ駅から町までは約5kmの道のり。町なかのサンタ・キアーラ教会前まで30分おきにバスがあり、約10分で到着する。また、ローマからの日帰り観光バスもあり、4つ星以上のホテルで申し込める。

壁画が残るサン・フランチェスコ聖堂

聖女キアーラを祭るサンタ・キアーラ教会

ルネサンス文化を庇護した
メディチ家の光と影

ルネサンス期のフィレンツェに現れた天才芸術家たちを庇護し、仕事や金銭や地位を与えたのがメディチ家の当主たちだ。フィレンツェに繁栄をもたらしたパトロンとしてのメディチ家は、どのように経済発展を遂げたのだろうか。

14世紀当時のフィレンツェは、重要産業の毛織物・絹織物業を中心に力を蓄えてきたブルジョア勢力の一つだった。当時のフィレンツェ共和国では、毛織物・絹織物業をはじめ、商人、銀行家、法律家、医師、薬剤師などが同業組合を作っていたが、こうした同業組合が14もあったという。それらのなかでも急速に大きな財力を蓄えたのが、大銀行家のジョヴァンニ・デ・ビッチだった。ジョヴァンニが作ったメディチ銀行はローマ、ヴェネツィア、フェッラーラ、ブリュージュ、ロンドンなどにも支店を持つ国際企業として成長したが、なかでもメディチ銀行に莫大な富をもたらしたのはローマ教皇庁との密接な人脈から、莫大な手数料収入を稼いだことだった。1421年にジョヴァンニが共和国総務などの地位に就いてからは

ますます市の経済は発展し、銀行事業も順調で、新興財閥を形成していった。

1428年、すでに40歳を過ぎていたコジモ・デ・メディチは父ジョヴァンニの莫大な遺産を受け継ぎ、トスカーナ最大の資本家になる。このコジモの登場によって、フィレンツェで最初にルネサンス文化・芸術が花開くことになる。コジモは学問や芸術の分野での新しい潮流をすぐに理解し、進んで後援した。また、家業の金融も順調に発展し、ジェノヴァ、アビニョン、ピサ、ミラノへも支店を開いた。

メディチ家は、ドナテッロ、ギベルディらの彫刻家や、フラ・アンジェリコ、ボッティチェッリ、ラファエロらの画家、ブルネレスキをはじめとする建築家などルネサンス史に残る巨匠たちの芸術を支えた。その伝統は、息子ピエロ、孫のロレンツォにも受け継がれる。しかし、1492年に卓越した政治力で一族をまとめていたロレンツォが死に、メディチ家の経済力に不安が見え始めると、文化人らの多くもフィレンツェを去り、急速に求心力を失っていった。この頃、市民と教会の腐敗を糾弾するサン・マルコ修道院長のサヴォナローラによってメディチ家は追放されたものの、その後再び復権し、1743年に断絶するまでその系譜は続いた。最後の当主となったアンナ・マリア・ルイーザは、フィレンツェから持ち出さないことを条件にトスカーナ公国に一族の膨大な遺産、コレクションを寄贈した。その文化遺産はウフィツィ美術館やパラティーナ美術館に受け継がれている。

6つの玉がメディチ家の紋章

シニョリーア広場に立つコジモ1世の騎馬像

メディチ家の霊廟

フィレンツェ
Firenze

MAP

フィレンツェ
Firenze

0 — 100m

140

- カッシーネ公園 Le Cascine
- ヴィットリオ・ヴェネト広場 Piazza Vittorio Veneto
- カッシーネの市
- Starhotel Michelangelo
- Chiesa Americana St. James
- Piazzale Porta al Prato
- Villa Azalee
- ロンドラ
- Porta alprato ポルタ・アルプラート(トラム)
- Porta alprato
- サンタ・マリア・ノヴェッラ駅(中央駅) Staz. Centrale F.S.S. Maria Novella
- コドゥ・マルゲリータ(スーパー)
- 観光案内所
- 商工会議所 Palazzo degli Affari
- Galleria Ferroni Cenacolo di Fulign
- アルバー
- Piazza della Stazione
- クラブ・フィレンツェ
- アラマンニ・スタツィオーネ(トラム) SITA社バスターミナル
- P.142〜143
- サンタ・マリア・ノヴェッラ教会 Chiesa di Santa Maria Novella
- Piazza dell' Unità Italia
- CAF(バス CIT(バ
- サンタ・マリア・ノヴェッラ Piazza S. Maria Novel
- Via del Panz
- 市立劇場 Teatro Comunale
- Montebello Splendid
- Kraft
- Executive
- ローズ・パラス
- Principe
- ヴィットリオ橋 Ponte Della Vittoria
- アルノ川 Fiume Arno
- Piazza T. Gaddi
- Piazza S. Maria d. Pignone
- A.ヴェスプッチ橋 Ponte A. Vespucci
- セントレジス・フローレンス ウェスティン・エクセルシオール・フローレンス
- サンタ・ローザ堰 Pescaia di S. Rosa
- Palazzo Lenzi
- オニサンティ教会 Ognissanti
- Borgo Ognissanti
- フォッシ通り Via de' Fossi
- Via del Moro
- チェステロ広場 Piazza di Cestello
- ヴィーニャ・ヌオヴァ通り Via della Vigna Nuova
- コルシーニ宮殿 Palazzo Corsini
- カッライア橋 Ponte Alla Carraia
- サンタ・トリニタ教会 S. Trinita
- Piazza de' Nerli
- サン・フレディアーノ・イン・チェステッロ教会 S. Frediano in Cestello
- カルミネ広場 Piazza del Carmine
- ラ・ドルチェ・ヴィータ
- **サンタ・マリア・デル・カルミネ教会** Chiesa di Santa Maria del Carmine
- エノテカ・パリック
- イル・グッショ
- パンデモーニョ
- Piazza T. Tasso
- サント・スピリト教会 Basilica di Sant Spirito
- サンタ・トリニタ橋 Ponte S. Trin フレスコバルディ宮殿 Palazzo Frescobaldi
- Borgo S. Jacopo
- サント・スピリト広場 Piazza S. Spirito
- ジュリオ・ジャンニーニ エ・フィリオ
- ヴィア・チャルダ・ディーニ通り Via de' Guicciardini
- Palazzo Guadagni
- Villa Fioravanti
- S. Francesco di Paola
- Piazza S. Francesco di Paolo
- トッリジャーニ庭園 Giardino Torrigiani
- Villa Laetizia
- ピッティ広場 Piazza de' Pitti
- **ピッティ宮殿** Palazzo Pitti
- パラティーナ美術館 Galleria Palatina
- 近代美術館 Galleria d' Arte Moderna
- 銀器博物館 Museo degli Argenti
- 衣装博物館
- Palazzo Guadagni
- Villa dell' Ombrellino
- ボーボリ庭園 Giardino di Boboli
- Villa Maria
- Piazza della Calza
- ポルタ・ロマーナ広場 Piazzale di Porta Romana
- Porta romana
- 美術学校 Istituto d' Arte
- ホテル・ヴィラ・コーラペ

フィレンツェ中心部
Firenze Centro

0 100m

142

フィレンツェへの交通

空路で
by Air

　EUの主要都市及びローマ、ミラノ、パレルモなどからの便はフィレンツェから約80km離れたピサのガリレオ・ガリレイGalileo Galilei空港に到着する。EU及びミラノ、ローマからの便の一部はフィレンツェの北西約4kmのペレトラPeretola（アメリゴ・ヴェスプッチA.Vespucci）空港にも着く。

　フィレンツェは鉄道の幹線上にあるので、空港への移動時間を考えると、ローマ、ミラノ、ヴェネツィアなどの都市からは鉄道を利用する方が便利。

鉄道で
by Train

　イタリア半島中央にあるフィレンツェは、ローマ、ミラノと同様に鉄道の便がよい。高速列車のフレッチャロッサやイタロは、サンタ・マリア・ノヴェッラ駅（略称Firenze SMN）の発着となる。

ローマから　ローマ・テルミニ駅からフレッチャロッサが1日約40本、イタロが約25本ある。所要時間は約1時間20分。

ミラノから　ミラノ中央駅からフレッチャロッサが1日約20本、イタロが約15本ある。所要時間は約1時間40分。

ボローニャから　フレッチャロッサが1日約45本、イタロが約25本ある。所要時間は約40分。

長距離バスで
by Bus

　ローマ、ボローニャなどとの間を長距離バスが結んでいるが、大都市間は鉄道の方が早く本数も多くて便利。シエナやサン・ジミニャーノなどトスカーナの町や、アッシジなど中部の町との交通はバスの方が便利。

ローマから　ローマ～フィレンツェ間を3時間30分～4時間で結ぶFliX BUS社の便が1日5本ある。バス停は、サンタ・マリア・ノヴェッラ駅東側のPiazzale Montelungo（地図p.140-B外）

ボローニャから　ボローニャ～フィレンツェ間にはFLiX BUS社などが1日約20本運行。バス停は、サンタ・マリア・ノヴェッラ駅東側のPiazzale Montelungo。

シエナから　SITA社のバスが毎朝6時30分ごろから20時ごろまで多数出ている。所要約1時間15分。

EU諸国からの乗り継ぎは空路が便利

ピサ空港から市内へ

　フィレンツェのサンタ・マリア・ノヴェッラ駅までバスが1時間に約3本運行。所要約70分、料金は€4.99。ピサ空港発の列車も1日5本、料金は€5.70。ピサ空港とピサ中央駅間はモノレール「ピサムーバー」が便利。4:30～翌1:30まで日中は7分おき、所要時間5分、料金€2.70で運行。

ペレトラ空港からの市内へ

　サンタ・マリア・ノヴェッラ駅までのシャトルバスが運行されている。5:30～20:30は30分おき、以降は1時間おきで、最終は24:30。所要時間は約30分、料金は€6で、チケットは車内で購入する。

観光案内所

MAP p.142-A
住Piazza della Stazione,4
開9:00～19:00、日曜・祝日は～14:00　休1/1、5/1、12/25

主なバス会社

SITA社:Viale dei Cadorna（駅の西側）
MAPp.140-B
FLiX BUS社:Piazzale Monte lungo（駅の東側）
MAPp.140-B外

市内の交通

バス　Autobus

サンタ・マリア・ノヴェッラ駅前のバスターミナルから発着

　バスを使わなくても徒歩で見てまわれるが、中心部からやや離れたサン・マルコ広場や、アルノ川対岸のミケランジェロ広場などへ移動するときにはバスが便利。

 観光に便利な路線だけ覚えよう

　観光に便利なのは、サンタ・マリア・ノヴェッラ駅前からサン・マルコ広場へ向かう7、25、31番と、駅からドゥオモへ向かう14、23番、駅からウフィツィ美術館やミケランジェロ広場へ行く12、13番。小さな車体の電動ミニバスも走っている。路線はC1からDまでの4路線。C1線は駅とサン・マルコ美術館、共和国広場、ドゥオモ脇、シニョリーア広場脇など。C2線は駅とトルナブオーニ通り入口、共和国広場前、バルジェッロ美術館など。C3線はカッシーネ公園、カッライア橋、ピッティ宮殿、サンタ・クローチェ教会など。D線はピッティ宮殿、ミケランジェロ広場などを結んでいる。

STEP 2 **バス料金と乗降方法**

　バスの料金システムは、時間と回数の組み合わせ。90分1回券€1.20、90分2回券€2.40、24時間券€5、4回券（90分が4回分）€12などがある。乗車するときにチケットに時刻を刻印するか、カードを読み取り部にタッチする。これを忘れるとチケットを持っていても無賃乗車扱いになる場合があるので要注意。

トラム　Tram

第2、第3路線が計画中

　サンタ・マリア・ノヴェッラ駅脇のアラマンニ-スタツィオーネAlamanni Stazione駅からヴィッラ・コスタンツァVilla Constanza駅を結ぶ1路線（T1）が運行中。チケットはバスと共通。

タクシー　Taxi

歩き疲れたら、レストランやバールから呼び出そう

　流しはないので、駅やドゥオモ前のタクシー乗り場から乗るか、無線タクシーを呼んで乗る。レストランやホテルではスタッフに頼むと呼んでくれる。正規のタクシーは白色の車体で、屋根にTAXIの表示がある。料金は初乗り€3.30で最低料金が€5、22:00〜翌6:00までの深夜・早朝は初乗り€5.30で最低料金が€7、日曜・祝日は初乗り€6.60で最低料金が€8.30、距離時間連動加算金は61〜110m毎に€0.10で共通。

バスやトラムに乗車したらすぐ切符に刻印を。㊤1回券と4枚綴り回数券は刻印機に切符を差し込み、日時を印字。㊦1日券は機械にかざす。刻印を忘れると、検札のとき罰金を取られる。

トラムとバスの共通チケットは、タバッキ（キオスク）や新聞スタンド、トラム駅で購入できる。

タクシーの呼び方

　通り名と番地、目標となる店名などを告げて呼び出す。☎055-4390または055-4242

レンタサイクル

レンタルサイクルショップ

Florence by Bike
Via San Zanobi ,54r
☎055-488992
http://www.florencebybike.it/

おすすめコース

サンタ・マリア・ノヴェッラ駅
↓ 🚶 徒歩2分
サンタ・マリア・ノヴェッラ教会
↓ 🚶 徒歩5分
メディチ家礼拝堂
↓ 🚶 徒歩3分
ドゥオモ／ジョットの鐘楼
↓ 🚶 徒歩7分
ダンテの家

華やかなドゥオモ

エリア 1

ドゥオモ周辺

Duomo

ルネサンス文化が結集する「花の都」の中心

完成までに約140年かかった大聖堂をはじめ、「花の都」の中心となる建物が集まっている。町歩きはドゥオモ広場を起点に始めよう。ドゥオモとジョットの鐘楼は展望台へ歩いて登ることができ、レンガ色に統一された美しい町並みを一望できる。ドゥオモ前から南北に延びるカルツァイウォーリ通りと、ストロッツィ宮殿前から北へ延びるトルナブオーニ通り周辺はフィレンツェきってのショッピング・ストリート。サンタ・マリア・ノヴェッラ駅からドゥオモ広場へは、歩いても12分ほどだ。

146

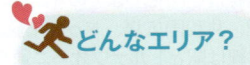

どんなエリア？

楽しみ
観光 ★★★★★
食べ歩き ★★★☆☆
ショッピング ★★★★☆
交通の便
バス ★★★☆☆
タクシー ★★★★★
基点となる駅・バス停
サンタ・マリア・ノヴェッラ駅、
Linea City C2 線共和国広場
バス停
※乗り降り自由バス＆ウォーキングツアー情報は p.40参照

見どころ

ドゥオモ (サンタ・マリア・デル・フィオーレ大聖堂)
Duomo(Basilica di Santa Maria del Fiore)

サンタ・マリア・ノヴェッラ S.M.N駅から徒歩10分
MAP p.143-C

クーポラからの眺望も楽しみたい

ルネサンスのシンボル的な聖堂で、別名を「花の聖母教会」とも呼ばれる。1296年から140年もの歳月をかけて完成。色大理石で装飾された壮麗な外観がひときわ目をひく。高さ106mの大クーポラはブルネレスキの傑作で、天井に描かれたフレスコ画は『最

ばら色、白、緑の3色の大理石製の教会

後の審判』をテーマにしたもの。左の祭壇横から階段を登ると、展望台に出られる。

🕐ドゥオモ10:00〜17:00／クーポラ8:30〜19:00（季節、行事により変動あり。公式サイトで日ごとの開館時間が確認できる）　休ドゥオモ1/1、1/6、復活祭／クーポラ 日曜・祝日　料共通券€18（72時間有効、ドゥオモ周辺施設の共通券）　■https://www.museumflorence.com/

ジョットの鐘楼
Campanile di Giotto

ドゥオモから徒歩1分
MAP p.143-C

階層ごとに様式が異なる繊細な塔

ジョットが第1層を手がけ、死後は弟子の建築家ピサーノが第2層を、最後は彫刻家タレンティが第3層から5層を仕上げて、

1360年に完成した。高さ84mの塔の最下段を飾る六角形のレリーフはピサーノ作。人間の再生の過程が描かれ、オリジナルはドゥオモ美術館に収蔵されている。東側入口から414段の階段を登ると最上階のテラスに出られる。⏰13:30〜19:30（季節、曜日により異なる。脚注のサイト参照）　休1/1、復活祭、12/25　料共通券€18

ゴシック様式の傑作、鐘楼

サン・ジョヴァンニ洗礼堂
Battistero di San Giovanni

ドゥオモから徒歩1分
MAP p.143-C

街で最古の建造物の一つ

　ドゥオモの隣に建つ八角形の建物。フィレンツェの守護聖人である聖ジョヴァンニに捧げるため、11世紀に建設された。14〜15世紀には青銅製の3つの門扉が取り付けられ、東門と北門は初期ルネサンスの彫刻家で金細工師だったギベルティの作。鋳造技術において当代一の腕前を持ち、ミケランジェロは「天国の門」と絶賛したという。⏰8:15〜10:15、11:15〜18:15（季節、曜日により異なる。脚注のサイト参照）　休1/1、復活祭、12/25　料共通券€18

シンプルな美しさの洗礼堂

東門。ここにあるのはレプリカ。本物はバルジェッロ美術館に

名作『天国の門』のレリーフの1枚

ドゥオモ美術館
Museo dell'Opera del Duomo

ドゥオモから徒歩3分
MAP p.143-D

14世紀から15世紀の彫刻作品を展示

　ミケランジェロ作『ピエタ』、ドナテッロの『マグダラのマリア』など、ドゥオモ、鐘楼、洗礼堂を飾っていた美術品を展示している。⏰9:00〜19:00（季節、曜日により異なる。脚注のサイト参照）　休1/1、1/6、復活祭、12/25　料共通券€18

ドナテッロなどの作品や純銀の祭壇などを展示

オルサンミケーレ教会
Chiesa di Orsanmichele

ドゥオモから徒歩5分
MAP p.143-G

外壁のレリーフに商都の面影

　1337年に穀物倉庫として建てられ、その後教会となった。カルツァイウォーリ通りにある。外側壁面を飾る14体の彫刻は、1400年代初めから1600年代にかけて作られたもの。同業組合の守護聖人をモデルに、ドナテッロなどが制作した。内部には金細工のレリーフが彫られた祭壇がある。⏰10:00〜17:00　休無休　料無料

一本西のアルテ・デッラ・ラーナ通りに付属美術館もある

※ドゥオモ、鐘楼、洗礼堂、美術館等を網羅する公式HP。https://www.museumflorence.com/

世界から集められた数百種類もの色大理石で埋め尽くされたメディチ家礼拝堂の内部

ダンテの家
Casa di Dante

ドゥオモから徒歩5分
MAP p.143-G

『神曲』で有名な詩人ダンテの生家

中世イタリアを代表する詩人ダンテ（1265
〜1321年）が生まれた家。サンタ・マルゲ
リータ通りに復元されていて、中は小さな博
物館として公開されている。
開10:00〜18:00（10〜3月10:00〜17:00）
休月曜　料€4

サン・ロレンツォ教会
Basilica di San Lorenzo

ドゥオモから徒歩4分
MAP p.143-C

街に君臨したメディチ家の一族が眠る

フィレンツェの支配者であったメディチ家
の菩提寺。この街のルネサンス様式の最初
の教会として、1460年にブルネレスキによっ
て着工され、説教壇を晩年のドナテッロが製
作した。左翼廊の旧聖具室も2人の手になる。
ファサードは未完成のレンガ積みのまま残さ
れた。開10:00〜17:00、3〜10月の日曜13:30
〜17:30　休11〜2月の日曜　料€5

ラウレンツィアーナ図書館
Biblioteca Medicea Laurenziana

ドゥオモから徒歩3分
MAP p.143-C

メディチ家が代々収集した古文書を納める

16世紀のローマ教皇クレメンテ7世が、1
万冊にのぼるメディチ家の蔵書を集めるた
めに作らせた。サン・ロレンツォ教会の2
階にあり階段と図書館内部の設計はミケラ
ンジェロによる。開月・水・金曜8:00〜14:00、
火・木曜は〜17:30　休土・日曜　料€3

メディチ家礼拝堂
Cappelle Medicee

ドゥオモから徒歩3分
MAP p.143-C

17世紀に造られた、君主たちの礼拝堂

政治的権力を失いつつあったメディチ家が
造った一族の
墓所。ジョヴ
ァンニ・デ・
メディチの設
計に基づき、
ニジェッティ
により建てら
れた。八角形
の「君主の礼
拝堂」の巨大
な空間は、各
国から集めら
れた色大理石

メディチ家礼拝堂の入口

未完成のまま残されたサン・ロレンツォ教会の外壁

で装飾された壮麗なもの。1階部分にブロンズ像で飾られた石棺が並び、壁面には16都市の紋章が。入口はサン・ロレンツォ教会の裏手にある。礼拝堂から廊下を下って行くと新聖具室に出る。

開8:15〜14:00（特別展開催時は〜16:50）休第2・4日曜、第1・3・5月曜、1/1、5/1、12/25　料€6

新聖具室
Sagrestia Nuova

ミケランジェロが手掛けたメディチ家の墓所

　礼拝堂から廊下伝いに歩いた一角にあるメディチ家の霊廟。ルネサンス末期の1524年から10年間をかけて、ミケランジェロが設計と装飾のすべてを手掛けて完成した。小ぢんまりした室内の右側にはロレンツォ2世、向き合うようにしてジュリアーノの墓がある。それぞれの墓の上には『曙』と『黄昏』、『昼』と『夜』の寓意である4体の彫刻が静かに横たわる。礼拝堂の一部に属するため、開館時間などは礼拝堂と同様。

メディチ・リッカルディ宮殿
Palazzo Medici-Riccardi

ドゥオモから徒歩5分
MAP p.143-C

最盛期のメディチ家が過ごした住まい

　メディチ家隆盛の祖コジモ1世の依頼で、建築家ミケロッツォが設計した宮殿。一族が最盛期を迎えた1460年から約100年間、ここが居館として使われた。2階の礼拝堂にあるゴッツォーリの壁画『東方の三賢王の行進』には、コジモの孫ロレンツォをはじめ一族の人々が描かれているほか、画家フィリッポ・リッピ作の聖母などの名作も展示。

開9:00〜17:00　休水曜　料€7
上メディチ・リッカルディ宮殿の中庭
下ゴッツォーリの壁画

14世紀ドミニコ派教会として建てられた教会

サンタ・マリア・ノヴェッラ教会
Chiesa di Santa Maria Novella

サンタ・マリア・ノヴェッラS.M.N.駅から徒歩2分
MAP p.142-A

フィレンツェ・ゴシック様式の代表建築

　ドメニコ派の聖堂として14世紀に建てられた建物で、幾何学模様のファサードが特徴的。ゴシック風の内部は100mの奥行きを持ち、マザッチョ作の『三位一体』、ギルランダイオの『マリアと聖ヨハネの生涯』などの名画がある。開9:00〜17:30、金曜は11:00〜、土曜は〜17:00、日曜・祝日13:00〜17:00　休1/1、復活祭、8/15、12/25　料€5

メディチ家の最盛期の歴史をともに生きた宮殿

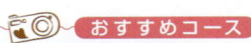 **おすすめコース**

| サンタ・マリア・ノヴェッラ駅 |
| ↓ 🚌 バス5分 |
| サン・マルコ広場 |
| ↓ 🚶 徒歩1分 |
| サン・マルコ教会 |
| ↓ 🚶 徒歩12分 |
| アカデミア美術館 |
| ↓ 🚶 徒歩8分 |
| サンタ・マリア・マッダレーナ・デ・パッツィ教会 |
| ↓ 🚶 徒歩5分 |
| 考古学博物館／孤児養育院 |

エリア 2

サン・マルコ美術館の2階に上がる階段の正面にある『受胎告知』

サン・マルコ広場 周辺
Piazza San Marco

 **街のしくみ**

ミケランジェロの最高傑作のある アート・カルチャーエリア

150

　ミケランジェロの最高傑作『ダヴィデ』のあるアカデミア美術館などがあり、ウフィツィ美術館に次ぐ美術館エリア。フィレンツェ大学も近く、アカデミックな雰囲気が漂う。

　アカデミア美術館のあるサン・マルコ広場には、サン・マルコ教会付属修道院があり、内部はサン・マルコ美術館として公開されている。15世紀の初期ルネサンスを代表する画家で修道僧であったフラ・アンジェリコのフレスコ壁画『受胎告知』が観られる。柔らかな色彩、清らかな画風を堪能したい。

🏃 **どんなエリア？**

楽しみ
観光 ★★★★★
食べ歩き ★☆☆☆☆
ショッピング ★☆☆☆☆
交通の便
バス ★★☆☆☆
タクシー ★★★☆☆
基点となる駅・バス停
25・33番バス・サン・マルコ広場バス停
※乗り降り自由バス＆ウォーキングツアー情報はp.40参照

見どころ

サン・マルコ美術館
Museo di San Marco

サン・マルコ広場バス停から徒歩1分
MAP p.141-C

崇高な美しさをたたえたフレスコ画

　ドメニコ派の修道院のなかにある美術館で、修道僧フラ・アンジェリコ（1387〜1455年）が描いたフレスコ壁画の傑作がみごとな状態で残っている。郊外のフィエーゾレで生まれたフラ・アンジェリコは、ドメニコ派の僧となり、高潔な生活を送る一方、1438年ごろからサン・マルコ修道院の僧房に絵を描き始めた。彼の画才は広く知られるようになり、天使を描かせたら右に出るものがいないと絶賛されるように。中庭に面した回廊を進み、階段を登ると正面

全部で43室ある僧房の1つ1つにも壁画が描かれている

ミケランジェロの『奴隷像』『聖マタイ』が並ぶ廊下　　その他の彫刻作品が並べられた展示室も

に、代表作『受胎告知』がある。優雅な身の
こなしでいすにたたずむマリアと天使が静謐
なタッチで描かれている。
　廊下の両側に並ぶ僧房の壁にもフレスコ画
や板絵がある。フラ・アンジェリコ作とされ
るのは『キリストとマグダラのマリア』『マリ
アの戴冠』など。一番奥には15世紀の宗教改
革の先駆者で、サン・マルコ修道院の院長で
もあった修道士サヴォナローラの僧房が残っ
ている。
開8:15～13:50、土・日曜は～16:50（入館は閉
館30分前まで）休第1・3・5日曜、第2・4月曜、
1/1、5/1、12/25　料€4

アカデミア美術館
Galleria dell'Accademia

サン・マルコ広場から徒歩1分
MAP p.141-C

ミケランジェロ『ダヴィデ』に会える
　サン・マルコ広場に面したアカデミア美術
館は、最高傑作『ダヴィデ』をはじめとする
ミケランジェロの彫刻作品の収蔵で名高い。
　4mを超える大作『ダヴィデ』は、1873年
までシニョリーア広場に置かれていたもので、
「共和国の自由の精神」を表現している。創
作意欲に満ち溢れた26歳のミケランジェロが、
巨大な大理石の塊から2年の歳月をかけて制
作した。
　『ダヴィデ』の前の細長い通路の両側には、
未完のままに終わった『髭の奴隷』『目覚めた
奴隷』『若い奴隷』『アトラス』の4体の『奴隷
像』が展示されている。これらは教皇ユリウス
2世の墓碑のためにミケランジェロが制作して
いたもの。そのほか、『パレストリーナのピエタ』

『聖マタイ』など、ミケランジェロの作品が並ぶ。
　絵画では、ボッティチェッリの『聖母子、幼
い洗礼者ヨハネと二天使』、ギルランダイオの
『聖母子と聖フランチェスカ、マグダラのマリ
ア』、フィリッピーノ・リッピの『十字架降下』な
ど、13世紀から16世紀初頭にかけてのフィレ
ンツェ派の代表的画家たちの作品を展示する。
開8:15～18:50（入館は～18:20）休月曜、1/1、
5/1、12/25　料€6.50（特別展開催時は変動
あり）

見上げたときにバランスがよいよう頭部は大きめ

考古学博物館
Museo Archeologico Nazionale

サン・マルコ広場から徒歩10分
MAP p.141-D

メディチ家が集めた古代文化財コレクション

　古代ギリシア、古代エジプト、エトルリア、古代ローマの文化遺産を展示する、イタリア有数の考古学博物館。

　収蔵されている文化遺産のほとんどは、ルネサンス期にフィレンツェを統治したメディチ家が収集したもので、エトルリア文明に関する収集が充実している。

開8:30～19:00、土・日・月曜は～14:00
休第2・第4日曜　料€4

サンタ・マリア・マッダレーナ・デ・パッツィ教会
Santa Maria Maddalena de' Pazzi

サン・マルコ広場から徒歩8分
MAP p.141-D

ペルジーノの名画がある13世紀の修道院

　15世紀の画家ペルジーノの代表作とされる『十字架に架かるキリスト』がある。

　13世紀の半ばに創建された後、15世紀後半にサンガッロによって改修され、建物の両脇に礼拝堂が配置された。

　アカデミア美術館からは、アルファニ通りVia degli Alfaniを南東に4、5分歩いたボルゴ・ピンティ通りVia Borgo Pintiに入口がある。改修のため休むことも多い。

開8:30～12:30、15:30～19:30　休無休　料無料

サンティッシマ・アヌンツィアータ広場
Piazza della Santissima Annunziata

サン・マルコ広場から徒歩3分
MAP p.141-C

フィレンツェで最もルネサンス的な広場

　サン・マルコ広場からすぐのところにある三方を柱廊に囲まれた広場。中央にはジャンボロージャ作フェルディナンド1世の騎馬像と、2つのバロック様式の噴水がある。騎馬像の後ろ側にはサンティッシマ・アヌンツィアータ教会が、その隣には孤児養育院が隣接して建っている。

孤児養育院
Ospedale degli Innocenti

サン・マルコ広場から徒歩3分
MAP p.141-D

ブルネレスキ設計の欧州最古の孤児院

　ブルネレスキの設計によって1445年に建てられたヨーロッパ最古の孤児院。9つのアーチが連なる正面回廊には、産着にくるま

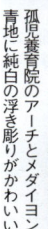
孤児養育院のアーチとメダイヨン。青地に純白の浮き彫りがかわいい。

れた幼児のメダイヨン（円形浮彫）が10個はめ込まれている。このメダイヨンはアンドレア・デラ・ロッビアの作。

　内部にはギルランダイオの『東方三博士の礼拝』、フィリッポ・リッピ（父）作『聖母子と天使』などルネサンス期の絵画・彫刻作品が飾られている。2つの噴水がある建物前の広場は、ひと休みにぴったりの場所。

開8:30～19:00、日曜・祝日は～14:00（入館は閉館30分前まで）
休1/1、復活祭、5/1、12/25
料€4

サンティッシマ・アヌンツィアータ教会の美しい柱廊

1299〜1314年に建造されたヴェッキオ宮殿
はかつての執政官公邸

エリア 3

シニョリーア広場周辺
Piazza della Signoria

🏠 街のしくみ

歴史の重みと洗練が交差する中世からの政治の中心

中世以来、現在も市庁舎として使われているヴェッキオ宮殿と、重要な式典や集会の場であったシニョリーア広場。ここはフィレンツェ共和国時代から政治の中心だった。銀行業で財をなしたメディチ家が収集した美術品を展示するウフィツィ美術館やルネサンス期の彫刻作品などを集めたバルジェッロ美術館など見どころが多い。東側にあるサンタ・クローチェ教会周辺は、皮革製品を扱う店が並ぶ庶民的な下町。シニョリーア広場からは、アルノ川にかかるポンテ・ヴェッキオや、その先のピッティ宮殿までも近い。

🏃 どんなエリア？

楽しみ
観光 ★★★★★
食べ歩き ★★★★☆
ショッピング ★★★★★
交通の便
バス ★★★★☆
タクシー ★★★★☆
基点となる駅・バス停
12・13番・Linea City C2線シニョリーア広場前、C1・C2線ブロコンソロ通り、C3線サンタ・クローチェの各バス停

見どころ

シニョリーア広場
Piazza della Signoria

12・13番・C2線シニョリーア広場下車
MAP p.143-K

自由都市時代からの政治の舞台

1385年に初めて舗装された広場で、中世以来、フィレンツェ共和国の政治的中心だった場所。ヴェッキオ宮殿前には、16世紀後半に造られた『ネプチューンの噴水』があり、ミケランジェロが29歳のときに制作した『ダヴィデ』のレプリカ（オリジナルはアカデミア美術館所蔵）、ドナテッロ『ユ

ーディトとホロフェルネス』、ジャンボローニャ『コジモ1世の騎馬像』などの彫像が置かれている。ジャン・ボローニャの『サビニの女たちの略奪』、ベンヴェヌート・チェッリーニの『ペルセウス』などの彫刻作品が並ぶ回廊ロッジア・ディ・ランツィは共和国時代の集会所。コリント式柱頭のある柱がアーチを支える構造で、開口部に彫像が置かれている。ドゥオモからは徒歩5分ほど。

今も集会の場として機能するシニョリーア広場

バルジェッロ美術館にあるドナテッロ『ダヴィデ』

バルジェッロ美術館の宝『聖ゲオルギウス』

『五百人広間』はサヴォナローラが500人からなる市民会議を提唱した場所

ヴェッキオ宮殿（市庁舎）
Palazzo Vecchio

シニョリーア広場前
MAP p.143-K

高さ94mの鐘楼を備えた共和国の政庁舎

16世紀まではフィレンツェ共和国の政庁舎として使われたが、コジモ1世が居城とした際に内部が大改修された。2階の大会議場『五百人広間』天井の39枚のパネルにはフィレンツェ史が描かれている。入口右手奥にミケランジェロの『勝利』像もある。

開10〜3月9:00〜19:00、4〜9月は〜23:00（通年木曜は〜14:00）　休1/1、1/6、5/1、復活祭、8/15、12/25　料€4〜18（見学範囲による）
中庭は15世紀のもの

バルジェッロ国立美術館
Museo Nazionale del Bargello

シニョリーア広場から徒歩3分
MAP p.143-H

ミケランジェロやドナテッロの彫刻が

19世紀半ばまで、警察署や牢獄だった建物。現在はドナテッロの最高傑作『聖ゲオルギウス』、ミケランジェロ『バッカス』など、ルネサンス期の優れた彫刻を展示している。

開8:15〜13:50　休第1・3・5月曜、第2・4日曜、1/1、5/1、12/25　料€4

サンタ・クローチェ教会
Chiesa di Santa Croce

シニョリーア広場から徒歩10分
MAP p.141-H

ミケランジェロやマキャベリの墓がある

イタリア最大会派フランチェスコ会の壮大な教会。ここにはダンテの記念碑をはじめ、ミケランジェロやガリレオ・ガリレイ、マキャベリなどの墓がある。ドナテッロ『受胎告知』やジョットのフレスコ画などもある。

教会前の広場は市民の憩いの場

教会正面に向かって右側の中庭奥に礼拝堂がある

開9:30〜17:30、日曜・祝日14:00〜17:00　休1/1、復活祭、6/13、10/4、12/25、12/26　料€6

パッツィ家礼拝堂
Cappella dei Pazzi

シニョリーア広場から徒歩10分
MAP p.141-H

ルネサンス建築の最高峰

サンタ・クローチェ教会付属美術館奥にある礼拝堂。ブルネレスキによる15世紀半ばのルネサンス建築の傑作。堂内を飾る彩色テラコッタのレリーフは、15世紀の彫刻家ロッビア作『12使徒』。

開9:30〜17:30、日曜・祝日14:00〜17:00　休1/1、復活祭、10/4、12/25、12/26　料€6

154

3つのアーチが美しいポンテ・ヴェッキオ。詩人ダンテはこの橋の上から
名月を見て感動したという

2、3階に伝統的な2連窓
が並ぶストロッツィ宮殿

メルカート・ヌオヴォ
Loggia del Mercato Nuovo

MAP シニョーリア広場から徒歩2分
p.143-K

かつて商取引の中心だった吹き抜けの柱廊

カリマーラ通りとポルタ・ロッサ通りの交差するところにある大きな柱廊。1547年、コジモ1世がタッソに命じて作らせたもので、商人たちの集まる商取引の中心だった。当時は両替商や特産の絹織物商が店を並べていた。現在も皮革製品などのみやげ物屋台が出る。広場南にはブロンズ製のイノシシがある。

鼻をさすると幸運がつくといわれるイノシシ

ポンテ・ヴェッキオ
Ponte Vecchio

MAP シニョーリア広場から徒歩5分
p.143-K

16世紀から金銀細工を売る商店が並ぶ

14世紀半ばには完成し、橋の上に肉屋などが店を出していたが、フェルディナンド1世が異臭を嫌って店を撤去させ、金銀細工師の店が集められた。現在も橋の両側には貴金属、宝石店がずらりと並び、活気があふれる。橋の中央からのアルノ川の眺めが美しい。

橋の両側に金銀細工の店が並ぶ。値段はどの店も大差はない

ストロッツィ宮殿
Palazzo Strozzi

MAP ドゥオモから徒歩3分
p.142-F

フィレンツェで最も美しい邸宅の一つ

ストロッツィ家の住まいで、15世紀末、マイアーノの設計で建設が始まった。メディチ・リッカルディ宮殿とともに、ルネサンス期のフィレンツェ建築の傑作とされる。

トルナブオーニ通りとストロッツィ通りの交差する角に面し、粗仕上げの石積みが重厚な趣。内部には2層の回廊を持つ中庭があり、地下にストロッツィ家の歴史をたどる小博物館があるが、常時公開されていない。普段は催事場や展示会場などとして利用されている。

サンタ・トリニタ教会
Chiesa di Santa Trinita

MAP ドゥオモから徒歩15分
p.142-F

ゴシック、ルネサンス期の絵画・彫刻が

ブランドショップが立ち並ぶトルナブオーニ通りが始まるサンタ・トリニタ広場に面している。16世紀に完成したバロック風のファサードのある簡素な外観だが、内部には有名な祭壇画がある。

正面入口を入って右手中ほどの側廊には、14世紀の画僧ロレンツォ・モナコによるフレスコ画が飾られた受胎告知礼拝堂 Cappella dell'Annunciazione があり、主祭壇右手にあるサセッティの礼拝堂 Cappella Sassetti には、ギルランダイオ作のフレスコ画『聖フランチェスコの生涯』が描かれている。

開8:00〜12:00、16:00〜18:00
休無休 料無料

ルネサンス以前の13世紀の作品も含め、展示品は2000点を超える

ウフィツィ美術館

Galleria degli Uffizi　MAP　p.143-K

開8:15 ～ 18:50（入館は～ 18:05）
休月曜、1/1、5/1、12/25　料€20（11～2月€12）
■http://www.polomuseale.firenze.it/

　ヴェッキオ宮殿とアルノ川に挟まれた場所に建つウフィツィ美術館は、メディチ家のコジモ1世が行政・司法の役所を1カ所に集めるため、ヴァザーリに命じて1560年から14年の歳月をかけて建てさせたもの。

　コの字型をしたこの建物にはメディチ家の事務所（古語＝ウフィツィ）が置かれたことからこの名がついた。後にフランチェスコ1世の時代に建物の最上階がメディチ家の美術品コレクションを展示するギャラリーとなり、現在に至っている。

　古代ギリシアからレンブラントまで収蔵作品は多岐にわたるが、ルネサンス絵画の至宝をそろえている点で世界でも屈指の美術館になっている。ボッティチェッリ、ラファエロ、ダ・ヴィンチ、ミケランジェロなど、巨匠たちの代表作を見るために、ぜひとも訪れたい。収蔵品4800点のうち展示されているのは二千数百点。それらの作品を見る

には、少なくとも半日は必要。2階と3階がデッサンと版画、絵画の展示室になっている。

とっておき情報

行列必至の美術館は予約して！

　人気の美術館は予約可能。フィレンツェではウフィツィ、バルジェッロ、アカデミア、サン・マルコの各美術館とメディチ家礼拝堂が対象。予約は前日までに共通予約オフィス☎055-294883（予約料€4）へ電話、氏名、国籍、希望日時を告げて予約番号をもらう（英語可）。チケットの受け取りは一般入口向かいの予約者専用窓口へ火～金曜8:15～16:45（ウフィツィ美術館の場合）に出向く。予約時刻の10分前までに受け取ること。予約はhttp://www.b-ticket.com/b-ticket/uffizi/が便利。

※ウフィツィ美術館、ピッティ宮殿、ボーボリ庭園の共通チケットは€38（11～2月は€18）

展示室の主な見どころ

第2室 ジョットと 13 世紀の部屋。ジョット作『玉座の聖母子』、チマブーエの『荘厳の聖母』など。**第3室** 14 世紀シエナ派の部屋。マルティーニの『受胎告知と聖人たち』など。**第8室** フィリッポ・リッピ（父）『聖母子と二天使』など。**第10〜14室** ボッティチェッリの部屋。『春』『ヴィーナスの誕生』など。**第15室** ダ・ヴィンチの部屋。初期代表作「受胎告知」未完の『東方三博士の礼拝』など。**第20室** ルーカス・クラナッハやデューラーなど。**第25室** ミケランジェロの『聖家族』（トンド・ドーニ）など。**第26室** ルネサンス芸術の最高峰の一人ラファエロの『ヒワの聖母』など。**第28室** ヴェネツィア派の巨匠ティツィアーノの『ウルビーノのヴィ

ラファエロの彼の自画像（ラファエロの間）

ティツィアーノの作品『ウルビーノのヴィーナス』

ーナス』『フローラ』など。**第35室** ミケランジェロ作『聖家族』など。**第43室** カラヴァッジョ作『バッカス』。**第57〜59室** ヘレニズム期の大理石彫刻。**第64・65室** ブロンズィーノの作品。**第66室** ラファエロの部屋。（第 46 〜 84 室は 2 階）

ヴァザーリの回廊

ウフィツィ美術館の一画は、ヴァザーリの回廊と呼ばれる長い廊下状の建物が延び、ポンテ・ヴェッキオを経てアルノ川対岸のピッティ宮殿まで約 1 km を結んでいる。3 階の窓からは、回廊の様子を一望できる（2018年 5 月現在、改修工事のため非公開）。

見どころ

ヴァザーリの回廊。ポンテ・ヴェッキオの 2 階を通り、ピッティ宮殿まで延びている

ウフィツィ美術館

◀チマブーエ『荘厳の聖母』西洋絵画の祖であるチマブーエの傑作。美術史上で最も重要な作品の一つ。第2室

▶ジョット『玉座の聖母子』キリストや聖母マリアを現世を生きる人間として描いた革新的な傑作。第2室

▲ピエロ・デッラ・フランチェスカ『ウルビーノ公爵と公爵夫人』第7室

```
        4   5-6
   1
         3   2
```

3F　↑ 入口（1F）

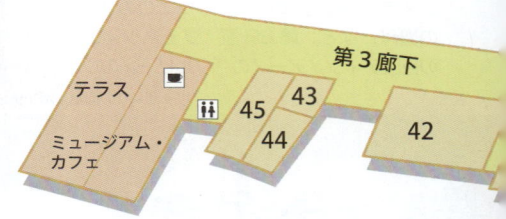

```
           第3廊下
テラス
              45  43
ミュージアム・        42
カフェ          44
```

▲シモーネ・マルティーニ『受胎告知と聖人たち』14世紀シエナ派の巨星シモーネ・マルティーニの作品が展示されている。第3室

▶フィリッポ・リッピ『聖母子と二天使』艶やかな聖母のモデルは作者の恋人だった尼僧とされる。第8室

展示室を増設

美術館の2階（イタリア式で1階）フロアにも、西棟第46室から東棟第84室までが新設された（展示内容はp.157）。ラファエロやブロンズィーノなどの作品展示もあるので、見逃さないよう、併せて見学しよう。

▲ブロンズィーノ『聖家族と幼児聖ヨハネ（パンチャーティキの聖家族）』第29室

▲ボッティチェッリ『ヴィーナスの誕生』10-14室をひとつにしたホールには、代表作品の一つ『ヴィーナスの誕生』を展示。

▲ボッティチェッリ『春』若い生命の息吹が画面いっぱいにみなぎる大作はウフィツィ美術館の至宝。第10-14室

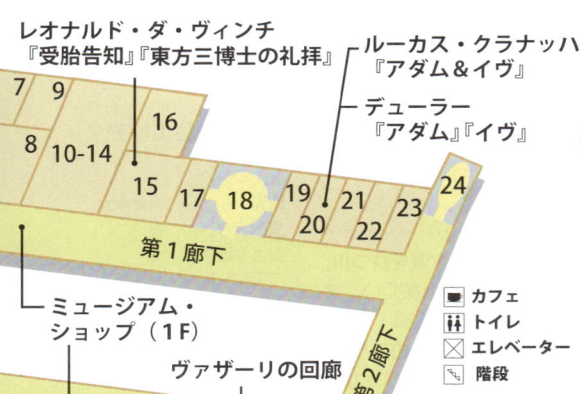

レオナルド・ダ・ヴィンチ
『受胎告知』『東方三博士の礼拝』

ルーカス・クラナッハ
『アダム＆イヴ』

デューラー
『アダム』『イヴ』

7　9
8　10-14
16
15　17　18　19　21　23　24
20　22

第1廊下

ミュージアム・ショップ（1F）

ヴァザーリの回廊

第2廊下

■ カフェ
🚻 トイレ
✕ エレベーター
🔲 階段

41／出口
36　35　34　25
26
38　33　27
37
32　28
31
29　30

ヴェロネーゼの作品

ティツィアーノ
『ウルビーノのヴィーナス』
『フローラ』

ミケランジェロの作品

▲ミケランジェロ『聖家族』第35室はミケランジェロの部屋。筋肉美にあふれた人体表現が魅力。

▶ティツィアーノ『フローラ』ヴェネツィア派の巨匠ティツィアーノ初期の代表的な作品。第28室

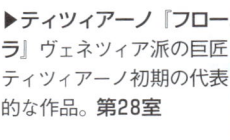

▶ラファエロ・サンツィオ『ヒワの聖母』商人の結婚祝いとして描いたラファエロの作品。第26室

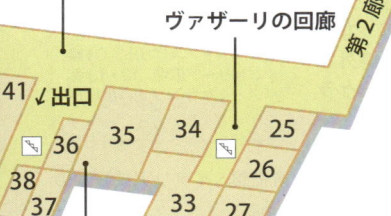

◀パルミジャニーノ『長い首の聖母』新しい美の可能性を追求したマニエリスム期の傑作。第29室

📷 おすすめコース

ピッティ宮殿
↓ 🚶 徒歩5分
サント・スピリト教会
↓ 🚶 徒歩6分
サンタ・マリア・デル・カルミネ教会
↓ 🚌 Linea City D線7分+徒歩3分
ヴィラ・バルディーニ(美術館)
↓ 🚶 徒歩15分
ミケランジェロ広場

エリア **4**

夕暮れの風景が美しいアルノ川。たそがれ時にも散策を楽しみたい

アルノ川左岸
Riva Sinistra d'Arno

街のしくみ

閑静な高級住宅街を控えた美術館エリア

160

　市内を静かに流れるアルノ川は、アペニン山脈に水源を持つ川。夕暮れには川沿いのホテルや邸宅がライトアップされ美しい。アルノ川対岸にも宮殿や博物館、美術館など見どころが多い。ピッティ宮殿から西北側は、サント・スピリト教会のある下町エリア。路地を歩くと、職人の工房や古道具店、センスのよいカフェなどがひょっこり顔を出す。アンティークに興味のある人なら意外な発見があるかもしれない。時間があれば、見晴らしのよいミケランジェロ広場へも足を延ばそう。

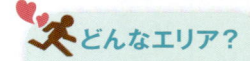

🏃 どんなエリア？

楽しみ
観光　★★★★★
食べ歩き　★★★★★
ショッピング　★★★★★
交通の便
バス　★★★★★
タクシー　★★★★★
基点となる駅・バス停
Linea City C3線ピッティ宮殿、サント・スピリト、C1線シニョリーア広場、12・13番バス・ミケランジェロ広場バス停

見どころ

ピッティ宮殿
Palazzo Pitti

Linea City C3線ピッティ宮殿下車、徒歩1分
MAP p.140-J

重厚感に圧倒される壮大な宮殿

　広々としたピッティ広場正面に建つのは、1457年に豪商ルカ・ピッティがブルネレスキに依頼して建てさせたルネサンス様式のピッティ宮殿。約100年後、メディチ家が買い取り、コジモ1世とその妻エレオノーラによって改修され現在の姿になった。パラティーナ美術館、銀器博物館をはじめ

威圧感のある石組みのピッティ宮殿

7つの美術館と博物館、イタリア式庭園のボーボリ庭園がある。

🕐8:15～18:50（入場は18:05まで）　🚫月曜、1/1、5/1、12/25　💰€16（11～2月€10、朝8:15～8:59にチケットを購入し、9:25前に入場すると、€8〈11～2月は€5〉に割引）

パラティーナ美術館
Galleria Palatina

ピッティ宮殿内
MAP p.140-J

メディチ家の16～17世紀絵画コレクション

　メディチ家が収集したルネサンスからバロックの名画を展示する美術館。とくにラファエロとティツィアーノの名作はメディチ家が収集に力を入れたもの。ラファエロの『大公の聖母』『椅子の聖母』『身重の女の

ラファエロの『椅子の聖母』

目のくらむような室内装飾も
バラティーナ美術館の特徴

肖像』、ティツィアーノの『美しき女』『ある貴人の肖像』などの作品がある。その他、フィリッポ・リッピ『聖母子』、ボッティチェッリなどの作品も展示。

■ピッティ宮殿と共通

贅を尽くした宮殿の内部

銀器博物館
Museo degli Argenti

ピッティ宮殿内

MAP p.140-J

メディチ家所有の宝物類を展示

メディチ家所有の銀器や象牙細工、貴金属などを展示する博物館。ロレンツォ豪華王が所有した「銀と碧玉の水差し」、一族最後の女性アンナ・マリア・ルドヴィーガの王冠など、当時一級の職人技に触れられる。

■ピッティ宮殿と共通

サント・スピリト教会
Basilica di Sant Spirito

ピッティ宮殿から徒歩5分

MAP p.142-I

初期ルネサンス様式の簡素な教会

建物は、ルネサンス建築を主導した建築家ブルネレスキが晩年に設計したもので、未完のままのファサードが素朴な印象を与える。15世紀末の画家フィリッピーノ・リッピ作『聖母子と聖ジョヴァンニーニ』などの作品を展示。

圏9:30〜12:30、16:00〜17:30、祝日11:30〜12:30、16:00〜17:30
休水曜
料無料

15世紀に完成した教会

サンタ・マリア・デル・カルミネ教会
Chiesa di Santa Maria del Carmine

ピッティ宮殿から徒歩10分

MAP p.140-F

15世紀の貴重なフレスコ画が残る

マサッチョやフィリッピーノ・リッピな

どの絵画を保存。ブランカッチ礼拝堂に残るマサッチョ作『貢ぎの銭』『楽園追放』はミケランジェロに影響を与えたという。

圏10:00〜17:00、日曜・祝日は13:00〜
休火曜、1/1、1/7、復活祭、5/1、7/16、8/15、12/25 料礼拝堂€6 予約☎055-2768224

フレスコ画の保護のため、入場は1回30名で15分めの入替制

ミケランジェロ広場
Piazzale Michelangelo

12・13番バスでミケランジェロ広場バス停下車
MAP p.141-L

フィレンツェ歴史地区の展望台

ダヴィデの像が立つ

アルノ川両岸に広がる町並みの名所。広場中央に『ダヴィデ』複製がある。Linea City D線ポッジ広場バス停からモンテ・アッレ・クローチ通りに入り、長い階段を登っても行ける。夕方以降は人通りが少ないので早めに降りよう。

サン・ミニアート・アル・モンテ教会
Abbazia di San Miniato al Monte

ミケランジェロ広場から徒歩5分
MAP p.141-L

ロマネスク様式の優雅な建築

ミケランジェロ広場から階段を登った高台に建つ。3世紀半ばに殉教した聖ミニアートの墓上に建てられたもの。11〜13世紀に作られたロマネスク様式の繊細なファサードや、緑と白の大理石柱、12世紀のモザイク壁画が美しい。圏9:00〜13:00、15:00〜19:00 休無休 料無料

ヴィラ・バルディーニ
Villa Bardini

ミケランジェロ広場から徒歩10分
MAP p.141-K

12世紀の屋敷と庭園が美術館に

バロック様式の大階段や彫刻のある庭園から街を一望できる。カフェテリアも完備。
圏8:15〜18:30（11〜2月は〜16:30、季節により変動あり）休第1・最終月曜、1/1、5/1、12/25 料€8

※ウフィツィ美術館、ピッティ宮殿、ボーボリ庭園の共通チケットは€38（11〜2月は€18）

ショッピング

Shopping

皮革製品、金銀工芸、織物業の本場だけに、センスと技術力を融合させた職人技の光る品が見つかる。比較的狭いエリアに店が集まっていて買い物しやすいのも特徴。

トルナブオーニ通り MAP p.142-F

　サンタ・マリア・ノヴェッラ駅の南東、ドゥオモの西側にある。南北約500mほどの通りの両側に、グッチ、フェラガモなどのブランドショップがずらりと立ち並ぶショッピングストリート。ここだけでお目当てのブランドは見てまわれる。カルティエやティファニーなどのインターナショナルブランド、瀟洒なカフェもある。

ヴィーニャ・ヌオヴァ通り MAP p.142-E

　トルナブオーニ通りから斜めに延びる通りで、フルラ、ドルチェ&ガッバーナなどのブランドショップが細い路地に軒を連ねていている。

カルツァイウォーリ通り MAP p.143-G

　ドゥオモとシニョリーア広場を結ぶフィレンツェの目抜き通り。革工芸や織物工芸など、上質の品を扱う老舗が集まっている。革手袋やバッグ、ファブリックなどの専門店を探すならこの辺りをチェックしよう。カルツァイウオーリ通りから共和国広場へ向かってコルソ通りを歩けば、デパートのリナシェンテをはじめ、靴やテキスタイル用品の高級店などもある。

ポンテ・ヴェッキオ MAP p.143-K

　アルノ川にかかる美しい橋ポンテ・ヴェッキオ。橋の上にはジュエリーショップが並び、見て歩くだけでも楽しい。店の奥や2階に金銀細工工房を構え、ほとんどがハンドメイド。ジュエリー製品の技術力の高さには定評がある。

トルナブオーニ通り&ヴィーニャ・ヌオヴァ通り
Via Tornabuoni & Via della Vigna Nuova

グッチ
Gucci
MAP p.142-F　p.162

品ぞろえとサービスに本店の風格

1923年にフィレンツェで、旅行鞄の店として創業。使いやすく丈夫な革製品で人気となった。GG柄のショルダーバッグや財布をはじめ、ウエア、靴、時計、香水などフルアイテムがそろう。

- 交共和国広場から徒歩4分
- 住Via de' Tornabuoni, 73r
- ☎055-264011
- 開10:00〜19:30、日曜は〜19:00
- 休1/1、復活祭、12/25、12/26

エルメス
Hermès
MAP p.142-F

広い店内に洋服から食器まで

広い店内に入るとすぐに食器や手帳、香水などのホームウエア・文具と香りの製品、奥にブラウス、コート、バッグなどのファッションコーナーがある。エルメスのフルアイテムがそろう。

- 交共和国広場から徒歩7分
- 住Piazza degli Antinori, 6r
- ☎055-2381004
- 開10:15〜19:00
- 休日曜、月曜の午前、7・8月の土曜の午後

プラダ
Prada
MAP p.142-F　p.162

最新モードの先取りはこの店で

ミラノに拠点を置く人気ブランド。モノトーンの小さめのバッグや、ネイビー、茶、白のステッチが効いたシューズが大人っぽい。日本未発売のアイテムや新素材の製品もチェックしたい。

- 交共和国広場から徒歩5分
- 住Via da' Tornabuoni, 53r/67r
- ☎055-267471
- 開10:00〜19:30
- 休無休

フルラ
Furla
MAP p.143-G　p.165

おしゃれな時計、バッグ、財布

1927年に北イタリアのボローニャで創業したレザーブランド。発色の美しい上質なレザーを使ったバッグや財布、名刺入れなど、デザイン性と機能性を兼ね備えた製品にファンが多い。

- 交共和国広場から徒歩3分
- 住Via Calzaiuoli, 10/r
- ☎055-2382883
- 開10:00〜19:30、日曜は11:00〜
- 休1/1、復活祭、12/25、12/26

サルヴァトーレ・フェラガモ
Salvatore Ferragamo
MAP p.142-J

宮殿の建物を使った本店でゆったり買い物

履き心地のよいカーフ素材の靴にファンが多い。宮殿だった建物を使った贅沢な空間は、本店にふさわしい品格。3階にはフェラガモ博物館があり、ハリウッド女優のために作られた靴や木型などを展示。

- 交共和国広場から徒歩7分
- 住Via de' Tornabuoni, 4r/14
- ☎055-292123
- 開10:00〜19:30、日曜11:00〜19:00
- 休1/1、8月、12/25

マックスマーラ
Max Mara
MAP p.142-F　p.162

トレンドを押さえた上品な洋服なら

さりげなくトレンドを採り入れた品のあるデザインは着用したときのラインが美しく出る。クオリティのよさで定評のあるウールのロングコートは約€270〜。日本未発売のアイテムも要チェック。

- 交共和国広場から徒歩5分
- 住Via de' Tornabuoni, 66, 68, 70r
- ☎055-214133
- 開10:00〜19:30、日曜・祝日11:00〜19:00
- 休1/1、8/15、12/25

ティファニー
Tiffany&Co
MAP p.142-F　p.162

世界中の女性が憧れる宝石店。
シルバー製の小物も人気がある。

- 交共和国広場から徒歩5分
- 住Via de' Tornabuoni, 37r
- ☎055-215506
- 開10:00〜19:30、日曜は11:00〜
- 休4/1、4/2

ミュウミュウ
Miu Miu
MAP p.143-G　p.165

プラダのセカンドライン。財布
やバッグなどの小物もそろう。

- 交ドゥオモから徒歩5分
- 住Via Roma, 8r
- ☎055-2608931
- 開10:00〜19:30、日曜は〜19:00
- 休1/1、12/25

カルティエ
Cartier
MAP p.142-F　p.162

デザイン性と機能性を備えた宝
飾・高級時計のトップブランド。

- 交共和国広場から徒歩5分
- 住Via degli Strozzi 36r
- ☎055-292347
- 開10:00〜19:30、日曜11:00〜
- 休1/1、復活祭、12/25

ブルガリ
Bvlgari
MAP p.142-F　p.162

時計や指輪が人気。スカーフや
バッグ、パフュームなども豊富。

- 交共和国広場から徒歩4分
- 住Via de' Tornabuoni, 56r
- ☎055-2396786
- 開10:00〜19:30
- 休8月の日曜、8月中旬に1週間

エルメネジルド・ゼニア
Ermenegildo Zegna
MAP p.142-J

生地を生かした仕立てに定評

「最高の生地を作るために最高
の素材集めから」、をポリシーに服
作りするイタリアのトップブラン
ド。ジャケットやシャツの仕立て
のよさは高い評価を受けている。

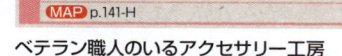

- 交共和国広場から徒歩7分
- 住Via de' Tornabuoni, 3r
- ☎055-264254
- 開10:00〜19:30、日曜は10:30〜
- 休1/1、復活祭、12/25、12/26

エミリオ・プッチ
Emilio Pucci
MAP p.142-F　p.162

意表を突く鮮やかなプリント

エミリオ・プッチはナポリ出身
のデザイナー。サイケデリックな
色彩とポップな柄のプリントは、
大胆かつ開放感にあふれている。1
階は小物、2階はウェア。

- 交共和国広場から徒歩5分
- 住Via de' Tornabuoni, 20/22r
- ☎055-2658082
- 開10:00〜19:00、第4日曜は11:00〜
- 休日曜（第4日曜を除く）

ルイ・ヴィトン
Louis Vuitton
MAP p.142-F　p.162

明るく広々とした店内には日本
人スタッフも常駐。

- 交共和国広場から徒歩2分
- 住Piazza degli Strozzi, 10r
- ☎055-266981
- 開10:00〜19:30、日曜11:00〜
- 休無休

マドヴァ
Madova
MAP p.142-J

上質の革手袋を買うならここ

フィレンツェの革製品は世界でも高水準。なめし
技術が高く、滑らかな質感で定評がある。そんな質
のよい革手袋の専門店。1919年創業の歴史ある一軒
だ。直営工場で作られるハンドメイドの手袋は、滑
らかで滑りのよいヤギ
皮を使用。表革なら40
色、スエードでも30色
とカラーも豊富。手の
サイズを測り、色や素
材の好みを伝えると、
棚から候補を取り出し
てくれる。お気に入り
が必ず見つかるはず。

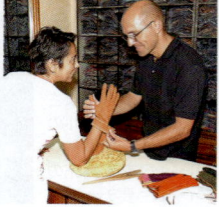

- 交シニョリーア広場から徒歩8分
- 住Via Guicciardini, 1r
- ☎055-2396526
- 開10:30〜19:00、土曜は9:30〜
- 休日曜・祝日

ラ・ボッテガ・デリ・オラフィ
La Bottega degli Orafi
MAP p.141-H

ベテラン職人のいるアクセサリー工房

糸鋸で小さな穴を開けて網目模様を作るフィレン
ツェ独自の"透かし彫り"。その技法で作る、手の込
んだアクセサリーの専門店。この道30年のベテラン
職人2人が共同で経営しており、雑誌の切り抜きな
どのイメージをサンプ
ルに持ち込めば、オリ
ジナルの指輪を作って
もらうこともできる。
ホワイトゴールドの指
輪で約€1000から。世
界に一つだけのジュエ
リーを自分へのご褒美
にするのも悪くない。

- 交シニョリーア広場から徒歩7分
- 住Via de' Benci, 20r
- ☎055-242026
- 開9:00〜13:00、15:00〜19:30
- 休日曜

マンニーナ
Mannina
MAP p.142-J

靴作りの親方が作る靴の芸術品

上質のなめし皮だけを使い、手作りするオーダーメイド靴店。すべての工程を熟練した職人が完成さ

せる。肌に吸い付くような感触の靴は1足€350からと値は張るが、品質は確か。手ごろな既製品のなかからサイズの合うものを見つければ、お得な買い物ができる。

- ■ 🚇シニョリーア広場から徒歩8分
- ■ 🏠Via de' Guicciardini, 16r
- ■ ☎055-282895
- ■ 🕐9:30～19:30
- ■ 🈲無休

チェッレリーニ
Cellerini
MAP p.142-F

なめしのよい皮を使ったバッグと小物

1956年創業のバッグ専門店。市内にある自社工房で丹念に作った手作り品ばかりで、縫製もしっかり

している。雑誌の切抜きを持参すれば、オーダーメイドのバッグやポーチなどを頼むこともできる。小物で約1カ月、靴で約2～3カ月かかるが、日本への発送もOK。

- ■ 🚇サンタ・マリア・ノヴェッラS.M.N.駅から徒歩7分
- ■ 🏠Via del Sole, 37r ■ ☎055-282533
- ■ 🕐10:00～13:00、15:00～19:00、7月の土曜10:00～13:00、9～6月の月曜15:00～19:00
- ■ 🈲日曜、祝日、8月

カルツァイウォーリ通り周辺
Via dei Calzaiuoli

N

ドゥオモ
Duomo

ジョットの鐘楼
Campanile di Giotto

ブルーノ・マリ
ミス・シックスティ
Via de' Tosinghi
ミュウミュウ
サヴォイ
マイ・ヴァリト
Via degli Spaziali
リナシェンテ（デパート）
フィローネス
コイン（デパート）
タヴォリーニ通り
オルサンミケーレ教会
Chiesa e Museo di Orsanmichele
Via de' Lamberti
ランベルティ通り
ピエッレ
ボルタ・ロッサ通り
Via Porta Rossa
メルカート・ヌオヴォ
Droggia del Mercato Nuovo

フルラ
マックスアンドコー
Via delle Oche

カルツァイウォーリ通り
Via dei Calzaiuoli

キアロスクーロ
Via del Corso
プラスキ（雑貨）
コルソ通り
カルツァイウォーリ
カンティネッタ・ディ・ヴェラッツァーノ
Via del' Tavolini
ベルケ・ノ！
チマトーリ通り
アンジェロ（ヴィンテージ）
トラットリア・ガブリエッロ
コンドッタ通り

ダンテの家
Museo de Dante
Via Dante Alghieri
Via del Cimatori
Via della Condotta

Via Roma
ブルネレスキ通り
Via de' Brunelleschi
カンビドリオ通り
ジッリ
ピアレッティ
Via degli Strozzi
共和国広場
Piazza della Repubblica
Via d. Anselmi
Via Pelliceria
ペッリッチェリーア通り
カリマラ通り
Via Calimara

ストゥディオ通り
Via de Studio
Via Sant'Elisabetta
Via de' Cerchi
チェルキ通り
Via dei Mahazzini

ラ・ボッテガ・デル・オーリオ
La bottega dell' Olio
`MAP` p.142-J

イタリア産のオリーブオイルからスキンケア製品まで

イタリア産オリーブオイルだけを扱い、うち70％はトスカーナ産。オリーブオイルを使った自然派コスメ製品や、オリーブの木で作ったスプーンなどの雑貨もあり、おみやげ探しにも覗きたい一軒。

■交シニョリーア広場から徒歩7分
■住Piazza del Limbo, 2r
■☎055-2670468
■開10:00〜13:00、14:00〜18:30、月曜14:00〜18:30
■休日曜、月曜の午前

サンタ・マリア・ノヴェッラ薬局
Officina Profumo Farmaceutica di S.M.N.
`MAP` p.142-A

カトリーヌ・ド・メディチも愛した天然素材の石鹸、香水、ポプリ

13世紀のドメニコ派修道士のレシピで作られた石鹸やポプリなどを作り続けている。おすすめは乾燥肌用アーモンド石鹸「サポーネ・アッラ・マンドルラ」など。7世紀の建物を使った店内も美しい。

■交サンタ・マリア・ノヴェッラS.M.N.駅から徒歩7分
■住Via della Scala, 16
■☎055-216276
■開9:00〜20:00
■休復活祭、12/25、12/26、

ロレンゾ・ヴィロレッシ
Lorenzo Villoresi
`MAP` p.141-G

イタリア貴族が作る安らぎのアロマ製品

哲学、植物学、化学を学んだヴィロレッシ氏が作り出すノーブルな香りの製品。オリジナルの香りを調合してもらうこともできるが、既製品の石鹸、シャンプーも種類が豊富。自分へのご褒美に。

■交シニョリーア広場から徒歩12分
■住Via de' Bardi, 12
■☎055-2341187（要予約）
■開10:00〜19:00
■休日曜

モナスティカ
Monastica
`MAP` p.143-H

修道院で作られたローションやハーブティ

修道院の敷地で栽培したハーブを使い、伝統的な製法で手づくりされるオーガニックコスメの店。ジャムやハーブティなどもすべてオーガニック。少量生産のため季節ごとに商品が入れ替わる。

■交ドゥオモから徒歩5分
■住Via Dante Alighieri 1/5
■☎055-211006
■開9:00〜12:15、15:00〜19:30、月曜15:00〜18:00
■休日曜、月曜の午前

オブセクヴィヴム
Obseqvivm
`MAP` p.142-J

グラッパなどのリキュールも

ワインや蒸留酒、バルサミコ酢をそろえたリキュールショップ。ワイングラスやオープナーなどのワイングッズもセンスのいい品が並ぶ。奥には試飲コーナーがあり珍しいワインも紹介している。

■交ポンテ・ヴェッキオから徒歩2分
■住Borgo San Jacopo 17/39r
■☎055-216849
■開11:00〜21:00
■休1/1、12/25、12/26

スペツェリエ・エルボリステリエ・パラッツォ・ヴェッキオ
Spezierie-Erboristerie Palazzo Vecchio
`MAP` p.143-K

伝統の薬草を使った基礎化粧品

伝統製法で作るビオコスメの店。ほのかな香りで低刺激のシャンプーやスキンケア用品は敏感肌にも安心。室内用エッセンシャルオイルも「シチリアのレモン」などイタリアらしさが満載。

■交シニョリーア広場から徒歩1分
■住Via Vaccherecchia, 9r
■☎055-2396055
■開10:00〜19:30
■休日曜、1/1、復活祭、5/1、8/15、12/25、12/26

デザイナー・アウトレット・バルベリーノ
Designer Outlet Barberino
MAP p.167

高級店からカジュアルブランドまで

フィレンツェから約30km、車で約40分のところにある人気アウトレット。90店以上の有名ブランド、イタリアで人気のカジュアルブランドを網羅している。市内からも比較的近く、フィレンツェ駅東側にあるSITA社バスターミナルから午前と午後にそれぞれ直行便が出ているほか、自社運営の有料送迎バスもあるので、気軽に行ける。

- 交 自社送迎バスがフィレンツェから9:30、11:30、14:00、16:00発、帰りは現地から13:00、15:00、18:00、20:00発の各4便。料金は往復€13。予約☎055-842161。
- 住 Via Meucci Barberino di Mugello
- ☎055-842161 ■開 10:00～20:00
- 休 1/1、復活祭、12/25、12/26

プラダ
Prada(I Pelletteri d'Italia)
MAP p.167

プラダ、ミュウミュウが充実

プラダ直営店。姉妹ブランドのミュウミュウのシューズやバッグ、洋服なども扱っている。店内は、とにかく広いので時間に余裕をもって買い物を。入店の際には必ず番号札を受け取って入場を。会計の際に必要になる。

- 交 フィレンツェのサンタ・マリア・ノヴェッラS.M.N.駅からアレッツォArezzo行きまたはキウジChiusi行きの列車に乗り、約40分のモンテヴァルキMontevarchi駅下車。駅前からタクシーで10分。タクシーはメーター制でなく、往復約€25が相場。入場は閉店の30分前まで。
- 住 Localita Levanella Montevarchi
- ☎055-9196528
- 開 10:30～19:30、土曜9:30～19:30
- 休 無休

ザ・モール
The Mall
MAP p.167

グッチなどのブランドが大集合

フィレンツェから車で30分ほどで行けるショッピングモール。グッチ、ロロ・ピアーナ、サルヴァトーレ・フェラガモ、トッズなどの直営店が集まる。14年、屋上にグッチ・カフェがオープン。

- 交 中央駅隣のSITAバスターミナルから30分おきに直行バスがあり、往復€13。ザ・モール運営のシャトルバスもあり、フィレンツェから9:00、11:00、14:00発、帰りは現地から13:00、16:00、19:00発の各3便。料金は往復€35。予約☎055-8657775
- 住 Via Europa,8 Leccio Reggello, Firenze
- ☎055-8657775 ■開 10:00～19:00（6～8月は～20:00）
- 休 1/1、復活祭、12/25、12/26

リチャード・ジノリ
Richard Ginori Botteguccia
MAP p.167

イタリアを代表する高級陶磁器ブランド

イタリアで最も人気のある陶磁器ブランド。言われなければわからない小さな傷があるだけで「B級品」とされた品などが格安で買える。向かいにはジノリ博物館（見学は要予約）もある。

- 交 FirenzeS.M.N駅から電車で10分のセストフィオレンティーナ駅下車徒歩6分 ■住 Viale Giulio cesare 19
- ☎055-4210472 ■開 10:00～13:00、14:30～19:30
- 休 日曜、8月約3週間、1/1、12/25、12/26

フィレンツェ郊外
Dintorni di Firenze
0　　　10km

セスト・フィオレンティーノ
Sesto Fiorentino
フィエーゾレ
Fiesole
ポンタッシェーヴェ
Pontassieve
フィレンツェ
Firenze
レッジェッロ
Reggello
レッチョ
Leccio
インチーサ
Incisa
トスカーナ州
Toscana
サン・ジョバンニ
S. Giovanni
グレーヴェ・イン・キアンティ
Greve in Chianti
モンテバルキ
Montevarchi
サン・ジミニャーノ
カステリーナ・イン・キアンティ
Castellina in Chianti
ラッダ・イン・キアンティ
Radda in Chianti
ポッジボンシ
Poggibonsi

グルメ

Gourmet

名物料理の筆頭は炭焼きのTボーンステーキ。ボリュームたっぷりで1人ではなかなか食べきれないが、一度は味わいたい。秋ならポルチーニ茸などキノコ料理がおすすめ。

🅔予算：ディナー1人分　🅣予約が必要　🅣服装に注意

ビステッカ・アッラ・フィオレンティーナ
Bistecca alla Fiorentina

トスカーナ地方で生育する上質なキアナ牛のTボーンを炭火でシンプルに焼いたステーキ。レモンと塩で素材のうまみを味わう。

クロスティーニ
Crostini

薄切りしたトスカーナパンに、レバーペーストを塗ったカナッペ。生ハムを添えることも。

トリッパ
Trippa alla Fiorentina

牛の第2胃袋「ハチノス」をトマトソースで煮込んだ内臓料理。意外に癖のない味わい。

フンギ・ポルチーニ・アッラ・グリーリア
Funghi Porcini alla Griglia

秋の味覚。グリル料理は「イタリアの松茸」ポルチーニ茸の風味が一段と引き立つ。

サバティーニ
高級　Ristorante Sabatini
MAP p.142-B　🅔60〜　🅣

素材のよさを前面に出したトスカーナ料理

　駅からドゥオモに向かう途中にあるトスカーナ料理の高級店。素材そのものの強い個性が味わえる地元野菜や秋のポルチーニ茸など、季節ごとの豊かな味覚を上品な味付けで堪能させてくれる。牛スネ肉を煮込んだオッソ・ブーコ、自家製パスタを使ったトマトとツナのリングイネも自慢。

■🚋サンタ・マリア・ノヴェッラS.M.N.駅から徒歩3分
■🏠Via de Panzani, 9a
■☎055-211559
■🕐12:30〜14:30、19:30〜22:30
■休月曜

チブレオ
高級　Il Cibrèo
MAP p.141-H　🅔80〜　🅣

伝統的なトスカーナ料理を洗練された形で味わう

　本物のトスカーナ料理の再現に情熱を注ぐオーナーシェフ、ファッビオ・ピッキ氏の店。鶏肉の団子Polpettine di Ricotta Pollo、イカとホウレンソウの煮ものCalamariin Inziminoなどがおすすめ。伝統的なトスカーナ料理をシェフの感性で現代的にアレンジした人気メニューを味わいたい。

■🚋ドゥオモからタクシーで5分
サンタ・クローチェ教会から徒歩5分
■🏠Via A. del Verrocchio, 8r
■☎055-2341100　■🕐12:50〜14:30、18:50〜23:15
■休月曜、8月

パンデモーニョ
高級 Trattoria Pandemonio
MAP p.140-E €40〜 ☎

カラスミのスパゲティ、魚介のスープが得意

　地元で人気の店。メニューは毎日替わるが、カラスミのスパゲティや、肉詰めポルチーニ茸のステーキがメニューにあったらぜひ味わいたい。ズッキーニと鶏肉のてんぷら、魚のトマトスープ煮なども。

- 交サンタ・マリア・ノヴェッラS.M.N.駅から徒歩15分
- 住Via del Leone, 50r
- ☎055-224002
- 開12:30〜14:00、19:30〜22:30
- 休日曜、1/1、8/15前後の3日間、12/25

オリヴィエロ
高級 Oliviero
MAP p.142-F €50〜 ☎

地元グルメに高い評価を受けている夜だけ営業の店

　エレガントな内装と家庭的な温もりの感じられるサービス。夜だけオープンしている。魚の白身を詰めたラザニア、トスカーナ牛のステーキなどボリュームもたっぷり。デザートもおいしいと評判。

- 交シニョリーア広場から徒歩7分
- 住Via delle Terme, 51r
- ☎055-212421
- 開9:15〜23:00
- 休日曜、8月3週間

トラットリア・チブレオ
中級 Trattoria Cibrèo
MAP p.141-H €40〜

高級店チブレオの味を手ごろな料金で

　フィレンツェを代表する名店チブレオの味を手ごろな値段で楽しめる。チブレオと同じ厨房、同じ素材で作られる料理は、繊細で風味豊か。量はやや少なめだが、気軽に味わいたい。

- 交ドゥオモからタクシー5分
- 住Via de' Macci, 122r
- ☎055-2341100
- 開12:50〜14:30、18:50〜23:15
- 休日曜、8月

ガルガーニ
中級 Gargani
MAP p.142-E €40〜 ☎

フィレンツェ3大名店の一つともいわれる

　素材を生かすため最短時間で調理される繊細な料理の数々。カラスミ（ボッタルガ）のスパゲティはとろりと濃厚なおいしさ。牛フィレ肉のグリルも柔らかく香り高い。フィレンツェを代表する1店。

- 交サンタ・マリア・ノヴェッラ駅から徒歩10分
- 住Via del Moro, 48 r
- ☎055-2398898
- 開19:30〜23:00
- 休8月の2週間

マリオ
中級 Mario
MAP p.141-C €15〜

中央市場そばにある家庭的なランチの店

　調理場に冷凍庫は置かず新鮮な食材のみ使うという。トスカーナ料理のパン粥「パッパ・ポモドーロ」、リコッタチーズのラヴィオリ、牛ステーキなどが人気。地元客で混むが電話予約は不可。

- 交ドゥオモから徒歩8分
- 住Via Rosina, 2r Angolo Piazza del Mercato Centrale
- ☎055-218550
- 開12:00〜15:30
- 休日曜・祝日

マンマ・ジーナ
中級 Mamma Gina
MAP p.142-J €4〜（カフェ）、€35〜（食事） ☎

地元の人に愛されるトスカーナ料理のおふくろの味

　気取らず食事を楽しめる家庭的な伝統料理の店。炭焼きのTボーンステーキBistecca alla fiorentinaや、カネロニ、ニョッキなどの手打パスタも自慢。ワイン900種以上が眠るワイン蔵も完備。

- 交シニョリーア広場から徒歩7分
- 住Borgo Sant' Jacopo, 37r
- ☎055-2396009
- 開12:00〜14:30、19:00〜22:30
- 休日曜

中級
レ・モッサッチェ
Le Mossacce
MAP p.143-H €35〜 ☎

気さくなトラットリア

昼時は地元客で混むランチは€15で第一の皿、メイン、飲みものが付くコースがお得。メインは牛の胃袋をトマトやセロリと煮込んだランプレドットや棒ダラの酢漬けバッカラ・マリナーラなど。

■交ドゥオモから徒歩2分
■住Via del Proconsolo,55/r
■☎055-294361
■開12:00〜14:30、19:00〜21:30
■休土・日曜・祝日

中級
トラットリア・ガブリエッロ
Trattoria Gabriello
MAP p.143-G €30〜 ☎

1858年から営業の老舗トラットリア

ナポリ出身のオーナー姉妹の温かいサービスと、サルデーニャ出身のシェフが作る見た目も満足の料理。おすすめはナスとトマトの重ね焼き€10、ステーキ牛肉のスライス「タリアータ」€18など。

■交シニョリーア広場から徒歩5分
■住Via Condotta, 54/r
■☎055-212098
■開12:00〜15:30、19:00〜22:30
■休無休

中級
リストランテ・デル・ファジョーリ
Ristrante del Fagioli
MAP p.143-L €25〜 ☎

伝統的なトスカーナの食卓を実感

サンタ・クローチェ教会からすぐのところにある。おすすめは肉や野菜を茹でてグリーンソースにつけて食べる「ボッリータ」や、香草入り肉団子のトマトソース煮込み「クロケッティーノ」など。

■交シニョリーア広場から徒歩8分
■住Corso dei Tintori, 47/r
■☎055-244285
■開12:30〜14:30、19:30〜22:30
■休土曜・日曜

中級
ラ・ヴィア・デル・テ
La Via del Tè
MAP p.142-I €40〜

イタリアでは珍しいお茶専門店

インド産紅茶にオレンジピールやラベンダーを加えた「ボーボリ庭園の伝説」など独自ブレンドも豊富。300種以上ある茶葉は100g約€5。宮殿の中庭に面したティーサロンでのお茶は約€7〜10。

■交ストロッツィ宮殿から徒歩10分
■住Via di S.Spirito,11
■☎055-280749
■開月曜 15:30〜20:00、火〜日曜 11:00〜
■休無休

中級
チェントポーヴェリ
Ostaria dei Centpoveri
MAP p.142-A €35〜 ☎

街の人でにぎわう元気なトラットリア

旬の素材に合わせてメニューを替える意欲的な店で、街の人たちに昔ながらの味を提供し続けている。肉料理が中心のフィレンツェだが、魚介のフライやシーフードパスタなどもある。

■交サンタ・マリア・ノヴェッラS.M.N.駅から徒歩10分
■住Via Palazzuolo, 31/r
■☎055-218846
■開12:00〜15:00、19:00〜23:00（ピッツァは土・日曜の夜のみ19:00〜24:00） ■休8/15〜8/17

中級
イル・ラティーニ
Il Latini
MAP p.142-E €45〜 ☎

毎晩長い行列ができるボリューム満点の店

トスカーナの名物料理、炭焼きステーキ「ビスカッティ・アッラ・フィオレンティーナ」が1kg約€50など。ボリュームある肉料理が自慢。奔放かつ豪快な料理を気取らず味わいたい。

■交サンタ・マリア・ノヴェッラS.M.N.駅から徒歩8分
■住Via dei Palchetti, 6/r
■☎055-210916
■開19:00〜22:30、土・日曜12:30〜14:00、19:00〜22:30
■休月曜、12/25〜1/1、8月の2週間

イ・ケ・チェ・チェ
中級 l'cchè c'è c'è
MAP p.143-L €30〜

気軽に家庭的な郷土料理を

　フランスで修業を積んだイギリス人オーナーシェフが、念願のフィレンツェに開いた料理店。いわば街の食堂といった雰囲気で、フィレンツェの家庭の味を気軽に味わわせてくれる。

- ■交ドゥオモから徒歩10分
- ■住Via dei Magalotti, 11/r
- ■☎055-216589
- ■開12:30〜14:30、19:30〜22:30
- ■休月曜

トラットリア・トレディチ・ゴッビ
中級 Ttattoria 13 Gobbi
MAP p.142-E €40〜

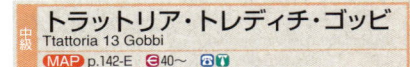

トスカーナの伝統料理を手軽に

　アンティークの調度品が飾られた店内はくつろげる雰囲気。牛肉のペンネやTボーンステーキなどの肉料理がおいしい。秋ならば手打ちパスタのタリアテッレとキノコを和えた1皿がおすすめ。

- ■交サンタ・マリア・ノヴェッラS.M.N駅から徒歩7分
- ■住Via del Porcellana, 9/r
- ■☎055-284015
- ■開12:30〜15:00、19:30〜23:00
- ■休無休

カフェ・ジャコーザ
カフェ Caffè Giacosa a Palazzo Strozzi
MAP p.142-F €1〜（カフェ）　€10〜（食事）

ロヴェルト・カヴァッリが手がけるカフェ

　ストロッツィ宮殿中庭にある隠れ家カフェ。入って右側はセルフサービスコーナーで、エスプレッソ€1、昼食は€10前後からと手ごろ。接客サービスのあるコーナーでのランチは€18前後から。

- ■交ストロッツィ宮殿Palazzo Strozzi内
- ■住Palazzo Strozzi
- ■☎055-2302913
- ■開8:30〜20:00、木曜は〜23:00
- ■休無休

ジッリ
カフェ Gilli
MAP p.143-G €5〜（カフェ）、€60〜（食事）

ゆったりと過ごせるゴージャスなカフェ

　共和国広場に面している。カフェの歴史があるイタリアの中でもフィレンツェを代表する老舗で、インテリアにもノスタルジックな雰囲気とセンスのよさを感じる。優雅にひとときを過ごしたい。

- ■交ドゥオモから徒歩6分
- ■住Via Roma, 1/r
- ■☎055-213896
- ■開7:30〜翌1:00
- ■休無休

スクディエリ
カフェ Scudieri
MAP p.143-C €1〜（コーヒー）

洗礼堂を眺めながら優雅にカフェを

　花のフィレンツェの中心、洗礼堂の真向かいにある名店。サラミやチーズ入りパニーノとお菓子のおいしさで定評があり、軽いランチをとりたいときにも使える。エレガントな内装もくつろげる。

- ■交ドゥオモから徒歩1分
- ■住Piazza di San Giovanni, 19
- ■☎055-210733
- ■開7:00〜23:00
- ■休無休

イル・チェルナッキーノ
カジュアル Il Cernacchino
MAP p.143-G €6〜

デリの片隅で気軽に軽食を

　10種類以上ある惣菜やパニーノをイートイン。トマトとパンを煮込んだパッパ・ポモドーロ、内臓の煮込みトリッパ、肉団子、焼き豚のポルケッタなどの郷土料理はどれもおいしい。パニーノで約€4。

- ■交シニョリーア広場から徒歩1分
- ■住Via della Condotta,38/r
- ■☎055-294119
- ■開9:30〜19:30
- ■休日曜

フレスコバルディ・ワインバー
Frescobaldi Wine Bar
ワインバー
MAP p.143-L €35〜

有名なキャンティワイン醸造所が経営するワインバー

　レストランとワインバーを併設している。おすすめ料理は牛のほほ肉のワイン煮込み€17など。5、6カ月ごとに替わるコースメニューは星付きレストランのシェフが考案したもので、文句なく美味。

- 交シニョリーア広場から徒歩1分
- 住Piazza della Signoria, 31
- ☎055-284724
- 開12:00〜翌1:00
- 休無休

オー・カフェ
O'CAFÈ
カフェ
MAP p.143-K €4〜（コーヒー＋プチフール）

プチフールがおいしいカフェ

　一口サイズのケーキ（プチフール）がおいしいカフェ。アルノ川に面した清潔で明るいガラス張りの店内は、歩き疲れたとき、休憩するのに最適。ランチタイムはピッツァやカフェご飯も用意。

- 交ポンテ・ヴェッキオから徒歩2分
- 住Via di Bardi, 54/56 r
- ☎055-214502
- 開7:30〜24:00、オープンバー12:00〜
- 休無休

カンティネッタ・アンティノリ
Cantinetta Antinori
ワインバー
MAP p.142-B €60〜

トスカーナの醸造所が直営するバー

　トスカーナの貴族、アンティノリ家が所有する名門醸造所の直営ワインバー。世界的に知られる「テヌテ・マルケーゼ・アンティノリ・キャンティ・クラシコ」なども、グラス1杯から頼める。

- 交サンタ・マリア・ノヴェッラS.M.N.駅から徒歩8分
- 住Piazza degli Antinori, 3
- ☎055-292234　開12:00〜14:30、19:00〜22:30
- 休日曜、復活祭、8月第3週から月末、12/25、12/26（展示会などある時は土曜開店）

カンティネッタ・デイ・ヴェラッツァーノ
Cantinetta dei Verrazzano
ワインバー
MAP p.143-G €22〜

キャンティ地方のワインが楽しめる

　トスカーナに醸造所を持つ、カステッロ・ディ・ヴェラッツァーノ直営のワインバー。ワインのほかオリーブオイル、グラッパ（蒸留酒）、生ハムやサラミなども自家製で、芳醇な香りを漂わせる。

- 交ドゥオモから徒歩8分
- 住Via dei Tavolini, 18
- ☎055-268590
- 開8:00〜16:30、日曜10:00〜17:00
- 休7・8月の日曜

レ・ヴォルピ・エ・ルーヴァ
Le Volpi e L'uva
ワインバー
MAP p.142-J €10〜（つまみ＋グラスワイン）

オーナーが足で見つけた上質のワイン

　全国の小さな酒造で良心的に作られたワインを厳選。高級ワインもグラス1杯（€3.50〜）から試せて、気に入ったものは買うこともできる。骨付き生ハムやオリーブをつまみに気軽に試したい。

- 交シニョリーア広場Piazza della Signoriaから徒歩7分
- 住Piazza de'Rossi 1
- ☎055-2398132
- 開11:00〜21:00
- 休日曜

フォーリ・ポルタ
Fuori Porta
バー
MAP p.141-L €3〜、€8〜（つまみ＋グラスワイン）、€25〜（食事）

地元の人で込み合うワインバー

　フィレンツェのあるトスカーナ州のほか、アブルッツォ州、ピエモンテ州からも集めた選りすぐりのワインが1杯€3.50から気軽に味わえる。クロスティーニというカナッペも自家製でおいしい。

- 交サンタ・クローチェ教会から徒歩10分
- 住Via del Monte alle Croci,10r
- ☎055-2342483
- 開夏季12:30〜24:00、冬季12:30〜15:30、19:00〜23:30、土・日曜12:00〜23:00　休12/24の昼

Hotel

歩いて回れる小さな街、ホテル選びは立地よりも部屋の造りや設備がポイント。貴族の館を利用した宿、アットホームな雰囲気のプチホテルなど、予算と目的に合わせて選びたい。

ウェスティン・エクセルシオール・フローレンス
高級 The Westin Excelsior Florence
MAP p.142-E

アルノ川沿いの客室が人気

アルノ川沿いのオニサンテ広場にグランドと向かい合って建つ老舗ホテル。館内はルネサンス様式のインテリアでまとめられて落ち着ける。アルノ川に面した眺望のよい部屋は、料金が高め。

■交共和国広場から徒歩10分
■住Piazza Ognissanti, 3
■☎055-27151　■F055-210278■料S€529〜　T€662〜
■171室　■WiFi 無料
■http://www.westinflorence.com/（日本語版あり）

セントレジス・フローレンス
高級 The St.Regis Florence
MAP p.140-F

吹き抜けのロビーが豪華

19世紀の宮殿を改装した豪華なホテル。ステンドグラスが印象的な吹き抜けロビーや、贅を凝らした客室の内装が美しい。オニサンテ広場に面しており、駅やドゥオモまで歩いても15分ほど。

■交ドゥオモから徒歩15分
■住Piazza Ognissanti,1
■☎055-27161　■F055-217400■料S€600〜　T€665〜
■100室　■WiFi 無料
■http://www.stregisflorence.com/

ベルニーニ・パレス
高級 Hotel Bernini Palace
MAP p.143-L

かつての国会議事堂の建物

街の中心、ヴェッキオ宮殿のすぐ裏手に建つロケーション抜群のホテル。国会議事堂だった由緒ある建物をホテルに改装した客室はベージュを基調としており落ち着ける。バスタブ付きの部屋もある。

■交シニョリーア広場から徒歩3分
■住Piazza San Firenze, 29　■料S€344〜 T€396〜
■☎055-288621　■F055-268272　■74室
■WiFi 無料
■http://hotelbernini.duetorrihotels.com/

ミネルヴァ
高級 Grand Hotel Minerva
MAP p.142-A

客室はモダンで快適

近年、全館改装され、バスルームやトイレなどの水周りは快適で、天井も高く、くつろげる。駅前のサンタ・マリア・ノヴェッラ広場に面した立地も観光に便利。屋上プールからの眺めもよい。

■交サンタ・マリア・ノヴェッラ駅から徒歩5分
■住Piazza Santa Maria Novella, 16
■☎055-27230　■F055-268281
■料S€428〜　T€428〜　■101室　■WiFi 無料
■http://www.grandhotelminerva.com/

ホテル・ヴィラ・コーラ
高級 Hotel Villa Cora
MAP p.140-I

街外れの丘にあるシックな貴族の館

緑豊かな高級住宅街にある。1800年代の貴族の館だったネオクラシック様式の館内は美しく、フィレンツェの街を一望できる。フィットネスやスパ、プール、バーなどの設備も申し分ない。

■交サンタ・マリア・ノヴェッラS.M.N駅からタクシーで10分、徒歩13分　■住Viale Machiavelli, 18
■☎055-228790　■F055-22879199
■料S€430〜　T€450〜　■46室　■WiFi 無料
■http://www.villacora.it/（日本語版あり）

サヴォイ
高級 Savoy Hotel

MAP p.143-G

買い物の拠点に便利

街の中心にある共和国広場に面しており、観光・買い物に最高のロケーション。全室異なった造りの客室は充分な広さがある。2000年に改装し、浴室・アメニティなどの備品と設備は良質で快適。

■交共和国広場前、サンタ・マリア・ノヴェッラS.M.N.駅から徒歩10分　■住Piazza delle Repubblica,7
■☎055-27351
■料S€630〜　T€630〜　■102室　■WiFi 無料
■http://www.roccofortehotels.com

アルバーニ
中級 Hotel Albani

MAP p.140-B

駅に近く便利な立地

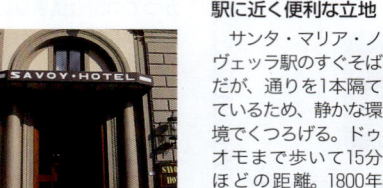

サンタ・マリア・ノヴェッラ駅のすぐそばだが、通りを1本隔てているため、静かな環境でくつろげる。ドゥオモまで歩いて15分ほどの距離。1800年代の建物だが、近年改装され、客室は清潔。

■交サンタ・マリア・ノヴェッラS.M.N.駅から徒歩5分
■住Via Fiume, 12
■☎055-26030　F055-211045　■料S€255〜　T€320〜
■97室　■WiFi 無料
■http://www.albanihotels.com/

バリヨーニ
高級 Grand Hotel Baglioni

MAP p.142-B

見晴らしのよい屋上テラスも

サンタ・マリア・ノヴェッラ駅から300mのところに位置するイタリア統一広場に面している。1800年代の貴族の館を使った4つ星。高い天井には伝統の木の梁が張り巡らされ、調度品もクラシック。

■交サンタ・マリア・ノヴェッラS.M.N.駅から徒歩4分
■住Piazza Unita Italiana, 6
■☎055-23580　F055-23588895
■料S€175〜　T€290〜　■200室　■WiFi 無料
■http://www.hotelbaglioni.it/

コンティネンタル
中級 Hotel Continentale

MAP p.143-K

ポンテ・ヴェッキオがすぐ前

ポンテ・ヴェッキオのたもとに建つビジネスホテル。明るく近代的な客室は、バス、トイレも快適。近くには銀行や両替所、ウフィツィ美術館、ピッティ宮殿などがあり、観光拠点に便利。

■交ドゥオモから徒歩7分
■住Vicolo dell'Oro,6r
■☎055-27262　■料S€405〜　T€405〜
■43室　■WiFi 無料
■http://www.lungarnocollection.com/

ロンドラ
中級 Londra

MAP p.140-B

地下に大きな駐車場あり

駅から歩いて5分という便利な立地にあり、ロビーは近代的な雰囲気。トルナブオーニ通りなどのショッピング街へも5分の距離。客室は近年改装され、バスルームは清潔でアメニティも充実している。

■交サンタ・マリア・ノヴェッラS.M.N駅から徒歩5分
■住Via Jacopo Da Diacceto, 16/20
■☎055-27390　F055-210682　■料S€170〜　T€215〜
■166室　■WiFi 無料
■http://www.hotellondra.com/

クラブ・フィレンツェ
中級 c-Hotels Club Firenze

MAP p.140-B

郊外へのバスターミナル前

サンタ・マリア・ノヴェッラ駅前広場の西側にあるバスターミナルの隣で、空港へのシャトルバス乗り場からもすぐ。早朝深夜に出発、到着するときに便利。客室はシンプルでミニマムな内装。

■交サンタ・マリア・ノヴェッラS.M.N駅から徒歩5分
■住Via S. Caterina da Siena, 11
■☎055-217707　F055-284872
■料S€199〜　T€214〜　■62室　■WiFi 無料
■http://www.hotelclubflorence.com/

ウニコルノ
Hotel Unicorno
MAP p.142-E

快適な設備と家庭的なサービス

　中世を思わせるしっくいのアーチ天井が中世を思わせる家庭的なプチホテル。全室バスタブ付きというのは3つ星では珍しい。日本人旅行客が多いため、落ち着ける部屋と快適なバスルームをと、インテリアには気を配っているという。赤を基調としたインテリアが女性に人気。きめ細かなサービスも好評だ。

　中央駅にほど近いサンタ・マリア・ノヴェッラ教会からすぐという便利さ。

■交サンタ・マリア・ノヴェッラS.M.N.駅から徒歩5分
■住Via dei Fossi, 27
■☎055-287313
■料S€155〜　T€184

〜27室
■WiFi 無料
■http://www.hotelunicorno.it/

赤を基調にしたインテリア

モナ・リザ
Hotel Monna Lisa
MAP p.141-D

貴族の館を改装した由緒あるホテル

　ルネサンス時代に建てられたという由緒ある貴族の邸宅をホテルとして改装したもの。館内には美しい絵画や彫刻の置かれたサロンがいくつかあり、小さな美術館のよう。予約は早めに。

■交ドゥオモから徒歩5分、サンタ・マリア・ノヴェッラS.M.N.駅から15分　■住Borgo Pinti, 27　■☎055-2479751　■F055-2479755　■料S€154〜　T€195〜　■45室　■WiFi 無料
■http://www.monnalisa/ja/（日本語）

貴族の邸宅だった頃の
面影が随所に

パラッツォ・ダル・ボルゴ
Palazzo dal Borgo
MAP p.142-A

中世のフレスコ画が残るメディチ家の邸宅

　小さいながら品格のある内装は、さすが貴族の館。中世のフレスコ画が残る部屋もあって、宿泊そのものが楽しめる。毎朝、隣接するサンタ・マリア・ノヴェッラ教会の鐘の音で目覚める楽しみも。

■交サンタ・マリア・ノヴェッラS.M.N.駅から徒歩5分
■住Via della Scala, 6
■☎055-216237　■F055-280947
■料S€188〜　T€206〜　■39室　■WiFi 無料
■http://www.hotelpalazzodalborgo.it/

天井のフレスコ画（左）
がかわいらしい

マルテッリ
Hotel Martelli
MAP p.142-B

中央駅に近い立地で便利

ドゥオモやトルナブオーニ通りへ歩いてもすぐ。館内には16世紀のフレスコ画が飾られている。

■交サンタ・マリア・ノヴェッラS.M.N.駅から5分
■住Via Panzani,8 ☎055-217151 ▪F055-268504
■料S€87〜 T€115〜
■53室 ▪WiFi ロビー無料
■http://www.hotelmartelli.com/

エルミタージュ
Hotel Hermitage
MAP p.143-K

ドゥオモを眺めながらの朝食が自慢

アルノ川が一望できる眺望抜群のプチホテル。テラスから眺めるポンテ・ヴェッキオは感動的。

■交ドゥオモから徒歩5分
■住Piazza del Pesce-Vicolo Marzio, 1 ☎055-287216
▪F055-212208 ■料S€145〜 T€165〜 ■28室
▪WiFi 無料 ▪http://www.hermitagehotel.com/

レ・ドゥエ・フォンターネ
Hotel le due Fontane
MAP p.141-C

アカデミア美術館そばの立地

赤レンガの外観を持つホテル。アカデミア美術館に隣接して建つ。ドゥオモへも歩いて行ける。

■交ドゥオモから徒歩5分
■住Piazza SS. Annunziata, 14 ☎055-210185
▪F055-294461 ■料S€80〜 T€100〜
■57室 ▪WiFi 無料 ▪http://www.leduefontane.it/

デッラ・シニョリーア
Hotel della Signoria
MAP p.143-K

ポンテ・ヴェッキオのすぐそば

ガラス張りのエントランスが目印。上階にある開放的なテラスで景色を見ながらの朝食も好評。

■交シニョリーア広場から徒歩3分
■住Via delle Terme, 1 ☎055-214530 ▪F055-290492
■料S€157〜 T€157〜 ■25室 ▪WiFi 無料
■http://www.hoteldellasignoria.com/

トルナブオーニ・ベアッチ
Hotel Tornabuoni Beacci
MAP p.142-F

ショッピングに便利な立地

トルナブオーニ通りに面しているので買い物に便利。屋上のテラスでブッフェ形式の朝食も楽しみ。

■交シニョリーア広場から徒歩7分
■住Via de' Tornabuoni, 3 ☎055-212645
▪F055-283594 ■料S€215〜 T€244〜 ■56室
▪WiFi 無料 ▪http://www.tornabuonihotels.com/

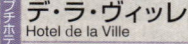

ピッティ・パレス
Hotel Pitti Palace
MAP p.142-J

アルノ川沿いのテラス付きホテル

ポンテ・ヴェッキオのすぐそば。全室にルーフテラスがありフィレンツェ市街の見晴らしがよい。

■交ポンテ・ヴェッキオから徒歩2分 ■住Borgo S.Jacopo, 3
☎055-2398711 ▪F055-2398867 ■料S€191〜 T€207〜
■86室 ▪WiFi 無料 ▪http://www.florencehotelpittip
alacealpontevechio.com/

ローズ・パラス
De Rose Palace Hotel Firenze
MAP p.140-A

閑静な住宅街にあるビジネスホテル

ホテルの近くに領事館などが多く、アメリカ人やドイツ人のビジネス客の利用が多い。

■交ドゥオモからタクシー5分
■住Via Solferino, 5 ☎055-0681097 ▪F055-268249
■料S€130〜 T€130〜 ■18室 ▪WiFi 無料
■http://www.florencehotelderose.com/

デ・ラ・ヴィッレ
Hotel de la Ville
MAP p.142-F

トルナブオーニ通りに面した立地

アットホームな雰囲気と設備の整った客室で快適に過ごせる。買い物にも便利。

■交ドゥオモから徒歩5分 ■住Piazza Antinori, 1
☎055-2381805 ▪F055-2650924
■料S€207〜 T€220〜 ■68室 ▪WiFi 無料
■http://www.hoteldelaville.it/ (日本語あり)

フィレンツェからの小さな旅

半日か1日時間が空いたら、豊かな地方文化が息づくトスカーナの町へ出かけてみよう。フィレンツェからの日帰り圏内には、中世イタリアのモザイク芸術が堪能できるラヴェンナRavenna、斜塔で有名なピサPisa、中世芸術の街シエナSiena、塔の街サン・ジミニャーノSan Gimignanoなどがある。

フィエーゾレ
Fiesole

MAP p.8-E

糸杉とオリーブ畑が続く丘の上のかわいい町

フィレンツェの北8kmのところにある丘の上の町フィエーゾレは、フィレンツェよりも古い歴史を持ち、「フィレンツェの母」とも呼ばれている。

その起源は紀元前のエトルスキ（エトルリア）の時代までさかのぼる。紀元前7世紀ごろにはエトルスキ人が北エトルスキの重要な町として都市を建設していたようだ。ローマ時代になると円形劇場も建設された。現在も夏にはこのローマ劇場跡で風情あるコンサートやオペラが催される。ローマ劇場のある考古学地区にはエトルスキの時代から中世までの出土品を集めた博物館もあり、フィレンツェからの半日観光にも最適の場所だ。

丘の上の町フィエーゾレはまた、フィレンツェの町並みが一望できるすばらしい展望台でもある。フィレンツェからのバスが着くミーノ・ダ・フィエーゾレ広場から小道を登ると、さらにすばらしい風景が一望できる。

円形の客席がきれいに残るローマ劇場跡

ミーノ・ダ・フィエーゾレ広場

■交通：フィレンツェのサンタ・マリア・ノヴェッラS.M.N.駅から市内バス7番で約30分。フィレンツェのサン・マルコ広場から乗ることもでき、この場合は約20分。バスが着くミーノ・ダ・フィエーゾレ広場から、展望台Punto Panoramicoへは徒歩3分。

プラート
Prato

MAP p.8-E

12〜13世紀のドゥオモが美しい毛織物業の町

フィレンツェから約20km離れた平野にあるプラートは、中世の城塞都市の面影を今も残す町。12世紀には自由都市として発展し、14世紀にはフィエーゾレと同様フィレンツェの支配下に入った。当時から毛織物産業で栄え、現在まで続いている。

旧市街の中心は12〜13世紀に建てられたロマネスク様式のドゥオモがある。素朴な美しさが印象的で、説教壇にはドナテッロの浮き彫りがある他、内部にはルネサンス期の画家フィリッポ・リッピのフレスコ画が見られるなど、美術的な水準も高い。また、コムーネ広場にある市立美術館では14〜15世紀のフィレンツェ派を中心とした絵画のコレクションが見られるなど美術ファンにも興味深い。見どころは、小さな城壁に囲まれた旧市街の内側にあり、徒歩で充分まわれる。

■交通：フィレンツェのサンタ・マリア・ノヴェッラS.M.N.駅から普通列車で約25分。あるいはフィレンツェ駅前からLazzi社のバスで約25分。便数は多い。バスは旧市街のサン・フランチェスコ広場Piazza San Francescoに到着。

ドナテッロの浮き彫りの本物が見られるドゥオモ美術館（右）

ドゥオモ。正面の右側上部に有名な説教壇が

シエナ
Siena

MAP p.8-E

イタリアで最も美しい広場がある町

トスカーナ平原の3つの丘の上にまたがるように建てられたシエナは、12〜13世紀に商人と銀行家の財力で強大な勢力を蓄え、隣のフィレンツェとは長い間抗争を続けた。その財力を基盤に、壮大な建築物が築かれ、シエナ派と呼ばれる絵画の一派も生み出された。町にはこの時期の彫刻・美術作品がたくさん残り、町の財産となっている。

フィレンツェからバスで近づくと、オリーブの木とブドウ畑が延々と続くトスカーナの田園風景のなかに、ぽっかりと浮かび上がるようにシエナの町が現れる。中世の面影を残す黄土色の町には、最盛期の建築が並んでいる。なかでもとくにすばらしいのは、町の中心にあるカンポ広場。扇状に広がったすり鉢状の広場は、数あるイタリアの広場のなかで最も美しい広場と賞賛されている。見どころは市外バス発着所から徒歩8分のカンポ広場と、その近くのドゥオモ広場の周りに集まっている。黄土色の美しい町並みは、都市国家として大きな力を持っていたころのシエナを彷彿させる。

黄土色のシエナの町並み

■交通：フィレンツェからは、便数が多く、中心部まで運んでくれる市外バスがおすすめ。所要時間は約1時間15分。鉄道ではフィレンツェから1時間30分だが、運行間隔が開いていることと、駅から中心部までバスで10分ほどかかる。

カンポ広場にそびえるマンジャの塔

内部は息を呑むほど美しいドゥオモ

サン・ジミニャーノ
San Gimignano

MAP p.8-D

最盛期には72本もの塔があった塔の町

塔の町として有名なサン・ジミニャーノが最も栄えたのは、12〜13世紀。最盛期には富と権力を象徴する塔が72本も競い合うように建っていたというが、現在も健在なのは14本だけ。それでも、塔は充分この町に特別な美しさを与えている。

ポッジボンシからのバスはサン・ジョヴァンニ門の前で停まる。門前から始まる石畳のサン・ジョヴァンニ通りは、名産のソーセージやワインを売る店やレストランが並び、そぞろ歩きが楽しい。門前から町の中心チステルナ広場へは徒歩約5分。春から夏は観光客でいっぱいになるこの通りも、秋から冬にはひっそりとして、中世当時の姿に思いを馳せることができる。

サン・ジミニャーノは「ヴェルナッチャ」などの白ワインと、イノシシのサラミなども特産品。サン・ジョヴァンニ通りには、ワインが飲めるエノテカや、郷土料理のレストランも数軒あるので、ぜひ一度この町の白ワインを味わいたい。見どころの大半は、チステルナ広場からすぐのドゥオモ広場に面しており、日帰りでも充分楽しめる。

■交通：フィレンツェからは、中央駅隣にあるSITA社の市外バスを利用する。シエナ行きに乗りポッジボンシPoggi-bonsiでサン・ジミニャーノ行きに乗り換えとなる。ポッジボンシまでの所要時間は約50分。ポッジボンシからは約20分で着く。

サン・ジョヴァンニ通り

町の中心チステルナ広場

おみやげに白ワインやサラミを

ピサ
Pisa

MAP p.8-D

中世には海運共和国の都だった、斜塔で名高い美しい町

イタリアに来る観光客の誰もが、一度は斜塔を見るために訪れたいと思うに違いない。

今でこそ人口10万の小さな地方都市に過ぎないが、古代ローマ時代から交易で栄え、12、13世紀にはジェノヴァやヴェネツィアと権力を競った海運王国で、コルシカやサルデーニャまでもピサ共和国の領土とするほど、輝かしい繁栄を誇っていた。

その繁栄の歴史は、ピサが誇るドゥオモ広場の歴史的建造物が物語っている。ここには有名な斜塔と、繊細なドゥオモを中心に、14世紀に建てられたレース細工のように美しい洗礼堂や、ドゥオモを飾る美術品を集めたドゥオモ美術館などの見どころが集中している。これらのすばらしい建築の数々と、明るく開放的な広場のハーモニーが比類なく美しい。

町なかにはフィレンツェより下流に位置するアルノ川がゆったりと流れて、夕暮れのアルノ川の眺めは趣がある。斜塔内部の見学は予約制。オンライン予約はホームページのBuy your tickets onlineから可能。http://www.opapisa.it/

■交通：フィレンツェから鉄道で所要時間約1時間10分、運行本数も多い。駅から町の中心ドゥオモ広場までは徒歩で20分、バスもある。
飛行機では、ローマから所要時間約1時間、本数は1日4便。ピサのガリレオ・ガリレイ空港からピサ市内までは駅前広場行きバスで約10分。

斜塔の予約はドゥオモ広場の案内所でも可
圏€18

繊細な正面が美しいドゥオモ

さまざまな美術館が並ぶドゥオモ広場

フィレンツェからの小さな旅　シエナ他

ラヴェンナ
Ravenna

MAP p.8-E

中世のモザイク芸術で有名な古都

フィレンツェで1～2日日程が空いたら、フィレンツェのあるトスカーナ州から少し足を延ばして、ボローニャ郊外の街、ラヴェンナを訪れる旅をすすめたい。

中世イタリアの絢爛豪華なモザイク芸術を最もよく伝えているのが、5世紀初めの西ローマ帝国、そして5世紀末から6世紀にかけての東ゴート王国の首都ラヴェンナだ。

ラヴェンナが黄金時代を迎えたのは、5世紀から11世紀の間。この西ローマ帝国から東ローマへいたる間に、イタリアの政治・信仰の重要拠点として栄えた。一方で数々の異民族からの支配と奪還を繰り返し、モザイク芸術にも異文化の影響がうかがえる。

モザイク鑑賞をするなら、駅から徒歩20分のポポロ広場を起点に、ガッラ・プラチーディアの霊廟とサン・ヴィターレ教会を訪ねよう。ローマ通りのサンタポリナーレ・ヌオヴォ教会も外せない。また、中心部からバスで約15分のサンタポリナーレ・イン・クラッセ教会にもすばらしいモザイク画がある。

外観はそっけないが、一歩中に入れば驚くべき小宇宙が広がるモザイクの世界。旅の合間に立ち寄るなら、その感動を味わいたい。

■交通：フィレンツェから鉄道で所要時間約2時間20分。ボローニャから約1時間20分。駅から街の中心ポポロ広場までタクシーで約5分、徒歩では約20分。街の中心は徒歩で見てまわれる。

内部がすばらしいサン・ヴィターレ教会

ガッラ・プラチーディアの霊廟のモザイク

一流ブランド・ショップも多い中心部

Leonardo da Vinci
ダ・ヴィンチ、ミケランジェロ、ラファエロ
イタリアが生んだ三大天才物語
Michelagniolo Buonarroti
Raffaello Sanzio

**有り余る全人的な才能と科学への探究心で
未曾有の作品を残す（1452〜1519年）**

レオナルド・ダ・ヴィンチ
Leonardo da Vinci

　フィレンツェ近郊のダヴィンチ村に生まれ、ヴェッロッキオの工房で絵画・彫刻を学んだレオナルドは、ウフィツィ美術館にある『受胎告知』『東方三博士の礼拝』などで、若くして画才を認められる。

ミラノに招かれた彼は1497年、『最後の晩餐』を仕上げる。ルネサンスに生まれた遠近法の頂

遠近法を駆使した『最後の晩餐』

点を極めたこの作品は最高傑作の一つ。その後フィレンツェに戻り、『モナ・リザ』を製作。晩年は飛行機、戦車を考案し、驚くべき発想を披露した。解剖学、数学、物理学、土木、機械など

飛行機、戦車も考案した

を学び、科学全般への探究心を持ったレオナルドにとって、芸術とは自然科学の法則を見出すことだった。そしてその対象も次々に移った。未完の作品が多いのも、多才ぶりゆえといえるかもしれない。

**理想の造形美を求め続けたルネサンス芸
術の最高峰（1475〜1564）**

ミケランジェロ・ブオナローティ
Michelangelo Buonarroti

出世作となった
『ピエタ』

　フィレンツェ近郊の村で中級官吏の次男として生まれ、13歳のときフィレ

**理想美を追求して古典主義芸術を完成した
建築家・画家（1483〜1520年）**

ラファエロ・サンツィオ
Raffaello Sanzio

　ウルビーノの裕福な宮廷画家の家に生まれ、早くから画才を発揮。フィレンツェでは『ヒワの聖母』（ウフィツィ美術館）『大公の聖母』（パラティーナ美術館）などの美しいマドンナ像を描き上げる。1508年、

ローマに出て教皇ユリウス2世の厚遇を受け、25歳で『アテネの学堂』（ヴァチカン美術館）などの大作を描く。1514年、ブラマンテの死後はサン・ピエトロ大聖堂の建築監督として建築に従事。彼もまたルネサンス的な多彩な才能の人で、時代の寵児ともてはやされたが、レオナルドの死の翌年に37歳の若さで永眠した。

優美に微笑む
『椅子の聖母』

23歳のときの自画像

すばらしい調和に満ちた『ヒワの聖母』

ンツェ最高のギルランダイオの工房に弟子入り。やがて少年の天才はロレンツォ・デ・メディチの目にとまり、メディチ家の手厚い庇護のもとで彫刻を学ぶ。

　23歳のときローマに出て製作したサン・ピエトロ大聖堂の『ピエタ』が出世作となる。1504年、4mを超す『ダヴィデ』の巨像を完成。1512年、4年をかけてシスティーナ礼拝堂の天井画を完成。以後、『最後の審判』、サン・ピエトロ大聖堂のクーポラの設計などを手がけるなど、16世紀最大の天才として超人的な仕事を残した。だが、その芸術家としての成功とは裏腹に性格は偏屈で、孤独と不安にさいなまれたという。

筋肉美にあふれた『聖家族』

アカデミア美術館にある『ダヴィデ』

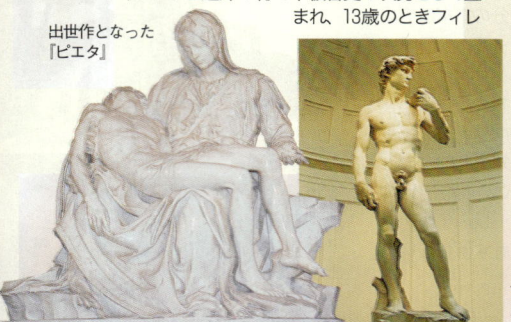

ミラノ
Milano

MAP

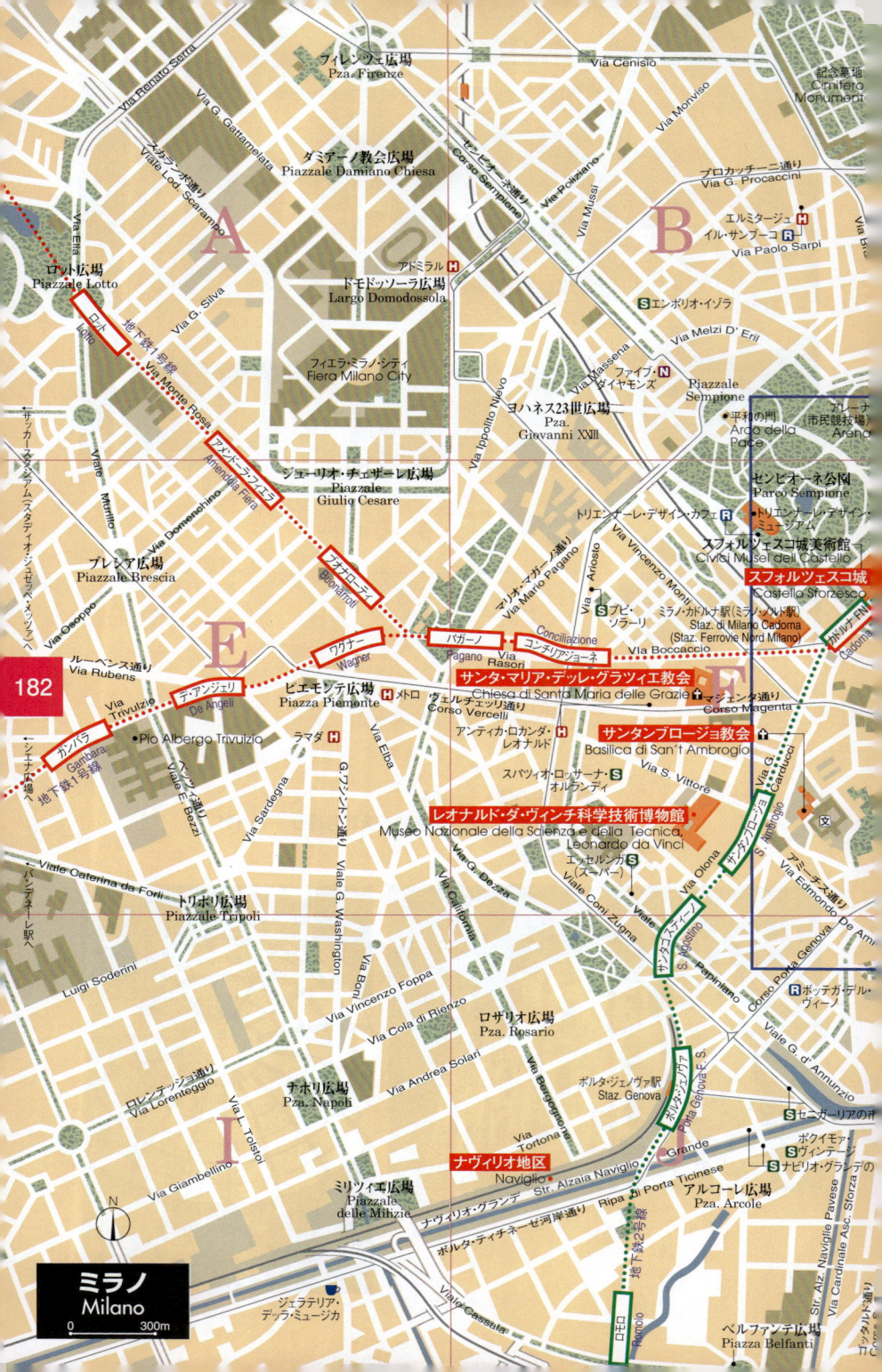

ミラノ
Milano

0　　　　300m

ミラノ中心部 P.184・185

ミラノ中心部
Milano Centro

0 — 200m

184

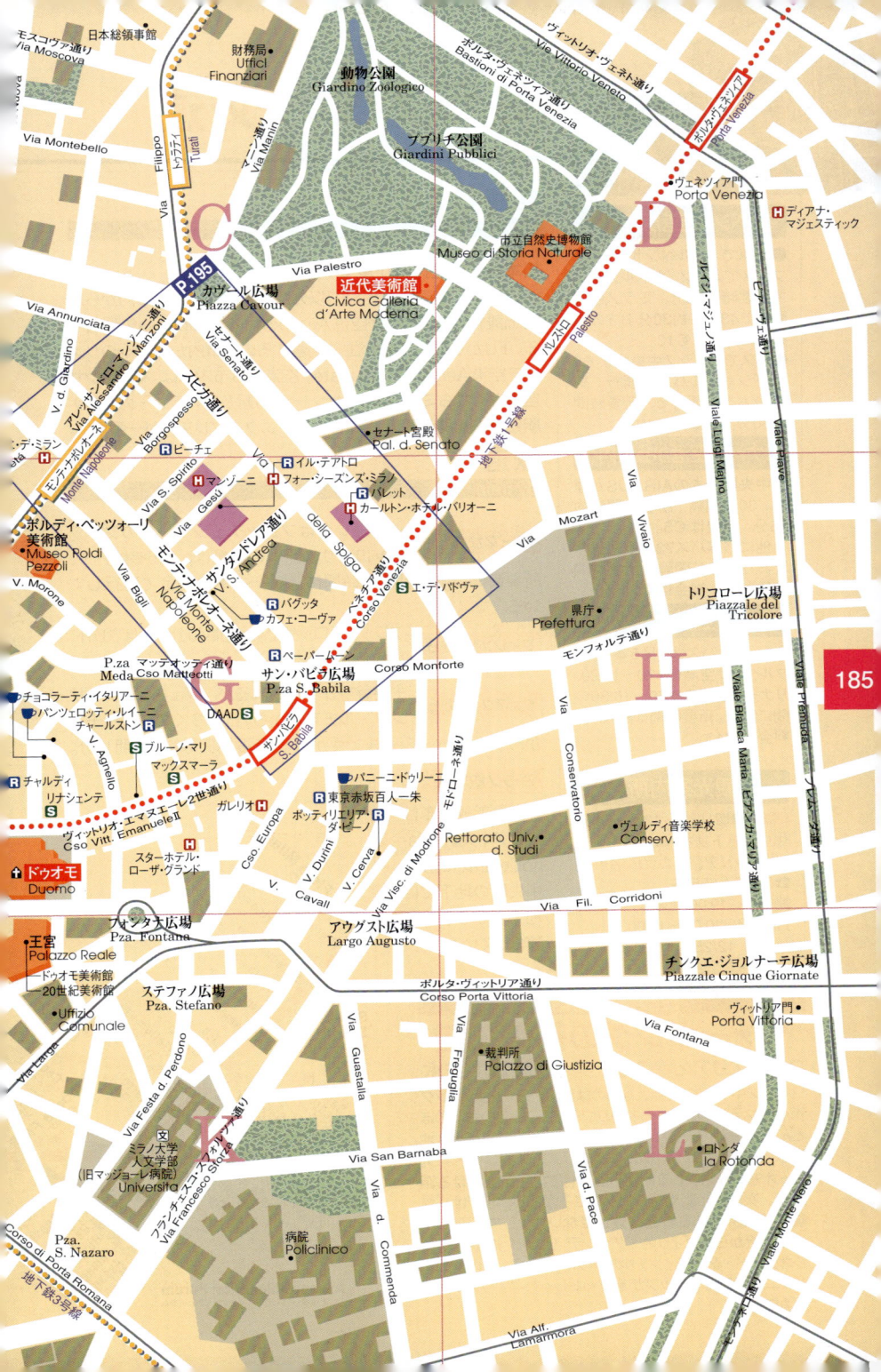

185

モスクヴァ通り Via Moscova
日本総領事館

財務局 Uffici Finanziari

動物公園 Giardino Zoologico

プブリチ公園 Giardini Pubblici

ヴィットリオ・ヴェネト通り Via Vittorio Veneto
ポルタ・ヴェネツィア通り Bastioni di Porta Venezia

ポルタ・ヴェネツィア Porta Venezia

ヴェネツィア門 Porta Venezia

ディアナ・マジェスティック

Via Montebello

Filippo
トゥラティ Turati

マニン通り Via Manin

C

D

市立自然史博物館 Museo di Storia Naturale

Via Annunciata

P.195

カヴール広場 Piazza Cavour

Via Palestro

近代美術館 Civica Galleria d'Arte Moderna

Via Palestro
Palestro

V. d. Giardino

アレッサンドロ・マンゾーニ通り Via Alessandro Manzoni

セナート通り Via Senato

アリゴ・ボイート通り

スピガ通り

V. Borgospesso

デ・ミラノ

モンテ・ナポレオーネ Monte Napoleone

ポルディ・ペッツォーリ美術館 Museo Poldi Pezzoli

V. Morone

V. S. Spirito
Gesù

Via Bigli

サンタンドレア通り Via S. Andrea

マンゾーニ

ビーチェ

ヴェネツィア門 Porta Venezia

セナート宮殿 Pal. d. Senato

イル・テアトロ

フォー・シーズンズ・ミラノ

バレット

カールトン・ホテル・バリオーニ

モンテ・ナポレオーネ通り Via Monte Napoleone

della Spiga

Corso Venezia

エ・デ・パドヴァ

バグッタ

カフェ・コーヴァ

ペーパームーン

Via Mozart

Via Vivaio

県庁 Prefettura

トリコローレ広場 Piazzale del Tricolore

モンフォルテ通り

P.za Meda
マッテオッティ通り Cso Matteotti

サン・バビラ広場 P.za S. Babila

Corso Monforte

G

H

チョコラーティ・イタリアーニ
パンツェロッティ・ルイーニ
チャールストン

DAAD

V. Agnello

ブルーノ・マリ
マックスマーラ

サン・バビラ S. Babila

チャルディ
リナシェンテ

ガレリオ

パニーニ・ドゥリーニ

東京赤坂百人一朱
ポッティリエリア・ダ・ピーノ

Cso. Europa

V. Durini

V. Cerva

Conservatorio

ヴェルディ音楽学校 Conserv.

ヴィットリオ・エマヌエーレ2世通り Cso Vitt. Emanuele II

スターホテル・ローザ・グランド

ドゥオモ Duomo

ファンタナ広場 Pza. Fontana

王宮 Palazzo Reale

ドゥオモ美術館 20世紀美術館

Uffizio Comunale

V. Cavall

Rettorato Univ. d. Studi

Via Visc. di Modrone

ラルゴ通り

アウグスト広場 Largo Augusto

ステファノ広場 Pza. Stefano

ミラノ大学人文学部（旧マッジョーレ病院） Università

フランチェスコ・スフォルツァ通り Via Francesco Sforza

Via Festa d. Perdono

Via San Barnaba

Via d. Commenda

病院 Policlinico

ポルタ・ヴィットリア通り Corso Porta Vittoria

裁判所 Palazzo di Giustizia

チンクエ・ジョルナーテ広場 Piazzale Cinque Giornate

ヴィットリア門 Porta Vittoria

Via Fontana

Via Guastalla

Via Freguglia

ロトンダ la Rotonda

L

Pza. S. Nazaro

Corso di Porta Romana
地下鉄3号線

Via Alf. Lamarmora

空港特急が発着するカドルナ駅

ミラノへの交通

空路で
by Air

日本からの直行便が着くマルペンサ空港

　日本からの直行便と、EU以外からの国際便は、市内から約60km離れたマルペンサ空港Aeroporto di Malpensaに到着する。EUからの国際便が主に到着するのは市内から10kmのリナーテ空港Aeroporto di Linate。空港から市内へは、マルペンサ空港からならミラノ中央(セントラル)駅及びミラノ・カドルナ駅と空港を結ぶ列車「マルペンサ・エクスプレス」が一番早い。

鉄道で
by train

ローマから
　一番速いのはフレッチェシリーズのフレッチャロッサ(列車の種類はp.256参照)で、所要時間は約3時間。1時間にほぼ2～3本の割合で運行している。

フィレンツェから
　フレッチャロッサで約1時間40分。ほぼ30分に1本の割合で出ている。

ヴェネツィアから
　主要幹線からは外れるが、ヴェネツィア・サンタ・ルチア駅から1日に多くのフレッチェがあり、早朝から深夜まで便がある。所要時間は約2時間15分。

ミラノ駅では
　主要幹線列車はミラノ中央駅Milano Centraleに発着。中央駅の地下では地下鉄2・3号線と連絡している。

マルペンサ空港から市内へ

●電車で　マルペンサ・エクスプレスでミラノ・カドルナ駅まで所要時間29分、ミラノ中央駅まで43分。約30分おきの運行で、料金は€13。
●バスで　ミラノ中央駅まで2社がシャトルバスを運行。約20分おきの運行で、所要時間約50分。料金は€10。

リナーテ空港から市内へ

　中央駅行きのAIR BUSが運行。30分間隔、所要時間は約25分。料金は€5。
　他に路線バス73番も運行しており、10分間隔で所要時間は約25分。料金は€1.50。

マルペンサ空港－リナーテ空港間

　シャトルバスは1日5本ある。マルペンサ空港を9:30～18:20、リナーテ空港を9:30～16:30の間に出発。所要時間は約70分。料金は€13。

観光案内所

MAP ●切りとり-43、p.184-F
住ヴィットリオ・エマヌエーレ2世ガレリア、スカラ広場角
☎02-884-55555
開9:00～19:00、土曜は～18:00、日曜・祝日10:00～18:00
休1/1、12/25

ミラノ中心部
ウォーキングの基礎知識
2つのエリアで考える。すべて地下鉄でOK

　ミラノ中心部の起点となるのはドゥオモ。ショッピング街のモンテ・ナポレオーネ通りや有名レストランなどのほとんどはドゥオモ～ブレラ地区に集中している。まずは地下鉄ドゥオモ駅を起点に、このエリアを探索してみよう。ドゥオモ駅からブレラ絵画館までは約800mと歩ける距離だ。次に、北駅周辺にも見どころがある。まずは『最後の晩餐』のある教会は見逃せない。そして、ミラノ・ノルド駅からナヴィリオ・グランデ(運河)にかけては、レオナルド・ダ・ヴィンチゆかりの博物館や、芸術家のアトリエや斬新なショップが集まるおしゃれなナヴィリオ地区がある。

市内の交通

地下鉄 Metropolitana
4路線があり、ほとんどの見どころをカバーしている

　ミラノはイタリアで最も地下鉄が発達している都市。観光客でも便利に使える。路線は1〜3号線、5号線の4路線で、シンボルカラーで標識などが統一され、わかりやすい。地下鉄駅は赤字にMの文字が書かれた看板が目印。乗り方はローマと同じ（p.65参照）。

STEP 1　切符は1回券、24時間券、2日券、10回券がある

　切符には1回券（€1.50）、24時間券Abbonamento Un Giorno（€4.50）、2日券Abbonamento Due Giorni（€8.25）がある。裏表10回使える回数券Carnet（€13.80）も。回数券は切り離さず使う決まりなので注意。1回券以外はバス、トラムと共通で使え、時間内なら相互乗り継ぎにも有効。何度か乗るなら乗り放題の1日券、2日券か回数券がお得だ。

STEP 2　買い物や観光に便利な路線・駅は？

　ミラノ歩きの起点となるドゥオモに停まるのは1号線と3号線。観光や買い物に便利なのが、中央駅やモンテ・ナポレオーネを結ぶ3号線。サン・バビラに停まる1号線も買い物や『最後の晩餐』のある教会へ行くときに使える。

タクシー Taxi

　タクシー乗場やホテルから乗る。基本料金は€3.30、1kmごとに€1.09加算。スーツケース1個につき€1.03、日曜・祝日は€5.40、21:00〜6:00a.m.は初乗り料金€6.50。空港〜市内は約€70〜。

トラム Tram

　市内を網の目のように走っている。ATMの公式サイトwww.atm.itでトラム路線を確認すれば利用しやすい。切符は地下鉄、バスと共通。初回のみ車内で刻印を（地下鉄かバスで刻印し、有効時間内なら2度目以降の乗車の際は不要）。

市民の足、トラム

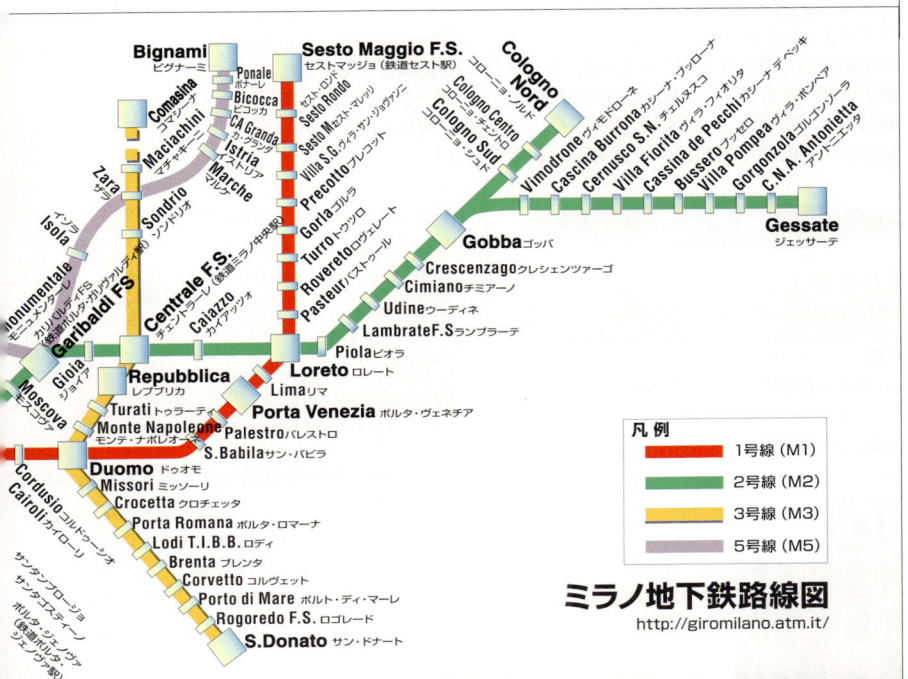

ミラノ地下鉄路線図
http://giromilano.atm.it/

凡例
- 1号線（M1）
- 2号線（M2）
- 3号線（M3）
- 5号線（M5）

 おすすめコース

地下鉄モンテ・ナポレオーネ駅
↓ 🚶 徒歩7分
ブレラ絵画館
↓ 🚶 徒歩6分
ポルディ・ペッツォーリ美術館
↓ 🚶 徒歩7分
スカラ座
↓ 🚶 徒歩3分
ヴィットリオ・エマヌエーレ2世ガレリア／ドゥオモ
↓ 🚶 徒歩4分
サン・サティロ教会

ドゥオモの屋上から見たガレリア

エリア 1

ドゥオモ〜ブレラ地区

Duomo〜Brera

 街のしくみ

都市文化の粋を集めた華麗な大聖堂とガレリア

　町歩きの起点となるドゥオモ広場周辺は、ミラノで最も華やかな場所。高級ブランド店が軒を連ねるモンテナポレオーネ通りやスピガ通りもこのエリアにある。まずはドゥオモとヴィットリオ・エマヌエーレ2世ガレリアから町歩きを始めよう。統一イタリアの象徴として造営されたガレリアは、19世紀中ごろに流行した鉄の骨組みとガラスドームの迫力あるたたずまい。アーケードを抜けると、オペラの殿堂スカラ座もすぐ。ミラノには意外と美術館が多い。買い物だけでなく美術館巡りも楽しみたい。

🏃 どんなエリア？

楽しみ
観光	★★★☆☆
食べ歩き	★★★★★
ショッピング	★★☆☆☆

交通の便
地下鉄	★★★★★
トラム	★★★☆☆
タクシー	★☆☆☆☆

基点となる駅・バス停
地下鉄ドゥオモ駅、モンテ・ナポレオーネ駅、カイローリ駅

見どころ

ドゥオモ
Duomo

地下鉄1・3号線ドゥオモDuomo駅から徒歩1分
MAP ●切りとり-47　p.185-G

イタリア最大のゴシック建築

　135本の尖塔と3400体の彫像で飾られた壮麗な大聖堂。尖塔（108.5m）頂上から黄金のマリア像が街を見下ろしている。1386年にミラノ公ヴィスコンティの命により着工、完成まで500年かかった。内部はステンドグラスに彩られ、荘厳な雰囲気。屋上からは、繊細な彫刻の数々とガレリアを間近に眺められる。開8:00〜19:00、宝物庫／11:00〜17:30、土曜は〜17:00、日曜13:30〜15:30　料€3、屋上も€9（階段）、€13（エレベータ）休5/1、12/25

王宮
Palazzo Reale

地下鉄1・3号線ドゥオモDuomo駅から徒歩1分
MAP ●切りとり-47　p.185-K

ドゥオモ付属工房が製作した工芸品を展示

　ヴィスコンティ家、スフォルツァ家などの歴代統治者の旧居。内部は14世紀以降の工芸品を展示する2つの美術館。
ドゥオモ美術館／開9:30〜19:30、月曜は14:30

ドゥオモ広場には世界中からの観光客が集まる

〜、木・土曜は〜22:30　休無休　料€12　20世紀美術館／開休ドゥオモ美術館と同じ　料€5

ヴィットリオ・エマヌエーレ2世ガレリア
Galleria Vittorio Emanuele Ⅱ

地下鉄1・3号線ドゥオモDuomo駅から徒歩2分
MAP ●切りとり-43　p.184-F

ガラス張りドームを載く大アーケード

ドゥオモ正面からスカラ広場まで200m続く大アーケード。建築家ジュゼッペ・メンゴニの設計によって1877年に完成した。中央十字路には四大陸を象徴的に描いたフレスコ画が描かれ、床には繊細なモザイクが施されている。通りの両側にはプラダ本店など老舗ブランドショップやカフェが並ぶ。

名店が並ぶアーケード街

サン・サティロ教会
Chiesa di San Satiro

地下鉄1・3号線Duomo駅から徒歩5分
MAP ●切りとり-46　p.184-J

天才建築家ブラマンテの卓越した技法

ロマネスク期に建てられた小さな教会を、ルネサンス期を代表する建築家ブラマンテが再建した。ブラマンテが設計した内部の後陣には、漆喰細工による「だまし絵」技法と透視画法で、実際よりも広い空間に見せている。

後にヴァチカン聖堂でも腕を揮う大建築家の初期作品

スカラ座
Teatro alla Scala

地下鉄1・3号線ドゥオモDuomo駅から徒歩5分
MAP ●切りとり-37　p.184-F

ヴェルディ、プッチーニの初演もここで

ミラノ公フェルディナンドの命で着工、15カ月後の1778年に完成した。併設のスカラ座博物館ではスカラ座で初演したヴェルディ、ドニゼッティ、プッチーニらゆかりの品々や楽譜、オペラ衣装などを展示。スカラ座博物館／開9:00〜17:30（入館は30分前まで）休1/1、復活祭、5/1,8/15,12/7、12/24〜12/26,12/31　料€9

数々の名作オペラの初演が行われたスカラ座

マンテーニャ、ボッティチェッリらの作品も展示

ポルディ・ペッツォーリ美術館
Museo Poldi Pezzoli

地下鉄3号線モンテ・ナポレオーネMonte Napoleone駅から徒歩3分
MAP ●切りとり-43　p.185-G

美術収集家所有の名品を展示

ポルディ・ペッツォーリ氏が収集した、ピエロ・デル・ポッライオーロ『若い貴婦人の肖像』、ボッティチェッリ『聖母』などの名画のほか、貴重な宝飾品を展示する。開10:00〜18:00（入館は〜17:30）休火曜、復活祭、4/25、5/1、8/15、11/1、12/25　料€10

ブレラ絵画館
Pinacoteca di Brera

地下鉄3号線モンテ・ナポレオーネMonte Napoleone駅から徒歩6分
MAP ●切りとり-39　p.184-B

ルネサンス絵画の宝庫

ロンバルディア派とヴェネツィア派を中心にルネサンス絵画の傑作を収蔵。2階展示室では500点以上の絵画を展示。マンテーニャ『死せるキリスト』『聖母子』、ジョヴァンニ・ベッリーニ『ピエタ』『聖母子』、ティントレット『聖マルコの遺体発見』、ラファエロの『マリアの結婚』などのルネサンス絵画が充実している。2階にはカフェもある。開8:30〜19:15（入館は〜18:40）休月曜、1/1、5/1、12/25　料€10

ジョバンニ・ベッリーニ作『聖母子』

スフォルツェスコ城
Castello Sforzesco

地下鉄1号線カイローリCailoli駅から徒歩3分
MAP ●切りとり-37　p.184-A

建築にダ・ヴィンチも加わった

14世紀にミラノを支配したヴィスコンティ家の居城だったが、15世紀にスフォルツァ家が城塞として改築。城内にあるスフォルツェスコ城美術館は、ミケランジェロが死の3日前まで制作していたとされる『ロンダニーニのピエタ』やティントレット『ソランツォの肖像』などの名画を展示。城／開9:00〜17:30（入場は〜17:00）休無休　料€3　美術館／開9:00〜17:30（入館は〜17:00）休月曜、1/1、5/1、12/25　料€5

📷 **おすすめコース**

| 地下鉄カドルナ駅 |
| 🚶 徒歩5分 |
| サンタ・マリア・デッレ・グラツィエ教会 |
| 🚶 徒歩3分 |
| サンタンブロージョ教会 |
| 🚶 徒歩5分 |
| レオナルド・ダ・ヴィンチ科学技術博物館 |
| 🚶 徒歩5分 |
| サンタンブロージョ駅 |
| 🚇🚶 地下鉄6分＋徒歩8分 |
| ナヴィリオ地区 |

洗練されたゴシック様式の正面入口とルネサンス様式のクーポラが特徴のグラツィエ教会

エリア2

ミラノ・ノルド駅～ナヴィリオ地区

Staz. Ferrovie Nord Milano～Naviglio

街のしくみ

『最後の晩餐』のグラツィエ教会、ダ・ヴィンチ博物館など見どころがたくさん

　ドゥオモの北には石畳の路地にクリエイティブな雑貨店やカフェが並ぶブレラ地区があり、アートな気分に浸れる。路地や古い教会の裏手に、小さなギャラリーやセンスのよいショップを発見するのも、この地区ならではの楽しみだ。ドゥオモの西には『最後の晩餐』のある有名な教会があり、さらに南には下町情緒を残すナヴィリオ地区が広がっている。ニューヨークのソーホーを思わせるこの界隈は、近年、若いアーティストの居住区として人気が高まる一方。個性派レストランやカフェも増えつつある。

🏃 どんなエリア？

楽しみ
観光 ★★★★☆
食べ歩き ★★☆☆☆
ショッピング ★☆☆☆☆
交通の便
地下鉄 ★★★★★
トラム ★★★☆☆
タクシー ★☆☆☆☆
基点となる駅・バス停
地下鉄カドルナ駅(ミラノ・ノルド駅)、サンタンブロージョ駅、モンテ・ナポレオーネ駅、ポルタ・ジェノヴァ駅

見どころ

サンタ・マリア・デッレ・グラツィエ教会
Chiesa di Santa Maria delle Grazie

地下鉄1・2号線カドルナCadorna 駅から徒歩8分
MAP p.182-F

15世紀に建てられたドメニコ派の修道院

　教会内の食堂の壁に描かれたレオナルド・ダ・ヴィンチの最高傑作『最後の晩餐』があることで、あまりに有名。教会は1492年に、スフォルツァ家のルドヴィコ・イル・モーロが建築家ブラマンテに依頼して、現在の形に改修された。

　『最後の晩餐』は1495年、43歳のレオナルドが3年の歳月をかけて完成させた。この作品では、晩餐の際にイエスが語った予言に満ちた言葉の衝撃が、使徒たちの間をさざ波のように伝わる瞬間が表現されている。レオナルドの描いた鮮やかな色彩と人物表現の豊かさに圧倒される。見学は予約制。15分の持ち時間で25人ずつ入れ替えとなる。教会の公式サイトから予約可。

教 会：開7:00～12:55、13:00～19:30、 日曜7:30～12:30、15:30～21:00　休1/1、5/1、12/25　料無料
最後の晩餐：開8:15～18:45　休月曜　料€12

『最後の晩餐』のある部屋は撮影厳禁

最後の晩餐

テーブル — パンとワインによる聖体の秘蹟が行われている

使徒たち

裏切り者ユダ

キリストが「あなたがたの1人が私を裏切ろうとしている」と告げている

使徒たち

サンタンブロージョ教会
Basilica di Sant'Ambrogio

地下鉄2号線サンタンブロージョSant'Ambrogio 駅から徒歩1分
MAP ●切りとり-45 p.184-I

ロンバルディア・ロマネスク様式の傑作

聖アンブロージョによって4世紀末に創建されたミラノ最古の教会。アーチで構成された身廊には金細工芸術の傑作とされる黄金の中央祭壇と天蓋が、後陣にはモザイクの天井画や金色の丸天井を持つ礼拝堂があり、初期キリスト教芸術の水準の高さがうかがえる。

開10:00～12:00、14:30～18:00（日曜15:00～17:00）休無休 料無料、併設の宝物館€2

ロマネスク様式の整った教会

中央の祭壇は七宝、宝石、金銀の薄板で飾られた9世紀の傑作

レオナルド・ダ・ヴィンチ科学技術博物館
Museo Nazionale della Scienza e della Tecnica, Leonardo da Vinci

地下鉄2号線サンタンブロージョSant'Ambrogio 駅から徒歩5分
MAP p.182-F

レオナルドの功績と科学技術史を展観

レオナルド・ダ・ヴィンチの生誕500年を記念し、僧院を改築して作られた。科学者としてのダ・ヴィンチの才能と偉業をたどる2階の陳列室を中心に、15世紀以降の科学技術に関する展示品が並ぶ。ダ・ヴィンチの設計図を再現した模型飛行機や発明品のど

博物館は16世紀の修道院を利用した記念館の2階にある

模型や設計図の数々を展示

れもに夢があり、創造性の豊かさ、未来を見すえる先見性、多彩ぶりに改めて驚かされる。

開9:30～17:00（土・日曜、祝日は～18:30）休月曜、1/1、12/24、12/25 料€10

とっておき情報

『最後の晩餐』は予約制

長い行列に並ぶ必要があった『最後の晩餐』は予約制になっている。以前は予約せずに直接並んでも見られたが、現在では予約が必要。予約は月～土曜の8:00～18:30にコールセンター☎02-92800360（イタリア国内及び海外から）へ電話して氏名・人数・希望日時を告げて申し込む（英語可。1/1、5/1、12/25は休み）。チケットの受け取りは予約時間の20分前までに教会のチケットオフィスで。入場料＋予約料€12。下記サイトからも予約が可能（英語あり）。

http://www.vivaticket.it

見どころ

サン・ロレンツォ・マッジョーレ教会
Basilica di San Lorenzo Maggiore

地下鉄3号線ミッソーリMissori 駅から徒歩10分
MAP p.184-J

古代ローマの面影を残す4世紀の礼拝堂

　教会前の広場にはコンスタンティヌス帝のブロンズ像が立ち、16本の円柱が残っている。これは4世紀末に、ローマ時代にあった古い回廊から移築したもの。現在の教会は建築家マルティーノ・バッシにより16世紀に再建されたものだ。内部にある4世紀のサンタクイリーノの礼拝堂にはオリジナルのモザイク画が壁面を飾っている。

開8:00～18:30、日曜9:00～19:00
休無休 料無料

ナヴィリオ地区
Naviglio

地下鉄2号線ポルタ・ジェノバPolta Genova F.S. 駅から徒歩4分
MAP p.182-J

運河の両岸に続く、古いミラノの下町

　ミラノにはかつて街のいたるところに運河Naviglioが巡らされていたが、その多くは埋め立てられ、今ではポルタ・ティチネーゼ門Porta Ticineseの一帯にしか残っていない。門の外側に続く2本の運河は、ドゥオモを建築する際に大量に使う大理石を運ぶために造られたもの。古い歴史のある運河には古い民家やト

値段は少々高めながら上等の品が並ぶ骨董市

しっとりした趣のある、ナヴィリオ地区の運河の両岸。運河の水は意外に澄んでいる

20世紀初めのヴェネツィアン・グラスも並ぶ

ラットリアが並び下町情緒が残る。最近は若い芸術家が移り住む人気の居住区でもある。

ナヴィリオ・グランデの市

平日は静かな運河一帯も、毎月最終日曜の大骨董市「ナヴィリオ・グランデの市」には大変なにぎわいに。掘り出しものを求めて散策してみよう。サンタゴスティーノS.Agostino駅寄りにも毎週土曜に70年代の日用品などが並ぶ「セニガーリアの市」が立つ。

近代美術館
Civica Galleria d'Arte Moderna

地下鉄1号線パレストロPalestro駅から徒歩3分
MAP ●切りとり-40 p.185-C

19～20世紀の美術コレクションが並ぶ

　1790年に建てられたベルジョイオーソ伯爵の館を美術館として利用している。19世紀のロンバルディア派絵画、20世紀の近代美術を展示する美術館。1階には新古典主義の絵画や彫刻、家具などの他、アイエツの『マンゾーニの肖像』『マグダラのマリア』などを展示。2階はピッチョの『水浴』、セガンティーニの『泉の洗濯』などが出身地別に展示されている。マリノ・マリーニなどの20世紀彫刻家の作品や、ゴーギャン、ゴッホ、ユトリロなどフランス印象派作品も展示。

開9:30～18:30 休月曜、日曜・祝日
料無料（企画展は有料）

意外に古典建築が多いミラノ

ミラノの町歩きの楽しみはショッピングだけではない。町を歩けば、意外な場所で古典的な味わいのある建築がひょっこり顔を出す。市民生活になじんだそうした建築物を巡って散歩するのは楽しいひと時だ。歴史の厚みと現代のビジネス街が調和するミラノの町を、トラムを使って散策すると、ミラノらしさを満喫できるはず。

ロマネスク様式の傑作といわれるのが、4世紀末に、ミラノの守護聖人アンブロージョが建造したサンタンブロージョ教会（p.191）。その魅力は、均整の取れた美しさと品のよさ。ルネサンス期の建築家ブラマンテが設計した柱廊で飾られたアトリウム（中庭）、ビザンチン様式のモザイク壁画などが目を楽しませてくれる。

美しい柱廊が並ぶサンタンブロージョ教会

城壁の内側に ローマ遺跡や中世の建物が

町の中心からトラムで西南に向かうと、ティチネーゼ門近くで目に入るのが、遺跡のような大理石柱とレンガ壁だ。これは、ローマ時代の16本の円柱からなる柱廊で、ミラノでは数少ないローマ遺跡。「周歩廊」と呼ばれる古代の歩道は市民の憩いの場になっている。高さ8.5mの大理石柱は、すぐ前にあるサン・ロレンツォ・マッジョーレ教会Chiesa di San Lorenzo Maggioreが創建された4世紀当時、教会の回廊用としてロー

サン・ロレンツォ・マッジョーレ教会。レンガ壁の左手に大理石列柱がある。内部は初期キリスト時代のモザイク画が残る

マ時代の神殿跡から運び込んだものだ。サン・ロレンツォ・マッジョーレ教会は初期キリスト時代に建てられた貴重な建築で、12世紀以降はロマネスク様式に改築されたものの、八角形の建築様式は創建当初のまま。内部には4世紀のフレスコ壁画や4、5世紀のモザイクが残るサンタ・クイリーノ礼拝堂Cappella di Sant' Aquilinoがある。

ミラノ最大の美術館、ブレラ絵画館（p.189）の建物も、1615年にイエズス会の学寮として建てられた歴史ある建造物。中庭には新古典主義を代表する彫刻家カノーヴァ作のナポレオンの銅像がある。

オーストリア支配時代、ハプスブルグ家のマリア・テレジアの命で美術学校が作られたのがブレラ絵画館の前身

ドゥオモ周辺にも、中世を彷彿させる魅惑的な場所がある。メルカンティ通りVia Mercaniの脇にあるメルカンティ広場Piazza Mercanti（MAP p.184-F）がその代表

16世紀の公共井戸が残るメルカンティ広場。周りを、執政長官の館や王立学校などの歴史的建造物が取り囲む

だ。13世紀から建造が始まったこの広場は、民事・刑事訴訟の場だったラジョーネ宮（市庁舎）や執政長官の館、王立学校、裁判所、商業組合など、中世から17世紀にかけての歴史的建築物に囲まれている。広場の真ん中には16世紀の井戸も残っていて、井戸の前には紋章と諸聖人の彫像で飾られたオジイ家のロッジア（回廊）がある。そのバルコニーは、裁判官が傍聴者に向けて、裁判結果の宣告をする場所でもあった。静かで趣あるこの広場は、商人や職人が商品を持ち寄り交換する場としても、使われた。市民の生活に深く根付いた商都ミラノのまさに心臓部といえる場所なのだ。

ショッピング

Shopping

スタイリッシュなミラノはブランドショップや個性的な専門店が多く、買い物派なら外せない。ファッションアイテムや雑貨ならガリバルディ地区やブレラ地区へも足を延ばそう。

モンテ・ナポレオーネ通り
MAP ●切りとり-39 p.185-G

ブランドショップが並ぶ、ミラノ・ファッションの発信地。基点となるのは地下鉄3号線でドゥオモから1駅のモンテ・ナポレオーネ駅と地下鉄1号線サン・バビラ駅。この両駅を結ぶ約500mの通りの両側にグッチ、プラダ、フェラガモ、エトロなどのイタリアンブランドがひしめき合う。街行くミラネーゼから、おしゃれのセンスを盗みたい。

スピガ通り
MAP ●切りとり-39 p.185-C

モンテ・ナポレオーネ通りと並行しているスピガ通りには、ドルチェ&ガッバーナやブルマリン、ロベルト・カヴァッリ、靴メーカーのトッズなどの個性派ブランドや、スポーツマックスなどのカジュアル系ブランド、チョコレート店などが店を構える。

サンタンドレア通り
MAP ●切りとり-44 p.185-G

サンタンドレア通りには、ジョルジオ・アルマーニやシャネル、フェンディ、エルメスなどの高級ブランドのほか人気急上昇中のブランド、センスのよさで注目のバンネルなどセレクトショップがある。モンテ・ナポレオーネ通りとの角には老舗カフェも。

ブレラ地区
MAP ●切りとり-38 p.184-B

美大のあるブレラ地区には、アクセサリーやインテリアの店が点在。センスのいい、斬新な感覚のアイテムを探すなら、ぜひ訪れたい。スカラ座とブレラ絵画館を結ぶブレラ通りVia Breraと、毎月第3土曜日にアンティーク市が立つフィオーリ・キアーリ通りVia Fiori Chiari周辺から町歩きを。中世の雰囲気を残す小さな路地に、個性的なショップやナイトスポットがあり、深夜までにぎわっている。

ガリバルディ地区
MAP p.183-C

ミラノ中央駅の西方にあるポルタ・ガリバルディ駅から、南へ延びるコルソ・コモ、コルソ・ガリバルディ周辺はファッション情報の発信地。ミラノを代表するセレクトショップやセンスのよい雑貨店などが集まっている。

ナヴィリオ地区
MAP p.182-J

ドゥオモの南西、ポルタ・ジェノヴァの外に広がる下町エリア。15世紀、ドゥオモ建築の際に必要な石材を船で運んだ運河沿いに、個性的なレストランやカフェ、画廊が点在。毎週日曜にはアンティーク市も立つので訪れてみたい。

ドゥオモ周辺
MAP ●切りとり-47 p.185-G

ミラノの中心、ドゥオモ周辺は話題を提供するショップが集まる。ガレリア・ヴィットリオ・エマヌエーレ2世の中にはプラダやグッチ、ルイ・ヴィトンなどのほか、帽子で有名なボルサリーノなどの専門店も。また、ドゥオモ脇にはデパートのリナシェンテもある。

地下鉄3号線

モンテ・ナポレオーネ駅
Monte Napoleone

Via Alessandro Manzoni

ジョルジオ・アルマーニ
アルマーニ／ヴィアマンゾーニ31

エ・デ・ミラン H

M

アレッサンドロ・マンゾーニ通り

ビブロス S
ヴェンキ C

ブルーノ・マリ S

セルモネータ・グローブス S

エルメネジルド・ゼニア S

パリーニ・ドロゲリア S

Via Borgospesso

スピガ通り

ボッテガ・ヴェネタ S

ボルゴスペッソ通り

ロベルト・カヴァッリ S

セルジオ・ロッシ S

ビーチェ R

イヴ・サンローラン S

サルヴァトーレ・フェラガモ(メンズ) S

セリーヌ S

サント・スピリト通り Via San't Spirito

ブルマリン S

ホーガン S

イル・サルマイオ S

クリツィア S

アルベルタ・フェレッティ S

H マンゾーニ

フレッテ S

ジェズ通り Via Gesù

カルティエ S

ティファニー S

Via della Spiga

ラ・ベルラ S

フォー・シーズンズ・ミラノ H

ジョルジオ・アルマーニ(アクセサリ) S

ドルチェ&ガッバーナ S

ジャンニ・ヴェルサーチ S

バーバリー S

トッズ S

アイスバーグ S

ジョルジオ・アルマーニ(インテリア) S

スポーツマックス S

195

ココ・シャネル S

ミュウミュウ S

エルメス S

プラダ S

ピエトロ・ヴェッリ通り
Via Pietro Verri

サンタンドレア通り Via Sant'Andrea

グッチ S

カフェ・コーヴァ C

モスキーノ S

フェンディ S

エトロ S

プラダ S

Via Monte Napoleone

バグッタ通り

Via della Spiga

カールトン・ホテル・バリオーニ H

ディオール S

プラダ(メンズ) S

バレット R

サルヴァトーレ・フェラガモ S

ラルフ・ローレン S

ジオ・モレッティ S

San Pietoro all'Orto

バグッタ R

ジョルジオ・アルマーニ S

Via Bagutta

スウォッチ S

マッテオッティ通り

ルイ・ヴィトン S

Via Matteotti

ブルガリ S

D&G S

ブラッチャリーニ

エ・デ・パドヴァ S

地下鉄1号線

Corso Venezia

ヴェネツィア大通り

Via Volfango Mozart

ヴィットリオ・エマヌエーレ2世大通り

M

Corso Montore

サン・バビラ教会
Chisa di San Babila

Via San Damiano

N

Corso Vittorio Emanuele II

サン・バビラ駅
San Babila

エルメネジルド・ゼニア
Ermenegildo Zegna
MAP ●切りとり-39　p.195

センス、品質ともに満足できるメンズのトップブランド。

- ■交地下鉄3号線モンテ・ナポレオーネ Monte Napoleone駅から徒歩1分
- ■住Via Monte Napoleone 27/E
- ■☎02-76006437
- ■開10:30～19:30、日曜11:00～19:00
- ■休1/1、復活祭、12/25、12/26

アルベルタ・フェレッティ
Alberta Ferretti
MAP ●切りとり-43　p.195

カラフルなベロアなどの可憐な印象のウエアに目移り。

- ■交地下鉄3号線モンテ・ナポレオーネ Monte Napoleone駅から徒歩2分
- ■住Via Montenapoleone, 18
- ■☎02-76003095
- ■開10:00～19:00
- ■休1/1、復活祭、12/25、12/26

マックスマーラ
MaxMara
MAP ●切りとり-43　p.185-G

働く女性の応援服。本店らしいフルラインの品ぞろえ。

- ■交地下鉄1号線サン・バビラSan Babila駅から徒歩3分
- ■住Corso Vittorio Emanuele II, Piazza Liberty, 4　☎02-76008849
- ■開10:00～20:00
- ■休1/1、12/25、12/26

ボッテガ・ヴェネタ
Bottega Veneta
MAP ●切りとり-39　p.195

独自の編み込みバッグにカラフルな色と横長の形が特徴。

- ■交地下鉄3号線モンテ・ナポレオーネ駅から徒歩1分
- ■住Via Monte Napoleone, 27
- ■☎02-76024495　■開10:00～19:00、日曜は11:00～
- ■休1/1、復活祭、12/25、12/26

ジャンニ・ヴェルサーチ
Gianni Versace
MAP ●切りとり-43　p.195

洋服からバッグや靴、インテリア雑貨までそろう。

- ■交地下鉄1号線サン・バビラSan Babila駅から徒歩4分
- ■住Via Monte Napoleone, 11
- ■☎02-76008528
- ■開10:30～19:30、日曜11:00～19:00
- ■休1/1、復活祭、12/25、12/26

グッチ
Gucci
MAP ●切りとり-43　p.195

広い店内でゆっくり買い物。1階がバッグ、地下が洋服と小物。

- ■交地下鉄1号線サン・バビラSan Babila駅から徒歩3分
- ■住Via Monte Napoleone, 5/7
- ■☎02-771271
- ■開10:00～19:30、日曜は～19:00
- ■休1/1、復活祭、12/25、12/26

ブルマリン
Blumarine
MAP ●切りとり-40　p.195

フェミニンでゴージャスなウエアからアクセサリーまで。

- ■交地下鉄3号線モンテ・ナポレオーネ Monte Napoleone駅から徒歩7分
- ■住Via della Spiga, 30
- ■☎02-795081　■開10:00～19:00
- ■休日曜（展示会開催中を除く）

プラダ
Prada
MAP ●切りとり-43　p.184-F

ガレリア内の本店。バッグや財布などの小物から洋服まで充実。

- ■交地下鉄1／3号線ドゥオモDuomo駅から徒歩2分
- ■住Galleria Vittorio Emanuele II 63/65
- ■☎02-876979
- ■開10:00～19:30、日曜は～19:00
- ■休1/1、復活祭、12/25、12/26

サルヴァトーレ・フェラガモ
Slvatore Ferragamo
MAP ●切りとり-44　p.195

定番の靴のほかに、バッグやスカーフ、洋服などもそろう。

- ■交地下鉄1号線サン・バビラSan Babila駅から徒歩2分
- ■住Via Monte Napoleone, 3
- ■☎02-76000054
- ■開10:00～19:30、日曜11:00～19:00
- ■休1/1、5/1、12/25、12/26

ミュウミュウ
Miu Miu
MAP ●切りとり-40　p.195

ギャザーの入ったショルダーバッグや財布、手帳なども。

- ■交地下鉄1号線サン・バビラSan Babila駅から徒歩5分
- ■住Via S. Andrea, 21
- ■☎02-76001799
- ■開10:30～19:30、日曜11:00～19:00
- ■休1/1、8/15、12/25

エトロ
Etro
MAP ●切りとり-43　p.195

1階はおなじみのバッグと靴。2階が小物とメンズがそろう。

- ■交地下鉄1号線サン・バビラSan Babila駅から徒歩3分
- ■住Via Monte Napoleone, 5
- ■☎02-76005049
- ■開10:00～19:30
- ■休1/1、8/15、12/25、12/26

ブルガリ
Bvlgari
MAP ●切りとり-44　p.195

ブルガリの文字が刻まれた時計や香水のほかにバッグも。

- ■交地下鉄1号線サン・バビラSan Babila駅から徒歩1分
- ■住Via Monte Napoleone, 2
- ■☎02-777001
- ■開10:00～19:00、日・月曜は11:00～
- ■休祝日

ドルチェ＆ガッバーナ
Dolce&Gabbana
MAP ●切りとり-40　p.195

広い店内には、洋服からバッグ、靴、小物からウエディングまで。

- ■交地下鉄1号線サン・バビラSan Babila駅から徒歩7分
- ■住Via della Spiga, 26
- ■☎02-76001155
- ■開10:30～19:30
- ■休1/1、12/25、12/26

セルジオ・ロッシ
Sergio Rossi
MAP ●切りとり-39　p.195

デザイン性と履き心地よさで人気のある靴のブランド。

- ■交地下鉄3号線モンテ・ナポレオーネ Monte Napoleone駅から徒歩2分
- ■住Via Monte Napoleone, 27
- ■☎02-76006140
- ■開10:00～19:00、日曜11:00～
- ■休1/1、復活祭、12/25、12/26

イル・サルマイオ
Il Salumaio
MAP ●切りとり-43 p.195

1957年創業のミラノを代表する高級食材店

　1800年代に建てられた貴族の邸宅にあり、落ち着いたたたずまい。高品質のチーズや生パスタはおみやげにも最適。バールとレストランも併設し、ミラノ料理を味わうことができる。パスタやリゾットで€18から、肉・魚のメイン料理で€25から。買い物のついでに、400種以上の銘柄が並ぶワイン片手にランチも楽しみたい。

■交地下鉄3号線Monte Napoleone 駅から徒歩3分
■住Via Santo Spirito,10　☎02-784650
■開デリ・バール／8:00〜19:00、月曜15:00〜19:00、ショップ／8:30〜22:00
■休日曜、8月の2〜3週間

パリーニ・ドロゲリア
Parini Drogheria
MAP ●切りとり-39 p.195

バール&レストラン併設の食材店

　各地のチーズやパルマ産生ハムなど産地厳選の食材がそろう名店。オリジナルの紅茶やパスタソースも人気。レストランとバールを併設しており、軽食から、肉・魚料理などのランチも食べられる。

■交地下鉄1号線モンテ・ナポレオーネMonte Napoleone 駅から徒歩2分
■住Via Borgospesso,1　☎02-36683500
■開12:00〜23:00、月曜は〜16:00
■休日曜、8月の2週間

リナシェンテ
La Rinascente
MAP ●切りとり-43 p.185-G

地下の食器売り場がおすすめ

　エスプレッソ・マシーンやカプチーノ用泡だて器、食器など、デザインとグルメの国イタリアらしいキッチン&テーブル用品が豊富。おしゃれ雑貨もユニークなものが見つかり、見て歩くだけで楽しい。

■交地下鉄1/3号線ドゥオモDuomo駅から徒歩2分
■住Piazza del Duomo
■☎02-88521
■開9:30〜21:00、金・土曜は〜22:00、日曜は10:00〜21:00
■休無休

ペック
Peck
MAP ●切りとり-46 p.184-J

1883年創業の高級食料品店

　イタリア屈指の高級食料品店。日本でも高島屋の食品売り場に進出していて人気の店。日本では手に入らない珍しい食材も見つかる。1階は食料品と惣菜の店、2階はバール。地下は2500種のイタリアワインを集めたワインセラーになっている。

■交地下鉄1/3号線ドゥオモDuomo駅から徒歩4分
■住Via Spadari, 9
■☎02-8023161
■開9:30〜19:30、月曜15:30〜、土曜9:00〜
■休月曜の午前、日曜・祝日

イータリー・ミラノ・スメラルド
Eataly Milano Smeraldo
MAP p.183-C

上質食材を集めた「食のスーパー」

　1階は生鮮食材とジェラートやドルチェ。2～3階はワイン、ビール、ハム＆チーズ、肉魚など。最大の特徴は売り場ごとに本格的な食事スペースがあること。おみやげ探しのついでに食事も楽しもう。

■交地下鉄2/5号線ガリバルディFS駅から徒歩6分
■住Piazza XXV Aprile, 10
■☎02-4949-7301
■開8:30～24:00
■休1/1、8/15、12/25、12/26

キッチン
Kitchin
MAP ●切りとり-45　p.184-I

本格的なキッチン用品を探すなら

　世界中からキッチン用品を集めた店。機能的なプロ用調理器具から「あると便利」なアイデアグッズまで。料理本もいろいろ。チーズおろしなど小さくてかさばらない小物はおみやげにしたい。

■交地下鉄2号線サンタンブロージョS.Ambrogioから徒歩3分
■住Via Edmondo de Amicis, 45
■☎02-58102849
■開10:00～19:30、月曜は15:30～
■休日曜・祝日、月曜の午前

トリエンナーレ・ストア
Triennale Store
MAP p.184-A

デザイン雑貨が見つかる美術館ショップ

　トリエンナーレデザイン美術館のミュージアムショップ。写真集やアート本のほか、人気上昇中のアーティストが手がけた文具や雑貨、デザイン小物も。ミラノらしいハイセンスな品が見つかる。

■交地下鉄2号線カドルナCadrna駅から徒歩7分
■住Viale Emilio Alemagna, 6
■☎02-89012117
■開10:30～20:30
■休月曜

ソサエティ
Society
MAP p.184-B

1963年創業のリネン・メーカー直営店

　麻、木綿、シルク、ウールなど100％自然素材を使用した上質のベッドリネンやテーブルクロス、ナプキンの専門店。上品な色合いで愛されているリモンタ社の直営で、インテリア関係者も訪れる。

■交地下鉄2号線モスコヴァMoscovaから徒歩7分
■住Via Palermo, 1
■☎02-72080453
■開10:30～19:30、月曜15:30～19:30
■休日曜・祝日、月曜の午前

カヴァッリ・エ・ナストリ
Cavalli e Nastri
MAP ●切りとり-38　p.184-F

ヴィンテージ衣料ファンに人気の古着ショップ

　旅行好きでヴィンテージ衣料に詳しい元建築家クラウディアが始めたセレクトショップ。1950年～80年代のヴィンテージを扱う。ファッション関係者も注目するだけに、パーティ用のバッグやスカーフなどにもセンスが光る。オリジナルデザインのワンピースやスカート、ブラウスなども人気が高い。

■交地下鉄1号線カイローリCairoli駅から徒歩8分
■住Via Brera, 2
■☎02-72000449
■開10:30～19:30、日曜は12:00～
■休7月の日曜、8月の2週間

セッラヴァッレ
Serravalle
`MAP` p.199

ヨーロッパ最大規模のアウトレット

　3万5000㎡の敷地を持つ、ヨーロッパ最大級のアウトレット。ブルガリ、プラダ、エトロ、ドルチェ&ガッバーナ、フェラガモ、ラ・ペルラなどのブランドが約180店舗集まる。レストランやカフェもあり、1日過ごせる。

■交ミラノから鉄道で約1時間20分。ZaniViaggiザーニ・ヴィアッジ（www.zaniviaggi.it ☎02-867131）から送迎バスがでている。毎日運行（10:00ミラノ発、17:00セッラヴァッレ発）詳しくは上記ザーニ・ヴィアッジへ。
■住Via della Moda,1- 15069 Serravalle Scrivia
■☎0143-609000
■開10:00〜20:00
■休1/1、復活祭、12/25、12/26

フォックス・タウン
Fox Town
`MAP` p.199

スイス・イタリア国境の総合アウトレット

　ミラノからクルマで40分。スイス・イタリア国境のスイス側にある。お店は、グッチ、プラダなどの高級ブランドからスポーツ・ブランドまで多彩。スイス・フランCHF300以上購入すると免税が適用され、約6.30%が還元される。タックスリファンドの受け取り方法は、p.281を参照。

■交ZaniViaggiザーニ・ヴィアッジ（www.zaniviaggi.it ☎02-867131）から送迎バスが出ている。詳しくは上記ザーニ・ヴィアッジへ。（国境を通過するのでパスポート必携）。
■住Via Angelo Maspoli,18 Mendrisio（スイス）
■☎（41）848-828-888
■開11:00〜19:00
■休1/1、復活祭、8/1、12/25、12/26

ディエチ・コルソ・コモ
10 Corso Como
`MAP` p.183-C

元「イタリア・ヴォーグ」の編集者が経営するセレクトショップ

　自動車工場の建物を改装した広い店内には、『イタリア・ヴォーグ』の名物編集者だったカーラがセレクトした洋服や食器、アロマ、キャンドルなどが集められている。見ているだけで楽しくなる店だ。

■交地下鉄2号線ガリバルディGaribaldi駅から徒歩4分
■住Corso Como, 10
■☎02-29002674
■開10:30〜19:30、水・木曜10:30〜21:00
■休1/1、復活祭、12/25、12/26

グルメ

Gourmet

おいしいものに目がないミラネーゼ。市内にはそんな彼らを満足させる、おいしくて雰囲気のよい店がたくさん。ミラノ名物は、オリーブオイルで揚げた薄いカツレツとリゾット。

€ 予算：ディナー1人分　☎ 予約が必要　👔 服装に注意

オッソブーコ
Ossobuco

子牛のすね肉をトマトと白ワインでじっくり煮込んだ郷土料理。口の中でほろりとくずれる肉はジューシー。

リゾット・アッラ・ミラネーゼ
Risotto alla Milanese

ミラノ風リゾット。黄色い色はサフラン。コンソメで煮込み、仕上げにパルミジャーノ・チーズでコクを出す。

コトレッタ・ミラネーゼ
Cotoletta alla Milanese

ミラノ風カツレツ。叩いて薄くのばした子牛肉にパン粉をつけ、オリーブオイルで揚げたもの。塩とレモンでさっぱりと。

ミラノ風ミネストローネ
Minestrone alla Milanese

ミネストローネとは「ごちゃ混ぜ」を意味する具だくさんの野菜スープ。米やショートパスタを入れるのがミラノ風。

ラザーニャ
Lasagna

平たい板状のパスタ。イノシシや鴨、ウサギなどのミートソースをはさんで焼いたもの。

マスカルポーネ
Mascarpone

ロンバルディア州が原産。ゴルゴンゾーラなどと混ぜ合わせてパスタソースに、ジャムやフルーツを合わせてスイーツに。

タレッジョ
Taleggio

ロンバルディア州で作られるウォッシュタイプのチーズ。ねっとりした舌触りと癖のある味わいがチーズ好きに好まれる。

バレット
Baretto
高級

`MAP` ●切りとり-40　p.185-G　€70〜　☎Ⓣ

買い物途中のランチはここで

サフランが香るリゾットや、牛すね肉を柔らかく煮込んだオッソ・ブーコなどの郷土料理と、スズキとアーティチョークのサラダなどのオリジナルメニューが自慢。買い物の前後に寄るにも便利。

- ■交地下鉄1号線サン・バビラSan Babila駅から徒歩6分
- ■住Via Senato, 7
- ■☎02-781255
- ■開12:30〜15:00、19:30〜23:00
- ■休8月

ビーチェ
Bice
高級

`MAP` ●切りとり-39　p.185-C　€50〜　☎Ⓣ

リゾットだけで6種類ものバリエーション

パルミジャーノ・チーズだけのシンプルなものから海の幸入りまで、リゾットのメニューが豊富。からりと揚げるミラノ風カツレツも骨付きの本格派。上品なインテリアもくつろげる。

- ■交地下鉄3号線モンテ・ナポレオーネMonte Napoleone駅から徒歩3分　■住Via Borgospesso,12
- ■☎02-795528　■開12:30〜14:30、19:30〜22:30
- ■休日曜夜、復活祭の5日間、7、8月の土・日曜、8月約3週、12月第4週〜1月第1週

アッラ・クチーナ・デッレ・ランゲ
Alla Cucina delle Langhe
高級

`MAP` p.183-C　€45〜　☎

ピエモンテ料理が好評

バターと生クリーム入りの濃厚なミートソース・パスタ「アル・ブルチョAlbrucio」が看板メニュー。特産のバローロワインを使ったリゾット、手長エビのパスタなども得意。

- ■交地下鉄2/5号線ガリバルディFS Garibaldi FS駅から徒歩3分
- ■住Corso como,6
- ■☎02-655-4279
- ■開12:00〜15:00、19:00〜23:00
- ■休1/1

ラ・ブリザ
La Brisa
高級

`MAP` ●切りとり-41　p.184-E　€50〜　☎Ⓣ

女性シェフらしい細やかな気配りが料理にも

伝統的なイタリア料理を研究し、それを現代の感覚に合うような洗練された味覚と美しい盛り付けで目と舌を楽しませてくれる意欲的な店。野菜を使ったヘルシーな料理を心がけている。

- ■交地下鉄1号線カイローリCairoli駅から徒歩5分
- ■住Via Brisa, 15
- ■☎02-86450521
- ■開12:45〜14:30、19:45〜22:30
- ■休土曜、日曜の昼

ダ・サルヴァトーレ
Da Salvatore
高級

`MAP` p.183-D　€45〜　☎

シチリア出身のシェフが作る豪快な魚介料理

サルヴァトーレ氏が「本当のシチリア料理を食べさせたい」と、大都市ミラノにオープン。豪快なオマールエビのパスタやタコのカルパッチョなど、鮮度のよい海の幸をシンプルな調理法で味わえる。

- ■交ミラノ中央Centrale駅から徒歩5分
- ■住Viale Brianza,35
- ■☎02-6692784
- ■開12:00〜15:00、19:00〜24:00
- ■休日曜

イル・コンソラーレ
Il Consolare
中級

`MAP` ●切りとり-38　p.184-F　€45〜　☎

豪快な魚介料理が楽しめる

茹でたアカザエビやシャコ、ホタテのオーブン焼き「カペサンテ」、イワシのフライなどシンプルで豪快な魚介料理が得意で、メニューの種類が豊富。日本語メニューがあり、注文の際も安心。

- ■交地下鉄1号線カイローリCairoli駅から徒歩6分
- ■住Via Ciovasso, 4
- ■☎02-8053581
- ■開12:30〜14:30、19:30〜22:30
- ■休月曜、8月の3週間、クリスマス、復活祭の3日間

イル・マリナイオ
中級 Il Marinaio

MAP p.183-C　€30〜

鮮度抜群の魚介をリーズナブルに

　店頭に並べられた魚介類が、まるで魚市場のよう。この店の魅力はなんといっても手ごろさ。前菜のホタテ貝は1個€3、魚介のリゾット€6、オマール（Astice）のパスタ€10〜12、エビとイカのフリット€10など。カキも1個から頼める。この値段で活きのいいシーフードが食べられるとあって、地元客で混んでいる。

■交地下鉄3/5号線ザラZara駅から徒歩8分
■住Via Civerchio, 9
■☎02-6884985
■開火〜日曜12:30〜14:30、19:30〜22:30
■休月曜

トリエンナーレ・デザイン・カフェ
カフェ Triennale Design Cafe

MAP p.182-F　€5〜　☎

展示作品を見ながら食事とカフェを

　インダストリアル・デザインの歴史をテーマにした常設展示場「トリエンナーレ・デザイン・ミュージアム」内にある。デザインの異なる50種類もの椅子が置かれた店内はアーティスティック。レモンチェッロと生ラズベリーのチーズケーキなど、ドルチェもおいしい。日曜昼にはブッフェも（予約がベター）。

■交地下鉄1号線カドルナFNCadorna FN駅から徒歩4分
■住Viale Emilio Alemagna, 6
■☎02-89093899
■開10:30〜20:30
■休月曜

コンヴィヴィウム
中級 Convivium

MAP ●切りとり-38　p.184-B　€15〜（軽食）、€50〜（食事）☎

安くて早くて楽しくて、おいしい

　美大のあるブレラ地区で夜遅くまで営業。ピッツァもパスタもボリュームがあり値段も手ごろ。マルゲリータ、カプリチョーザ、ルーコラ＆生ハムなどいろいろなピッツァを気軽にチョイスしたい。

■交地下鉄1号線カイローリCairoli駅から徒歩5分
■住Via Ponte Vetero, 21
■☎02-86463708
■開12:00〜14:45、19:00〜24:45
■休無休

ブォングスト
カフェ Buongusto

MAP p.184-I　€35〜　☎

生パスタだけでも、豊富な種類

　まず目に飛び込むのは生パスタを作っているキッチン。タリオーニ、パッパデッレ、イカスミのタリアテッレ、ニョッキなどの作りたてパスタは、食にうるさいミラノっ子にも評判がいい。

■交地下鉄2号線サンタンブロージョS.Ambrogio駅から徒歩8分
■住Via Molino delle Armi,48
■☎02-86452479
■開12:30〜14:30、19:30〜24:00、土曜19:00〜24:30
■休日曜

フィオライオ・ビアンキ・カフェ
中級 Fioraio Bianchi Caffè
MAP p.184-B €40〜

花に囲まれたカフェ＆レストラン

ブレラ美術館周辺には個性的な店が多いが、花店を兼ねたここもその一軒。ミラノ風カツレツの酢漬けトマト添えやイワシのパスタ・カラスミ添えなど、アレンジにセンスが感じられる。

- ■交地下鉄3号線トゥラーティTurati駅から徒歩5分
- ■住Via Montebello, 7
- ■☎02-29014390
- ■開8:00〜24:00
- ■休日曜

ラ・ファットリア
中級 Trattoria la Fattoria
MAP p.183-C €30〜

サルデーニャの味を守る下町の食堂

サルデーニャ出身ファミリーが始めた家庭的な店。ボンゴレとカラスミのスパゲッティ、ハムとペペロンチーノのクリームスパゲッティなど、パスタ類の種類が豊富。サルデーニャ産の白ワインと一緒に楽しみたい。

- ■交地下鉄3号線レプブリカRepubblica駅から徒歩3分
- ■住Via G.Fara,1
- ■☎02-6700575
- ■開12:00〜14:30、19:00〜22:30
- ■休日曜

ボッティリエリア・ダ・ピーノ
中級 Bottiglieria da Pino
MAP ●切りとり-44 p.185-G €15〜

お手ごろ価格で人気の店

季節の野菜と肉料理を中心に、茹で豚やローストビーフなどをヘルシーな味付けで。リコッタチーズのタルトなどデザートも自家製。リゾット＋オッソブーコのワンプレートランチは€12と手ごろ。

- ■交地下鉄1号線サン・バビラSan Babila駅から徒歩5分
- ■住Via Cerva 14
- ■☎02-76000532
- ■開12:00〜15:00
- ■休日曜・祝日、8月、クリスマス、年末年始の約2週間

プリメ
中級 Prime
MAP p.183-C €15〜（昼） €30〜（夜）

魚・肉どちらも得意な創作料理の店

平日の昼は、お得なワンプレートランチを目当てに、地元ビジネス客に大人気。ほかにも、手長エビとブリーチーズの極太パスタ、オマールとルッコラのパスタなど、シーフードパスタも得意。

- ■交地下鉄2/5号線ガリバルディFS Garibaldi FS駅から徒歩6分
- ■住Viale Francesco Crispi, 2
- ■☎02-65560923
- ■開12:00〜14:30、19:00〜23:30、土・日曜19:00〜23:30
- ■休1/1の昼、12/25、祝日の昼

カフェ・コーヴァ
カフェ Caffè Cova
MAP ●切りとり-44 p.185-G €4〜

歴史あるカフェでおいしいケーキを

1817年創業の老舗カフェ。モンテ・ナポレオーネ通りの中心にあり、買い物途中での休憩に最適。ケーキの種類も豊富で、厳選された素材を使い、職人が仕上げた自家製チョコレートにファンが多い。

- ■交地下鉄1号線サン・バビラS.Babila駅から徒歩3分
- ■住Via Monte Napoleone,8
- ■☎02-76000578
- ■開7:45〜20:30、日曜9:30〜19:30
- ■休無休

パニーニ・ドゥリーニ
カフェ Panini Durini
MAP ●切りとり-44 p.185-G €5〜（パニーノ）

素材にこだわったパニーノ専門店

新鮮な国産材料を使い、味にこだわったパニーノの店。香りのよいマフィン、サンドイッチ、ジャムやクリームを詰めたブリオッシュなど。デザートは16時から、18時からはアルコールも。

- ■交地下鉄サン・バビラS.Babila駅から徒歩3分
- ■住Via Durini, 26
- ■☎02-76024237
- ■開7:00〜20:30、土・日曜8:00〜20:00
- ■休無休

チャールストン
Charleston
MAP ●切りとり-43　p.185-G　€35〜

熱々のピッツァやパスタがおいしい

　昔ながらの窯で焼く熱々のピッツァは約20種類。スパゲッティやニョッキも手ごろ。ドゥオモやモンテ・ナポレオーネ通りに近いから、ショッピングの合間にふらりと立ち寄れる。

■交地下鉄1号線サン・バビラSan Babila駅から徒歩5分
■住Piazza del Liberty, 8
■☎02-798631
■開12:00〜24:00
■休無休

ジェラテリア・デッラ・ミュージカ
Gelateria della Musica
MAP p.182-I　€1.90〜（ジェラート）

ミラネーゼが認めるおいしいジェラート

　ナヴィリオ地区と、中心部からやや離れた場所にあるが、市内でも指折りの名店。チョコレートはカカオの産地違いで数種類、ピスタチオもローストの違いや産地で数種類あるなど選ぶのか困るほど。

■交トラム2番でロドヴィコ・イル・モロ-エスタロッツィLodovico il moro- estalozzi駅下車徒歩3分　■住Via Giuseppe Enrico Pestalozzi 4　■☎02-38235911　■開12:30〜22:30、月曜は〜21:00、金・土曜は〜23:00、日曜は12:00〜　■休冬季12/24〜2月中旬

パンツェロッティ・ルイーニ
Panzerotti Luini
●切りとり-43　p.185-G　€2.50〜

揚げパンの名店

　ピッツァ生地にモツァレラやリコッタチーズや、ハム、ほうれん草などの具を挟んだ「パンツェロッティ」という揚げパンで有名な店。揚げたてを買って店の外で食べる客でいつも混んでいる。

■交ドゥオモDuomoから徒歩3分
■住Via Santa Radegonda, 16
■☎02-86461917　■開10:00〜20:00、月曜は〜15:00
■休日曜

チョコラーティ・イタリアーニ
Cioccolati Italiani
MAP ●切りとり-43　p.185-G　€3〜

リナシェンテの横にあるチョコの人気店

　コクのあるチョコレートとジェラートが評判。「ボローニャ産ミルク」「シチリア産ブラッドオレンジ」などこだわりのジェラートを注文すると、コーンの中に、とろりと溶けたチョコを入れてくれる。

■交ドゥオモDuomoから徒歩3分
■住Via San Raffaele, 6
■☎02-89093820
■開7:30〜23:00、土曜18:30〜24:00、日曜8:30〜23:00
■休無休

ボッテガ・デル・ヴィーノ
Bottega Del Vino
MAP p.182-J　€3.50〜（ワイン1杯）、€2.5〜（つまみ）

多数のワイン、蒸留酒を取りそろえたエノテカ

　ワインショップを兼ねたワインバー。ワインは1500種類以上、シャンパンは30種以上、蒸留酒グラッパ、ウイスキーなども各種取り揃えている。高級ワインもグラス一杯から気軽に楽しめる。

■交地下鉄2号線サンタゴスティーノSant'Agostinoから徒歩7分
■住Corso Genova,19　■☎02-58102346
■開9:00〜21:00
■休無休

Hotel

ホテルが多いのはドゥオモ周辺と地下鉄レプブリカ駅から中央駅一帯。平日が高く週末に割引になるホテルが多い。国際見本市が開催される時期には込み合う。

プリンチペ・ディ・サヴォイア
高級 Principe di Savoia
MAP p.183-C

国賓や各国の著名人が定宿として名を連ねる

上流階級の社交場としての華やかな面影が館内のあちこちに刻まれているクラシックな老舗ホテル。客室は広さ、設備とも申し分ない。ミラノ中央駅とスフォルツェスコ城のほぼ中間にある。

- 交地下鉄3号線レプブリカRepubblica駅から徒歩2分
- 住Piazza della Repubblica, 17 ☎02-62301
- 料S€330～ T€380～ 301室
- WiFi 無料
- http://www.dorchestercollection.com/

フォー・シーズンズ・ミラノ
高級 Four Seasons Milano
MAP 切りとり-40 p.185-G

建物と客室にあふれる、最高級の洗練と品格

15世紀に建てられた修道院の建物には回廊や丸天井、フレスコ画が残り、歴史とドラマが身近に感じられる。美しく手入れされた中庭を臨むように配置された客室を選べば、最高に贅沢な雰囲気を味わうことができる。床暖房のある大理石の浴室で優雅なバスタイムも楽しめる。併設された2軒のレストランも美食家をうならせる味と評判。

- 交地下鉄3号線モンテ・ナポレオーネMonte Napoleone駅から徒歩5分
- 住Via Gesu, 6/8
- ☎02-77088
- F02-77085000
- 料S€800～ T€800～
- 118室 WiFi 無料
- http://www.fourseasons.com/milan/

スパダリ
高級 Spadari
MAP 切りとり-46 p.184-F

モダンなインテリアのブティック・ホテル

美術商の一家が経営するホテル内は、現代アートが飾られたモダンなスペース。全室内装が異なるので自分好みの部屋を見つける楽しみも。隣には高級惣菜店のペックがあり観光にも買い物にも便利。

- 交地下鉄1/3 号線ドゥオモDuomo 駅から徒歩2分
- 住Via Spadari, 11
- ☎02-72002371 F02-861184
- 料S€260～ T€280～ 40室 WiFi 無料
- http://www.spadarihotel.com/

エクセルシオール・ガリア
高級 Excelsior Gallia
MAP p.183-C

ミラノ中央駅前に立つクラシックな4つ星

ミラノ中央駅前広場に面して建つ1932年開業のホテル。ロビーも客室も貴族の館を思わせるような重厚な雰囲気を感じさせ、接客も行き届いている。スポーツクラブやギフトショップなども完備。

- 交ミラノ中央駅から徒歩1分
- 住Piazza Duca d'Aosta, 9
- ☎02-62851 F02-66713239
- 料S€290～ T€290～ 230室 WiFi 無料
- http://www.excelsiorhotelgallia.com/

エ・デ・ミラン
高級 Et de Milan
MAP ●切りとり-39 p.185-C

オペラ関係者に愛された贅を凝らしたホテル

　1863年に開業。作曲家ヴェルディ、プッチーニ、写真家タマラ・ド・レンピッカなど著名人に愛されてきた。リニューアルもあって、バスルームなどは快適に。上品なインテリアに心が落ち着く。

■交地下鉄3号線Monte Napoleone駅から徒歩1分
■住Via Manzoni, 29　☎02-723141
■F02-86460861　料S€340〜　T€360〜　■95室
■WiFi 無料
■http://www.grandhoteletdemilan.it/

ミケランジェロ
中級 Hotel Michelangelo
MAP p.183-D

駅前広場に面した堂々たる風格

　ミラノ中央駅のすぐ隣にある18階建ての高層ホテル。広々としたロビーはモダンな雰囲気。客室は広めで、落ち着ける。1971年開業の4つ星ホテルで、機能的な客室はビジネスマンにも人気。

■交ミラノ中央駅から徒歩1分
■住Piazza Luigi di Savoia, 6　☎02-67551
■F02-6694232　料S€145〜　T€160〜　■306室
■WiFi 無料
■http://www.michelangelohotelmilan.com/

メトロ
中級 Metro
MAP p.182-E

清潔で機能的な3つ星ホテル

　『最後の晩餐』で有名なサンタ・マリア・デッレ・グラツィエ教会から近い。40室のうち18室にバスタブがあり、増設中の4室にもバスタブを導入する予定。日本の衛星放送も視聴できる。

■交地下鉄1号線ワグナーWagner駅から徒歩3分
■住Corso Vercelli 61　☎02-4987897　■F02-48010295
■料S€85〜　T€105〜　■40室
■WiFi 無料
■http://www.hotelmetro.it/

スターホテル・ローザ・グランド
中級 Starhotel Rosa Grand
MAP ●切りとり-43 p.185-G

街の中心ドゥオモの真裏に立地

　すぐ裏手にドゥオモがあり、観光やショッピングの足場に最適。1階には深夜まで営業しているバーもあり、食後も軽く一杯飲みたいときに便利。親切で細やかなスタッフのサービスも気持ちがよい。

■交地下鉄1/3号線ドゥオモDuomo駅から徒歩5分
■住Piazza Fontana,3
■☎02-88311　■F02-8057964
■料S€300〜　T€300〜　■330室　■WiFi 無料
■http://www.starhotels.com/

ヒルトン・ミラン
中級 Hilton Milan
MAP p.183-C

ホテル内のレストランも人気

　アメリカンスタイルの機能的なホテル。ミラノ中央駅と空港バス停留所からわずかワンブロックというアクセスのよさから、ビジネスマンの利用が多い。24時間オープンのフィットネスセンターも。

■交ミラノ中央駅から徒歩2分
■住Via Luigi Galvani, 12　☎02-69831
■F02-66710810　料S€200〜　T€210〜　■319室
■WiFi 24時間€14.50、ロビー無料
■http://www.hilton.com/

ロンドン
中級 London
MAP ●切りとり-42 p.184-F

ドゥオモから地下鉄で2つ目

　ドゥオモの北西に位置する29室だけの2つ星ホテル。地下鉄駅と反対側にはトラムの走る通りがあり観光に便利。館内には夜遅くまでオープンしているバールがある。スカラ座の予約代行も頼める。

■交地下鉄1号線カイローリCairoli駅から徒歩3分
■住Via Rovello, 3　☎02-72020166　■F02-8057037
■料S€110〜　T€180〜　■29室
■WiFi 無料
■http://www.hotellondonmilano.com/

アンティカ・ロカンダ・レオナルド
プチホテル
Antica Locanda Leonardo
MAP p.182-F

『最後の晩餐』の教会に近い、16室だけの宿

閑静なサンタンブロージョ地区にあるプチホテル。内部は明るく、設備は近代的で清潔。骨董家具が置かれた部屋も数室ある。オーナー夫人が日本人で、予約は日本語でOKというのも心強い。『最後の晩餐』の教会へも徒歩圏。中庭を抜けたところにホテルの入り口がある。空港やアウトレットへの送迎サービス（要予約）もあり。

■交地下鉄2号線サンタンブロージョS. Ambrogio駅から徒歩8分、地下鉄1号線コンチリアジョーネConciliazione駅から徒歩4分
■住Corso Magenta, 78
■☎02-48014197　■F02-48019012
■料S€100～　T€130～　■16室　■WiFi 無料
■休8月中旬の20日間
■http://www.anticalocandaleonardo.com/

デュカ・ディ・ヨーク
プチホテル
Gran Duca di York
MAP ●切りとり-46　p.184-F

家庭的な雰囲気でもてなす、静かな宿

アンブロジアーナ絵画館の前にあり、ドゥオモへも歩いて行ける距離。趣味のよいインテリアがくつろげる。テラス付きの部屋も少数ある。

■交地下鉄1/3 線ドゥオモDuomo 駅から徒歩5分
■住Via Moneta, 1　■☎02-874863　■F02-8690344
■料S€90～　T€170～　■33室　■WiFi 無料
■休クリスマスの5日間
■http://www.ducadiyork.com/

フローラ
エコノミー
Hotel Flora
MAP p.183-D

鉄道と地下鉄ミラノ中央駅のすぐ近く

地下鉄2号・3号線を利用できる中央駅に近く、観光にも便利。客室インテリアはシンプルだが機能的。全室シャワー付き、一部バスタブ付きの部屋も用意。有料で日本語衛星放送も見られる。

■交ミラノ中央駅から徒歩5分
■住Via Napo Torriani , 23
■☎02-66988242　■F02-66983594
■料S€60～　T€75～　■50室　■WiFi 無料
■http://www.hotelfloramilano.com/

クラブ
エコノミー
Club Hotel
MAP p.183-D外

赤いルーフが目印の近代的な宿

ミラノの街に溶け込むような古い石造りの建築ながら、客室の内装は広くてモダン。全室シャワー付き。中央駅から地下鉄で1つ目という便利さ。無料でインターネットができるのも使い勝手がいい。

■交ミラノ中央駅から徒歩5分、地下鉄3号線ソンドリオSondrio駅から徒歩1分
■住Via Copernico, 18　■☎02-67072221　■F02-6707 2050　■料S€60～　T€65～　■53室　■WiFi 24時間€5
■http://www.hotelclubmilano.com/

ミラノから鉄道で1時間ほど足を延ばせば、週末のリゾートとして親しまれている湖水地方がある。最も有名なのはコモ湖とマッジョーレ湖。また、ミラノ郊外にはベルガモBergamo、パヴィアPaviaなどのロンバルディアの諸都市が点在。これらの都市には独自の長い歴史に育まれた文化が今も息づいている。

コモ湖
Lago di Como

MAP p.8-A

ミラノから気軽に行ける湖水リゾート

緑豊かな静かな村に彩られた湖畔

湖水地方のなかでも美しい景色と邸宅や庭園で彩られた湖畔が魅力的なコモ湖は、多くの文化人が週末を過ごす別荘地として愛されてきた。美しい水をたたえる静かな湖面と、糸杉が目に鮮やかな緑濃い山々。湖畔には色とりどりの花が咲き、小道の散策が楽しめる。ミラノで1日空いたら、日帰りでふらりと訪れてみたい。

散策の中心となる町は、遊覧船観光の拠点となるコモ。旧市街の中心、ローマ広場から歩いて2分のケーブルカー乗り場からは、コモ湖を見下ろせるブルナーテ山の山頂までケーブルカーで上がれる。

また、湖水の景観を楽しむには、カヴール広場Piazza Cavourから出る遊覧船に乗ってみるといい。所要約1時間の周遊コースもある。

スポーツも楽しめる

湖畔の高級ホテルでゆっくり過ごすこともできる

■交通：ミラノ中央駅Staz. Centrale から、コモの鉄道駅であるコモ・サン・ジョバンニComo S.Giovanni駅まで特急ECで所要約30分。ミラノ・ノルド駅から私鉄ノルド線で行くこともできる。私鉄ノルド線のコモ・ノルド・ラーゴComo Nord Lago駅までは約1時間。

マッジョーレ湖
Lago Maggiore

MAP p.8-A

■交通：ミラノ中央駅Staz. Centraleから湖畔の町ストレーザStresa駅まで、特急ECで約1時間。町の中心マルコーニ広場Piazza Marconiからボッロメオ諸島行きの遊覧船が出ている。

愛らしい島々が点在する高級リゾート

湖水地方のなかで最もノーブルな気品が漂うのは、スイスとの間にまたがるマッジョーレ湖だ。アルプスの山々が屏風のように立ちはだかるマッジョーレ湖は一年中温暖な気候に恵まれ、湖畔にはヘミングウェイが『武器よさらば』を書いた宮殿のようなホテルや、著名デザイナーの別荘も建っている。湖の真ん中には、かつてこの湖のすべての島を所有していた枢機卿チャールズ・ボッロメオが建てた格調高い庭園が残るボッロメオ諸島がある。

ボッロメオ諸島を巡る遊覧船は、鉄道駅のあるストレーザStresaの街から出ているので、ぜひ巡ってみよう。遊覧船は頻繁に出ているが、島の見どころは3月後半から10月後半しか開いてないところが多く、冬季は休みになる。ボッロメオ諸島の西にそびえるモッタローネ山へはケーブルカーで上がることも

できる。山頂からはアルプスの山々まで見渡せる。

諸島のひとつペスカトーレ島

ペスカトーレ島からベッラ島を望む

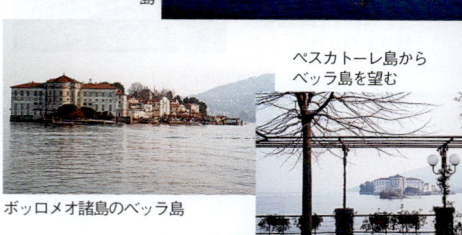

ボッロメオ諸島のベッラ島

クレモナ
Cremona

MAP p.8-A

ストラディヴァリウスやアマーティを生んだ楽器の街

ミラノから南東に約90kmのところにある弦楽器作りで有名な街。中世では自由都市として発展し、14世紀以降はミラノの支配下に置かれた歴史がある。弦楽器作りの歴史は、17～18世紀にさかのぼる。弦楽器作りの伝統は今も受け継がれ、街中には60カ所を超えるバイオリン工房がある。博物館には、ストラディヴァリウスなどの名品を展示。

■交通：ミラノ中央駅Staz. CentraleからマントヴァMantova行きの鉄道で約1時間20分。クレモナ駅から街の中心コムーネ広場までは徒歩約15分。

左が110mの高さのあるトラッツォ

ベルガモ
Bergamo

MAP p.8-A

旧市街には中世の建物と文化がそのまま残る山の上の町

旧市街のチッタ・アルタと新市街のチッタ・バッサが城壁によって分けられている。それぞれはケーブルカーで結ばれている。旧市街には、15～16世紀の建物が並び絵画のような風景が保たれている。歩いても15分ほどで見てまわれる。とくに12世紀後半にロマネスク様式で造られた、サンタ・マリア・マッジョーレ教会や洗礼堂は見逃せない。

■交通：ミラノ中央駅から普通列車で約50分。丘の上のチッタ・アルタCitta Altaのヴェッキア広場Piazza Vecchiaが街の中心。麓からケーブルカーに乗って約5分で到着する。

サンタ・マリア・マッジョーレ教会（左奥）

パヴィア
Pavia

MAP p.8-A

ルネサンス時代の巨大な僧院群とヴィスコンティ城がある

ミラノから田園地帯を鉄道で30分ほど走ると、14世紀にヴィスコンティ家によって建てられた城のあるパヴィアに着く。中世には、ミラノやベルガモと同じく自由都市として発展。11世紀にできた大学では、レオナルド・ダ・ヴィンチやペトラルカが学んだ由緒ある学問の府として有名。1365年に建てられたヴィスコンティ城の内部は市立美術館に。

■交通：ミラノ中央駅Staz. Centraleから特急ICで所要時間約25分。駅前から12世紀の市庁舎が残るヴィットリア広場までは徒歩約12分。そこからヴィスコンティ城まで徒歩約10分。

サン・ピエトロ・イン・チエル・ドーロ教会

マントヴァ
Mantova

MAP p.8-A

14世紀にゴンザーガ家のもとで文化が栄えた中世の町

13世紀に自由都市の時代を経て、14世紀以降ゴンザーガ家の支配下で発展した。街の中心エルベ広場周辺には11世紀のロマネスク様式のサン・ロレンツォ円形聖堂をはじめ、15世紀のルネサンス建築が多く残っている。なかでも、豪著なドゥカーレ宮殿は必見。内部には、15世紀の画家マンテーニャの大傑作が展示されている。

■交通：ミラノ中央駅Staz. Centraleから鉄道で約2時間、ヴェローナからは50分。駅から街の中心エルベ広場までは徒歩約10分。

ドゥカーレ宮殿の内部

海運強国 Venezia
ヴェネツィア共和国の歴史

異民族を逃れてラグーナに住み始めたヴェネツィアの人々は、やがてラグーナからヴェネツィア本島へと居住区を拡大していった。これらの島々はビザンチン帝国の支配下に置かれていたため、異民族も侵入できなかった。698年に皇帝によって初代総督が選出されたが、8世紀には人民会議で総督が選ばれるまでに都市化は進んでいた。

ヨーロッパとアジアの中間という地理的条件を武器に、ヴェネツィアは造船、海運、交易を発展させ、次第に勢力を増していった。

10世紀頃にはダルマチアやエーゲ海のクレタ等も征服。商人たちは、ナポリやシチリアの小麦、ギリシアのレーズンや南イタリアのオリーブ油、アドリア海の海塩、東方の胡椒や香辛料、綿などをヴェネツィアで取引して巨利を得た。

その頃、海運都市のジェノヴァと地中海交易の覇権をめぐって衝突が始まり、以後1世紀に渡って争いは続いたが、1381年、宿敵ジェノヴァを打ち破ることに成功する。11世紀には総督の世襲を禁止し、12世紀には480人の議員からなる大評議会、40人で構成される元老院、司法を担当する10人評議会という組織が出来上がった。これは立法、司法、行政という、現在に続く三権分立体制の原型だ。

1204年、ヴェネツィアの船舶で十字軍が送り込まれ、コンスタンティノープルを征服すると、それまで従属していた東ローマ帝国の領土の4分の3をヴェネツィアが支配することになった。

13世紀にほぼ現在のような町の姿ができあがった

1000年間 "アドリア海の女王" として君臨

14世紀になるとヴェネツィアの人口は13万人を抱えるほどになり、1400年代初めには内陸部にも勢力を広げ始め、ヴェローナ、パドヴァ、ヴィチェンツァ、フェッラーラ、クレモーナ等まで占領。1489年にはギリシアのキプロス島まで征服するなど、勢力地図を拡大した。

だが、ヴェネツィアの黄金期は15世紀前半までで、16世紀にはイタリア諸国とヨーロッパ諸国の同盟でヴェネツィアの勢力は弱められていく。1453年にトルコ人がコンスタンティノープルを奪回したことも衰退の一因となった。16世紀には最も重要な海外拠点だったキプロス島、クレタ島の領土を失い、次第に力を失っていった。それに追い討ちをかけたのが新航路の開拓で、東方貿易がもはやヴェネツィアの独擅場ではなくなった。

1797年、フランスのナポレオンによって占領されると、共和国は終焉を迎え、その後オーストリアに併合された。最後は飢餓とペストに悩まされたが、実に併合までの約1000年間栄華を誇り、"アドリア海の女王"と呼ばれる黄金時代を築いたのだった。

11世紀のサン・マルコ大聖堂が共和国の象徴

豪華な商館　邸宅は15世紀に競うように建てられた

ヴェネツィア
Venezia

ムラーノ島へ ブラーノ島へ

サン・ミケーレ教会
Chiesa di San Michele

水上バス4.1・4.2番線

水上バス4.1・4.2番線

水上バス12-N線

サン・ミケーレ島
Isola di San Michele

マドンナ・デッロルト教会
Chiesa della Madonna dell'Orto

C

カンナレジョ地区
CANNAREGIO

Fondamenta dell'Abbazia

Fondamenta della Misericordia

D

ジェズイーティ
Chiesa dei Gesuiti

フォンダメンタ・ヌオヴェ
Fondamenta Nuove

Rio di San Felice

Rio di San Girolamo

Rio di San Caterina

S
スターバピッツ

カ・ドーロ
Ca'd'Oro

カ・ドーロ
Ca'd'Oro

Strada Nova

大運河 Canal Grande

魚市場
Poscheria

Rio dei Santi Apostoli

サンタ・マリア・デイ・ミラーコリ教会
Chiesa di Santa Maria dei Miracoli

ドイツ商館
Fondaco dei Tedeschi

リアルト橋
Ponte di Rialto

サン・シルヴェストロ
San Silvestro

リアルト
Rialto

G

Salizada San Lio

ニニ宮殿
Palazzo Manin

Mercerie

アル・マスカロン R

Calle dei Fabbri

グリマーニ宮殿
Palazzo Grimani

サン・サルヴァドール教会
Chiesa di San Salvador

サン・マルコ地区
SAN MARCO

della Mandola

サン・マルコ大聖堂
Basilica di San Marco

Frezzeria

Rio di San Moisè

サン・マルコ・ヴァッラレッソ
S. Marco Vallaresso

ラ・フェニーチェ劇場
Teatro la Fenice

Calle Larga XXII Marzo

サンタ・マリア・デル・ジリオ
S.M. del Giglio

オスペダーレ・チヴィレ
Ospedale Civile

市民病院
Ospedale Civile

サン・マルコ信徒会堂
Scuola di San Marco

サン・フランチェスコ・デッラ・ヴィーニャ教会
Chiesa di San Francesco della Vigna

バチーニ
Bachini

サンティッシミ・ジョヴァンニ・エ・パオロ教会
Basilica dei Ss. Giovanni e Paolo

Rio di San Giovanni

Laterano

Rio di Santa Giustina

チェレスティア
Celestia

カステッロ地区
CASTELLO

サン・ロレンツォ教会
Chiesa di San Lorenzo

Rio di San Lorenzo

Canale delle Galeazze

213

造船所
Arsenale

サンタ・マリア・フォルモーザ教会
Chiesa di Santa Maria Formosa

フィルモーザ教会

Rio di San Provolo

Rio della Tetta

サン・ザッカーリア教会
Chiesa di San Zaccaria

アンティクレア S

イル・リドット

サヴィア&ヨランダ H

ラ・レジデンツァ

Salizada San Antonin

ガブリエッリ

コルティ・スコンタ

ヌオヴォ・テソン

ターナ
Tana

Rio di Sant'Antonin

Salizada San Antonin

造船所
Arsenale

Rio dell'Arsenale

リストランテ・フェノーヴァ・グロッタ

サン・マルコ広場
Piazza San Marco

ドゥカーレ宮殿
Palazzo Ducale

マルチアーナ図書館
Biblioteca Marciana

コッレール美術館
Museo Cirico Correr

サン・マルコ・ジャルディネッティ
S. Marco Giardinetti

ダニエリ

Campa Bandiera e Moro

Riva degli Schiavoni

サン・マルコ・ザッカーリア
San Marco Zaccaria

アル・カーヴォ

メトロポール H

H

ヌオヴォ・テソン

アルセナーレ

カ・ディ・ディオ
Ca'di Dio

サッカースタジアムへ

セッラーダイジェリディルイーニ

船舶史博物館
Museo Storico Navale

Via Garibaldi

Riva dei Sette Martiri

水上バス1番線

Rio del Grec

プンタ・デッラ・ドガーナ
Punta della Dogana

サンタ・マリア・デッラ・サルーテ教会
Basilica di Santa Maria della Salute

水上バス2番線

サルーテ
Salute

Canal Grande

K

Zattere ai Saloni

Rio della Fornace

Rio del Vento

サン・マルコ運河
Bacino di San Marco

サン・ジョルジョ
S. Giorgio

L

リド島へ

フォンダツィオーネ・ヴェドヴァ

水上バス2番線

レデントーレ
Redentore

イル・レデントーレ教会
Chiesa del Redentore

クローチェ教会
Chiesa della Croce

Fondamenta

della Croce

ズィテッレ
Zitelle

ズィテッレ教会
Chiesa della Zitelle

Fondamenta delle Zitelle

サン・ジョルジョ・マッジョーレ教会
Chiesa di San Giorgio Maggiore

サン・ジョルジョ・マッジョーレ島
Isola di San Giorgio Maggiore

N

ヴェネツィア
Venezia

0   200m

ヴェネツィア中心部
Venezia Centro

0 ——— 100m

215

ヴェネツィアへの交通

ヴェネツィアの玄関サンタ・ルチア駅

ヴェネツィア・テッセラ空港から市内へ

空港はヴェネツィア市内から約13km。市内までは、サンタ・ルチア駅の向かい側にあるローマ広場までバスが出ている。所要時間は約20〜25分、料金€8。空港とサン・マルコ広場を結ぶ水上バスもあり、所要約1時間15分、30分〜1時間間隔、料金€15。

観光案内所

MAP p.215-L
住San Marco,Giardini Ex Reali
☎041-5298711　開12:00〜18:00　休1/1、12/25

住サンタ・ルチア駅構内
☎041-5298727
開8:00〜19:00　休無休

よく使う路線は1番線と2番線

水上バスで旅行者が最もお世話になるのが1番線と2番線の2路線。
　1番線は大運河の各駅停車。ローマ広場からサン・マルコ広場まで各駅に停まりながらリド島まで往復する。運行本数も最も多い。2番線はサン・マルコ広場近くまでは1番とほぼ同じ路線。ローマ広場、サンタ・ルチア駅、リアルト橋、アカデミア、サン・マルコ広場などに停まる。

ゴンドラ料金＆乗り方

ゴンドラの乗り場は、Gondoleと書かれた緑の看板が目印。ゴンドリエ（漕ぎ手）にコースを確認する。料金は定員の6人まで定額で、30分€80（以後15分ごとに€40）。コースによっては別の乗り場を案内されることも。

空路で
by Air

ミラノ、ローマなどからヴェネツィア・テッセラ（マルコ・ポーロ）空港へアリタリア-イタリア航空の国内線が就航している。ローマからは1日7〜8便、約1時間。ナポリからは1日2便、所要1時間10分、パレルモからは1日3便、1時間40分。

鉄道で
by Train

列車はまずヴェネツィア・メストレVenezia Mestre駅に停車してから、海を渡って終点のヴェネツィア・サンタ・ルチアVenezia Santa Lucia駅に到着する。間違ってメストレ駅で降りてしまうと次の列車が来るまで待つことになるので注意しよう。

ミラノから　一番速いのは高速列車「フレッチェ」シリーズLe Frecceの"フレッチャビアンカFrecciabianca"やイタロ（p.16）などで、所要時間は約2時間15分。

ボローニャから　「フレッチェ」シリーズの"フレッチャルジェントFrecciargento"で、所要時間は約1時間15分。フレッチェは1日約20本運行している。

ヴェローナから　ヴェローナからはフレッチャビアンカが最も速く、所要時間は約1時間10分。フレッチェは1日約24本運行している。

ローマから　「フレッチェ」「イタロ」ともに、所要時間は約3時間35分。フレッチェは1日20本、イタロは7本運行している。

市内の交通

ローマ広場から先は車が1台も走らないヴェネツィアでは、水上バス（ヴァポレット）と水上タクシーとゴンドラが足。車やバスなどでヴェネツィア入りした場合は、車止めとなるローマ広場で降りて、そこからは水上バスなどを利用する。水上タクシーやゴンドラは高くつくため、ヴェネツィアでの移動は水上バスで、というのが基本だ。

水上バス（ヴァポレット） Vaporetto
ヴェネツィアでの頼れる足はコレ

唯一の公共交通機関。大運河はもちろん、リド島やムラーノ島（p.224）などへも頻繁に運航していて、交通の便はよい。
　運航時間は早朝から深夜まで約10分間隔、1番線は24時間運航だから夜遅くまで外出しても安心。

市内の交通

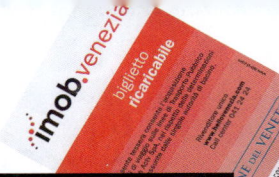

水上バスを乗りこなそう

　水上バス券には1回券（75分有効）、24時間券、48時間券、72時間券、7日間券の乗り放題券がある。切符窓口に並ぶ時間はもったいないし料金は割安なので、何度か乗るなら乗り放題券を買っておく方がいい。

　料金は、1回券€7.50、24時間券€20、48時間券€30、72時間券€40、7日間券€60。チケットは主要な水上バス停留所にあるActvと書かれた窓口で買い求める。

　切符を購入したら、使うたびに乗り場脇の検札機にチケットをかざす（上の写真）。これを忘れると罰金の対象になるので注意しよう。

水上タクシーTaxi

　急ぐときには便利だが料金は高い。駅からサン・マルコ広場まで€110の定額制。乗り場は主な見どころ前にはほとんどある。

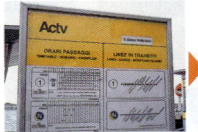

Actvマークが乗り場目印。案内版で停留所を確認

切符を購入したら、脇の刻印機で刻印を

乗り場となる桟橋。進行方向により乗り場が違う

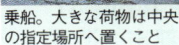

乗船。大きな荷物は中央の指定場所へ置くこと

水上バスが来るまで、ゆらゆら揺れる桟橋で待つ

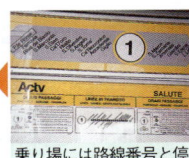

乗り場には路線番号と停留所が表記されている

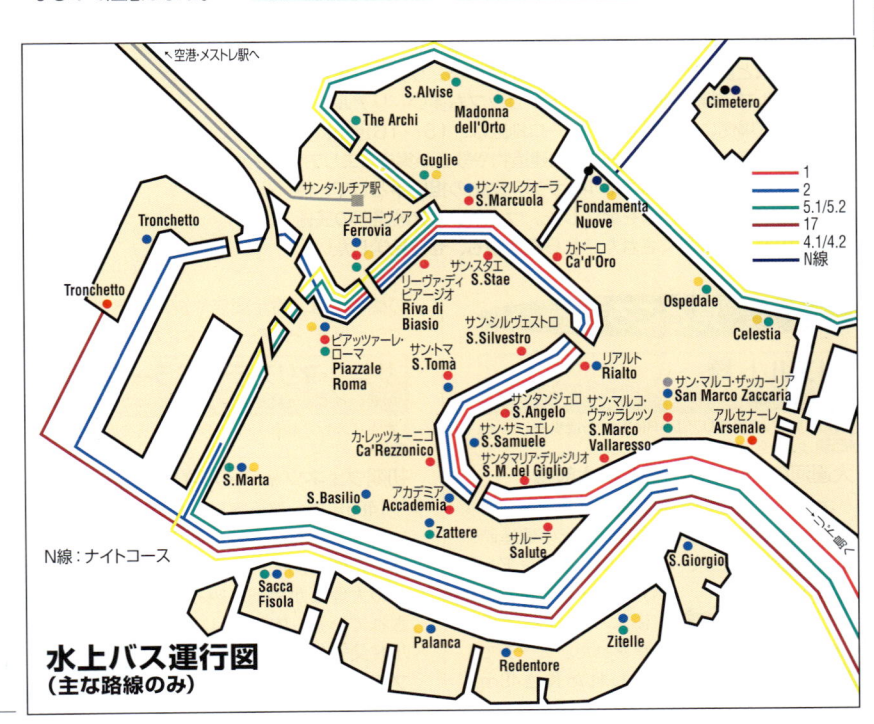

水上バス運行図
（主な路線のみ）

📷 おすすめコース

リアルト橋
↓ 🚶 徒歩10分
サンタ・マリア・デイ・ミラーコリ教会
↓ 🚶 徒歩10分
リアルト橋
↓ 🚢 水上バス10分
サン・トマ
↓ 🚶 徒歩3分
サンタ・マリア・グロリオーザ・デイ・フラーリ教会
↓ 🚶 徒歩2分
サン・ロッコ大信徒会堂

橋の両側と中央に階段があるリアルト橋

エリア 1

リアルト橋周辺＆サン・ポーロ地区

Ponte di Rialto & San Polo

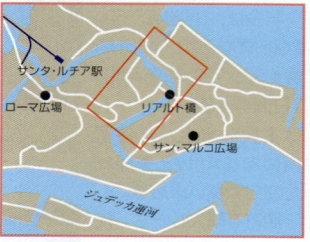

サンタ・ルチア駅
ローマ広場
リアルト橋
サン・マルコ広場
ジュデッカ運河

街のしくみ

千年にわたるヴェネツィア共和国の富と文化を象徴する水上都市の遺構

大運河の中央に位置するリアルト橋周辺には、かつての貴族の館や聖堂など巨匠たちの建築がひしめいている。リアルト橋からサン・マルコ広場にかけてブランドショップも多い。リアルト橋をローマ広場側に渡ったサン・ポーロ地区は、15〜16世紀に権勢を誇った有力商人が建てた歴史的建造物や教会が集まるエリア。当時のヴェネツィア共和国はルネサンス文化の担い手として、優れた芸術家に次々と仕事を発注した。ヴェネツィア最盛期の芸術作品で内部を埋め尽くされたこれら建造物も、ぜひ見学したい。

🏃 どんなエリア？

楽しみ
観光 ★★★★★
食べ歩き ★★★☆☆
ショッピング ★★★★☆
交通の便
水上バス ★★★☆☆
基点となる水上バス乗り場
リアルト、サン・トマ、サン・スタエ

見どころ

リアルト橋
Ponte di Rialto

水上バス1/2番線リアルトRialtoから徒歩1分
MAP p.215-G

大運河の中央を飾る美しい太鼓橋

大運河の中程の、幅が最も狭くなるところにかかるアーチ形の橋。13世紀の建造時には木造だったが、1591年に、建築家アントニオ・ダ・ポンテにより大理石で再建された。アーチで覆われた長さ48m

の橋の上は、貴金属店や皮革製品の店が並ぶショッピングアーケードになっている。

サンタ・マリア・デイ・ミラーコリ教会
Chiesa di Santa Maria dei Miracoli

水上バス1/2番線リアルトRialtoから徒歩6分
MAP p.215-D

初期ヴェネツィア・ルネサンスの傑作

1488年に、建築家ピエトロ・ロンバルドによって建てられた。半円形の切妻屋根のある正面と側面の外壁は多彩色の大理石が繊細に組み合わされている。内部にはロンバルド父子作の彫像『大天使ガブリエル』などがある。

内部も繊細な装飾が施された宝石箱のような教会

開10:30～16:30　休日曜　料€3

カ・ドーロ
Ca'd'Oro(Galleria G.Franchetti)

水上バス1番線カ・ドーロCa'd'Oroから徒歩2分
MAP p.215-C

「黄金の館」の名をもつ華麗なゴシック建築

1420年に完成したヴェネツィアン・ゴシックの傑作。外観にはかつて金箔が施されていた。内部はフランケッティ美術館として、マンテーニャ、ティントレット、ティツィアーノの絵画を展示。

レース模様のような繊細な装飾

開8:15～19:15、月曜は～14:00（入館は30分前まで）　休1/1、5/1、12/25　料€11

サンティ・ジョヴァンニ・エ・パオロ教会
Basilica dei Santi.Giovanni e Paolo

水上バス1/2番線リアルトRialtoから徒歩8分
MAP p.215-D

14～17世紀の提督や将軍の墓廟がある

1246年から1430年にかけて建てられたゴシック様式の教会。絵画で飾られた内部には、歴代総督や著名人の墓がある。

多角形の後陣など複雑な構造が外観からも伝わる

カ・ペーザロ
Ca'Pesaro (Museo Orientale/Galleria d' Arte Moderna)

水上バス1番線サン・スタエS.Staeから徒歩3分
MAP p.215-C

近代絵画が展示される、かつての貴族の館

建築家ロンゲーナの名作として知られるバロック様式の建物で、上層階をめぐる円柱が美しい。

開10:00～18:00、11～3月は～17:00（入場は閉館1時間前まで）　休月曜、1/1、5/1、12/25　料€10

サンタ・マリア・グロリオーザ・ディ・フラーリ教会
Basilica di Santa Maria Gloriosa dei Frari

水上バス1/2番線サン・トマS.Tomaから徒歩6分
MAP p.214-F

ティツィアーノの最高傑作を所蔵

14～15世紀にゴシック様式で建造されたフランチェスコ派の教会。中に入ってまず

14世紀の大鐘楼はサン・マルコ大聖堂に次いで高い

目に飛び込むのは、聖歌隊席の入口正面にかかる高さ7mの大作『聖母被昇天』。ヴェネツィア・ルネサンスの巨匠ティツィアーノの最高傑作だ。恍惚として天に昇っていく聖母と、それを見守る天使たちが迫力を持って描かれている。ほかにも、左側廊にある『ペーザロの祭壇画』、ドナテッロの『洗礼者ヨハネ』、ジョバンニ・ベッリーニの『聖母子と諸聖人』など、16世紀の傑作を多数所蔵する。ティツィアーノは没後、この教会内の墓に埋葬された。

開9:00～18:00(日曜は13:00～)　休無休　料€3

サン・ロッコ大信徒会堂
Scuola Grande di San Rocco

水上バス1番線サン・トマS.Tomaから徒歩6分
MAP p.214-F

ティントレットの芸術頂点を示す絵画群

1560年ごろ完成したこの建物は、貧しい人や病人の救済を目的とした慈善施設だった。内部は、ヴェネツィア派の巨匠ティントレットが

天井や大階段など内部空間の華やかさに圧倒される

25年がかりで描いた56枚の天井画や絵画で埋め尽くされている。ティントレットはコンペで選ばれ、報酬として生涯年金を受け取ったとされる。1階にある『受胎告知』『マグダラのマリア』などの大作、2階の『最後の晩餐』『キリストの磔刑』などティントレット渾身の作は比類のない美しさ。

開9:30～17:30（入場は～17:00）　休1/1、12/25　料€10（オーディオガイドを含む）

サン・ロッコ教会
Chiesa di San Rocco

水上バス1/2番線サン・トマS.Tomaから徒歩6分
MAP p.214-E

街を救った聖ロッコを祀る

サン・ロッコ大信徒会堂の前に立つ18世紀の教会。堂内右手の壁には、ペストの流行から街を救った聖ロッコ（聖ロクス）を描いたティントレットの2枚の油絵が、また内陣には4枚の大きな油絵がある。

開8:00～12:30、15:00～17:30　休日曜　料無料

ヴェネツィア共和国末期の18世紀に改修された建物

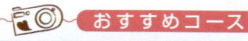

おすすめコース

サン・マルコ・ヴァッラレッソ乗り場
↓ 🚶 徒歩3分
サン・マルコ広場／サン・マルコ大聖堂
↓ 🚶 徒歩2分
ドゥカーレ宮殿
↓ 🚶 徒歩12分
サン・ザッカーリア教会
↓ 🚶🚤🚶 徒歩7分+水上バス15分+徒歩3分
ラ・フェニーチェ劇場
↓ 🚶 徒歩6分
サン・マルコ広場

サン・マルコ広場東端に立つサン・マルコ大聖堂とドゥカーレ宮殿

エリア2

サン・マルコ広場〜カステッロ地区

Piazza San Marco 〜 Castello

街のしくみ

水上都市ヴェネツィアの華やかな表玄関

「海の都」ヴェネツィア共和国の玄関口にあたるサン・マルコ広場には、元首公邸のドゥカーレ宮殿や絵画館、大商人の邸宅など、共和国の権力と栄光を示す施設が集まっている。また、街の守護聖人サン・マルコを祀る大聖堂は水上都市の精神的シンボル。ヴェネツィア千年の歴史は、まさにこのエリアに濃縮されているといえる。一方、サン・マルコ広場の東側に広がるカステッロ地区は、庶民の生活感を感じられる一帯。海運王国の技術力を支えた造船所もこのエリアにある。

どんなエリア？

楽しみ
観光　★★★★★
食べ歩き　★★★☆☆
ショッピング　★★★★☆

交通の便
水上バス　★★★★★

基点となる水上バス乗り場
サン・マルコ・ヴァッラレッソ、サン・ザッカーリア、カ・ドーロ

見どころ

サン・マルコ広場
Piazza San Marco

水上バス1番線サン・マルコ・ヴァッラレッソS.Marco Vallaressoから徒歩3分
MAP p.215-L

高さ96mの鐘楼が見下ろす大広間

ヴェネツィアの政治、宗教、文化の中心で、柱廊が三方を取り巻いている。16世紀半ばの新行政長官府の建造により、大理石の柱廊に囲まれた大広間のよう

1902年に倒壊し、再建された鐘楼

な空間が完成した。エレベーターで昇れる鐘楼、500年間時を告げている15世紀末の時計塔などがある。

サン・マルコ大聖堂
Basilica di San Marco

水上バス1番線サン・マルコ・ヴァッラレッソS.Marco Vallaressoから徒歩3分
MAP p.215-H

ビザンチンの黄金装飾とモザイク画が圧巻

11〜15世紀に建立された、街の守護聖人を祀る聖堂。東方的なアーチや丸屋根が特徴的。クーポラの天井部や上部壁面、半球形のファサード上部は金地のモザイク画で覆われ、ビザンチンの工芸品を所蔵する宝物館もある。東方貿易で栄えた海運強国ヴ

ビザンチン様式の特徴を備えた聖堂

ェネツィアの富と権力を象徴する建物といえる。テラスにあるブロンズの4頭の馬は1204年にコンスタンティノープルから持って来た像の複製で、オリジナルはサン・マルコ博物館に収蔵されている。

開9:45〜17:00　日曜・祝日は14:00〜　休無休　料無料（博物館は開9:45〜16:45 料€5）

ドゥカーレ宮殿
Palazzo Ducale

水上バス1番線サン・マルコ・ヴァッラレッソS.Marco Vallaressoから徒歩3分
MAP p.215-L

歴代総督の華麗な住まい

1309〜1442年に建てられたもので、ヴェネツィア共和国の歴代ドージェ（総督）の公邸だった。2階の大評議室は、ヴェネツィア・ルネサンスの巨匠ティントレットの大作『天国』で飾られている。宮殿と隣接する牢獄との間の「ため息の橋」は、囚人がため息をつきながらここを通ったことから命名。開8:30〜19:00（冬季は〜17:30）　休1/1、12/25　料€20（コッレール美術館との共通券）

透かし模様を施したアーチが並ぶドゥカーレ宮殿と、ため息の橋

コッレール美術館
Museo Civico Correr

水上バス1番線サン・マルコ・ヴァッラレッソS.Marco Vallaressoから徒歩3分
MAP p.215-L

14〜18世紀ヴェネツィアの日常を描いた絵画

14世紀から18世紀までのヴェネツィアの美術、歴史を物語る貴重な資料を展示。サン・マルコ大聖堂の西側に建つ新行政館2階に歴史館、3階に絵画館があり、絵画ではヴェネツィア派の画家ジョヴァンニ・ベッリーニの『ピエタ』、カルパッチョの『二人の娼婦』などの重要作品が見られる。開10:00〜19:00、冬季は〜17:00（入館は閉館1時間前まで）　休1/1、12/25　料€20（ドゥカーレ宮殿との共通券）

コッレール美術館所蔵、カルパッチョ作『二人の娼婦』

ラ・フェニーチェ劇場
Teatro la Fenice

水上バス1番線サン・マルコ・ヴァッラレッソS.Marco Vallaressoから徒歩7分
MAP p.215-K

イタリアを代表する国立歌劇場

小規模ながらヨーロッパ有数の美しさと音響のすばらしさで知られる劇場。オペラ、バレエ公演などが行われる。オンライン予約も可。
http://www.teatrolafenice.it/

ミラノのスカラ座、ローマのオペラ座などと並ぶ名劇場

カ・グランデ（コルネル宮殿）
Ca'Grande(Palazzo Corner)

水上バス1番線サンタ・マリア・デル・ジリオS.Maria del Giglioから徒歩3分
MAP p.215-K

名建築家が手掛けた貴族の館

富裕な商人貴族コルネル家の邸宅として1536年に建てられた。建築を担当したのは、ルネサンス期の建築家で、サン・マルコ大聖堂改修の際の初代監督官を務めたサンソヴィーノ。建築と彫刻を融合させた装飾性の高い建築を得意とし、この邸宅でも3列構造のファサードが重厚感を醸し出している。建物は現在、ヴェネト州の庁舎。

大運河沿いの邸宅群の中でも威厳ある構え

サン・ザッカーリア教会
Chiesa di San Zaccaria

水上バス1/2番線サン・ザッカーリアS.Zaccariaから徒歩2分
MAP p.213-H

ヴェネツィア・ルネサンス美術の宝庫

ジョヴァンニ・ベッリーニの『玉座の聖母と諸聖人』が祭壇にあることで知られる。サンタナシオ洗礼堂にはティントレットの『洗礼者ヨハネの誕生』やティエポロ作品が、サン・タラージョ礼拝堂にはゴシック以前の貴重なフレスコ画が保存されている。

開10:00〜12:00、16:00〜18:00　休日曜の午前　料無料

左右の身廊、丸天井にも名画がぎっしり

 おすすめコース

| サンタ・マリア・デッラ・サルーテ教会 |
| 🚶 徒歩3分 |
| プンタ・デッラ・ドガーナ |
| 🚶 徒歩3分 |
| フォンダツィオーネ・ヴェドヴァ |
| 🚶 徒歩3分 |
| ペギー・グッゲンハイム・コレクション |
| 🚶 徒歩5分 |
| アカデミア美術館 |
| 🚶 徒歩1分 |
| 水上バスアカデミア乗り場 |

エリア 3

ジュデッカ運河の入口に位置する
プンタ・デッラ・ドガーナ

ドルソドゥーロ 地区

Dorsoduro

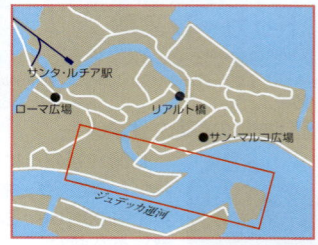

サンタ・ルチア駅
ローマ広場
リアルト橋
サン・マルコ広場
ジュデッカ運河

 街のしくみ

大運河の入口を飾る 迫力ある建築群と美術館

ジュデッカ運河に面したドルソドゥーロ地区。アカデミア橋の麓には、ヴェネツィア共和国時代に花開いた芸術品を集めたアカデミア美術館があり、その東側には現代美術の名品を収蔵するペギー・グッゲンハイム・コレクションがある。大運河の入口には、安藤忠雄が旧税関ビルを美術館に改修した現代美術館もあり、美術ファンならぜひ訪れたいエリア。運河の中央部とはまた違った、雄大でドラマティックな景色は見飽きることがない。

🏃 どんなエリア？

楽しみ
観光　　　　★★★★★
食べ歩き　　★☆☆☆☆
ショッピング　★☆☆☆☆
交通の便
水上バス　　★★★★☆
基点となる 水上バス乗り場
サルーテ、アカデミア、カ・レッツォーニコ、サンタ・マリア・デル・ジリオ、サン・ジョルジョ

見どころ

プンタ・デッラ・ドガーナ
Punta della Dogana

水上バス1番線サルーテSaluteから徒歩3分
MAP p.215-L

かつての税関を現代美術館として再生

安藤忠雄が設計を担当し、2009年に開館した現代美術館。「プンタ・デラ・ドガーナ」とはイタリア語で「税関岬」の意味。その名のとおり、建物は17世紀に税関として建てられた。美術館運営は、現代アートのコレクターとして知られるフランスのフランソワ・ピノー財団が行う。安藤忠雄は、税

関時代のレンガと木の梁を生かしながら、ガラスや打放しコンクリートを使い、スタイリッシュな美術館に生まれ変わらせた。大運河沿いのグラッシ宮殿も同じく安藤忠雄が改修を手がけ、現代美術館として蘇った。

開 10:00〜19:00（入館は閉館1時間前まで）
休 火曜、12/25
料 €18（グラッシ宮殿との共通券）

岬の突端に立つ彫像作品。ここからの眺めも抜群

ジュデッカ運河に面して立つレンガ造りの建物。入口はジュデッカ運河側

入口でマリノ・マリーニの彫刻がお出迎え

フォンダツィオーネ・ヴェドヴァ
Fondazione Vedova

水上バス1番線サルーテSaluteから徒歩10分
MAP p.213-K

塩倉庫を再生した現代美術館

現代イタリアを代表する建築家の一人で、インテリアから公共建築まで手がける、レンゾ・ピアノが、かつて塩倉庫だった建物を改装し、現代美術館として蘇らせた。

開 10:30〜18:00（入館は閉館30分前まで）
休 月・火曜　料 €8

アカデミア美術館
Galleria dell'Accademia

水上バス1/2番線アカデミアAccademiaから徒歩1分
MAP p.214-J

ヴェネツィア派絵画の殿堂

華やかな色彩と油彩の手法によって、独自の絵画世界を持つヴェネツィア派。その系譜はベッリーニ父子によって基礎が築かれ、カルパッチョ、ジョルジョーネを経て、ティツィアーノ、ティントレット、ヴェロネーゼにより完成した。教会の建物を利用した館内にはこれらを系統的に展示している。主な作品は、ヴェロネーゼの大作『レヴィ家の聖餐』、カルパッチョの連作『聖ウルスラの伝説』、ティツィアーノの遺作『ピエタ』、ティントレットの『聖マルコの奇跡』など。

開 8:15〜19:15、月曜は〜14:00
休 1/1、12/25
料 €15（特別展の場合は変動あり）

白い建物が入口。サン・マルコ地区からは木造のアカデミア橋を渡ってすぐ

ペギー・グッゲンハイム・コレクション
Collezione Peggy Guggenheim

水上バス1番線サルーテSaluteから徒歩6分
MAP p.215-K

モダンアートの巨匠作品を収蔵

シュールレアリズム作品の美術収集家として有名なアメリカ人女性ペギー・グッゲンハイムが1979年に亡くなるまでの30年間暮らした邸宅。ピカソ、ブラック、カンディンスキー、デ・キリコら近代美術の傑作

を展示している。

開 10:00〜18:00　休 火曜、12/25
料 €15

サンタ・マリア・デッラ・サルーテ教会
Basilica di Santa Maria della Salute

水上バス1番線サルーテSaluteから徒歩1分
MAP p.215-K

大運河の南の入口に建つ美しいドーム

大運河の南端に建つ純白の教会。巨大な円蓋に覆われたヴェネツィア・バロック様式の最高傑作

ヴェネツィア・バロック様式の最高傑作

洋式最大の建築は、ペストの終焉を感謝して聖母マリアに捧げられたもので、1687年に完成した。内部の聖具室や天井には、ティントレットの『カナの婚礼』、ティツィアーノの『イサクの犠牲』などの16世紀絵画が飾られている。

開 9:30〜12:00、15:00〜17:30　休 無休　料 €4

カ・レッツォーニコ
Ca'Rezzonico

水上バス1番線カ・レッツォーニコCa' Rezzonicoから徒歩1分
MAP p.214-J

18世紀の貴族の暮らしを展示する博物館

17〜18世紀に建造され、石垣を積み上げた1層の上にヴェネツィア風アーチ窓をもつ上層階を重ねた、当時最新の様式。内部は18世紀の生活様式を再現した18世紀博物館。開 10:00〜18:00、冬季は〜17:00（入館は1時間前まで）休 火曜、1/1、5/1、12/25　料 €10

1階にカフェもあるので気軽に立ち寄りたい

サン・ジョルジョ・マッジョーレ教会
Chiesa di San Giorgio Maggiore

水上バス2番線サン・ジョルジョ S.Giorgioから徒歩1分
MAP p.213-L

鐘楼のテラスからの眺望も抜群

ドゥカーレ宮殿とサン・マルコ運河を隔てて向かい合う16世紀の教会。主祭壇の左右の壁面にはティントレットの傑作『最後の晩餐』『マナの収集』が設置されている。

開 9:00〜18:30（冬季は〜17:00）休 無休
料 鐘楼 €5

海に浮かぶ華麗な教会

ラグーナの島々

La Laguna

ラグーナにすっぽり包まれたヴェネツィア。周囲に点在する島々を巡れば、また違った魅力がある。時間に余裕があれば、個性ある島々へも足をのばしてみては？

ムラーノ島
Murano

水上バス4.1/4.2番線フォンダメンタ・ヌオヴェFonda-menta Nuoveから水上バス12/N番線約10分

MAP p.224

ヴェネツィアの北1.5kmの海上に浮かぶ島。13世紀にガラスの製法が伝わり、以来ヴェネツィアン・グラスの製法を守っている。島にはガラス工芸博物館がある他、吹きガラスの工房やガラス製品の専門店が並んでいる。

ガラス博物館の祝婚杯（15世紀後半）

ブラーノ島
Burano

フォンダメンタ・ヌオヴェFonda-menta Nuoveから水上バス12/N番線で約50分

MAP p.224

ヴェネツィアン・レースと漁業の島。カラフルな家の外壁は霧に包まれる冬でも漁師が家を見分けるためといわれる。16世紀からのレース工芸の粋はレース博物館で見られる。

ブラーノ島で高級レース作りの実演

リド島
Lido

水上バス1番線サン・ザッカーリアS.Zaccariaから約15分

MAP p.225

アドリア海側は白砂のビーチが続き、高級ホテルやカジノが建っている。その優雅な様子は、グランドホテル・デ・バンを舞台にした映画『ヴェニスに死す』に詳しい。3〜10月のシーズン中はたいへんな賑わいの島も、冬場は静かだ。

ホテル・デ・バンとプライベート・ビーチ

トルチェッロ島
Torcello

フォンダメンタ・ヌオヴェFonda-menta Nuoveから水上バス12/N番線で約60分

MAP p.224

ラグーナで最初に人が住み着き、5〜10世紀にはヴェネツィアの中心地に。古い歴史を持つ二つの教会と博物館が残されている。

ショッピング

Shopping

観光のイメージが強いヴェネツィアだが、サン・マルコ広場周辺からリアルト橋にかけて、伝統工芸品やブランドショップも多い。意外に買い物の楽しみも充実した街だ。

サン・マルコ広場 MAP p.215-L

　サン・マルコ広場をぐるりと囲む形で、ヴェネツィアン・グラスやレース専門の高級老舗、カフェが並んでいる。ヴェネツィアン・グラスの老舗としては、パウリPauly、サルヴィアーティSalviati、ヴェニーニVeniniなどが有名。

色とりどりのグラスが揃う

リド島 Lido

ヴァッラレッソ通り MAP p.215-L

　サン・マルコの船着場前の路地ヴァラレッソ通りには、D&G、グッチ、ボッテガ・ヴェネタ、ミッソーニなどの人気ブランドショップが並んでいる。この通りから22マルツォ通りまで歩いても6、7分の距離なので、ショッピング派ならぶらぶら散策してみよう。

22マルツォ通り MAP p.215-K

　サン・マルコ広場の西側のサン・モイゼ通りSalizzada S.Moiseと、その先の22マルツォ通りには、ルイ・ヴィトンやプラダ、ブルガリなどのブランドショップが並んでいる。広場から歩いても3〜4分の距離。

メルチェリーエ通り MAP p.215-H

　サン・マルコ広場から北へリアルト橋に向かう細い路地の両側にはマックスマーラ、グッチ、カルティエ、ビブロス、フルラ、マックスアンドコー、ポリーニ、ラ・ペルラ（下着）などのブランドショップが点在。ヴェネツィアンレースの老舗など専門店も多い。

ヴェネツィアン・グラス

　ムラーノ島で代々作られている伝統工芸品。花瓶、照明、置物といった大きなものから香水入れ、小皿などの小さなものまであり、お気に入りの一つを見つける楽しみがある。ムラーノグラスの特徴は、大胆で自由な造形と発色の美しさにある。小さなものなら値段も手ごろ。

ブラーノ島のレース

　16世紀からレース作りが行われ、レース学校もあるが、現在ブラーノで作られているのは高級品のみ。手ごろな料金のものはほとんどがアジア製。買うときによく確かめよう。

グッチ
Gucci
MAP p.215-H

小さな店だけれど、買い物の穴場！

バッグや財布などの人気商品が豊富。サン・マルコ広場にあるこの店はバッグ中心だが、サン・マルコ広場から北に延びるメルチェリーエ通りや、22マルツォ通りの支店も併せてチェックしたい。

■交サン・マルコ広場Piazza San Marco内
■住Piazza San Marco, 258
■☎041-5229119
■開10:00～19:30、日曜・祝日10:00～19:00
■休1/1、12/25

ボッテガ・ヴェネタ
Bottega Veneta
MAP p.215-L

ハンドバッグや財布が人気

細長くカットした皮を編み込んだ定番の「イントレチャート」のショルダーバッグやトートバッグ、ポーチは長く使える耐久性と機能性に優れている。長財布などの小物類も使いやすいと好評。

■交サン・マルコ広場Piazza San Marco内
■住San Marco, 1473 Salizaola San Moise'
■☎041-5228489
■開10:00～19:00、日曜・祝日は10:30～
■休1/1、12/25

エミリア
Emilia
MAP p.224

ブラーノ島を代表する高級レースの店

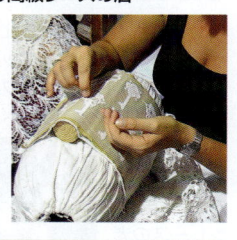

レースの本場ブラーノ島でも少なくなった本物の手作りレース専門店。ブルネイの王族やハリウッド・スターも顧客ノートに名を連ねているという。眺めるだけで幸せな気分になれる。

■交水上バス12番線ブラーノBranoから徒歩15分
■住Piazza Galuppi, 205
■☎041-735299
■開9:30～18:00
■休無休

カリスマ
KARISMA
MAP p.214-F

彩りも美しい伝統文具

500年以上続くヴェネツィアの製本技術を生かしたハンドメイドの手帳や日記帳は€28から。明るく発色のよいマーブル紙の鉛筆セットは€25～。ヴェネツィアン・グラスのペンも美しく丁寧な造り。

■交リアルト橋Ponte di Rialtoから徒歩10分
■住S.Polo, 2752
■☎041-8223094
■開9:30～19:30
■休無休

ケレル
Kerer
MAP p.215-H

本物の刺繍、レースにうっとり

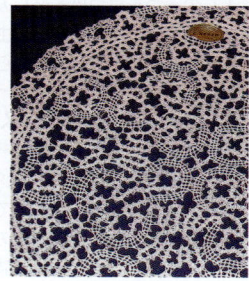

フゼッロFuselloといわれる木製器具に糸をつけ、掛け合わせながら編む伝統のレース。手ごろな品は中国製品に置き換わった現在も、ここはヴェネツィア製を扱っている。ハンカチ、ナプキンからテーブルセンター、テーブルクロスまであるが、後継者不足が悩みで作り手も70代以上だという。

■交サンマルコ広場Piazza San Marcoから徒歩2分
■住Palazzo Trevisan Canonica 4328A-4317
■☎041-5235485
■開10:00～18:00（冬季は～17:00）
■休日曜・祝日、1/1、12/25、12/26

イル・パピロ
Il Papiro
MAP p.215-H

マーブル紙を使った高級文具

17世紀にフランスから伝わったマーブル技法の装飾紙で作られた便せん、封筒、手帳など。草木の汁から作る溶液の表面に刷毛で模様を描き、それを紙に写し取るマーブル紙は、すべて手作り。

■交サン・マルコ広場Piazza San Marcoから徒歩5分
■住Castello, 5275
■☎041-5223648
■開9:30〜20:00、11〜4月10:30〜19:00
■休1/1、12/25、12/26

リゾラ
L'Isola
MAP p.214-J

ヴェネツィアン・グラスの老舗

サン・マルコ広場にある老舗ガラス工芸店。世界的なガラス工芸作家の作品から、日常使いたい美しい器まで。現代作家カルロ・モレッティなどのモダンなデザインの作品も取り扱っている。

■交水上バス1番線S.Angeloから徒歩5分
■住San Marco, 2970 Calle de le Botteghe
■☎041-5231973
■開10:30〜19:30
■休1〜3月の日曜、1/1、12/25、12/26

グラスドリーム
Glassdream
MAP p.215-H

ムラーノ島で製作されるオリジナルのガラス製品

カラフルなヴェネツィアン・グラス製品はムラーノの職人が製作した高品質のもの。抹茶碗やおちょこといった日本向け製品も。€200以上買うと日本への空輸サービスを利用できる。

■交水上バス1番線San Marco Vallaressoから徒歩7分
■住San Marco 634, Calle Specchieri
■☎041-5228589　■開4〜9月は10:00〜13:00、14:00〜22:00、10〜3月は10:00〜13:00、14:00〜19:00
■休12/25

マデラ
Madera
MAP p.214-J

デザイン性に優れたキッチン用品

見た目と機能性を兼ね備えた食器や調理器具、雑貨を欧州中から集めている。奥に工房があり自社製グラス（€18〜）やまな板（中€22、大€32）など、ここでしか手に入らないものも見つかる。

■交水上バス1番線Ca'rezzonicoから徒歩3分
■住Dorsoduro,2762
■☎041-5224181
■開10:00〜13:00、15:30〜19:30
■休日・月曜、1/1、復活祭、12/25

レ・ペルレ
Le Perle
MAP p.215-G

元宝飾デザイナーが作るアクセサリー

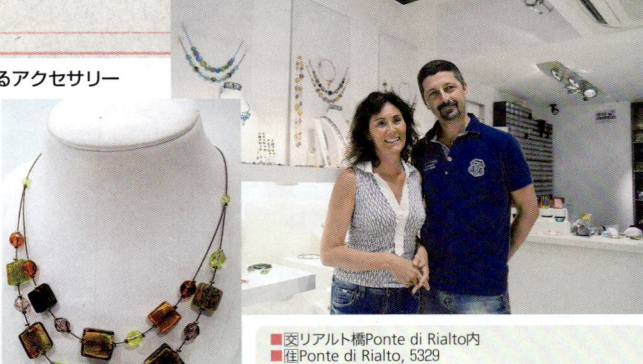

ヴェネツィアングラスを使ったアクセサリーと器の店。経営者でデザイナーのドナテッラのセンスと技術を生かした作品は繊細でモダン。ネックレス約€55〜。グラス約€20、イヤリング約€15〜。

■交リアルト橋Ponte di Rialto内
■住Ponte di Rialto, 5329
■☎041-2413472
■開10:00〜19:30
■休無休

アンティクレア
Anticlea
MAP p.213-H

1800年代のアンティークビーズも

1点もののアンティークアクセサリーや昔のムラーノ島のガラス製品など。引き出しの中にも色とりどりのビーズ（1粒€0.25〜20）があり、その場でネックレスやピアスに作ってもらえる。

■交水上バス1番線サン・ザッカリアS.Zaccariaから徒歩5分
■住Castello, 4719／ A S. Provolo
■☎041-5286946
■開10:30〜18:30
■休日曜

フェッロ＆ラッザリーニ
Ferro & Lazzarini
MAP p.224

見学可能なガラス工房

制作課程を見学させてもらえる工房。少人数で予約するのが基本だが、混んでいなければ当日でも申し込み可能。ガラス職人の仕事ぶりを近くで見せてもらえる。2階はギャラリーとショップ。

■交水上バス3、4.1、4.2番線ナヴァジェロNavageroから徒歩1分
■住Fondamenta Navagero Andrea, 75
■☎041-739299　■開9:00〜16:00
■休無休

カ・マカナ
Ca'Macana
MAP p.214-J

手作りの仮面が300種以上！

皮製、紙製、陶磁器製とさまざまな素材の仮面があり、すべて手作り。値段は小さいもので€3.80から。仮面のほかにカーニバル用の衣装やブローチなどの小物も。旅の思い出に覗いてみては。

■交水上バス1番線カ・レッツォーニコCa'Rezzonicoから徒歩2分
■住Dorsoduro, 3172
■☎041-2776142　■開10:00〜20:00、冬季は〜18:30
■休1/1、12/25、12/26、1月の2週間

トラジコミカ
Tragicomica
MAP p.214-F

手作り仮面が店内にぎっしり

世界各国の展示会に出品し、舞台、オペラなどの公演にも使われている、この店の仮面。値段は最も一般的な仮面バウタBautaで€21〜。カーニバルや舞台用の洋服・小物類も見つかる。

■交水上バス1番線サン・トマS.Tomaから徒歩5分
■住Calle dei Namboli-San Polo, 2800
■☎041-721102
■開10:00〜19:00
■休11〜12月の日曜

グルメ

Gourmet

古くから海運で栄えたヴェネツィアでは、アドリア海の魚介をふんだんに使った食文化が発展。トウモロコシのおかゆ「ポレンタ」やイカスミのパスタなどもぜひ味わいたい。

€ 予算：ディナー1人分　■ 予約が必要　■ 服装に注意

アンティパスト・ディ・ペッシェ・エ・ポレンタ
Antipasto di Pesce e Polenta

魚介の前菜ポレンタ添え。ポレンタとは、トウモロコシのお粥のようなもの。

ペッシェ・アッラ・グリーリア
Pesce alla Griglia

シーフードのグリル。エビやカニ、魚をシンプルにグリルし、レモンをかけて食べる。

フリット・ミスト・ディ・マーレ
Fritto Misto di Mare

シーフードをからりと揚げたフリット。シンプルに塩、レモンで味わう。

ネロ・ディ・セッピア
Nero di Seppia

イカスミをオリーブオイルと白ワインで仕上げたコクのあるパスタ。

高級 ダ・フィオーレ
Osteria Da Fiore

MAP p.214-B　€ 100〜　■■

新素材を使った、グルメ垂涎の店

　地元の人に愛されている名店。素材の新鮮さ、味付けの繊細さ、盛り付けの芸術的センス、どれを取ってもすばらしい。とりわけカニやエビのパスタは繊細な味わい。一度は味わう価値がある。

- ■交 水上バス1/2番線サン・シルベストロS.Silvestroから徒歩5分
- ■住 San Polo, Calle del Scaleter, 2202a
- ■☎ 041-721308　■開 12:30〜14:30、19:00〜22:30
- ■休 日・月曜、8月の2週間、年末年始

高級 アンティコ・マルティーニ
Antico Martini

MAP p.215-K　€ 80〜　■■

フェニーチェ劇場の前にある正統派の老舗

　1720年代に海軍提督の邸宅だった建物で、後にフェニーチェ劇場に出演する指揮者や歌手が集うカフェとしてにぎわった。現在は典型的なヴェネト料理を出すレストラン。魚、肉どちらも得意。

- ■交 サン・マルコ広場Piazza San Marcoから徒歩7分
- ■住 Campo Teatro Fenice, 2007
- ■☎ 041-5224121
- ■開 11:30〜23:30
- ■休 無休

イル・リドット
Il Ridotto
MAP p.213-G €60〜

繊細でモダンなヴェネツィア料理

白身魚の黄トマトソース添え、スズキとネギのグリルなど、魚料理が上品な味わい。前菜€20〜、メイン約€25。向かいのアチュゲタAciughetaも同じオーナーの店で、そちらは手ごろな料金。

- 交サンマルコ広場Piazza San Marcoから徒歩5分
- 住Castello 4509 – Campo SS Filippo e Giacomo
- ☎041-5208280
- 開12:00〜13:45L.O.、18:45〜21:45L.O.
- 休水曜、木曜の昼

ヴィニ・ダ・ジージョ
Vini da Gigio
MAP p.215-C €60〜

新鮮な魚介のフライやグリル

近海で獲れた魚介を、おすすめの調理法で食べさせてくれる。オーナーシェフのパオロさんにより家庭的なサービスも自慢。茹でた魚介を塩とレモンであっさりといただく魚介の盛り合わせもおいしい。

- 交水上バス1番線カ・ドーロCa'd'Oroから徒歩5分
- 住Cannaregio,3628/A ☎041-5285140
- 開12:00〜14:00、19:00〜22:00
- 休月曜、火曜、1月の2週間、8月の2週間、1/1、12/25、12/26、12/31

コルテ・スコンタ
Corte Sconta
MAP p.213-H €85〜

魚市場を見てその日のメニューを決める

毎朝市場の入荷状況を見てメニューを決めるという。この店では前菜が最も重要な位置を占め、その種類も豊富。1920年代のアンティーク家具とモダンな照明器具を配した店内は落ち着いた雰囲気。

- 交水上バス1番線アルセナーレArsenaleから徒歩3分
- 住Castello, Calle del Pestrin, 3886
- ☎041-5227024
- 開12:30〜14:00、19:00〜21:30
- 休日曜、月曜、7月下旬〜8月中旬、1/8〜2/8

アッレ・テスティエーレ
Alle Testiere
MAP p.215-H €65〜

新鋭シェフが毎日市場へ仕入れに

20席の小さな店だが、若手シェフ、ブルーノの創り出す魚介料理が大人気。その日の仕入れでメニューが替わる新鮮な海の幸のパスタはぜひお試しを。焼きたてパンや自家製デザートも評判が高い。

- 交リアルト橋Ponte di Rialtoから徒歩5分
- 住Castello, Calle del Mondo Novo, 5801
- ☎041-5227220
- 開12:00〜15:00、19:00〜23:00
- 休日曜、月曜、8月、12/25〜1月中旬

アッラ・マドンナ
Alla Madonna
MAP p.215-G €40〜

魚料理の種類が豊富でしかもリーズナブル

魚市場に近いリアルト橋近くには、安くて満足のゆくレストランがたくさんあるが、ここもそうした店の1軒。料理はアラカルトが中心。なじみ客に混じってワイワイと気軽に楽しみたい。

- 交リアルト橋Ponte di Rialtoから徒歩3分
- 住Calle della Madonna, 594
- ☎041-5223824
- 開12:00〜15:00、19:00〜22:00
- 休水曜、8月に2週間、1月の数日

オステリア・アンティコ・ドーロ
Osteria Antico Dolo
MAP p.215-G €40〜

40席の小さなオステリア

グラスワインとカウンターに並ぶ前菜（€2.50〜）だけの注文も可。もちろん前菜からパスタ、肉・魚料理、ドルチェまでヴェネツィア料理を堪能できる。ワインは北イタリアを中心に80種類以上。

- 交リアルト橋Ponte di Rialtoから徒歩4分
- 住Ruga Rialto, 778
- ☎041-5226546
- 開12:00〜22:00
- 休無休

アル・マスカロン
中級 Al Mascaron
MAP p.215-H €25〜

その日の仕入れでメニューが替わる

魚介類を気軽に味わえる人気店。シャコ、イカ、エビなどの魚介のボイルを載せた冷菜のボリュームにまず驚く。おすすめはスカンピ（手長エビ）やボンゴレ（アサリ）のパスタ（2人分約€21〜）。

- 交リアルト橋Ponte di Rialtoから徒歩7分
- 住Castello, Calle Lunga S.Maria Formosa, 5225
- ☎041-5225995
- 開12:00〜15:00、19:00〜23:00
- 休日曜、12/20〜1/20

バーカロ・ダ・フィオーレ
ワインバー Bacaro da Fiore
MAP p.215-K €30〜（食事）

おいしいつまみで軽く一杯

地元で評価の高い同名トラットリアに併設のバーカロ（居酒屋）。グラスワイン（€3〜）とともに、イカフライ、ホタテのグリルなど郷土料理のおつまみ「チケッティ」（€2〜）を気軽に味わえる。

- 交水上バス1番線S.Angeloから徒歩5分
- 住Calle de le Boteghe,3461 San Marco
- ☎041-5235310
- 開9:00〜22:00
- 休火曜

バンコジーロ
ワインバー Bancogiro
MAP p.215-C €8.50〜（立ち飲み）（食事は要予約）

気軽な立ち飲みが好評のオステリア

リアルト橋に近いここは本格的な食事もできるが、一口サイズのおつまみ"チケッティ"€2〜3.50がおいしく、立ち飲み居酒屋としての利用価値が大。€7前後と手軽なパスタはランチにも最適。

- 交リアルト橋Ponte di Rialtoから徒歩2分
- 住Campo San Giacometto S.Polo,122
- ☎041-5232061
- 開9:00〜24:00
- 休月曜

ジャ・スキャーヴィ
ワインバー Già Schiavi
MAP p.214-J €6.50〜

昔ながらの立ち飲みバー

チケッティと呼ばれる一口サイズのおつまみ€1.20〜は、リコッタチーズにクルミのソース和えや、棒ダラにニンニクとイタリアンパセリを和えたものなど。どれもおいしく、1個からオーダーできる。

- 交アカデミア美術館から徒歩4分
- 住Dorsoduro, 992
- ☎041-5230034
- 開8:30〜20:30
- 休日曜

エフ30
バル F30
MAP p.214-A €3〜

駅での待ち合わせに最適

サンタ・ルチア駅を出てすぐ隣にあり、列車の出発を待つ間、休憩するのにも便利。運河沿いに屋外席があり、ゆっくりと落ち着ける。パニーノやドルチェもすべて自家製で、パスタなどの食事もとれる。

- 交サンタ・ルチアSanta Lucia駅からすぐ
- 住Cannaregio,30121
- ☎041-5256154
- 開6:30〜24:00、水・金曜は〜翌3:00、土曜は〜翌1:00
- 休無休

ヴィーノ・ヴィーノ
ワインバー Vino Vino
MAP p.215-K €30〜

郷土料理をつまみに高級ワインの味比べ

ワインの王様バローロなどの高級銘柄も1杯€3からと気軽に頼めるワインバー。おつまみはカウンターに並んだ手作りカナッペやサラミ、ヴェネツィア風惣菜の中から好きなものを選んで。

- 交サン・マルコ広場Piazza San Marcoから徒歩6分
- 住Ponte delle Veste, 2007/a
- ☎041-2417688
- 開11:30〜23:30
- 休無休

リストランテ・ラ・ノーヴァ・グロッタ
中級 Ristorante La Nuova Grotta
MAP p.213-G €17〜（昼食）€50〜（夕食）

1876年創業の老舗レストラン

旬の新鮮な魚料理とワインの品ぞろえに力を入れている。エレガントな店内は1、2階合わせ150席。昼食のコースは€17〜（飲み物別）とお手頃。店頭に当日入荷した魚がディスプレイされている。

- 交水上バス1番線サン・ザッカーリアS.Zaccariaから徒歩3分
- 住Calle delle Rasse, 4538
- ☎041-7241018
- 開12:00〜23:00
- 休無休

カヴァタッピ
ワインバー Cavatappi
MAP p.215-H €19〜（ワイン＋チーズ）€35〜（夕食）

60種類以上のワインをグラス1杯から楽しめる

新鮮な魚を使った料理を、ヴェネト地方のワインとともに味わえる気軽なワインバー。店名は「コルクの栓抜き」の意味。ペースト状にした干しダラ「バカラ・マンテカート」も試したい。

- 交サン・マルコ広場Piazza San Marcoから徒歩3分
- 住Campo della Guerra, 525／526
- ☎041-2960252
- 開10:00〜24:00
- 休月曜、火・水・日曜の夜

カフェ・フローリアン
カフェ Caffè Florian
MAP p.215-L €5.70〜（ドリンク）

1720年創業の老舗カフェ

サンマルコ広場で最古のカフェ。18世紀前半にはすでに人々が集うオアシス的な存在になっていた。手の込んだ内装が歴史を物語り、優雅な雰囲気に浸れる。広場に面したオープン席も人気。

- 交サン・マルコ広場Piazza San Marco内
- 住Piazza San Marco,57
- ☎041-5205641
- 開10:00〜21:00（金・土曜9:00〜23:00、日曜9:00〜21:00）
- 休無休

トッレファツィオーネ・カンナレージョ
カフェ Torrefazione Cannaregio
MAP p.212-B €1.20〜（コーヒー）

焙煎したてのコーヒーでほっとひと息

こだわりの豆を自家焙煎している店。独自ブレンドのコーヒーに泡立てたミルクを加えた「カフェ・ヴェネシアン」やヘーゼルナッツのシロップを加えた「カフェ・ノッチョーラ」が一番人気。

- 交サンタ・ルチアSanta lucia駅から徒歩15分
- 住Sestiere Canareggio 1337
- ☎041-716371
- 開7:00-19:30、日曜9:30〜18:30
- 休無休

カンティナ・ド・モーリ
ワインバー Cantina Do Mori
MAP p.215-C €2.50〜（グラスワイン）

100種類のワインが飲めて、つまみも美味

カウンターに並んだ惣菜をつまみに、ヴェネト地方のワインが飲める『バカリ』と呼ばれる居酒屋。ヴェネツィアで最も歴史ある店の1つ。自家製ピクルスやイワシのから揚げなどもおいしい。

- 交リアルト橋Ponte di Rialtoから徒歩4分
- 住San Polo, 429
- ☎041-5225401
- 開8:00〜19:30
- 休日曜・祝日

セッラ・ディ・ジャルディーニ
カフェ Serra dei Giardini
MAP p..213-L外 €4〜（ドリンク＋ドルチェ）

温室カフェで優雅にお茶を

ガラスと鉄でできた温室の建物を蘇らせ、2011年にオープン。ヴェネツィアでは貴重な緑を眺めながらランチやお茶が楽しめて、リラックスできる。喧騒から抜け出して、ゆっくりしてみては？

- 交水上バス1／2番線ジャルディーニGiardiniから徒歩4分
- 住Viale Giuseppe Garibaldi, 1254
- ☎041-2960360
- 開10:00〜20:00
- 休月曜

Hotel

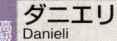

街の入口サンタ・ルチア駅周辺とサン・マルコ広場界隈に集まっている。どちらも観光客が集中する場所だけに宿泊料は高め。季節や曜日によっても変動するので事前に確認を。

グリッティ・パラス
高級 Gritti Palace
MAP p.215-K

文人たちが愛した、15世紀の総督の館

　15世紀の館を改装したホテル。内装はロココ調の家具で統一されている。ヘミングウェイやチャーチルといった著名人に愛された歴史と格式がある。絵画が飾られた美術館のようなロビーも豪華。

■交水上バス1番線サンタ・マリア・デル・ジリオから徒歩1分　■住Campo S.Maria del Giglio, 30124
■☎041-794611　■F041-5200942
■料S €1065〜　T €1065〜　■82室　■WiFi 無料
■http://thegrittipalace.com/

ダニエリ
高級 Danieli
MAP p.213-G

世界中のVIPが集まる贅をつくしたホテル

　ドゥカーレ宮殿に近く、大運河に面した申し分ないロケーション。建物は、14世紀末のヴェネツィア共和国総督の宮殿を19世紀にホテルに改装したもの。各国の著名人が定宿にしている。

■交サン・マルコ広場Piazza San Marcoから徒歩3分
■住Riva degli Schiavoni, 4196
■☎041-5226480　■F041-5200208
■料S €420〜　T €420〜　■204室　■WiFi 無料
■http://www.danielihotelvenice.com/

ウェスティン・エウローパ&レジーナ
高級 Westin Europa & Regina
MAP p.215-K

大運河を一望できる5つ星

　サン・マルコ広場に近く、大運河に面している。客室はヴェネツィア家具を置いた豪華なもの。サン・マルコ地区やアカデミア美術館への足場としてもよく、ブランドショップの多い通りにも近い。

■交サン・マルコ広場Piazza San Marcoから徒歩3分
■住Calle Barozzi, S.Marco 2159
■☎041-2400001　■F041-5231533　■料S €510〜
T €510〜　■180室　■WiFi 無料
■http://www.westineuropareginavenice.com/

モナコ&グランド・カナル
高級 Monaco & Grand Canal
MAP p.215-L

1870年開業の伝統と眺めのよさを満喫

　サン・マルコ広場へ歩いてすぐ。大運河や、大運河をはさんで建つサン・ジョルジョ・マッジョーレ教会の眺めもよい。大運河を行き交うボートを眺めながら食事を楽しめるテラス・レストランもある。

■交水上バス1番線San Marco Vallarrsoから徒歩1分
■住San Marco, 1332
■☎041-5200211　■F041-5200501
■料S €265〜　T €265〜　■92室　■WiFi 無料
■http://www.hotelmonaco.it/

カールトン&グランド・カナル
高級 Carlton & Grand Canal
MAP p.214-A

駅に近く、アクセス至便

　サンタ・ルチア駅向かい側のサンタ・クローチェ地区にある。大運河に面して建つ、1900年開業の大型ホテル。橋を渡ればすぐサンタ・ルチア駅だから、夜の到着や早い出発にも便利だ。

■交サンタ・ルチアSanta Lucia駅から徒歩4分
■住Santa Crocel, 578　■☎041-2752200
■F041-2752250　■料S €205〜　T €250〜　■150室
■WiFi 無料
■http://www.carltongrandcanal.com/

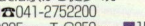

ロカンダ・オルセオーロ
プチホテル
Locanda Orseolo
MAP p.215-H

ロビー脇を通り抜けるゴンドラが幻想的

　アンティーク家具が置かれた雰囲気のあるロビーの窓から、すぐ横を通り抜けるゴンドラが眺められ、映画の一コマを見ているよう。熱々のオムレツが出る朝食も好評。全室12室だから早めに予約を。

■交サンマルコ広場Piazza San Marcoから徒歩3分
■住Corte Zorzi, San Marco 1083
■☎041-5204827　■F041-5235586
■料S €250〜　T €250〜　■12室　■WiFi 無料
■http://www.locandaorseolo.com/

スカンジナヴィア
中級
Hotel Scandinavia
MAP p.215-H

便利な立地の歴史あるホテル

　1492年創建の教会と、17世紀のバロック様式による鐘楼が目印のサンタ・マリア・フォルモサ広場。その広場に面したヴェネト様式の歴史あるホテル。サン・マルコ広場に近く、観光、買い物に便利。

■交サン・マルコ広場Piazza San Marcoから徒歩7分
■住Campo S. Maria Formosa, Castello 5240
■☎041-5223507　■F041-5235232
■料S €180〜　T €180〜　■33室　■WiFi 無料　■休1月の3週間　http://www.scandinaviahotel.com/

バルトロメオ
中級
Bartolomeo
MAP p.215-H

交通の便がよい隠れ家的ホテル

　2010年に改装したプチホテルで、室内は機能的で快適。リアルト橋からすぐのサン・バルトロメオ広場から細い路地を入ったところにある。数は少ないがバスタブ付きの部屋もある。

■交リアルト橋Ponte di Rialtoから徒歩3分
■住San Marco 5494
■☎041-5235387　■F041-5206544
■料S €200〜　T €200〜　■20室　■Wi-Fi 無料
■http://www.hotelbartolomeo.com/

サヴォイア＆ヨランダ
中級
Savoia & Jolanda
MAP p.213-G

ヴェネツィアで100年続く老舗中の老舗

　サン・ザッカーリア停留所のすぐ前という便利な立地に建つ。サン・マルコ広場へは運河沿いに徒歩5分。運河を隔ててサン・ジョルジョ・マッジョーレ教会も正面に見え、優雅な気分で過ごせる。

■交水上バス1番線サン・ザッカーリアS.Zaccariaから徒歩1分
■住Riva degli Sachiavoni 4187
■☎041-5206644　■F041-5207494
■料S €310〜　T €310〜　■51室　■WiFi 無料
■http://www.hotelsavoiajolanda.com/

ラグーナ・パレス
中級
Laguna Palace
MAP p.224

近代的な屋根が印象的

　ヴェネツィア本島の手前のメストレにある。個性的な外観が印象的。内装はモダンなインテリアで統一されている。マルコ・ポーロ空港からタクシーで約15分。本島へは鉄道かバスを利用する。

■交メストレMestre駅から徒歩20分、タクシーで5分
■住Viale Ancona, 2 Mestre
■☎041-8296111　■F041-8296112
■料S €170〜　T €170〜　■376室　■WiFi 無料
■http://nhlagunapalace.hotelinvenice.com/

ラ・レジデンツァ
中級
La Residenza
MAP p.213-H

伝統的な邸宅をホテルに

　1500年頃に建てられたグリッティ家の邸宅を改装し、1970年にホテルとして開業。アンティーク家具が置かれた広いホールは落ち着いた雰囲気。サン・マルコ広場へは徒歩10分ほどで行ける。

■交水上バス1番線アルセナーレArsenaleから徒歩6分
■住Campo Bandiera e Moro Castell 3608
■☎041-5285315　■F041-5238859
■料S €120〜　T €180〜　■18室　■Wi-Fi 無料
■http://www.venicelaresidenza.com/

アカデミア
Pensione Accademia
プチホテル **MAP** p.214-J

17世紀の別荘を改装した静かな宿

アカデミア美術館のすぐ近くにある上品な宿で、緑に囲まれた落ち着いた中庭がある。建物は17世紀に建てられたマラヴェージェ家の屋敷で、入口のグリーンのヒサシがおしゃれな印象。客室は衛星放送対応。バスタブ付きの部屋は7室だけなので、早めに予約したい。

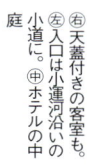
⊕ホテルの中庭に。⊕入口は小運河沿いの小道に。⊕天蓋付きの客室も。

■交水上バス1番線Accademiaから徒歩3分　■住Dorsoduro,Fondamenta Bollani 1058
■☎041-5210188
■F041-5239152
■料S €145〜　T €270〜
■25室　■WiFi 無料　■http://www.pensioneaccademia.it/

サン・カッシアーノ
San Cassiano
プチホテル **MAP** p.215-C

ゴシック様式の14世紀の貴族の館を使用

大運河をはさんだ対岸には、カ・ドーロが見える。建物は14世紀の名家グリマーニ家の邸宅だったもので、1959年にホテルとして創業した。

客室は19世紀の家具でシックにまとめられ、落ち着いた雰囲気。1階にはアメリカン・バーもある。3階にある朝食ラウンジからの大運河の眺めが、ここでの宿泊の楽しみの一つ。

⊕中庭に入口がある。⊕ダブルの客室

■交水上バス1番線サン・スタエSan Staeから徒歩5分
■住Santa Croce, 2232
■☎041-5241768
■F041-721033
■料S €115〜　T €175〜
■35室　■WiFi 無料
■http://www.sancassiano.it/

フローラ
Flora
プチホテル **MAP** p.215-K

サン・マルコ広場に近い隠れ家

"花の女神"というホテル名にふさわしい、きれいな中庭のある優雅なホテル。全室異った間取りの客室は、白とブルーを基調にしたファブリックと、ヴェネツィアン様式のアンティーク家具やヴェネツィアン・グラスの照明でまとめられている。

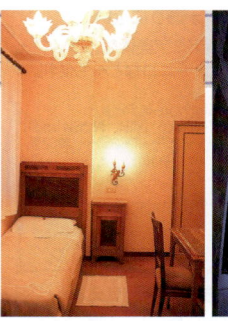

⊕シングルは狭い。⊕路地の突き当たりに玄関がある

■交水上バス1番線San Marco Vallaressoから徒歩4分
■住S.Marco, 2283/a
■☎041-5205844　■F041-5228217
■料S €115〜　T €170〜　■40室
■http://www.hotelflora.it/

リアルト
中級 Rialto
MAP p.215-H

リアルト橋のすぐ前
水上バス停泊所のすぐ前の立地。全室が違う内装で、28室が運河沿いに面している。

■交リアルト橋Ponte di Rialtoから1分　■住Riva del Ferro, 5149　☎041-5209166　F041-5238958
■料S €165〜　T €165〜　■79室　■WiFi 無料
■http://www.rialtohotel.com/

カヴァレット＆ドージェ・オルセオロ
中級 Cavalletto & Doge Orseolo
MAP p.215-H

ヴェネツィアで最も古いホテル
1308年創業の老舗ホテル。小運河を通りゴンドラの風情が味わえる。全室内装が異なる。

■交水上バス1番線San Marco Vallaressoから徒歩5分
■住San Marco, 1107　☎041-5200955　F041-5238184
■料S €215〜　T €215〜　■107室　■WiFi 無料
■http://www.hotelcavallettovenice.com/

ホテル・ボンヴェッキアーティ
中級 Hotel Bonvecchiati
MAP p.215-G

1790年創業の老舗ホテル
サン・マルコ広場へ徒歩3分、水上バスのリアルト駅へ5分という立地。高品質のサービスで定評。

■交水上バス1番線San Marco Vallaressoから徒歩7分
■住San Marco, Calle Goldoni, 4488　☎041-5285017
F041-5285230　■料S €380〜　T €380〜　■124室
■WiFi 無料　■http://www.hotelbonvecchiati.it/

アラ
中級 Ala
MAP p.215-K

買い物に便利な22マルツォ通りに近い
サン・マルコ広場、アカデミア美術館、ラ・フェニーチェ劇場、カ・レッツォーニコなどへも便利。

■交水上バス1番線S. M. del Giglioから徒歩2分
■住Campo S.M. del Giglio S.Marco, 2494　☎041-5208333　F041-5206390　■料S €250〜 T €250〜　■82室
■WiFi 無料　■http://www.hotelala.it/

ガブリエッリ
中級 Gabrielli
MAP p.213-H

大運河の対岸に大クーポラの教会が見える
サン・マルコ広場へは歩いて5分。大運河に面した部屋からは対岸の大クーポラを眺めることも。

■交水上バス1番線アルセナーレArsenaleから徒歩3分
■住Riva degli Schiavoni,4110　☎041-5231583
F041-5209455　■料S €190〜　T €190〜　■105室
■WiFi 無料　■http://www.hotelgabrielli.it/

ケッテ
中級 Kette
MAP p.215-K

ラ・フェニーチェ劇場近く
買い物に便利な22マルツォ通りにも近く、ショッピングや観光に便利な立地。

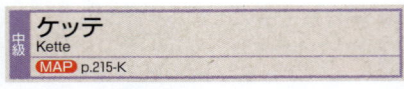
■交水上バス1番線San Marco Vallaressoから徒歩5分
■住San Marco, 2053　☎041-5207766　F041-5228964
■料S €180〜　T €200〜　■63室　■Wi-Fi 無料
■http://www.hotelkette.com/

サン・モイゼ
中級 San Moisè
MAP p.215-K

買い物に便利な立地
18世紀の館のたたずまいと、アンティーク家具のインテリアで落ち着いたムードの宿。

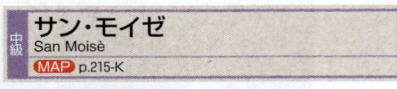
■交水上バス1番線San Marco Vallaressoから徒歩5分
■住San Marco, 2058　☎041-5203755　F041-5210670
■料S €235〜　T €235〜　■20室　■WiFi 無料
■http://www.sanmoise.it/

ド・ポッツィ
中級 Do Pozzi
MAP p.215-K

ショッピングに便利な22マルツォ通りに
買い物に便利な立地。サンマルコ広場にも近く、観光にも便利。シャワー、ミニバー付き。

■交水上バス1番線San Marco Vallaressoから徒歩4分
■住Via XXII Marzo, 2373　☎041-5207855　T041-5229413　■料S €120〜　T €195〜　■28室　■WiFi 無料
■http://www.hoteldopozzi.it/

マルコーニ
中級 Marconi
MAP p.215-G

リアルト橋が目の前に見える
14世紀の貴族の館をホテルに改装。歴史を感じさせる建物に最新の設備が整っている。

■交水上バス1番線リアルトRialtoから徒歩1分
■住San Polo 729, Riva del Vin　☎041-5222068
F041-5229700　■料S €230〜　T €235〜　■26室
■WiFi 無料　■http://www.hotelmarconi.it/

リスボーナ
エコノミー Lisbona
MAP p.215-K

サン・マルコ広場近くの小さなホテル
サン・マルコ広場から22マルツォ通りに入ってすぐという、観光やショッピングに便利な立地。

■交水上バス1番線San Marco Vallaressoから徒歩3分
■住S.Marco, 2153　☎041-5286774　F041-5207061
■料S €130〜　T €130〜　■15室　■WiFi 無料
■http://www.hotellisbona.com/

ヴェネツィア
からの
小さな旅

ヴェネツィア郊外には、学問の町パドヴァや、建築の町ヴィチェンツァ、『ロミオとジュリエット』の舞台となったヴェローナなど、中世からルネサンス期のすばらしい建築が残る芸術の町が点在している。また、世界的な山岳リゾートのコルティナ・ダンペッツォやガルダ湖のような大自然にも恵まれている。

ヴィチェンツァ
Vicenza

MAP p.8-B

16世紀最大の建築家が理想とした建築都市

建築に興味のある人ならぜひすすめたい街。パドヴァで生まれ、この街に長く住んだ建築家、アンドレア・パッラーディオ(1508～1580年)が、建築学上の理想の都市を目指して創り上げた建築群が残っていて、街を美しく彩っている。

パッラーディオがとくに力を入れたのが、街の中央に位置する長さ約700mのアンドレア・パッラーディオ通りCorso Andrea Palladio。この通りの両側にはパッラーディオの代表作があちこちに点在して、歩く人の目を楽しませてくれる。

■交通：ヴェネツィアからフレッチャロッサで約45分、ヴェローナから約30分、パドヴァから約15分、ミラノ中央駅Staz. Centraleから約1時間40分。ヴィチェンツァ駅から、街の中心アンドレア・パッラーディオ通りまでは徒歩約8分。

アンドレア・パッラーディオ通り

パッラーディオ建築のティエーネ館　　木造建築のオリンピコ劇場　　パッラーディオ建築のバルバラン館

パドヴァ
Padova

MAP p.8-B

ガリレオが教鞭を取った学問の町

コペルニクスなど多くの世界的知識人が学んだことでも知られるパドヴァ大学があり、今も学生の町としてにぎわっている。世界的な観光都市ヴェネツィアの影に隠れ、つい見落とされがちだが、一度は訪ねてみたい。

また、ヴェネト地方としては珍しい「ポルティコ」と呼ばれる柱廊のある建築が多いことでも知られる。徒歩でまわれる中心部には1600年

代の建物も多く、ロマンティックな雰囲気。絵画に関心のある人なら、スクロヴェーニ礼拝堂に描かれたジョットのフレスコ画も見逃せない。

■交通：ヴェネツィアからはフレッチャロッサで26分、ミラノ中央駅Staz. Centraleから約2時間。パドヴァ駅から、街の中心部にあるスクロヴェーニ礼拝堂までは徒歩約8分。見どころは、ポルティコの続く城壁内に点在している。

中世の面影が残る中心部

ロマネスク様式の洗礼堂を持つドゥオモ

ヴェローナ
Verona

MAP p.8-A

■交通：ヴェネツィアからフレッチャロッサで約1時間10分、ミラノ中央駅Staz. Centraleから約1時間15分。駅から街の中心部までタクシーで10分。市バスは駅から11、12番がブラ広場に停車。

夏の野外オペラは壮麗

『ロミオとジュリエット』の舞台となった街としてロマンティックなイメージがふくらむが、実際にその期待を裏切らない。

ヴェネト地方の豊かな緑とゆったりとした川に囲まれた市内には、14世紀にヴェローナを支配した君主スカーラ家のお城「カステルヴェッキ

ルネサンス建築が残る中心部

オ」が再建されている。また、1世紀に建てられたローマ劇場などの遺跡もあり、散策も楽しい。中心部にはモデルとなった「ジュリエットの家」もあり、世界中からの観光客でにぎわっている。

ヴェローナ駅から街の入口であるブラ広場までは、ポルタ・ヌオヴァ通りを徒歩で約20分。広場に近づくと、圧倒的な迫力で目に飛び込んでくるのが円形競技場アレーナ。ここでの夏の野外オペラは有名。街全体がドラマティックに盛り上がるなか、迫力と臨場感あるオペラを満喫できる。

アレーナでの夏の野外オペラ

「ジュリエットの家」

ガルダ湖
Largo di Garda

MAP p.8-A

■交通：ヴェローナ駅から約20分でデセンザーノへ到着する。ヴェローナからはバスも頻繁にあり、ガルダ、トッリ・デル・ベナコTorri del Benaco、マルチェージネMalcesineなどの湖畔の町に停車する。

ヴェネツィアから日帰りで行けるリゾート

ヴェローナ近郊にあるイタリア最大の湖。すぐそばまでドロミテ山塊が迫るダイナミックな景色が楽しめる。湖をわたる風は爽やかだが、ドロミテ山が北風をさえぎるため気候は温暖で、地中海的なのどかな雰囲気が漂う。

湖畔には高級から手頃な料金の宿まで、さまざまなリゾートホテルが建ち、ヨーロッパ中から保養客が訪れる。明るく開放的なリゾートでのんびりするのもおすすめ。

湖畔の町で観光客に人気が高いのは、シルミオーネ。古代ローマ時代の遺跡や中世の城塞などの歴史的遺構

が残っている。また、ガルダの町ではウインド・サーフィンなども手軽に楽しめる。

ガルダ湖観光の起点は、湖の南側。鉄道で訪れるなら、FS駅のあるデセンザーノDesenzanoが玄関口となる。デセンザーノからはガルダ湖をまわる遊覧船が1日11～13本出ている。

ヨットなどのウォーター・スポーツも楽しめる

明るく開放的なガルダの町

ナポリ・ポンペイ
Napoli・Pompei

ナポリ中心部
Napoli Centro

240

ナポリ
Napoli

ナポリへの交通

空路で / by Air

市街地までバスで約15分とアクセス抜群

ナポリの玄関口カポディキーノ空港Aeroporto di Capodichinoは、市街から北東に約5kmのところにある。ミラノからは約1時間15分、トリノからは約1時間20分。エールフランス、ブリティッシュ・エアウェイズなどのヨーロッパからの国際便の乗り入れもある。

鉄道で / by Train

フィレンツェ以南からは鉄道が手軽

長距離列車は主にナポリ中央駅Staz.Napoli Centraleに到着する。一部の列車は市街の西側にあるメルジェリーナ駅Staz. Mergellinaに到着。中央駅の地下にポンペイへの足となるチルクムヴェスヴィアーナ鉄道駅への連絡通路がある。

ローマから 高速列車のフレッチャロッサやイタロが最も早く、所要時間は約1時間。フレッチャロッサは1日約25本運行している。フィレンツェからは約2時間30分。

市内の交通

空港と市内は、アリブスAlibusと呼ばれる空港バスが結んでいる。料金は€3で、約20分間隔で運行。市内の移動は、ナポリ中央駅前のガリバルディ広場から地下鉄、トラム、バスが利用できる。

地下鉄　Metropolitana

1・2・6号線の3路線が観光に便利

中央駅前のガリバルディ広場Piazza Garibaldi駅からカヴール広場Piazza CavourやモンテサントMontesantoなどへ行くのに便利な2号線、主に街の北側を走る1号線のほか、街の西部を走る6号線がある。現在、1号線のドゥオモDuomo駅は工事中。料金は地下鉄、トラム、バス、ケーブルカーの共通券で1回券€1、90分券€1.50、1日券€4.50。1日券は刻印した日の深夜24:00まで有効。

ケーブルカー　Funicolare

街の西側に4路線が、約30分間隔で運行

坂の多いナポリで、市民の足として親しまれている。4路線のうち3路線が旧市街とヴォーメロの丘を結ぶ。ウンベルト1世のガレリア近くに駅があるチェントラーレ線は観光にも便利。丘の上からはナポリ湾と街全体を一望できる。

空港から市内へ

カボディキーノ空港から市内へはオレンジ色のシャトルバス、アリブスAlibusが便利。ナポリ中央駅前のガリバルディ広場まで約20分、港に近いムニチピオ広場まで約35分。料金は€3（車内だと€4）。20～30分間隔で運行。

観光案内所

●ナポリ中央駅構内
MAP p.241-D
23番線ホーム前
住Staz.Napoli Centrale
開9:00～18:00　休無休

●ウンベルト1世のガレリア内
MAP p.241-K
住Via San Carlo,9
開9:30～13:30,14:30～18:30、
日曜9:30～13:30
休無休

タクシー　Taxi

初乗り料金は€3.50。60mまたは10秒ごとに€0.05加算だが、空港から中央駅まで€16、スーツケース1個€0.50など均一料金を設定。

19世紀初めの支配者ブルボン家のフェルディナンド1世が建設したプレビシート広場

王宮～ドゥオモ
Palazzo Reale ～ Duomo

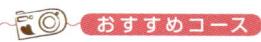
おすすめコース

地下鉄カヴール駅
↓ 🚶 徒歩5分
国立考古学博物館
↓ 🚶 徒歩10分
スパッカ・ナポリ
↓ 🚶 徒歩10分
サンタ・キアーラ教会
↓ 🚶🚌🚶 徒歩6分＋地下鉄5分＋徒歩10分
王宮

街のしくみ
下町情緒と歴史ある王宮文化がミックスした人間味あふれるエリア

　ナポリは、ギリシア語で"新しい街（ネアポリス）"という意味。その名が示す通り、古代はギリシア人の植民地として街造りが始まった。12世紀からはノルマン人に、13世紀にはアンジュー家とアラゴン家によって統治され、さらに16世紀になるとスペイン総督の支配下に置かれた。18世紀にはフランスのブルボン王家の統治を受けたこともある。5k㎡の市中心部には、それぞれの時代様式の建物や美術品が残され、独特の景観が魅力。人間味あふれた街造りは、多くの旅行者を引き付けている。

🏃 どんなエリア？

楽しみ
観光 ★★★★★
食べ歩き ★★★★☆
ショッピング ★★☆☆☆
交通の便
ケーブルカー ★★★☆☆
バス ★★★★☆
タクシー ★★☆☆☆
基点となる駅・バス停
地下鉄カヴール駅、プレビシート駅、ムゼオ駅、ダンテ駅、モンテサント駅　モンテサント・ケーブルカー　サン・マルティーノ駅

見どころ

王宮
Palazzo Reale
地下鉄プレビシートPlebisicito駅から徒歩5分
MAP　p.241-K

ナポリ王の像が立つバロック建築の宮殿

　スペイン統治下の17世紀初め、ローマでも活躍していた建築家ドメニコ・フォンターナによって建設された豪華な宮殿。18世紀以降はブルボン家をはじめ、歴代ナポリ国王の居城になり、プレビシート広場（写真上）に面した正面にはナポリ王8人の彫像が並んでいる。
　内部は美術館になっており、王家の調度品や絵

王宮南側は遊歩道があり、公園まで延びている

画などが見られる。2階へ上がる大階段ほか、内部の造りはエレガント。開9:00～20:00（入館は～19:00）　休水曜、1/1、12/25　料€4

ウンベルト1世のガレリア
Galleria Umberto I
地下鉄プレビシートPlebisicito駅から徒歩5分
MAP　p.241-G

ガラス張り天井が印象的なナポリの象徴

　ミラノにあるヴィットリオ・エマヌエーレ2世アーケードと同じ19世紀末に建築された近代的な建物。ガラス張りの天井が見事だ。内部はショッピング・アーケードになっている。

外光が降り注ぐ巨大なガラス張りアーケード

カステル・ヌオヴォ
Castel Nuovo

プレビシート広場Piazza del Plebiscitoから徒歩2分
MAP p.241-K

フランスのアンジュー家の旧居城

1282年、アンジュー家出身のシャルル1世が建てた城で、城の入口をルネサンスのアーチが彩る。内部は博物館。

巨大な塔の間に白い凱旋門が浮かぶ

開9:00～19:00（入場は～18:00）　休日曜　料€6

卵城
Castel dell'Ovo

プレビシート広場Piazza del Plebiscitoから徒歩10分
MAP p.241-K

12世紀、ノルマン王によって建造

築城の際、基礎部分に卵を埋め込み、「この卵が割れたときは、城はおろかナポリの街まで危機が迫る」と呪文がかけられたという。

城からの眺めがすばらしい

開9:00～19:30（日曜・祝日は～14:00）、冬季は～18:30（日曜・祝日は～14:00）、入場は閉館30分前まで　休1/1、12/25　料無料

サンタ・キアーラ教会
Basilica di Santa Chiara

地下鉄1号線ダンテDante駅から徒歩8分
MAP p.240-A

色鮮やかな中庭を持つゴシック様式の教会

教会裏手のマヨルカ焼の陶板で彩られた「クラリッセの回廊」が有名。

開7:30～13:00、16:30～20:00、日曜・祝日10:00～14:30　休無休　料€6

ホテル

グランド・ホテル・サンタ・ルチア
Grand Hotel Santa Lucia
MAP p.241-K

卵城の前にあるシックなホテル

部屋からはヨット・ハーバーの眺めがよく、カプリ島への船着場へも約1.5kmの立地。

交王宮から徒歩12分　住Via Partenope,46　☎081-7640666　F081-7648580　S€140～　T€220～　96室

ルナ・ロッサ
Luna Rossa
MAP p.241-H

機能的な3つ星ホテル

中央駅から200mと交通の便がよい。音楽

家一家がオーナーで、すっきりした内装。

交ナポリ中央駅から徒歩5分　住Via Giuseppe Pica, 20/22　F081-5548752　081-5539277　S€38～　T€53～　22室　WiFi無料

カサノヴァ
Hotel Casanova
MAP p.241-D

アットホームな小さな宿

中央駅に近いリーズナブルなホテル。

交ナポリ中央駅から徒歩8分　住Via Venezia,2　☎081-268287　F081-269792　S€35～T€40～　18室

レストラン

ピッツェリア・ジーノ・ソルヴィッロ
Pizzeria Gino Sorbillo
MAP p.240-A

ピッツァ発祥の店

ピッツァ発祥の店ともいわれている人気店。

交地下鉄1号線ダンテDante駅から徒歩10分　住Via dei Tribunali, 32　☎081-446643　開12:00～15:30、19:00～23:30　休日曜、8月に3週間

ミミ・アッラ・フェッローヴィア
Mimi alla Ferrovia
MAP p.241-D

魚介のパスタがおいしい

新鮮な魚介を使ったスープや前菜も好評。

交中央駅Centraleから徒歩5分　住Via Alfonso D'Aragona,19/21　☎081-5538525　開12:00～16:00、19:00～24:00　休日曜、8月に1週間

ナポリから1日観光
カプリ島
Isola di Capri

青の洞窟Grotta Azzurraで有名なカプリ島は、ナポリから南へ約30kmの海に浮かぶ小島。風光明媚で古くから貴族に愛され、アウグストゥス帝の別荘もあった。現在はブランドショップが並ぶ夏のリゾートである。

神秘的な美しさで知られる青の洞窟へは、ナポリからの船が着くマリーナ・グランデからモーターボートで行く方法と、陸路で行く方法がある。洞窟観光は光りの加減から晴天の正午前後がベスト。洞窟内へは手漕ぎの小舟で入り、観光時間は約5分。ただし、天候により欠航となることが多く、特に冬季は欠航率が非常に高い。

■カプリ島へ：ナポリ港ベヴェレッロ埠頭Molo Veverelloかカラタ・ディ・マッサ埠頭Calata di Massaから複数のフェリーが出ている。マリーナ・グランデ港まで40～80分、€15～23。港からカプリの町まではケーブルカーで約5分。
■青の洞窟へ：マリーナ・グランデからモーターボートで青の洞窟入口へ、小舟に乗り換え洞窟内へ。€29（モーターボート＋入場券）。またはアナカプリからバスで洞窟入口へ、手漕ぎボートで洞窟内へ、€14。開放時間は9:00～17:00。

ポンペイ

古代人の生活がリアルに伝わる遺跡

西暦79年8月24日、ヴェスヴィオ火山が大噴火を起こした。その死の灰の直撃を受け、一瞬のうちに埋もれてしまったのが、ナポリの南約20kmに位置するポンペイだ。

それまでのポンペイは紀元前8世紀ごろから商業活動の盛んな都市の一つで、紀元前1世紀にローマ帝国に編入されてからは貴族の別荘なども建てられ、噴火直前には人口約1万2000～2万5000人だったと推定される。

噴火開始からわずか19時間ほどでポンペイは壊滅した。火砕流と噴火の噴出物に、人々も住宅も家畜もあっという間に焼き尽くされた。ポンペイ遺跡を歩くと、一瞬で灰にされた人々の姿が石膏像とし

て展示されている。肉体が蒸発した後の空洞に石膏を流し入れて作ったものだ。その生々しさは、2000年近い年月を超えて、災害のすさまじさを伝えている。18世紀半ば、ナポリ王カルロス3世によって発掘され、厚い火山灰の下から現れた遺跡は、古代人の生活が鮮明に伝わってくるほど状態がよく、神殿やフォロ(公共広場)、裁判や商取引が行われた建物跡などが残っている。

遺跡はほぼ楕円形に広がり、碁盤の目に通りが作られている。一番長いアッボンダンツァ通りVia dell' Abbondanzaで約1km。遺跡内はすべて徒歩。主な見どころは60カ所もあり、すべて見るには4時間ほどかかる。フォロやジ

ュピターの神殿、ファウノの家など、西側の主要ポイントだけでも2時間は見ておこう。
開9:00～19:30、11～3月は～17:00(入場は閉場の1時間30分前まで)
休1/1、5/1、12/25　料€15

■交通

ナポリ中央駅の南300mにあるチルクムヴェスヴィアーナ駅Staz. Circumvesuvianaからチルクムヴェスヴィアーナ鉄道Ferrovia Circumvesuvianaで約35分、ポンペイ・スカヴィ・ヴィラ・デイ・ミステーリPompei Scavi-Villa dei Misteri駅下車、遺跡の入口まで徒歩3分。

●観光案内所

住Via Villa dei Misteri,2
☎081-8575347
開9:00～17:30、土・日曜は8:30～　休1/1、5/1、12/25

アポロの神殿
Tempio di Apollo

バシリカから徒歩2分
MAP p.245-A

48本のイオニア式円柱で囲まれた大神殿

バシリカの向かいにある。かつて周囲は48本の円柱と壁で覆われ、本殿は40本のコリント式円柱で囲まれていた。アポロのブロンズ像やアポロの妹ディアナ像（ナポリ国立考古学博物館蔵）などがここから出土した。

フォロ（公共広場）
Foro

バシリカから徒歩3分
MAP p.245-A

政治・経済の施設が並ぶ街の中心

広場の周りをバシリカ、アポロ神殿、食品市場、聖堂などの公共建築が取り囲む。長方形の広場を2層の列柱回廊が囲み、床は大理石の石板で舗装されていた。かつて皇帝の像が立ち並んでいたようだ。

フォロの公共浴場
Terme del Foro

バシリカから徒歩5分
MAP p.245-A

フォロからすぐ

小さいながら保存状態のよい浴場。ドーム型天井の下に、大理石の円形の泉がある温浴室Caldariumがある。泉の周りに彫られた文字は寄付した人の名前だという。人口約1万2000～2万5000人だったポンペイに、こうした公共浴場が4つあった。

居酒屋
Thermopolium

バシリカから徒歩6分
MAP p.245-A

大理石のカウンターが残る

大理石のカウンターに開いた穴にワイン壺を入れ、客はこのカウンターでワインを飲んだ。ポンペイには、こうした居酒屋が100軒はあったという。

パン屋
Panetteria

バシリカから徒歩6分
MAP p.245-A

石臼や窯が残る店舗の跡

小麦粉を挽く石臼やパンを焼くためのレンガ造りの窯が残る。石臼に開いた四角い

穴は、この穴に棒を通して奴隷やロバに引かせるためのもの。こうしたパン屋はポンペイで34カ所も発見されている。

カリグラ帝の凱旋門
Arco di Caligola

バシリカから徒歩6分
MAP p.245-A

カリグラ帝を讃えるアーチ

フォロの北西、居酒屋の近くにある。カリグラ帝を讃えるためのアーチだったようで、皇帝のブロンズ騎馬像の一部も出土している。

フォロの入口へつながるカリグラ帝の凱旋門

ファウノの家
Casa del Fauno

バシリカから徒歩8分
MAP p.245-A

紀元前2世紀に建てられた大豪邸

ローマの将軍の甥のものではないかと考えられる大豪邸。玄関ロビーにはコリント式円柱を使った神殿のような祭壇があり、アトリウムには家の名の由来となった「踊るファウノ」のブロンズ像がある（本物はナポリ国立考古学博物館蔵）。

大劇場と小劇場
Teatro Grande e Teatro piccolo(Odeion)

バシリカから徒歩10分
MAP p.245-B

5000人と1500人収容の大小劇場

馬蹄形をしたギリシア様式の大劇場は、紀元前3世紀から紀元前2世紀に建造されたもの。半円形小劇場は紀元前80年ごろのものと考えられている。

5000人の観客を収容できた大劇場

トラベル
インフォメーション
日本編

出発前にやることチェックリスト

☐ 旅行荷物のチェックリスト（→p.260）で荷物の準備
☐ スーツケースを空港に送る
☐ パスポートのコピーをとる（本人写真が写っているページ）
☐ 万一のパスポート紛失時のために写真（2枚）と戸籍抄本を準備
☐ カード会社・保険会社の現地連絡先を確認する
☐ 新聞・郵便を留め置きにする手配
☐ テレビ番組をチェックして録画予約をする
☐ 進行中の仕事の連絡事項、予定を詰める
☐ ペットがいる人は留守中の世話を確認
☐ 持病がある人は医者に薬をもらう
☐ 宿泊ホテルやツアー会社の連絡先を家族や知人に連絡する
☐ 留守番電話のメッセージを変える
☐ 冷蔵庫のナマ物を処分する
☐ 出発日のタクシーを呼ぶ予約

出発日検討カレンダー

※マーク日付は2019年の例。
祭日・イベント開催日は年により変動する。

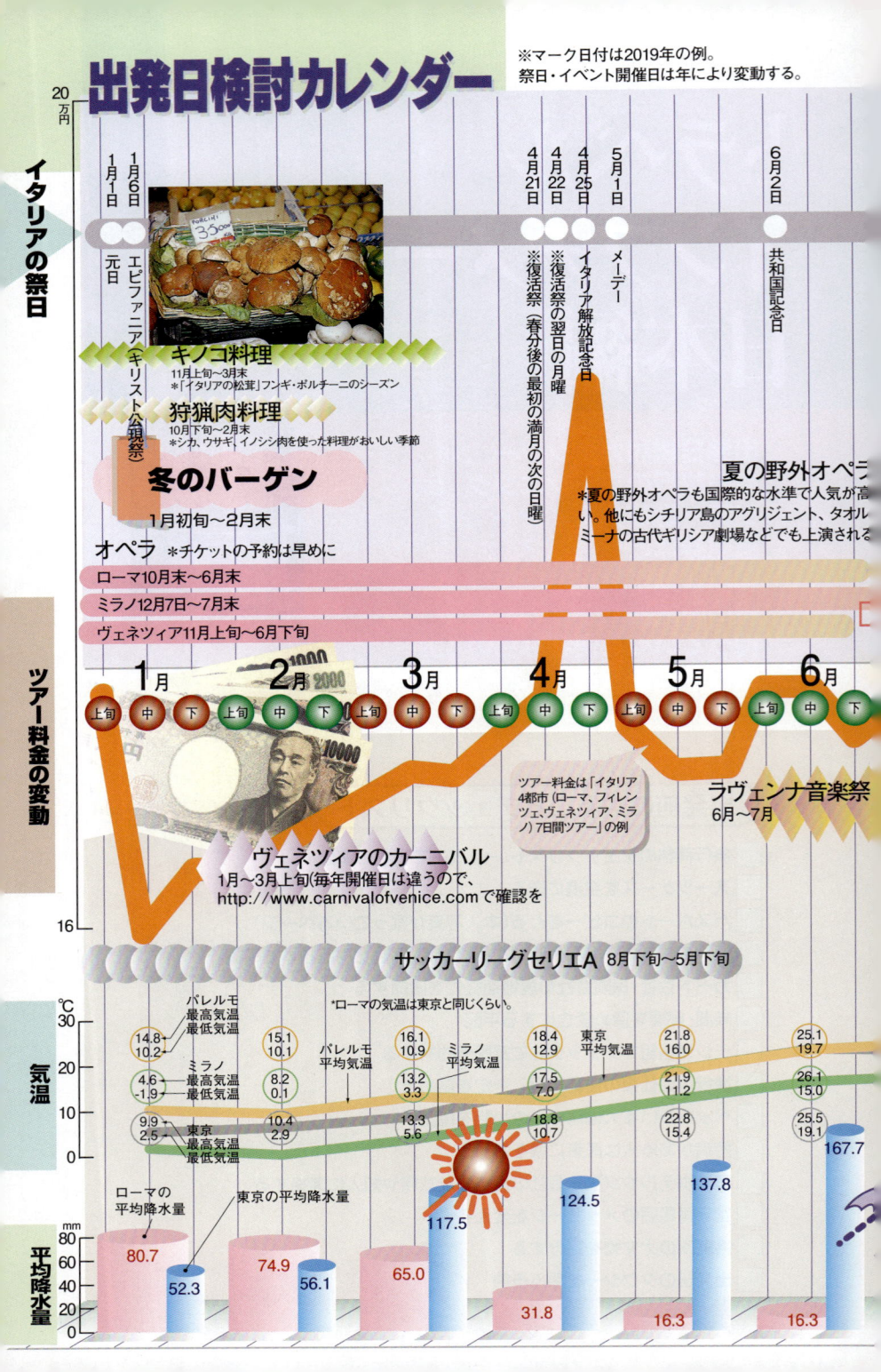

イタリアの祭日

- 1月1日 元日
- 1月6日 エピファニア(キリスト公現祭)
- 4月21日 ※復活祭(春分後の最初の満月の次の日曜)
- 4月22日 ※復活祭の翌日の月曜
- 4月25日 イタリア解放記念日
- 5月1日 メーデー
- 6月2日 共和国記念日

キノコ料理
11月上旬〜3月末
＊「イタリアの松茸」フンギ・ポルチーニのシーズン

狩猟肉料理
10月下旬〜2月末
＊シカ、ウサギ、イノシシ肉を使った料理がおいしい季節

冬のバーゲン
1月初旬〜2月末

オペラ ＊チケットの予約は早めに
- ローマ10月末〜6月末
- ミラノ12月7日〜7月末
- ヴェネツィア11月上旬〜6月下旬

夏の野外オペラ
＊夏の野外オペラも国際的な水準で人気が高い。他にもシチリア島のアグリジェント、タオルミーナの古代ギリシア劇場などでも上演される

ツアー料金の変動

1月 / 2月 / 3月 / 4月 / 5月 / 6月
(上旬・中・下)

ツアー料金は「イタリア4都市(ローマ、フィレンツェ、ヴェネツィア、ミラノ)7間間ツアー」の例

ラヴェンナ音楽祭
6月〜7月

ヴェネツィアのカーニバル
1月〜3月上旬(毎年開催日は違うので、http://www.carnivalofvenice.comで確認を

サッカーリーグ セリエA 8月下旬〜5月下旬

気温

＊ローマの気温は東京と同じくらい。

パレルモ 最高気温/最低気温
ミラノ 最高気温/最低気温
東京 最高気温/最低気温
パレルモ平均気温
ミラノ平均気温
東京平均気温

	1月	2月	3月	4月	5月	6月
パレルモ最高/最低	14.8 / 10.2	15.1 / 10.1	16.1 / 10.9	18.4 / 12.9	21.8 / 16.0	25.1 / 19.7
ミラノ最高/最低	4.6 / -1.9	8.2 / 0.1	13.2 / 3.3	17.5 / 7.0	21.9 / 11.2	26.1 / 15.0
東京最高/最低	9.9 / 2.5	10.4 / 2.9	13.3 / 5.6	18.8 / 10.7	22.8 / 15.4	25.5 / 19.1

平均降水量

ローマの平均降水量 / 東京の平均降水量

	1月	2月	3月	4月	5月	6月
ローマ(mm)	80.7	74.9	65.0	31.8	16.3	16.3
東京(mm)	52.3	56.1	117.5	124.5	137.8	167.7

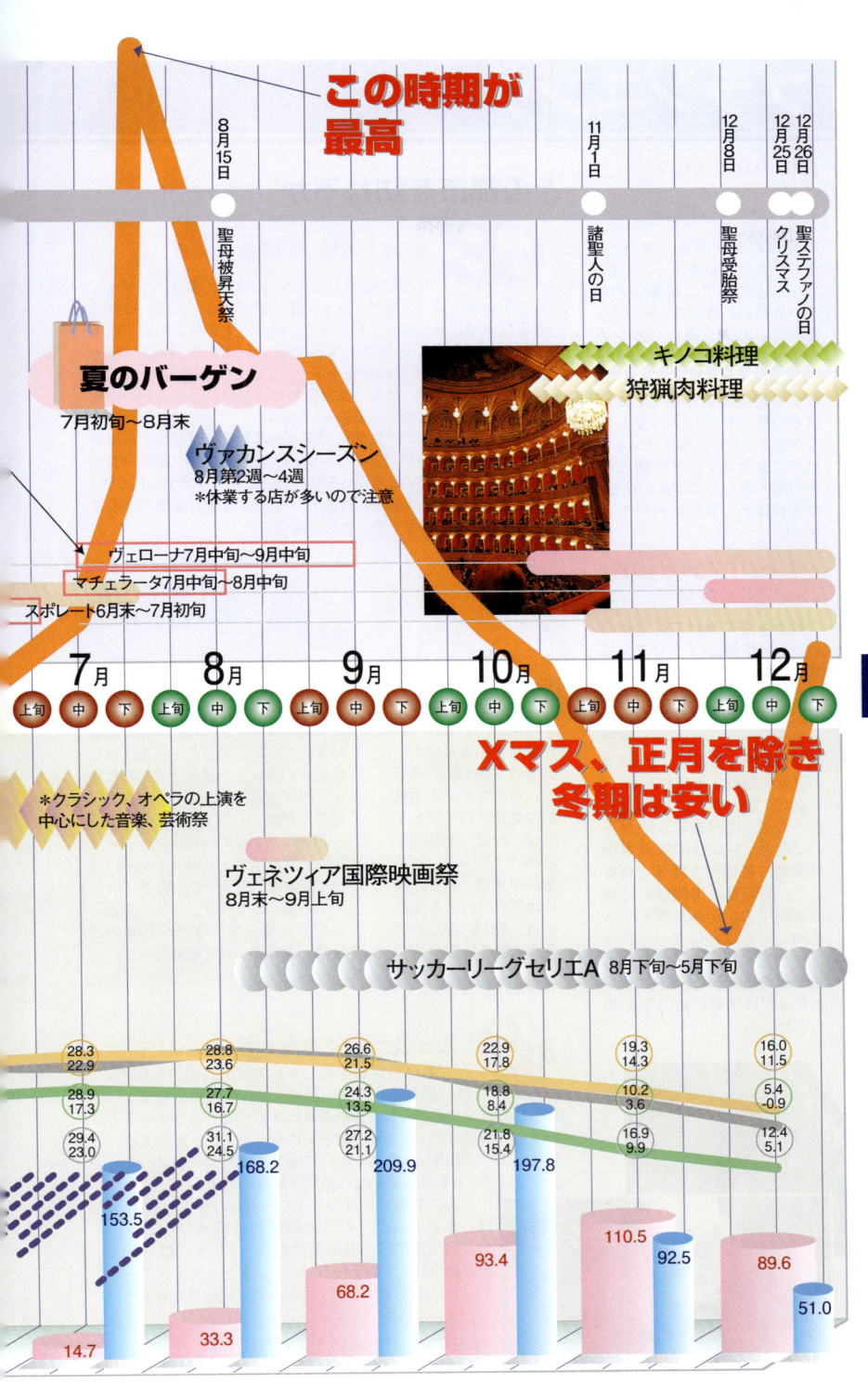

自由旅行を組み立てるための
プランニング

夏休みを利用して
イタリアへ？
ちょっと待って！

　夏休みを利用して海外へ、という人は多いだろう。でも、ちょっと待って。イタリアの7〜8月はバカンスシーズン。たいていの人は長いバカンスを取り、リゾートなどへ出かけてしまい、レストランやショップも足並みそろえて1カ月ほどの長い休暇に入ってしまうからだ。もしあなたがショッピングまたはグルメを旅の最大の楽しみにしているのなら、できれば7〜8月は避けた方がいい。

秋のイタリアは魅力満載！
でも、ここに注意

　秋から冬にかけては食材のおいしい季節。「イタリアの松茸」ポルチーニ茸やトリュフなどのごちそうがメニューを彩るので、グルメにはたまらない。

　また、サッカーシーズンが到来する季節でもあり、セリエAの試合を観戦する楽しみも。

　ただ、気をつけなければならないのが、10月末には雨が多いことと、秋には国際見本市が頻繁に各都市で開催されること。国際見本市開催の時期には街中のホテルが早くから予約でいっぱいになり、まったく空室がなくなることもある。秋の旅行が決まったら、できるだけ早めに宿の手配をしておこう。

どの都市を訪ねるか

美術・建築が好きな人なら

　国中が美術館といえるほど、美術・デザインに秀でたイタリア。見どころも全国に散らばっていて、絞り込むのは本当に難しい。それがまた、楽しくもある。美術・建築を見る際にひとつの基準となるのが、時代様式。自分が今一番好きな時代様式は何かを考えながら、訪れる都市を決めるのもひとつの手だ。あるいは自分の好きなアーティストの出身地や、ゆかりの地を訪ねるのもいい。

　たとえばルネサンス文化に興味があるなら、イタリア・ルネサンスを代表する都市フィレンツェは見逃せない。古代〜中世建築史に関心があるならローマは必見。また、レオナルド・ダ・ヴィンチに関する資料や、代表作『最後の晩餐』を見たいのであれば出身地のミラノへ、という具合に。

音楽・オペラ鑑賞に関心があるなら

　イタリアはオペラ発祥の地。本場のオペラを一度は鑑賞してみたいもの。小さなオペラ座まで含めると全土に数多くの劇場があるが、そのなかでも本格的なのが、ローマとミラノ。ただし本格的なオペラ・シーズンは冬なので注意。また、夏には野外オペラも開催され、独特の楽しい雰囲気に包まれる。

古代遺跡と文化遺産を訪ねたいなら

　なんといっても古代ローマ帝国の遺跡がたくさん残るローマは見逃せない。フォロ・ロマーノを中心にしたローマ中心部は世界遺産に登録されていて、見どころ豊富。さらに足をのばして、噴火で埋もれた町ポンペイ遺跡へも、ローマからは日帰りが可能。

　日程にゆとりのある人は、フィレンツェまたはヴェネツィアから1泊2日の小旅行で行ける、モザイク芸術の古都ラヴェンナや、中世建築・美術の宝庫シエナなどへ足をのばせば、印象深い旅になるだろう。

ショッピングに重点を置きたいなら

　もはや定番のおしゃれアイテムのイタリアン・ブランド。「買い物こそ旅の第一目的」という人も少なくないだろう。お目当てのブランドがある人は本店のあるミラノやフィレンツェへ直行。フィレンツェはとくにショップが小さなエリアに集中していて効率のよい買い物ができる。また、ミラノ、フィレンツェはアウトレット狙いなら絶対外せない都市。

　一方、ブランド派にとって穴場なのがヴェネツィア。ほとんどの人が1日か2日の観光で素通りしていくため、他の街では品薄の商品も残っている。ローマはひととおりなんでもそろうが、セレクト・ショップやアウトレットは少ないので、他の都市と組み合わせよう。

リピーターなら、個性豊かな小さな町へも

見どころがいっぱいのイタリア、あまり欲張りすぎると慌しいだけの旅に。初めてのイタリアならばまずは5大都市を訪ねる旅がオススメ。それぞれの都市の特徴をとらえた上で、旅のプランニングを始めよう。

リゾートでゆっくりしたいなら

　　イタリアは大都市からほんの少し郊外へ足を延ばすだけで、自然の豊かさを実感できるリゾートがある。たとえばミラノからなら、列車で40分から1時間で、美しい湖水地方のコモ湖やマッジョーレ湖、イタリア最大の湖ガルダ湖に行ける。湖畔にはおしゃれなレストラン、カフェ、一流ホテルがあるので、ゆっくりリゾート気分を味わってみては？
　　ローマからなら、高速鉄道で1時間ほどのナポリを起点に、日帰り観光も可能なカプリ島、イスキア島などの南イタリアを代表するリゾートがある。日程に余裕があるなら、一度こうしたリゾートへ出かけてみるのも良い思い出になるに違いない。

2度目ならこんな小都市も組み込んでみて

北部

◆ヴェローナ
行き方／ヴェネツィア、ミラノから列車で約1時間10〜20分
『ロミオとジュリエット』の舞台となった美しい町。芸術の町でもあり、ゴシック様式の絵画・彫刻を集めた美術館や、北イタリアで最も美しいといわれるロマネスク様式の教会などがある。

◆ラヴェンナ
行き方／ヴェネツィアから列車で約3時間、フィレンツェからは列車で約2時間20分
　西ローマ帝国の首都であり、東ローマ帝国の総督府が置かれていた歴史を持つ。ビザンチン様式のモザイク芸術の宝庫でもある。

◆ボローニャ
行き方／フィレンツェから列車で約40分、ミラノ、ヴェネツィアからは列車で約1時間〜1時間20分
　イタリアでも1、2といわれる食の都。「ボローニャ風」料理の本場。グルメならぜひ訪れたい。古い伝統をもつ大学の町でもある。

中部

◆シエナ
行き方／フィレンツェから列車で約1時間30分
　13〜14世紀に銀行業と商業で栄え、フィレンツェと対抗した町。文化的にも「シエナ派」と呼ばれる絵画・彫刻を産み出し、美術館・博物館が多数。「世界一美しい広場」といわれるカンポ広場も必見。

◆アッシジ
行き方／フィレンツェから列車で約2時間30分、ローマからは列車で約2時間
　中世のトスカーナの小都市の風情をそのまま残す珠玉の町。宗教芸術の傑作も見られる。

◆ピサ
行き方／フィレンツェから列車で約1時間10分
　12〜13世紀に最盛期を迎えた海洋貿易都市であり、その時期に建てられた「ピサの斜塔」をはじめ、華やかな建築が見どころ。

日程からプランを練る

A　6〜8日間
仕事を持つ人なら、この日程で出かける人が一番多いだろう。初めてのイタリアならローマ、ミラノ、フィレンツェという、人気のある3都市をまわるのが一般的。見どころの多いローマから旅を始め、最後にショッピングが充実しているミラノから帰国する、というコースがオススメ。

B　10日間
上記の3大都市にヴェネツィアを加えた4大都市をまわるコースが組める。所要時間の目安は、ローマ→フィレンツェが約1時間30分、フィレンツェ→ヴェネツィアが約2時間、ヴェネツィア→ミラノが約2時間30分（いずれも列車の場合）。

C　10日間
ローマから日帰りでポンペイやナポリへ足をのばし、ローマ→フィレンツェの途中で、古都アッシジで1泊できるのがこの日程。ヴェネツィア→ミラノへの途中でも、『ロミオとジュリエット』の舞台、ヴェローナに1泊することができる。また、最後にミラノで時間が余ったら、ミラノから1時間で行けるリゾートのコモ湖や、中世の面影が残る町、ベルガモへ足をのばすのもいいだろう。

ツアーそれとも個人旅行？

どんな人におすすめ？

〈フルパッケージ〉
　添乗員の同行で航空会社、観光、食事がセットされたツアー。旅慣れない人、言葉に不安を覚える人にも安心だ。イタリアの都市だけを回るものから、パリやウィーン、バルセロナなどEUの人気都市・エリアと組み合わせたものなど内容はいろいろ。

〈セレクト型〉
　憧れのホテル、行ってみたいレストランなど、旅行者のこだわりに対応したツアー。

〈ダイナミックパッケージ型〉
　インターネットで往復航空券を選ぶと宿泊可能なホテルが表示されるので、条件に合うものを選んでセットで申し込むタイプなどがある。

〈フリープラン型〉
　往復の航空券と宿泊、現地係員の送迎がセットになっているほかは基本的に滞在中フリータイム。滞在期間や現地発着ツアーなどを自由に選べるものが多い。ホテルはエコノミークラスが多いが、ほとんどは市内中心部周辺にあり観光には困らない。

〈体験型〉
　農家に滞在して田舎暮らしを体験するアグリツーリズモや、料理やオリーブオイルの収穫を体験するなど、テーマを絞った旅も最近増えている。

　旅の目的や予算、訪れたい都市やエリアなどに応じて、ツアーを選ぶか個人手配旅行を選ぶか。ツアーといっても、添乗員同行で観光も食事もすべて決められたフルパッケージ型や、現地オプショナルツアーを組み合わせることのできるツアーなど、ツアーの形態によっても主催する旅行会社によっても選択肢はさまざま。まずは自分の旅の目的をはっきりさせ、旅の知識・技術、予算などを検討して自分に合ったベストな旅を選びたい。

それぞれの良所と短所

■ ツアーのメリット・デメリット

　ホテル代や現地でのバス料金などに団体料金が適用され、料金が低く抑えられている。また、交通の便のよくない地方都市やエリアへの移動時間と費用、手間を最小限に抑えられるのもツアーのメリット。ただし、1人参加の場合は「1人部屋追加料金」がかかり、割高になるので要注意。
　ツアーのデメリットは団体行動を強いられること。市内観光付きツアーでは、みやげもの店に連れて行かれることもある。そもそも初めて訪れる都市でない限り、市内観光そのものが不要である場合もある。申し込み時に市内観光はパスできるかなど確認しておくことも、気持ちよく旅行するためのコツ。

■ 個人旅行のメリット・デメリット

　格安航空券を探したり、お気に入りのホテルの安い時期を狙ってお得なプランを立てたりと、納得のゆく旅プランを自由に設定できる個人旅行。デメリットは、ホテル代や移動費が、安い仕入れ価格で設定できる団体旅行に比べて高くついてしまうこと。旅先での交通事情がルーズなときや、バスの乗降場所を見つけるのに手間取ったときなど、予想外の出来事に対処する能力も求められる。ひとたびトラブルに遭遇したら、ある程度高度な英語力がないと対処できない場面が多い。そこで必要となるのが海外旅行保険やクレジットカードに付帯するサービス。個人旅行では「万一のとき」を考え、相談窓口の連絡リストを持参するなど万全の準備が欠かせない。

■ツアーと個人旅行の長所と短所？

		ツアー	個人旅行	メリット・デメリット
海外旅行経験	初めて	◎	×	まずはツアーで旅の流れを覚えたい
事前準備できる時間	たっぷり取れる	◎	◎	ツアーの場合、自由行動を下調べすれば内容充実
	まったく取れない	◎	×	こういうとき、ツアーが頼れる
旅行時間	～14日間	○	◎	10～12日間程度のツアーで延泊する手もある
	それ以上	×	◎	長いツアーは割高に。個人旅行向き
旅行人数は	1人	×	○	ツアーは安心だけど1人部屋追加料金が高い
同行者は	友人	◎	◎	個人旅行でもツアーでも部屋代を節約可能
	両親	◎	×	両親をハプニングに付き合わせるのは避けたい

団体料金の適用で旅行代金が安く、主な見どころが含まれるパッケージツアーならイタリア初心者におすすめ。旅慣れた人は本書を参考に、自由な旅行プランを練ってみよう。

ツアー選びはどこで判断？

利用する航空会社がどこかもチェック！

「モスクワ経由のヨーロッパ系航空会社」と書いてあればアエロフロートのこと。あまり人気のないエアライン利用の場合、旅行会社ではこのようにぼかすこともあるので注意。

到着時刻・出国時刻は？

同じ「4泊6日」でも、到着時刻、出発時刻によって滞在時間がかなり違ってくる。到着に関しては午前中ならその日の午後を有効に使えるが、時差ボケや疲れが心配な人には夜の到着がおすすめだ。一方、出発時刻も「午前中の便で出発」とあったら、最終日はないものと考えた方がいい。夕刻以降の出発であれば、最後の観光や買い物ができる。

ホテルのランクは大丈夫？　ホテルの指定はできる？

値段の安いツアーほどホテルの当り外れがあるもの。安いツアーの場合、郊外にホテルがあることが多いが、買い物が中心なら中心部の方が便利。「同等クラス」の表現もあるので注意。パンフレットにホテルの写真があってもイメージ写真程度と考え、うのみにしないようにしよう。

食事はどこまで含まれる？

イタリアのホテルは朝食付きが多いが、パンと飲み物だけの簡単なものを出すところが多い。朝食は外のバール（カフェ）で簡単に安く済ませれば、付いていなくても困らない。

5大都市の滞在時間は？

何都市か周遊する場合には、各都市にどのくらい滞在できるのかよく考えよう。なるべく多くの都市を見たいのはよくわかるが、1泊でまた移動というのは慌ただしく、都市の魅力も充分に味わえない。「今回は下見」くらいの気持ちでいるのでなければ、最低でも2泊できる日程が望ましい。

市内観光をパスすることはできる？

初めて行く街を効率よく回れたり、ガイドの説明付きで名所を見学できるのはいいのだが、みやげもの屋に連れて行かれるのは嫌という人もいるだろう。市内観光付きの場合、希望すれば外せるのかどうか確認してみよう。

延泊したい！そんな場合の延泊料金は？

予定にぴったりのツアーが見つからなくても、延泊によって調整できることもある。まず延泊はできるのか。できる場合も延泊料金はツアーによってまちまち。きちんと確認しよう。

シングルユースの追加料金はいくら？

1人旅の最大のネックはホテルの部屋代。通常のツアー料金は2人部屋の1人料金なので、シングルユースを希望すると、5泊7日のツアーで4万円前後値段が上がる場合が多い。シングルユースの場合は、必ず追加料金をチェックしよう。

自分専用のツアーをつくる

「こんな旅行にしたい」というイメージはあっても、パッケージツアーに希望のものがないときには、旅の専門家にオーダーメイド旅行を依頼することもできる。その国・エリアに詳しいトラベルコンシェルジュと相談しながら、自分だけの旅行を企画・手配までしてもらえる。また本書の読者限定で、下記の専用メアドからイタリアに関する質問にも答えてもらえる。

●ウェブトラベル
www.webtravel.jp
e-mail　blueguide@webtravel.jp

現地ツアーを活用する

個人旅行で現地での足を確保するのに、上手に利用したいのが現地発のバスツアー。イタリアの大きな都市では、市内名所巡りから、郊外の日帰りコース、足をのばして1泊、2泊するコースなど、さまざまなバスツアーが用意されている。現地のホテルや観光案内所で申し込みできるツアーもあるし、日本の旅行会社やインターネットで予約できるツアーもある。

ハイキング・スキーは専門の旅行会社に相談

ハイキング、トレッキング、スキーなど山岳ツアーが目的なら、専門に扱う旅行会社にまずは相談するのもよい（フェロートラベル、アドベンチャーガイズなどがある）。

個人旅行のポイント

航空券はどう選ぶ？

イタリア国内の移動は

地方都市が旅の目的地なら、豊富な国内線路線網を持つアリタリア-イタリア航空の直行便を利用して乗り継ぐのが便利。航空券の種類などにより、直行便を利用すればイタリア国内の2フライトを無料で追加できる場合もある。オープンジョー（p.255参照）の利用などにより条件が異なるので、旅程に合った条件の航空券を求めたい。

ローマに寄らずに目的地へ直行？

バーリ、パレルモ（シチリア）などが旅の目的地なら、ミラノで国内線に乗り換えるよりも、ヨーロッパ系航空会社で直接、目的地に入った方が便利という考え方もできる。航空会社・航空券によっては、ヨーロッパ内2フライトが無料になることもあるため、ロンドン、パリなどにも立ち寄りたいという人は検討しよう。ミラノに入る場合、直行便では街の中心部から遠いマルペンサ空港だが、欧州乗り継ぎ便なら市街地に近くて便利なリナーテ空港を利用できるメリットもある。

欲張って旅行するならストップオーバー利用

目的地への往復途中で、乗り継ぎ地に24時間以上滞在することを「ストップオーバー」という。これを使えば、往復のどちらかまたは両方で途中の都市で24時間以上滞在ができる。格安航空券を購入する際は、「ストップオーバー可／不可」の条件を確認しよう。無料でできる場合もあるが、航空券によっては数万円の追加料金がかかることもあるので注意。

航空券の種類と特徴は？

自分で手配する個人旅行では、航空券とホテルの選び方で、費用が大きく変わってくる。航空券にはいくつか種類があり、料金や利用条件が大きく異なる。個人旅行者は、ゾーンペックス、エイペックス、格安航空券を利用する機会が多いが、それぞれの特徴を見てみよう。

●普通航空券（ノーマルチケット）

IATA（国際航空運送協会）が決定した定価運賃で、季節による価格変動がない。高額だが他社便への乗換え、途中降機（ストップオーバー）などに制限がない。購入後1年以内ならキャンセル料なしで払い戻し可能。

●IATAペックス航空券

IATAが運賃を設定した特別運賃航空券。航空会社は自由に選ぶことができるが、エコノミークラス限定で往復の利用日が決められている。

●ゾーンペックス航空券

各航空会社が独自に運賃を設定した正規割引運賃航空券で、航空会社の変更不可。予約や経路の変更もできない。

●エイペックス航空券

ゾーンペックスチケットの一種だが、出発日○○日前までに購入など、期限を限定して発売することで割引率を高めた、事前購入型航空券。ANA「スーパーバリュー」、JAL「ダイナミックセイバー」などがこれに当たる。発券後の変更は不可。

●格安航空券

航空会社が団体旅行用に旅行会社に卸売りした航空券をバラ売りしたもの。往復の便が指定された往復航空券で、発券後の変更は不可。キャンセル、マイレージなどの条件は不利。

●LCC正規航空券

LCC（格安航空会社）のチケットで、片道料金で表示される。運賃は安いがキャンセル料は高い。機内食や受託手荷物などのサービスは別料金。

安心・便利な直行便、料金なら乗り継ぎ便

イタリアまでの飛行時間はローマ、ミラノまでの直行便だと約13時間。運賃の安い乗り継ぎ便は待ち時間も含め所要時間がかかるが、料金は数割から半額近く安くなる場合が多い。

■ リスクが少なく、滞在時間も長くとれる直行便

直行便には乗り継ぎ時の遅延や荷物トラブルがなく、飛行時間も短いので、旅のスケジュールが立てやすい。日本からの直行便があるのはアリタリア-イタリア航空のみで、成田・ローマ間が週7便、成田・ミラノ間が週7便（冬期は5便）。所要時間はどちらも往路約13時間、復路約12時間30分で、成田を13:30〜

一度予約した旅行のキャンセル料の発生時期は、旅行会社によって異なる。これは各会社で規定が違うため。予約を入れる前に、いつまでなら無料でキャンセルができるか、キャンセル料金はいくらかかるか確認を。

14:00頃に出発し、現地時間でローマに19:00、ミラノに18:30頃到着するのが一般的。

■ ベネチアやフィレンツェも到着地に選べるヨーロッパ系

日本からの乗り継ぎ便は、アジア系、ヨーロッパ系、中東系などの航空会社20社以上が運航している。それぞれ乗り継ぎ地が異なるのでメリット、デメリットがある。ヨーロッパ系だとエールフランスがパリ、ブリティッシュ・エアウェイズがロンドンでの乗り換え。ローマ、ミラノ以外にベネチアやフィレンツェも到着地に選ぶことができる。ハブ空港で買い物をしたりストップオーバーを利用すれば、市内観光も楽しめる。

■ 料金が安く地方空港からの出発も可能なアジア系

大韓航空や中国国際航空、キャセイパシフィックなどアジア系の航空会社は日本の地方空港にも乗り入れているので、成田以外の各地から1回の乗り換えで、しかも15～18時間と比較的短い所要時間で目的地に到着できる。エミレーツ航空、カタール航空など中東系航空会社は料金が安く、直行便の半額近くですむこともあるが、南回りで所要時間が20時間近くかかってしまうのが難点。ただし、機内サービスの評判はよい。全日空、日本航空の日系2社には直行便がないので、ヨーロッパで乗り継ぎ、イタリアまでは各社のコードシェア便を利用することになる。

Eチケット（Electronic Ticketing）について

Eチケットとは、紙に印刷していた航空券を電子化したもの。現在はIATA加盟航空会社にはEチケット使用が義務付けられている。顧客には確認書（メールの場合も）や「お客様控え」が渡され、空港カウンターで搭乗手続きを行う。

到着・出発都市を変更できるオープンジョー

ヨーロッパ系航空会社を利用する際、行きと帰りで違う空港を利用することができる場合がある。このサービスを「オープンジョー」と呼ぶ。オープンジョーを利用すれば、ミラノ入国、ローマ出国などの旅程が組め、一度訪れた都市に戻らなくていいので効率のよい旅ができる。利用するには、航空券購入の際に「オープンジョーを利用したい」旨伝えること。航空券によっては不可だったり、手数料がかかる場合も。「オープンジョー可」であっても、正規割引航空券や格安航空券では、現地で経路変更などは一切出来ないことも。航空券購入前に経路を決めておくことが大切だ。

直行便の割引航空券料金（一例）

※2018年5月の例
●直行便（成田⇔ローマ）
アリタリア-イタリア航空
10万8000円～
※上記料金は、空港使用料、燃油サーチャージなどを含む。

Eチケットの読み方

名前
パスポートの名前と同じか受け取る際に確認しよう

出発地と目的地
行き先が正しいか確認する

Eチケットの一例（イメージ）。購入のために航空会社や旅行会社に出向く必要がないのがメリット。パスポートがあれば利用者自身で航空会社でのチェックインが可能。自動チェックイン機が利用できる航空会社もある。

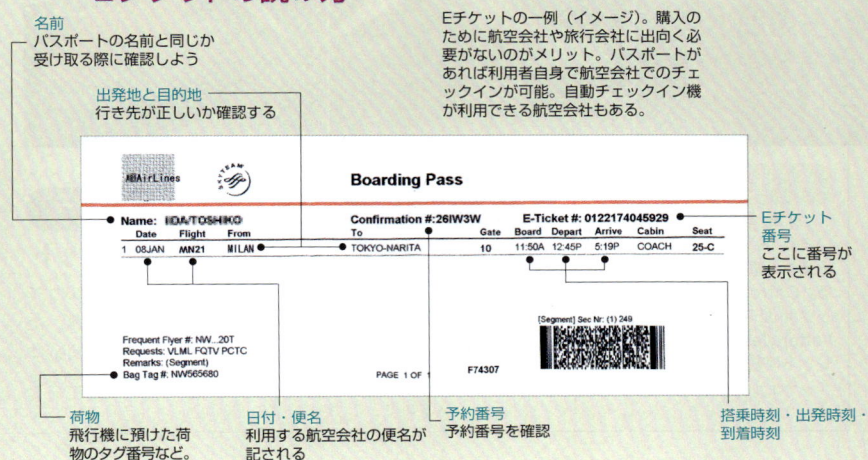

Eチケット番号
ここに番号が表示される

荷物
飛行機に預けた荷物のタグ番号など。

日付・便名
利用する航空会社の便名が記される

予約番号
予約番号を確認

搭乗時刻・出発時刻・到着時刻

出発前に〜
国内移動手段 ＜鉄道＞

鉄道関係のイタリア語

鉄道	ferrovia フェッローヴィア
駅	stazione スタツィオーネ
列車	treno トレーノ
客車	carrozza カロッツァ
1等	primaclasse プリマ クラッセ
2等	secondaclasse セコンダ クラッセ
コンパートメント	scompartimento スコンパルティメント
指定席	postoprenotato ポスト プレノタート
自由席	postolibero ポスト リベロ
禁煙	nonfumatori ノン フマトーリ
出発	partenza パルテンツァ
到着	arrivo アッリーヴォ
乗り換え	coincidenza コインチデンツァ
切符	biglietto ビリエット
片道	andata アンダータ
往復	andataeritorno アンダータ エ リトルノ
時刻表	orarioferroviario オラリオ フェッローヴィアリオ

▼右からフレッチャロッサ、フレッチャルジェント。左はフレッチャロッサの車内（2等車）

トレニタリア（イタリア鉄道）での移動

■列車の種類

イタリア主要都市間の移動でよく利用されるのが、高速鉄道「フレッチェ」シリーズLe Frecce。「フレッチェ」の列車群には、最高時速360kmのフレッチャロッサFrecciarossa、250kmのフレッチャルジェントFrecciargento、200kmのフレッチャビアンカFrecciabiancaがある。そのほかの特急列車や急行、普通列車の表示や注意点は以下の通り。また、高速鉄道「イタロ」についてはp.16参照。

略称	名称	説明
Le Frecce	フレッチェ	フレッチャロッサをはじめ上記3種がある最速の高速鉄道。普通運賃・特急料金・座席指定料が必要
EC(Eurocity)	ユーロシティ	イタリア都市間と欧州都市を結ぶ国際特急。1等と2等がある。普通運賃・特急料金・座席指定料が必要
IC(Intercity)	インターシティ	イタリア都市間を結ぶ特急。1等と2等がある。普通運賃・特急料金が必要（予約の場合は座席指定料も）
EN(Euronight)	ユーロナイト	欧州主要都市を結ぶ夜行特急。普通運賃のほかに特急運賃が必要。予約が必要
E(Espresso)	エスプレッソ	急行
D(Diretto)	ディレット	準急
R(Regionale)	レッジョナーレ	各駅停車

座席の種類

1等車、2等車が区別されているほか、6人がけのコンパートメント車両と普通の車両がある。Carrozza ristoranteカロッツァ リストランテは食堂車、Vettura lettoヴェットゥーラレットは普通寝台車、Cuccettaクッチェッタは簡易寝台車。

日本でトレニタリアの乗車券を買う

■オンラインで買えるトレニタリアのチケット

トレニタリア(旧国鉄・FSとも表記されるイタリア鉄道)のサイトでは、日本にいながらチケットのネット予約・購入が可能。ただし、ウェブで購入する際は窓口販売とは違い、独自の料金体系がある。また、早割に相当するスーパーエコノミーやエコノミ

イタリア全土に張り巡らされた鉄道は、都市間の効率のよい移動に最適。鉄道には、日本出国前にしか購入できない乗り放題のレイルパスがある。レイルパスを買うか、それとも乗車ごとにチケットを買い求めるか。利用回数や移動距離などを総合して検討したい。

一は列車の変更や払い戻しができないなど制約も多い。

ウェブ上で予約・購入すると、チケットの詳細がメールで送られてくるので、印字して持参するかチケットをスマートフォンでその画面で提示する。とくに大切なのがチケットに表記されている「PNRコード」というアルファベットと数字の組み合わせ。この番号を紛失すると検札の際に引っかかるので、なくさないよう注意したい。

■ウェブ上で予約・購入する際の料金体系

トレニタリアのサイトで予約・購入する場合は、料金カテゴリーが別体系になっている。種類は以下で、60歳以上のシニア及び30歳以下のヤングがある。割引チケットは制約もある。

Super Economy スーパーエコノミー	最も割引率の高いチケット。予約の変更も払い戻しも不可
Economy エコノミー	出発前なら予約の変更が可能な割引チケット。列車の種別変更は不可
Base ベース	通常運賃で、出発前であれば何度でも無料で予約の変更ができる。出発時刻前なら20%の手数料を払えば払い戻しも可能

■イタリア国内のレイルパス

有効期限内で一定日数乗り放題の「ユーレイル イタリアパス」があり、最も速いフレッチャロッサを含め、トレニタリアの全路線で利用することができる。ユーロシティ以上のクラスの列車利用の際は座席指定料（約1600円）が必要。料金的には個別に買うほうが無駄がなく、たとえば3日間パスを買うなら、ミラノ〜ローマ間を同程度の移動を3回はしないと元が取れない。

一番出費が少ないのは、ウェブサイトで早割を活用して、乗るときだけ買うこと。ただし、いったん決済してしまうと、通常運賃以外は変更や払い戻しがきかない。パスやチケットそれぞれのメリット・デメリットをよく比較検討して賢く選びたい。

■日本語で買えるチケット

トレニタリアの乗車券（通常運賃のみ）を日本語で買えるオンラインサービスもある。レイルヨーロッパ・ジャパンのサイトで買うと、価格が現地で買うのと同じくらいのこともあり、また、日本にいながらにして日本語で買える安心感がある。90日前から予約開始。いったん購入した乗車券を払い戻す際は、利用日の3日前までに窓口で払い戻しを受けること。購入価格の8割が払い戻される。

オンラインチケットを受け取ったら、記載のバス、フレッチャロッサなどの特急車両も座席指定料を支払えば乗車できる。使用開始から2カ月間のうち3日か開始から10日までの使用日数を1日刻みで選ぶ。使用期限は出発日から6カ月以内。2人以上でこのパスを購入する場合は、一人当たり料金が割安になる「セーバー料金」が適用される。

◆ユーレイル・イタリアパス

トレニタリア全路線が乗り放題のパス。フレッチャロッサなどの特急車両も座席指定料を支払えば乗車できる。

	1等大人	2等大人
3日間	27200円	21900円
4日間	32600円	26300円
5日間	37600円	30300円
6日間	50600円	40700円

	1等セーバー	2等セーバー
3日間	23250円	18800円
4日間	27850円	22400円
5日間	32050円	25750円
6日間	43200円	34650円

◆ユーレイル・セレクトパス

EU諸国から隣接する3・4・5カ国を選んで利用するパス。特急料金も含まれている。使用開始から2カ月間のうち5・6・8・10日（5カ国選択の場合は15日も）。27歳以下の場合は料金が安くなるコースの適用を受けられる。

	1等大人	2等大人
5日間	51800円	41700円
6日間	57000円	45900円
8日間	66600円	53600円
10日間	74900円	60100円

※料金は、3カ国選択のもの

これだけあれば安心！
旅の必需品

旅のお金

旅のお金の持って行き方については p.275 を参照

ビザ（査証）

相手国政府が発行する入国許可証。通常はパスポートの査証欄にスタンプが押される形で発行される。イタリアへの入国には90日を超える滞在期間の時のみビザが必要。

国外運転免許証

レンタカーを借りるには国外免許証が必要。日本の免許証を提示する必要もあるので、必ず併せて持っていこう。国外運転免許証の取得は、日本の運転免許証があれば簡単。現住所のある各都道府県の運転免許試験場などで、通常、1時間程度で交付される。国外運転免許証の有効期間は1年間。日本の運転免許証の残存有効期間が1年未満の場合は、自治体により、日本の運転免許証の期限前更新が必要な場合もある。

レンタカー申し込み先

●エイビスレンタカー
AVIS Rent a Car
http://www.avis-japan.com/
●ヨーロッパカー　Europecar
http://www.europcar.jp/

国際学生証

国際的に通用する学生身分証明書。学生に発行され、カードを提示すると、主要な美術館、博物館などで割引が受けられる。申し込みは各大学生協、ユースホステル協会などへ。

シニア割引き

観光名所やオペラなどでは、パスポートなどの身分証明書の提示で、60歳以上であれば割引を利用できる。また、イタリア鉄道発行のシニアカード（要年会費）も用意されている。

パスポート（旅券）

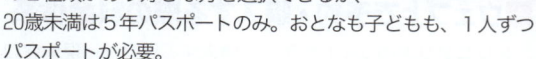

これがなければ、いかなる外国への入国もできないばかりか、日本から一歩も外へ出られない海外旅行の必需品。有効期限が5年（表紙が紺色）と10年（表紙が赤色）の2種類があり好きな方を選択できるが、20歳未満は5年パスポートのみ。おとなも子どもも、1人ずつパスポートが必要。

■ 新規申請

必要書類を揃えて、住民登録をしている都道府県の旅券課で申請できる。取得までは休日を除き1週間程度かかる。

■ 有効期間内の切り替え申請

すでにパスポートを持っている場合は、残存有効期間が1年以下になったら更新の申請ができる。イタリアへの入国には90日間のパスポート残存有効期間が必要なので、自分のパスポート残存有効期間のチェックを忘れないように。

■ その他の変更申請など

姓の変更などの訂正申請、住民登録地以外での申請、代理人申請、紛失による再発行などは都道府県旅券課へ問い合わせを。

パスポート申請に必要な書類

❶ 一般旅券発給申請書1通（用紙は都道府県旅券課にある）
❷ 戸籍抄（謄）本1通（6ヵ月以内に発行されたもの）
❸ 顔写真1枚（縦45ミリ×横35ミリの縁なしで無背景、無帽、正面向き、

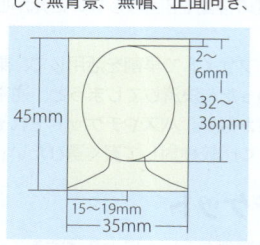

上半身で6ヵ月以内に撮影したもの）
❹ 本人確認の書類（運転免許証、写真付き住基カードなど。健康保険証など顔写真のない証明書は、次のAから2通、もしくはAとBから1通ずつ必要）。Bのみ2通は認められない

A 健康保険証、国民健康保険証、共済組合員証、船員保険証、後期高齢者医療被保険者証、国民年金証書（手帳）、厚生年金証書、船員保険年金証書、恩給証書、共済年金証書、印鑑登録証明書（この場合は登録した印鑑も必要）など

B 次のうち写真が貼ってあるもの-学生証、会社の身分証明書、公の機関が発行した資格証明書等
※住基ネットに加盟していない自治体に住民登録している場合は、住民票1通が必要。詳しくは各都道府県旅券課に確認を。
●発行手数料
5年用は1万1000円、10年用は1万6000円。12歳未満は5年用のみで6000円。

問い合わせ先
外務省
http://www.mofa.go.jp/

海外では医師にかかると予想以上の出費になる。海外旅行傷害保険に加入した方が安心だ。クレジットカードに保険が付いていることもあるので確認を。

海外旅行傷害保険

海外旅行中の不慮の事故、病気、ケガ、盗難などに備える掛け捨ての任意保険。各保険会社では、加入者への日本語での緊急ダイヤル、救急医療機関の紹介・手配などのサービスを行なっている。

■ 保険の種類と内容

海外旅行傷害保険は、基本契約と特約契約の2種類がある。基本契約は、事故などの傷害での死亡や後遺障害、ケガでの治療関連に適用されるもの。特約契約は、旅行中に誤って人にケガを負わせてしまった場合などの賠償責任、携行品の盗難などいくつかの項目がある。

基本契約への加入は義務づけられており、特約契約のみの加入はできない。海外では日本の健康保険はそのまま適用されないので、医師にかかると多額の出費になる。とくにイタリアではカゼやアレルギーで医者にかかると数万円になることがあり、「えっ、こんなにかかるの？」とあわてかねない。万が一のときに備えて、保険には加入しておきたい。クレジットカードに保険が付いている場合も補償内容を確認しておこう。

特約契約に自動車運転者賠償もあるが、レンタカーを利用する場合はレンタカー会社での保険にも加入すると安心。詳しくは保険会社と相談するといい。

■ 保険金が支払われる事例

傷　害	旅行中に、交通事故に遭いケガをしたり、スポーツ中にケガをしたり、階段から落ちて足を骨折した場合など。
疾　病	旅行中に、カゼ・下痢・盲腸などで治療・入院・手術を受けた場合など。
救援者費用	旅行中に、ケガや病気で3日以上入院または事故により遭難し、日本から家族が現地に赴く場合など。
賠償責任	他人にケガをさせたり、ホテルでじゅうたんを水浸しにしてしまい、法律上の賠償請求をされた場合など。
携行品	スーツケース・カメラ・時計などが盗難に遭ったり、落として破損してしまったような場合。支払限度額は30～50万円。契約内容で異なる。
手荷物遅延	搭乗時に航空会社に預けた手荷物が、航空機が目的地に到着して6時間以上経っても受け取れなかった場合。
航空機遅延	悪天候、機体の異常などにより、搭乗予定の航空機が6時間以上遅延したり、欠航、運休になった場合など。

■ 保険請求に必要な書類

携行品事故	破損事故の場合	指定保険金請求書、損害品の修理見積もり（または全損証明）、第三者証明書、航空会社の証明書、保険契約証の控え
	盗難事故の場合	指定保険金請求書、損害品の保証書（もしくは領収書）、警察の事故証明書（もしくは第三者証明書）、保険契約証の控え
治療費用		指定保険金請求書、病院の領収書やレシート、診断書、パスポートの署名欄と日本帰国スタンプのページコピー、保険契約証の控え

保険内容と保険料は？

保険料は旅行の日数、契約の種類、保険内容によって違う。保険会社で代表的な例をパックにした商品もあり、加入に便利だ。自分は携行品盗難の保険は不要だとか、基本契約部分の金額を高くしたい、安くしたいなど好みに応じての選択もできる。その選択のしかたによって、加入料金も変わってくる。基本的に大人も子どもも同額だが、同一行動の旅ならば、家族や夫婦で申し込めば割安になる。また、どの保険にも現金盗難の補償はないので注意したい。

主な保険会社の問い合わせ先

●エイチ・エス損害保険
http://www.hs-sonpo.co.jp/
●AIU保険会社
http://www.aiu.co.jp/
●ジェイアイ傷害火災保険
http://www.jihoken.co.jp/
●損保ジャパン日本興亜
http://www.sjnk.co.jp/

申し込みの方法は？

●ネットで…
簡単加入・決済でき、保険料比較もできる。
●空港で…
成田や関空など各国際空港の出発ロビーにも窓口や自動加入機があり、加入を申し込める。
●旅行会社で…
ツアーで行くなら、その旅行会社で加入することをすすめる。トラブルが起きてしまったときの処理は、旅行の手配と同じ会社で申し込んだほうが、責任ある対処が期待できるためだ。
●クレジットカードで…
旅行傷害保険がセットされる場合が多い。疾病・携行品などの特約部分が不十分な場合も。

持っていくと便利なもの

イタリアでは日常生活に必要なものは何でも手に入る。ここでは現地では手に入りにくいもの、移動中に重宝するものを紹介しよう

◆持って行くものリスト
（必須◎ 場合による○ 余裕があれば△）

機内持ち込み手荷物	◎パスポート
	◎Eチケット控え
	◎海外旅行傷害保険証書
	◎保険会社の連絡先
	◎クレジットカード
	◎常備薬
	◎現金
	○ホテル連絡先またはクーポン
	○パスポートのコピー、顔写真
	○ガイドブック（わがまま歩き）
	○国外運転免許証（レンタカー利用時）
	○国際学生証
	○小型の伊和・和伊辞典／電子辞書
	○筆記具
	○ビニール袋（ファスナー付）
	○歯ブラシ・歯磨き
	○化粧品
	○デジタルカメラ・メモリーカード
	○室内履き
	○小型電卓
	△ポケット・ティッシュ
	△ウェット・ティッシュ
機内預けの荷物	○衣服・靴（カジュアル用）
	○衣服・靴（ドレスアップ用）
	○下着・靴下
	○生理用品
	△折り畳み傘
	○旅行バッグ（スーツケース他）

※機内持ち込み手荷物について規制がある。詳しくはp.271参照。

これはどうする？

●**ドライヤー** 高級ホテルなら部屋についている。また中級以下のホテルで部屋についていない場合でも、通常はフロントで借りられるので持っていかなくても大丈夫。アイロンも同様。

●**歯ブラシと歯磨き** 高級ホテルでも備わっていないことが多い。現地でももちろん買えるが、携帯用のものを1セット持っていこう。

■飛行機に乗るとき

長時間のフライトが避けられないイタリア行き。少しでも疲労を少なくしたいもの。まず気になるのが足のむくみと疲れ。血行が悪くなるのが原因だから、ときどきは席を離れて機内を歩いたり、座ったままできる軽い体操をするのはむくみ防止になる。足用スプレーを膝下にかけてマッサージするのもいい。ストッキングの上からかけても効くタイプが使いやすい。飛行機から降りると肌がゴワゴワ、カサカサしがち。機内はとても乾燥しているので肌を守る工夫をしたい。できれば洗顔をし、2〜3時間おきにたっぷりローションや美溶液、リップクリームをつけるといい。機内のトイレでの洗顔はなかなかしづらいもの。クレンジング液付きのコットンや、水をふくませて汚れをとるクレンジングペーパーを利用するといい。

リフレッシュ・フットスプレー

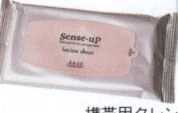

携帯用クレンジング液付きのコットン

■ホテルで過ごすとき

イタリアのホテルでは、一部の5つ星ホテルを除き、室内履きが置いていない。そこで、部屋で過ごす時間を快適にするためにも、旅行用のスリッパや室内履きを日本から持って行くことをおすすめする。お風呂の後に、素足に靴は履きたくないはず！

■いざというときに

必ずスーツケースに入れたいのが常備薬。風邪薬、胃腸薬、痛み止め、下痢止めを用意しておけば安心。イタリアでも買えるが、日本人には効き目が強すぎることが多いのと、市販の薬の種類は少なく、それ以外のものは医者の処方箋を持っていかないと売ってくれない。とくに持病のある人は、薬を持って行こう。

■意外と重宝するのが

季節を問わずに重宝するのが大判のスカーフ。とくに大きめのものほど便利だ。飛行機では首にまいておけば喉を保護してくれるし、屋外を観光中に寒さを感じた時にスカーフ1枚で大きな違いが出る。荷物をまとめる時の風呂敷がわりにも使える。かさばらないからぜひ1枚入れておこう。

■イタリアのコンセント

イタリアのプラグ、コンセントの形状は左上の写真のとおり。日本の電化製品を使うには変圧器が必要だ。日本の電化製品にアダプターだけつけて変圧器を通さずにコンセントに差し込むとショートして故障するので要注意。中級以上のホテルでは国際対応が一般的だが、その場合「100V-240V」の表示がある。

旅行中に使うお金

便利で安全な持ち込み方法はある？
イタリアの観光地では、スリの被害に遭う日本人が多い。賢く安全で、
使いたい時にスムーズに使えるお金の持ち込み方法はどれだろうか。

ATMでの現金引き出しは
便利だが手数料に注意

現金　盗難リスクはあるけど、何といっても簡単

　日本円を現地の銀行や両替所で直接両替する最も簡単な方法だが、万が一の盗難や紛失の際には当然ながら戻ってこない。現金の入った財布を人前で見せないなど、注意が必要だ。また持ち歩く金額は最低限にとどめ、残りはホテルのセーフティ・ボックスに預けるとよい。日本で通貨ユーロに両替する余裕がなければ、イタリアに着いてから空港の両替所で両替すればOK。銀行・両替所ごとに両替レートが違う。また金額の大小にかかわらず一定の手数料をとる銀行もあるので、両替回数は少ないほうが得。

クレジットカード／キャッシュカード

　イタリア旅行で支払いの際に最も利便性の高いのはクレジットカード（海外キャッシング機能付き）。基本的に支払いはクレジットカードで行い、現金は小額の買い物と使い分けるといい。現金が必要になれば、街中のATMでキャッシングする。キャッシング利用手数料はカード会社により異なるが、ATMを1回利用するごとに105〜210円ほど。それに為替手数料がレートに約2％上乗せして請求される。毎年旅行する人なら、円高のときにユーロ建て外貨預金をしておくのも手。ATMの現金引出し方法についてはp.275を参照。

1日の滞在費

　旅の予算はどのくらい予定しておけばいいのだろう？　滞在費のうち大きな割合を占めるのがホテル代。これはホテルのランクによって差があるので下の表を参考に。

現金＋カード、組み合わせて

　大きな買い物はクレジットカードで、小さな出費は現金で支払う。これが最も効率がいい。ただし、クレジットカードでのキャッシングは、ネットワークの回線やATM自体のトラブルでいざという時使えないこともあるので、ゆとりを持って両替しておくのがスムーズに旅するコツといえる。

デビットカードとは？

　使ったその場で即時口座から引き落とされるカードで、後払いのクレジットカードと大きく異なる。使い過ぎの心配がなく、発行にあたって審査が不要の場合がほとんど。ATMから現地通貨の引き出しも可能なので、国際キャッシュカードのような使い方も可能。VISAデビットが知られているが、提携するいろいろな銀行が発行している。

●ローマ滞在で1日いくらかかる？

内容	値段（ユーロ）	内容	値段（ユーロ）
1日目		**3日目**	
ホテル代（3つ星）	200	ホテル代（4つ星）	350
昼食代（サンドイッチ、コーヒー）	15	昼食代（バールでサンドイッチ、コーヒー）	15
夕食代（中級レストラン、ワイン1杯含む）	30	夕食代（エノテカで軽食、ワイン1杯含む）	35
地下鉄（24時間券）	7	地下鉄（24時間券）	7
ヴァチカン観光（美術館含む）	31	ボルゲーゼ美術館、オペラ鑑賞（パルコ席）	130
2日目		**4日目**	
ホテル代（2つ星）	100	ホテル代（3つ星）	200
昼食代（ピッツェリア）	20	昼食代（バールでサンドイッチ、コーヒー）	15
夕食代（トラットリア、ワイン2杯含む）	50	夕食代（高級レストランでコース料理、ワイン2杯含む）	80
地下鉄（24時間券）	7	交通費（ローマからフィレンツェ片道、AV利用）	48
フォロ・ロマーノ、コロッセオ観光	12	フィレンツェ市内観光（タクシー代含む）	30
（友人と2人で観光した30代女性の支出例、1人分）		合計（ユーロ）	1382

国際キャッシュカード的にも使えるVISAデビットカードhttp://www.visa-news.jp/や、出発前に日本で入金をしておくプリペイドマネーカードhttp://www.jpcashpassport.jp/、http://www.visa-news.jp/travelprepaid/も便利。

日本最大の国際線就航数を誇る空港で、東京都心から60kmの千葉県成田市にある。第1〜3の、3つのターミナルからなり、鉄道もバスも下車駅が異なる。東京寄りが第2ターミナルビル駅で、第1ターミナルへは終点の成田空港駅へ。各ターミナル間は無料連絡バスが多数運行。

成田国際空港へのアクセス

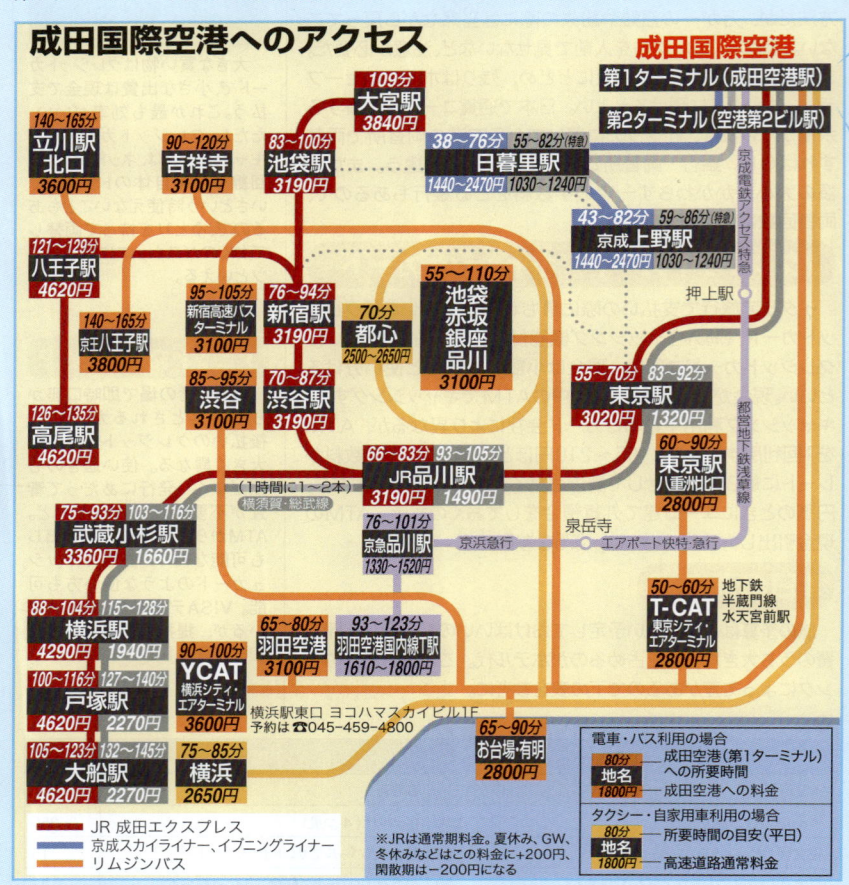

成田エクスプレス

時間に正確、大きな荷物も安心！

東京、神奈川、埼玉の主要駅と成田空港を結ぶJRの特急で、荷物を置くスペースも完備。1日27便。八王子や大宮からは少なく1日2本のみ。夏期には横須賀、鎌倉からの臨時便も運行。従来の「立席特急券」は廃止。かわりに乗車日と乗車区間のみ指定の「座席未指定特急券」を導入。料金は指定特急券と同額。

横須賀・総武線でも

特急にくらべ時間はかかるが、JRの普通列車でも成田空港に行ける。横須賀線・総武線直通運転の快速エアポート成田は、日中ほぼ1時間に1〜2本の運行。特急券は不要で、乗車券のみで利用できる。ただし車両は普通の通勤用なので、大きな荷物があると不便。JR東日本お問い合わせセンター……………

☎050-2016-1600

 鉄道ダイヤの乱れや道路渋滞で遅れて飛行機に乗れなかったとしても、航空券の弁償はしてもらえない。ツアーの場合は旅行会社、個人旅行の場合も利用航空会社の緊急連絡先は控えておき、すぐに連絡をして善後策を相談。

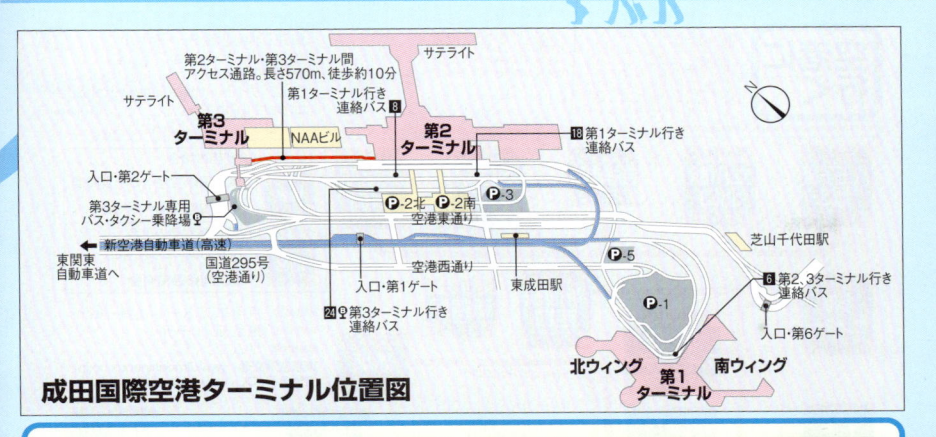

成田国際空港ターミナル位置図

第1ターミナルのエアライン

南ウィング

IBEXエアラインズ	エチオピア航空	ターキッシュエアラインズ
アシアナ航空	エバー航空	中国国際航空
ANA（全日空）	LOTポーランド航空	ニュージーランド航空
ヴァージン・オーストラリア	山東航空	Peach
ウズベキスタン	ジェットエアウェイズ	MIATモンゴル航空
エア・カナダ	シンガポール航空	南アフリカ航空
エアージャパン	深圳航空	ユナイテッド航空
エアセイシェル	スイスインターナショナルエアラインズ	ルフトハンザドイツ航空
エアプサン	スカンジナビア航空	
エジプト航空	タイ国際航空	

北ウィング　🛫 アリタリア・イタリア航空

アエロフロート	エールフランス	大韓航空
アエロメヒコ	オーロラ航空	中国南方航空
厦門航空	ガルーダ・インドネシア	デルタ航空
エアカラン	KLMオランダ航空	ハワイアン航空
エア・ベルリン	四川航空	ベトナム航空
エティハド航空	ジンエア	ヤクーツク航空

第2エアーターミナル

アジアアトランティック	スクート	ファイアーフライ
アメリカン航空	スリランカ航空	フィリピン航空
イースター航空	セブパシフィック	フィンランド航空
イベリア航空	タイ・エアアジアX	ブリティッシュエア
エアインディア	タイガーエア台湾	香港エクスプレス
エア タヒチ ヌイ	チャイナエアライン	香港航空
S7航空	中国東方航空	マカオ航空
海南航空	ティーウェイ航空	マリンド航空
カタール航空	TAM航空	マレーシア航空
カンタス航空	ニューギニア航空	メガモルディブ
キャセイパシフィック	ノックスクート	ラン航空
JAL（日本航空）	バンコク・エアウェイズ	ロイヤルブルネイ
	パキスタン航空	

第3ターミナル

ジェットスター航空	Spring Japan	バニラエア
ジェットスタージャパン	チェジュ航空	

スカイライナー
世界標準のアクセスタイムを実現

　成田スカイアクセス線経由のスカイライナーは、日暮里と成田空港駅（第1ターミナル）間を最速36分で結ぶ。料金は2470円。18時以降は京成本線経由のイブニングライナーが1440円と安くて便利。特急料金不要のアクセス特急は青砥から所要約45〜50分、1120円。上野からだと京成本線経由の特急が1時間2〜3本運行、1030円。
京成お客様ダイヤル …………☎0570-081-160

京急線、都営地下鉄からでも

　京浜急行、都営浅草線からも直通のアクセス特急と快速特急などが成田スカイアクセス線及び京成本線経由で毎日17〜19本運行。20分近く時間短縮となり便利。
京急ご案内センター …………☎03-5789-8686

リムジンバス
乗り換えなしでラクチン

　JRや京成電鉄の駅に出るのが面倒なら、自宅近くからリムジンバスや高速バスが出ていないか要チェック。都心や都下の主要ポイントを運行する東京空港交通（リムジンバス）のほかに、京王、小田急、神奈川中央バス、京成バスなどが関東や静岡などの主要都市から数多く運行している。
リムジンバス予約・案内センター…☎03-3665-7220
…… http://www.limousinebus.co.jp/
京王バス高速予約センター（聖蹟桜ヶ丘、多摩センター、調布など）………☎03-5376-2222
小田急バス高速予約センター（たまプラーザ、新百合ヶ丘など）…………☎03-5438-8511
神奈中高速バス予約センター（茅ヶ崎、相模大野、町田など）…………☎0463-21-1212

 東京駅八重洲口や銀座から成田空港まで900円〜2000円（深夜早朝便）で格安の連絡バスが運行。詳細は京成バス「東京シャトル」HPwww.keiseibus.co.jp、平和・あすか交通・JRバス「THEアクセス成田」HPaccessnarita.jpへ。

空港に行く　東京国際空港（羽田空港）

東京国際空港ターミナル
インフォメーション
☎03-6428-0888
ウェブサイト…http://www.haneda-airport.jp/inter/

八王子駅北口 90〜130分 1750円
立川駅北口 74〜114分 1550円
吉祥寺駅 54〜99分 1230円
池袋駅西口 45〜75分 1230円
大宮駅西口 75〜105分 1540円

リムジンバス利用の場合
地名 80分 東京国際空港への所要時間
地名 1800円 東京国際空港への料金

タクシー・自家用車利用の場合
地名 80分 所要時間の目安（平日）
地名 1800円 高速道路通常料金

京急エアポート快特・急行
東京モノレール
リムジンバス
東京空港交通 www.limousinebus.co.jp
京浜急行バス www.keikyu-bus.co.jp

多摩センター 90〜130分 1540円
新宿駅西口 30〜75分 1230円
新宿駅 30分 930円
渋谷駅マークシティ 44〜79分 1030円
赤坂 35〜75分 1130円

たまプラーザ 50〜70分 1130円
品川 快特・エアポート急行 13〜16分 410円
新橋 快特・エアポート急行 21〜35分 520円
浅草 快特・エアポート急行 31〜50分 610円

浜松町 空港快速 13〜15分 410円
東京駅 20〜30分 930円

京急蒲田 快特・エアポート急行 5〜9分 300円
天王洲アイル 区間快速 10〜11分 340円
汐留 35〜60分 930円
お台場・有明 15〜55分 520〜620円

京急川崎 快特・エアポート急行 9〜20分 370円

東京国際（羽田）空港

横浜 快特・エアポート急行 16〜32分 450円
横浜駅（YCAT）32〜39分 580円
横浜駅 20分 930円

東京国際空港（羽田）就航中のエアライン

アシアナ航空　キャセイパシフィック　デルタ航空
アメリカン航空　山東航空　天津航空
エアアジアX　上海航空　日本航空
エア・カナダ　春秋航空　海南航空
エールフランス　シンガポール航空　ハワイアン航空
エバー航空　全日空　ピーチ アビエイション
エミレーツ航空　タイガーエア台湾　フィリピン航空
奥凱航空　大韓航空　ブリティッシュ・
カタール航空　タイ国際航空　　エアウェイズ
ガルーダインドネシア航空　中国国際航空　ベトナム航空
カンタス航空　中国東方航空　香港エクスプレス航空
吉祥航空　中国南方航空　ユナイテッド航空
キャセイドラゴン　チャイナ エアライン　ルフトハンザドイツ航空

羽田空港へのアクセス

●電車

　京浜急行と東京モノレールを利用。

　京浜急行の場合は、品川から快特・エアポート急行で12〜23分、410円。横浜駅から16〜31分、450円。新橋から都営浅草線直通の快特・エアポート急行で22〜34分、530円。

　モノレールの場合、山手線浜松町駅から13〜21分、490円。日中は3〜5分間隔で運行。
京急ご案内センター …………☎03-5789-8686
東京モノレールお客さまセンター……☎03-3374-4303

●空港バス

　都内各方面、神奈川・埼玉県など各地からリムジンバスが運行している。新宿・渋谷・横浜などでは深夜・早朝便を割増料金で運行。
リムジンバス総合インフォメーション…☎03-3665-7220
京浜急行バス運輸部運輸課…☎03-3280-9177

●クルマ

　首都高速湾岸線湾岸環八出口から国際線ターミナルまで約5分。国際線ターミナルの南側に国際線駐車場（24時間2100円。以後24時間ごと2100円、72時間以上の場合は1日の上限1500円）がある。予約料1400円。
国際線駐車場 ………………………☎03-6428-0121

東京国際空港位置図

空港に行く 関西国際空港

関西国際空港総合案内所
☎072-455-2500
ウェブサイト…http://www.kansai-airport.or.jp/

関西国際空港へのアクセス

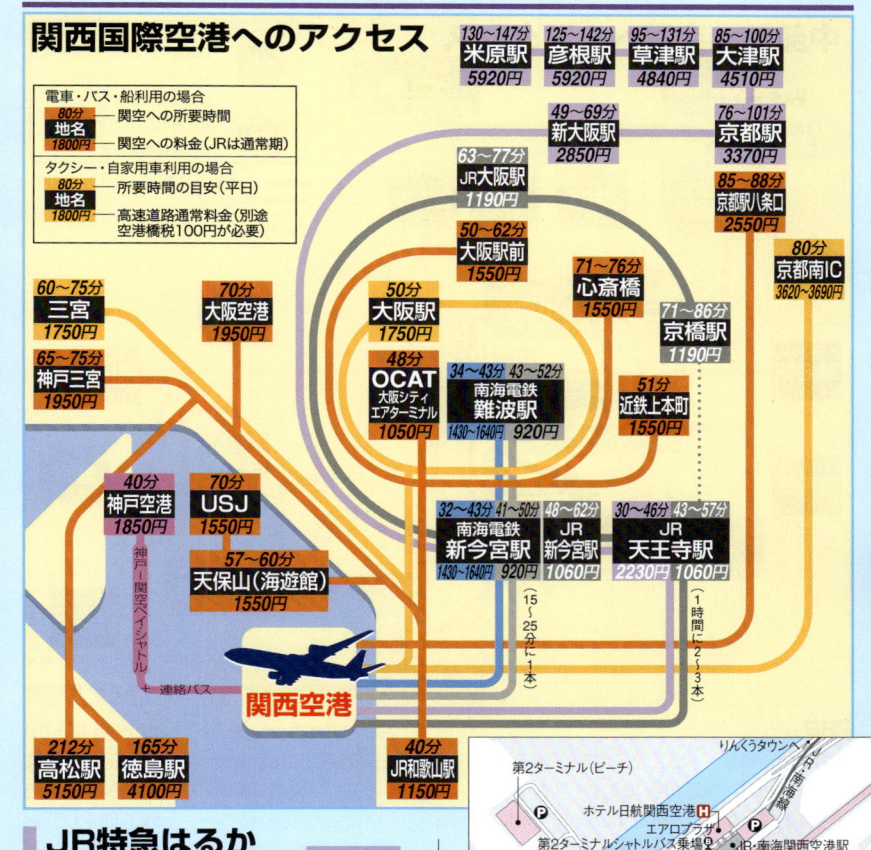

電車・バス・船利用の場合
- **80分** 地名 — 関空への所要時間
- **1800円** — 関空への料金（JRは通常期）

タクシー・自家用車利用の場合
- **80分** 地名 — 所要時間の目安（平日）
- **1800円** — 高速道路通常料金（別途空港橋税100円が必要）

駅	所要時間	料金
米原駅	130〜147分	5920円
彦根駅	125〜142分	5920円
草津駅	95〜131分	4840円
大津駅	85〜100分	4510円
新大阪駅	49〜69分	2850円
京都駅	76〜101分	3370円
JR大阪駅	63〜77分	1190円
京都八条口	85〜88分	2550円
大阪駅前	50〜62分	1550円
心斎橋	71〜76分	1550円
京都南IC	80分	3620〜3690円
三宮	60〜75分	1750円
大阪空港	70分	1950円
大阪駅	50分	1750円
京橋駅	71〜86分	1190円
神戸三宮	65〜75分	1950円
OCAT 大阪シティエアターミナル	48分	1050円
南海電鉄難波駅	34〜43分 43〜52分	1430〜1640円 920円
近鉄上本町	51分	1550円
神戸空港	40分	1850円
USJ	70分	1550円
天保山（海遊館）	57〜60分	1550円
南海電鉄新今宮駅	32〜43分 41〜50分	1430〜1640円 920円
JR新今宮駅	48〜62分	1060円
JR天王寺駅	30〜46分 43〜57分	2230円 1060円
高松駅	212分	5150円
徳島駅	165分	4100円
JR和歌山駅	40分	1150円

神戸〜関空ベイシャトル
連絡バス
関西空港

〈15〜25分に1本〉
〈1時間に2〜3本〉

関西空港ターミナル位置図

第2ターミナル（ピーチ）
ホテル日航関西空港
エアロプラザ
第2ターミナルシャトルバス乗場
JR・南海関西空港駅
関西空港第1ターミナル（ピーチ以外）
りんくうタウンへ
N

JR特急はるか

　京都、大阪と関空を結ぶJRの特急。一部米原、草津始発の列車もあるが、ほとんどは京都駅が始発。日中ほぼ30分に1本の間隔で運行。急いでいなければ京橋または天王寺始発の関空快速もおすすめ。所要時間は特急より＋15分くらいだが、普通料金で利用できる。
JR西日本お客様センター……☎0570-00-2486

南海電鉄ラピートα・β

　難波から新今宮、天下茶屋、泉佐野、りんくうタウン停車で関空に行くのがラピートα、平日朝4本運行。ラピートβは堺、岸和田にも停車し、合わせて28本運行。
南海テレホンセンター………☎06-6643-1005

空港バス

　関西から一部四国まで路線が充実しており、上図以外にも、JR・阪神尼崎駅、京阪守口市駅、JR・近鉄奈良駅発などがある。2週間有効の往復乗車券が割引率がよくておすすめ。予約が必要な便もあるので、要問い合わせ。
関西空港交通………………☎072-461-1374
http://www.kate.co.jp/

京都・神戸・芦屋エリアから関空まで乗合タクシーが走っている。料金は京都から1人4200〜4500円、神戸・芦屋2000〜4000円など。
予約は、MKスカイゲイトシャトル（京都☎075-778-5489／神戸・芦屋☎078-302-0489）、ヤサカ関空シャトル（京都☎075-803-4800）など。

中部国際空港へのアクセス

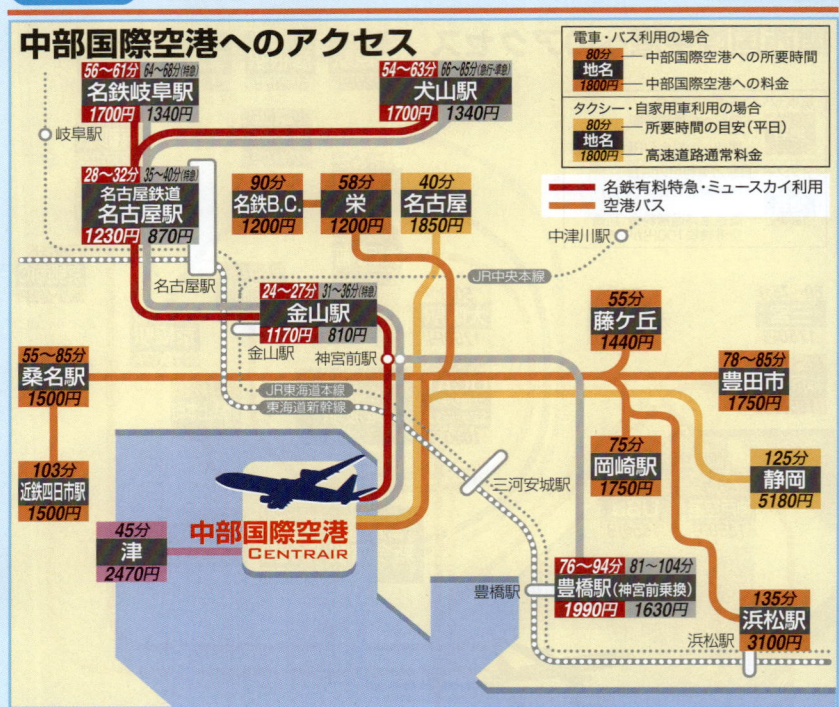

電車・バス利用の場合
- 80分 地名 — 中部国際空港への所要時間
- 1800円 地名 — 中部国際空港への料金

タクシー・自家用車利用の場合
- 80分 地名 — 所要時間の目安（平日）
- 1800円 地名 — 高速道路通常料金

■ 名鉄有料特急・ミュースカイ利用
■ 空港バス

図中の駅・料金：
- 名鉄岐阜駅 56〜61分 64〜68分（特急） 1700円 1340円
- 犬山駅 54〜63分 66〜85分（急行・普通） 1700円 1340円
- 岐阜駅
- 名古屋鉄道 名古屋駅 28〜32分 35〜40分（特急） 1230円 870円
- 名鉄B.C. 90分 1200円
- 栄 58分 1200円
- 名古屋 40分 1850円
- 名古屋駅
- 中津川駅
- JR中央本線
- 金山駅 24〜27分 31〜35分（特急） 1170円 810円
- 金山駅
- 神宮前駅
- 藤ケ丘 55分 1440円
- 桑名駅 55〜85分 1500円
- JR東海道本線
- 東海道新幹線
- 豊田市 78〜85分 1750円
- 近鉄四日市駅 103分 1500円
- 岡崎駅 75分 1750円
- 静岡 125分 5180円
- 中部国際空港 CENTRAIR
- 三河安城駅
- 津 45分 2470円
- 豊橋駅
- 豊橋駅（神宮前乗換） 76〜94分 81〜104分 1990円 1630円
- 浜松駅 135分 3100円
- 浜松駅

鉄道

　名古屋、岐阜、犬山などと中部国際空港間は名鉄を利用。快速特急（ミュースカイ）を使えば名古屋からだと最速で28分で空港に。料金はミューチケット360円込みの1230円。
名鉄お客さまセンター…………☎052-582-5151
http://top.meitetsu.co.jp/

空港バス

　名古屋市内や近郊、愛知県各所、四日市、桑名、浜松、掛川ICなどから高速バスが運行している。乗り換えしなくてすむのが便利だ。

名鉄お客さまセンター…………☎052-582-5151
三重交通四日市営業所…………☎059-323-0808
　　　　　桑名営業所…………☎0594-22-0595
知多乗合お客様センター……☎0569-21-5234
遠鉄バス予約専用ダイヤル…☎053-451-1595

船

　三重県の津、松阪から高速艇が中部国際空港まで運航。津から1日13便。松阪から津経由・乗継便が1日5便の運航。夏期増便あり。
津エアポートライン …………☎059-213-4111

空港に行く 福岡空港

福岡空港国際線案内 …………☎092-621-0303
http://www.fuk-ab.co.jp/

空港に行く 仙台空港

仙台空港総合案内所 …………☎022-382-0080
http://www.sendai-airport.co.jp

空港に行く 新千歳空港

新千歳空港総合案内 …………☎0123-23-0111
http://www.new-chitose-airport.jp/ja/

トラベル インフォメーション イタリア編

到着と入国審査

ローマのフィウミチーノ国際空港ターミナル

　ターミナル1、ターミナル2、ターミナル3、ターミナル5の4つがある。日本を含む非シェンゲン諸国（シェンゲン条約加盟国についてはp.269「飛行機で」参照）からの国際便はターミナル3。

日本からイタリアへの入国

　日本からの直行便が到着するのは、ローマのフィウミチーノ（レオナルド・ダ・ヴィンチ）空港、ミラノのマルペンサ空港。フィウミチーノ空港では直行便とアジア系航空会社便はターミナル3に到着する。到着ロビーには両替所、ホテル予約窓口、レンタカー会社窓口などがあり、市内への電車、バス、タクシーなどの乗り場に接続しているほか、カフェやレストランもある。

◆到着から入国まで

到着 **Arrivi／Arrival**	飛行機を降りたらArrivi／Arrivalの表示に従って歩く
入国審査 **Immigration**	入国審査を受ける列は「EU諸国の市民」と「その他」に分かれているので「その他」の列に並ぶ。パスポートと帰りの航空券（Eチケット控え）を提示する
荷物受け取り **Baggage Claim**	入国審査が終了したら、機内に預けた荷物を受け取るためBaggage Claimの表示に従って進む。案内表示で便名の確認をしてターンテーブルでピックアップ
税関審査 **Customs**	荷物を受け取ったら税関審査へ。課税対象となるものがない人は緑のランプNothing to Declareへ。課税対象となるものを持っている人は赤のランプGoods to Declareへ
到着ロビー **Arrival Lobby**	到着ロビーに出たら、必要に応じて両替をすませ、市内への鉄道・バス乗り場へ。ツアーの場合は現地係員が待機している

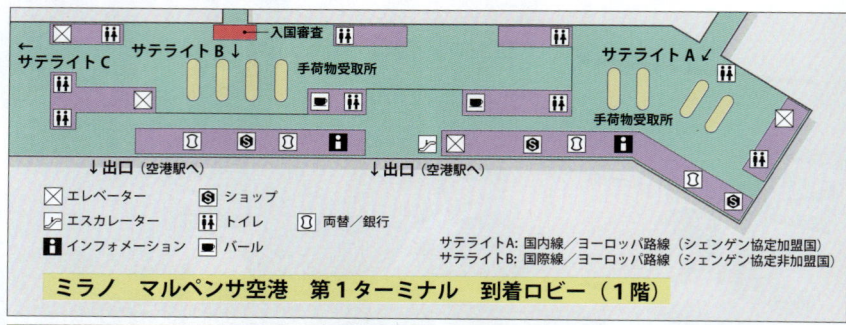

ミラノ　マルペンサ空港　第1ターミナル　到着ロビー（1階）

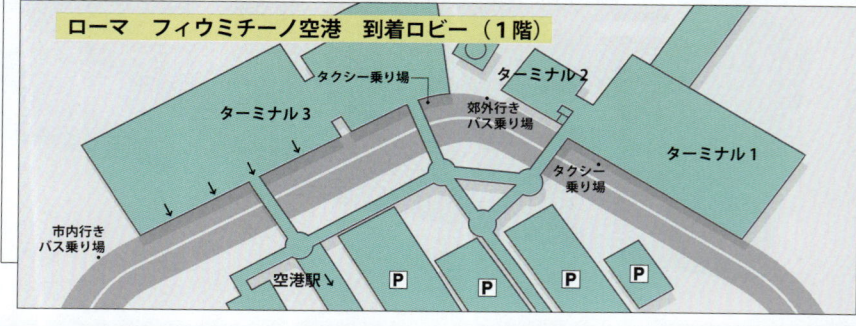

ローマ　フィウミチーノ空港　到着ロビー（1階）

利用する航路・発着地によって空港やターミナルが異なる場合もあるので、事前に確認して間違えないようにしよう。

ヨーロッパから

■飛行機で

ローマのフィウミチーノ空港は利用する航空会社・路線によりターミナルが異なる。シェンゲン条約加盟国(アイスランド、イタリア、オーストリア、オランダ、ギリシャ、スウェーデン、スペイン、デンマーク、ドイツ、ノルウェー、フィンランド、フランス、ベルギー、ポルトガル、ルクセンブルグ)からの便が到着するのはターミナル2。その他の国際線は主にターミナル3。ミラノではヨーロッパからの便はリナーテ空港に到着する。欧州内の格安系航空会社では、ローマの使用空港がフィウミチーノ空港ではなくチャンピーノ空港になる場合もある。

■鉄道で

国際列車のターミナル駅はミラノとトリノ。パリ〜ミラノ間(トリノ経由)は、TGVアルテシアという愛称の特急が走っている。スイスのチューリヒ、バーゼル、ジュネーヴの3方面からは国際特急ユーロシティ ECがミラノまで走っており、フィレンツェ、ローマ、ボローニャとはドイツのミュンヘン、オーストリアのインスブルックからユーロスター ESが結んでいる。ジュネーヴ〜ミラノ間を結ぶECもある。また、夜行特急ユーロナイトENがスイス、オーストリア、フランス方面を結ぶ。

■駅に着いたら

●案内所には2種類ある

大きな鉄道駅には、2種類の案内所iマークがある。一つは鉄道案内所で、鉄道の路線図や時刻表の配布、払い戻しや周遊券使用開始の押印などを行っている。乗り継ぎなど、わからないことはここでたずねればよい。もう一つは観光案内所。市内の地図や観光パンフレットを配布したり、ホテル予約やレストラン、イベント情報を提供している。

●両替はどこでする?

国際列車が発着する大きな駅には両替所があり、年中無休で営業。ただし駅は人の出入りが激しく、あまり安全なところではない。多額の現金の出し入れは人目につかない場所で。あらかじめ両替する分だけの現金を小分けしておくと安全だ。

●駅の荷物預かりは重宝な存在

荷物預かりは、駅周辺の観光、ホテル探しなど一時的に荷物を預けたいときに便利。料金は通常5時間単位。荷物1個につき約€6、6〜12時間は1時間€0.90、以降1時間€0.40。営業時間は6〜23時(ミラノ駅)。また、ローマ、ミラノなどの中央駅にはスーパーマーケットがある。

車両切り離しには要注意

車両によって行く先が異なることがあるので、乗る前に確かめよう。また、特急列車などは車両と車両の間が通れなくなっているところがある。出発ぎりぎりに別の車両に飛び乗っても自分の座席に行けないことがあるので注意。列車を利用するときは時間に余裕を持って駅に行きたい。

駅で見る標識

 鉄道案内所　 観光案内所

 荷物預かり所　コインロッカー

 ポーター　 カート

 両替所　 待合室

 切符売場　 郵便局

 飲料水　 税関

帰国日のチェックポイント

国際宅配便

電話1本でホテルまで集荷に来てくれる宅配便サービスを利用することもできる。日本まで、早ければ3日、通常5日くらいで着く。
＜連絡先＞
●ヤマトグローバルロジスティクスジャパン㈱（ミラノ）
☎02-2187-2446（日本語）
海外から自宅へ送る別送品の料金は10kgで€120、20kgで€170など。
http://www.y-logi.com

日本入国時の免税範囲

●酒類　　760㎖　3本
●香水　　2オンス（約56㎖）
●たばこ　紙巻　200本
　　　　　葉巻　50本
　　　　　その他250g
●その他　合計額20万円※
※同一品目の合計が1万円以下の商品は合算に加えない

免税超過分の課税価格（一例）

●酒類　ワイン　200円／ℓ
ウイスキー・ブランデー
　　　　　　　　600円／ℓ
リキュール・焼酎　300円／ℓ
※詳しくは財務省関税局へ
http://www.customs.go.jp/

帰国便の出発時刻を確認しよう

　帰国の日が近づいたら、帰国便の出発時刻を早めに確認しておこう。アジア系航空会社の一部で航空券を個人手配した場合、帰国にあたってリコンファーム（帰国便の再確認）が必要な場合もある。リコンファームが必要な航空会社を利用する場合は帰国の72時間前（3日前）までに航空会社の窓口に電話するか出向いて予約確認しておかないと、最悪の場合、予約が取り消されることもある。市内のホテルから空港までの交通手段についても確認しておこう。

STEP 1　荷造りは受託手荷物と機内持ち込みに分けて

　欧州便の場合、機内に預ける受託手荷物（チェックインバゲージ）の重量は、エコノミークラスで23kg以内、ビジネスクラスで32kg以内の制限がある。スーツケースの重量がオーバーしないように注意が必要だ。また、機内持ち込み手荷物にも制限があり、アリタリア-イタリア航空の場合、サイズ25 x 35 x 55cm以内、重量8kg以内のもの1個と決められている。ハンドバッグや免税品での買い物袋は含まれない。手荷物は重量オーバーすると超過重量料金がかかるので注意が必要だ。アリタリア航空の超過重量料金は€100。

　手荷物には他にも制限がある。例えばノートパソコンは手荷物とは別に機内に持ち込む、リチウム電池（モバイルバッテリーやカメラの電池）は受託手荷物には入れないで機内持ち込み荷物に。ナイフやはさみなど危険物、液体類は機内持ち込みはできないので受託手荷物に。ジャムやゼリーも液体扱いだ。税関で免税証明を受ける免税品も必ず機内持ち込みにすること。

STEP 2　空港までの交通手段を決める

　個人旅行などで自分で空港まで行く人は、事前に交通手段と乗車時刻を確認しておこう。ローマから帰国する人は、空港とテルミニ駅を結ぶ空港直通列車レオナルド・エクスプレスLeonardo Expressが5時35分から22時35分まで（季節により変動あり）、約30分おきに出発、約30分で着く。料金は片道€14。発着はテルミニ駅23・24番ホーム。ミラノからはマルペンサ空港までは空港直通列車マルペンサ・エクスプレスMalpensa Expressが便利。ミラノ中央駅およびミラノ・カドルナ駅（ミラノ・ノルド駅）から約30分おきに出発する。料金は片道€13。

　空港直通列車を利用する際は、出発前に必ずチケットカウンターで切符を購入してから乗ること。切符なしで飛び乗って、後で車掌から購入しようとすると罰金を取られるので注意しよう。

STEP 3　空港には出発2時間前までに到着する

　混み合う時期は搭乗手続きに時間がかかることも珍しくない。空港には遅くとも2時間前、免税品の申告や免税店での買い物をするつもりなら3〜4時間前までに到着するようにしよう。

ローマ・フィウミチーノ空港のアリタリア - イタリア航空チェックインカウンターは第1ターミナルだが、搭乗は第3ターミナル。移動に時間がかかるので、空港には早めに到着を。特に免税手続などがある場合は4時間前の到着を推奨。できるだけ事前にWEBチェックインをすませてから空港へ！

空港特急が発着するミラノ・カドルナ駅

MALPENSA EXPRESS

■乗車時刻の目安を確認しよう

ローマ市内から空港へ行く場合

空港直通列車「レオナルド・エクスプレス」 テルミニ駅→空港駅 所要約30分

飛行機の出発時刻		時	分
▼ 出発時刻の2時間前			
空港到着		時	分
▼ 到着時刻の30分前			
テルミニ駅出発		時	分

STEP 4　出発30分前にはゲートへ

　出発ロビーへ進んだら、免税申告のある人は税関デスクへ（手続き方法についてはp.279参照）。申告手続きの必要がない人は、免税品店で最後の買い物を楽しめる。出発30分前にはゲートに移動し、搭乗開始を待とう。出発ゲートによっては移動に時間がかかる場合もあるので、余裕を持って行動しよう。

STEP 5　日本での入国審査

　日本に到着したら、入国審査→受託手荷物の受け取り→税関検査の順に手続きする。買い物が免税の範囲でも、申告書の提出が必要。範囲を超える人は購入品目の種類・数量・価格を記入して、赤い表示の税関検査カウンターへ。ここで検査を受けた後、税関を出たところにある銀行窓口で税金を支払う。

液体の機内持ち込み

　航空機のテロ対策として国際線の機内への液体の持込に関する規則が定められている。100㎖以上は持ち込むことができない。また、液体を持ち込むには、透明な容器に入れるなどが必要。詳しくは、国土交通省のホームページを参照。
http://www.mlit.go.jp/

日本への持ち込み規制・禁止規制されているもの

　ワシントン条約で規制されている絶滅危惧種の動植物と、規制対象のワニ、ヘビ、トカゲなどの皮革を使ったコート、ハンドバッグ、ベルト、靴、財布などの加工品は日本に持ち込めない。また、生ハム、ベーコンなども持ち込めない。125gを超えるキャビアの持ち込みも「輸出許可証」などの提示が必要になる。詳細は経済産業省のホームページで確認しておこう。

⊠ エレベーター　Ｓ ショップ
↗ エスカレーター　♿ トイレ
ⓘ インフォメーション　▬ バール　TAX 税関（免税手続き）

チェックイン・カウンターは3階

サテライト C　←　サテライト B↑　セキュリティ・チェック　サテライト A↗
出国審査

サテライトA: 国内線／ヨーロッパ路線（シェンゲン協定加盟国）
サテライトB: 国際線／ヨーロッパ路線（シェンゲン協定非加盟国）

ミラノ　マルペンサ空港　第1ターミナル　出発ロビー（2階）

ローマ　フィウミチーノ空港　出発ロビー（2階）

ターミナル2

ターミナル 3
※アリタリアーイタリア航空直行便のセキュリティチェック、出国審査、搭乗
・市内バス降り場
タクシー降り場

ターミナル 1
↗※アリタリアーイタリア航空直行便を含む国際線チェックインカウンター

市内バス降り場　空港駅↘　Ｐ　Ｐ　Ｐ　Ｐ

飛行機も組み合わせで上手な旅を

国内航空

主な国内線航空会社

●アリタリア-イタリア航空
http://www.alitalia.com/
●エールイタリ航空
http://www.airitaly.com/
●ライアンエアー
https://www.ryanair.com/

国際線からの乗り継ぎ

　国際線で入国して、そのままイタリアの他の都市へ乗り継ぐ場合、一度入国審査＆税関検査を受ける必要がある。手続きがすべて終わったら、必要に応じてターミナル移動をして（ローマの場合）再び荷物を預け、チェックインを受ける。

国内航空路線

　イタリアの各都市を結ぶ航空路線が細かく発達している。特に、ローマとミラノからは各都市との間に多数のフライトがある。最も便数が充実しているのはアリタリア-イタリア航空。次いで充実しているのがローコストキャリア（LCC）のエールイタリAir Italy航空。これらの航空会社がイタリア国内路線を運航している。

日本で航空券を予約・購入する

　出発前に日本にいながら国内線航空券の予約を、アリタリア-イタリア航空の日本支店や旅行代理店などで手配することができる。日本からアリタリア-イタリア航空と日本航空の共同運航便を利用してイタリアに行く場合、ストップオーバー（p.254）を利用すると、イタリアの国内線2〜4フライトが無料になる場合があるので、同時に予約しておくといい。ただし、日本からローマに入国する場合、直行便が最初に到着するミラノからローマ間も1フライトとして換算される。

格安チケット系航空会社の料金もチェックしよう

　イタリア国内やヨーロッパ内の路線を利用する人は、LCCの料金もチェックしておこう。たとえば、上記で挙げたエールイタリ航空や、欧州内に多数の路線をもつライアンエアーなどでは、インターネットで早めに予約すれば、割引率の高いチケットが見つかる場合も。利用にはある程度の英語力が必要で、利用条件も各社により異なるが、チェックしてみる価値はある。

■ 主要ルートの所要時間と料金

主要都市間の所要時間と料金（片道）　　（単位：€）

ミラノ〜ローマ	1時間10分	110〜
ミラノ〜ナポリ	1時間15分	80〜
ミラノ〜パレルモ	1時間35分	111〜
ミラノ〜バーリ	1時間25分	82〜
ローマ〜トリノ	1時間15分	115〜
ローマ〜ヴェネツィア	1時間5分	96〜
ローマ〜フィレンツェ	55分	97〜
ローマ〜パレルモ	1時間10分	112〜
ローマ〜バーリ	1時間5分	97〜
ナポリ〜トリノ	1時間30分	102〜
ナポリ〜ヴェネツィア	1時間15分	128〜

※価格は、税／特別料金／燃油代別の日本発券の最低価格
※航空運賃は季節、日時によって異なる

■ 主要国内航空路線図

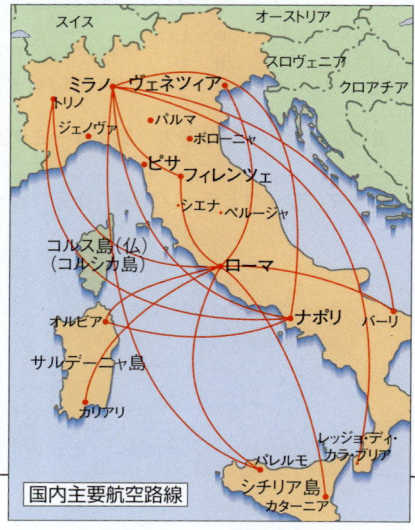

国内主要航空路線

鉄道
切符購入は券売機が主流

ネットで予約購入した場合は、チケットの詳細を印字して持参するか、スマートフォンの確認メールを見せる。とくに、6ケタの「PNRコード」（アルファベットと数字の組み合わせ番号）が検札のとき必要になる。ネット予約では乗車券の改札（写真）は不要。

券売機での買い方

1

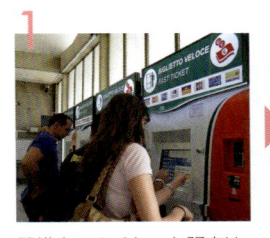

駅構内でのチケット販売は、自動券売機が主流になりつつある。駅構内に並んでいる「BIGLIETTO VELOCE FAST TICKET(自動券売機)」の機械でチケットを購入する

2

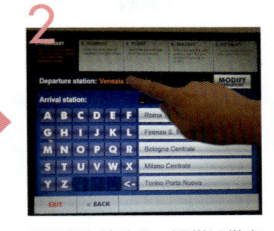

出発駅を決める。通常は券売機が設置されている駅名が初期画面。駅名を変更する場合は「Modify Departure(出発駅の変更)」を押す。続けて降車駅、出発日、出発時刻を選ぶ

3

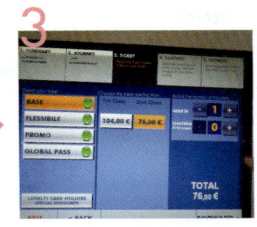

料金形態を選ぶ。旅行者は普通運賃「BASE（ベース）」を選択する。続けて1等車「prima class」か2等車「seconda class」を選び、「＋」ボタンで大人、子供の人数を指定

4

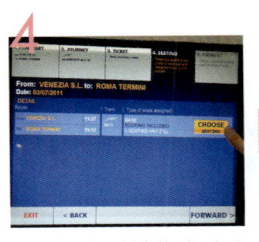

選んだ列車と料金体系、クラスを確認。間違いなければ「Choose seating」を押し、座席指定の画面に移る

5

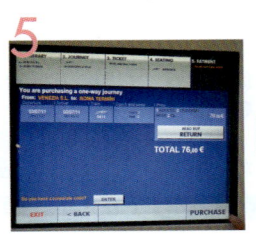

帰りのチケットを購入する場合は「Buy Return」を選ぶ。このまま支払いに進むには「Purchase」を押す

6

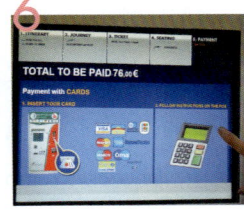

現金かクレジットカードを選ぶ。カードで払う場合は暗証番号を押すと、チケットが印刷されて出てくる

鉄道チケット

購入済フレッチェシリーズ（p.256）の乗車を変更する場合、ホームにある受付窓口（写真下）で出発時刻前に変更手続きを。

出発日　発車時刻　乗車地　降車地　乗車人数　等級

列車番号　車両番号　座席番号　到着日　料金

到着時刻

クルマで移動するなら
レンタカー

高速道路の料金所表示。
左がテレパス専用で、
右が現金用の出口

給油のときのイタリア語

ガソリンを 20 ユーロ分ください
ヴェンティ エウロ ディ ベンズィーナ ペル ファヴォーレ
Venti euro di benzina, per favore.

ガソリンの入れ方を教えていただけますか？
ミ スクージ コメ シ ウザ ラ ボンパ
Mi scusi. Come si usa la pompa?

満タンにしてください
イル ピエーノ ペル ファヴォーレ
Il pieno, per favore.

イタリアの運転事情

　高速道路Autostradaが縦横に走っており、よく整備されている。道路は一番左が追い越し車線、右が走行車線。信号のないロータリーの中は左回りの一方通行。進入するときはロータリー内の車に優先権がある。円周左サイドに注意してロータリーに入り、周回して徐々に円の外側に移動して目的の方角に出る。

274

道路標識と制限速度

　高速道路の制限時速は130kmだが、飛ばすドライバーが多い。高速道路には無料と有料の区間がある。有料の場合、出口ゲートには自動課金「テレパスTelepass」専用ゲートがあるので、旅行者は現金用ゲートを利用する。現金用は「ビリエットBiglietto」あるいはお金のマークの表示がある。

ガソリンを入れる

　有人の給油所では料金分の給油をするか満タン「ピエノPieno」と言って入れてもらう。セルフの場合は自販機に€10か€20の紙幣を入れて給油量と燃料の種類を選択し、ホースを給油口に入れて給油を開始。無鉛ガソリンは「センザ・ピオンボSenza Piombo」、ハイオクは「スーペルSuper」などと表記されている。

予約から返却まで

❶予約する

　できれば日本で申し込んでおくことをおすすめする。イタリアはオートマティック車の数が少なく料金も高め。オートマ車を希望するなら必ず日本から予約しておきたい。

❷借りる

　レンタカーを借りるには次の3つが必要。1）日本の免許証と国外運転免許証　2）クレジットカード　3）パスポート　クレジットカードは現金で支払う場合も身分証明書として求められる。また、現金で払う場合は保証金を要求されることがある。年齢規定はハーツレンタカーが25歳以上、エイビスレンタカーは21歳以上など。予約した場合は予約確認書を提示する。借りる際には利用日数、宿泊先、日本の連絡先、返却場所、荷に保険加入の有無などについて確認がある。通常、レンタル料金には自動車損害保険が含まれているが、車両損害補償制度（CDW）や搭乗者保険（PI）、盗難保険（TP）などの任意保険にも加入しておきたい。書類が完成したら、車体の傷の有無を係員立会いのもと確認しておこう。

❸返却する

　ガソリン満タン分を先に払う燃料先払い制度（FPO）を選んだ場合は満タンにして返す必要がない。

■イタリアの道路標識

警戒標識	 前方優先道路 道を譲れ	前方交差点 自車優先	ロータリーあり	前方対面通行
禁止標識	 車両通行禁止	 対向車優先	 追い越し禁止	 規制区間終了
義務標識	指定方向外 通行禁止	 規制区間終了	 バス専用車線	 ロータリー
指示標識	 高速道路	パーキング	対向車に対し 自車優先	一方通行

通貨と各種カード

地方の小都市でもクレジットカードや国際キャッシュカードが使えるATMがある。クレジットカードはホテルなどで身分を証明するものにもなるので、必ず持参しよう。イタリア語で両替は「カンビオCambio」。両替の際は窓口でレートや手数料の確認を。

イタリアの通貨と両替事情

通貨の単位はユーロEuroとユーロセントEuro Cent。金額は€と表示され、紙幣は€5から€500まで7種類、硬貨は1ユーロセントから2ユーロまで8種類。硬貨の表側は共通デザイン、裏側は参加各国の任意デザインとなっている。

■クレジットカード／国際キャッシュカード

イタリアでは、小さな店以外、ほとんどのホテルやショップでクレジットカードが使えるので、支払いにはクレジットカードを使うのが利便性がよいし、安心だ。現金は補助的に用意しておく程度にするのがおすすめ。ただ、旅の途中で現金が足りなくなったときには、海外のATMから現地通貨を直接引き出す機能を持ったクレジットカード、国際キャッシュカードがあると便利。VISAかMASTERと提携していて、VISAならPLUS（プラス）、マスターならCirrus（シーラス）のマークのあるATMでユーロを引き出すことができる。

クレジットカードに似たものに、VISAデビットカードがある。このカードは、クレジットカードと同じように買い物で使えるが、買い物をすると直接自分の口座から引き落とされる点が異なっている。口座残高を超える使い方はできないが、使い過ぎの心配がないので、親が海外旅行や留学する子どもに持たせるような利用もされている。

海外でカードを使用すると、カードの発行会社が一定の手数料を上乗せしたレートで日本円に換算される。ATMで現金を引き出すとそのたびに手数料もかかる。ATMの使用は最小限にとどめるのがよいだろう。

◆現金引き出しの操作方法

1 カードを挿入

2 暗証番号（PIN Number）を入力する

3 取引方法を選択
キャッシュカードはWITHDRAWAL預金引き出し／クレジットカードはCASH ADVANCE現金を選択

4 口座の選択
キャッシュカードはSAVING ACCOUNT預金口座、クレジットカードはCASH CARDを選択

5 金額入力

6 紙幣の受け取り

●ユーロ紙幣とコイン

5ユーロ

1ユーロセント

10ユーロ

2ユーロセント

20ユーロ

5ユーロセント

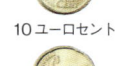
50ユーロ

10ユーロセント

100ユーロ

20ユーロセント

200ユーロ

50ユーロセント

500ユーロ

1ユーロ

2ユーロ

どこで両替するの？

一般に、銀行が一番両替率がよく、観光地の両替所、ホテルの順に悪い。銀行窓口での両替ではパスポートの提示を求められる場合がある。

イタリアの公衆電話。ほとんどが
このタイプのカード電話機

主要都市の市外局番

ローマ	☎06
ミラノ	☎02
フィレンツェ	☎055
ヴェネツィア	☎041
ナポリ	☎081
ヴェローナ	☎045

日本への電話料金

ダイヤル直通でかける場合、一般加入電話から一般加入電話への料金は、KDDIの場合、最初の1分までが6秒33円、その後3分まで6秒22円が加算される。携帯電話へは、最初の1分までが6秒37円、その後3分までが6秒24円が加算される。

国際電話の問い合わせ先（日本）

KDDI
☎0077-7046
NTTコミュニケーションズ
☎0120-506506
ソフトバンクモバイル
☎0800-919-0157

■電話を使う

❶スマートフォンを使う

　海外でもパケット通信によるメール送受信やサイトの閲覧ができる。注意したいのは、日本国内で適用される各料金プランやパック料金に含まれる無料パケット通信分は海外の通信料に適用されないこと。海外でのパケット通信料は非常に高額になるので、一定額を上限とする定額データプランなどのサービスに契約しておくといい。そのうえで、指定の通信事業者以外にはつながらないよう、渡航後すぐに、「手動」で事業者設定を行っておきたい。また、メールを受信する際、メールがたくさん届く人は、「自動受信」でなく「メール選択受信」などの受信方法を選んでおくといい。海外では必要なメールだけ受信し、残りは帰国後に受信。これらの設定も出国前に済ませておこう。

　最も安い通話方法はSkype、LINEなどのインターネット音声通話。WiFiを利用すれば無料通話が可能だ。

❷自分の携帯電話からかける

　まずは自分の機種が海外対応がどうか取り扱い説明書などで確認し、国際ローミングサービスの利用申し込みをしておく。

　海外で使うときの料金は日本とは体系が異なり、海外では電話を受けた場合も国際通話料が発生する。これは、かかってくる電話は日本宛となり、これを渡航先に転送するため。フリーダイヤルなどにも課金されることがある。

❸レンタル電話を借りる

　自分の機種が海外対応でない場合、日本で使っている携帯電話番号のまま利用できるレンタル電話サービスがある。レンタルの申し込みは、空港の国際線出発ロビーにある各社カウンターでできるが、事前に予約しておけば出発前に宅配便で受け取りが可能だ。

■公衆電話を使う

　公衆電話は、受話器を取り、発信音が聞こえたらコインかテレホンカードを入れる。ただ、実際にはカードしか使えないタイプの電話機が多く、電話機自体が故障していて使えないこともよくある。また、公衆電話の数も減り、町中では見つけにくくなっているので、緊急の連絡にはおすすめできない。

■ホテルから

　ホテルの部屋から、市内、国内、日本を含む国際電話がかけられる。電話をかけるには、まず外線につなぐ番号を回す。外線番号はホテルによって違うので客室に備え付けてあるパンフレットで確認を。だが、料金はかなり高くなる。

日本からイタリアの電話番号を調べることが可能。KDDI☎0051（国際オペレータ通話）に依頼すると、KDDIのオペレーターがイタリアの番号案内に問い合わせてくれる。また、イタリアの番号案内は割と英語を話す交換手が多い。

■国際電話のかけ方

1 ダイヤル直通電話

国際電話の識別番号「00」を押し、次に日本の国番号「81」、さらに市外局番の「0」を取ったものに相手の番号を続ける。
（例）東京03-6809-0452に電話する場合

00 ▶ **81** ▶ **3** ▶ **6809-0452**

国際電話＋日本の　0を取った　相手の番号
識別番号　国番号　市外局番

2 携帯電話へかける

例えば、ホテルから日本の携帯電話090-1111-2222へかける場合の例。電話番号の最初の「ゼロ」は取る。

00 ▶ **81** ▶ **90** ▶ **1111-2222**

国際電話＋日本の　0を取った　相手の番号
識別番号　国番号　番号

WiFi／LAN

カフェやレストラン、空港バスや鉄道の車内、公共の休憩スペースなどでWiFi可能エリアが広がっている。こうした場所では自分のスマートフォンやタブレット端末、PCなどで無線LAN接続ができる。また、海外用レンタルWiFiルーターを1台持参すれば、スマートフォンやPCなど無線LAN対応機器を接続し、WiFiエリア外でもインターネットにアクセスできる。WiFiルーターは複数の端末で同時使用できるので、グループ旅行などにも便利だ。

1 カフェなどで

無料WiFiが可能な店では、入口などにステッカーなどで表示している場合が多い。パスワードが設定されている場合は、店のスタッフに教えてもらおう。WiFiネットワークによっては、メールアドレスの登録を要求されたり、時間制限が設けられている場合もある。

2 ホテルで

ほとんどすべてのホテルが客室での無料WiFiおよびLANケーブルによる無料有線LAN環境を整えている。WiFiはパスワードが必要な場合と不要な場合がある。わからなければフロントで確認しよう。ただしWiFiのセキュリティは万全ではないので、情報の扱いには注意が必要だ。

イタリアのテレホンカード

テレホンカードは自動販売機、郵便局、電話局、バール、タバッキ（キオスク）などで買う。€5のほか数種類がある。公衆電話のほとんどがカード式。

プリペイド式テレホンカードの場合、カードの裏に書かれた800から始まる番号にかけ、続けてスクラッチに隠されたPIN番号を入力。0081に続けて0をとった相手の番号にかける。日本に電話する場合、€5で約30分以上通話が可能。

なお、イタリア国内で市内通話する際には、同じ市内からでも0で始まる市外局番が必要。

テレホンカード

日本からイタリアへ電話する

日本からイタリアに電話をかけるには、KDDI☎001のほか、ソフトバンク☎0046などの会社を選択。そして010、イタリアの国番号39、0で始まる市外局番、相手の番号をダイヤル。

イタリアの公衆電話

イタリアの公衆電話は、スマートフォンの普及で数が少ないうえ、故障しているものも。故障しているかしていないかの判断は、テレホンカードやコインを入れて「ツー」と音がするかどうかでわかる。音がしなければ故障。

手紙・小包の送り方

イタリアの郵便局

http://www.poste.it/

郵便ポスト

ポストは四角い形をした青と赤の2色がある。青は外国向け、赤は国内向け。日本に送る場合はESTEROと書かれた青いほうへ投函する。

郵便局の営業時間

●大都市の中央郵便局
月曜〜金曜　8:00〜19:00
土曜　8:00〜13:00
●その他の郵便局
月曜〜金曜　8:00〜14:00
土曜　8:00〜13:00

宅配便

取扱いできる荷物は、重量25kg以内、サイズは縦+横+高さの合計が160cm以内など規定がある。
●別送品の料金一例（ローマから）
10kgまで€130
20kgまで€180
（以上、ヤマトグローバルロジスティクスジャパン㈱）
ミラノ
☎02-2187-2446（日本語）

イタリアの郵便事情

イタリアの郵便局は、黄色地に青い文字で「PT（Posteitaliane）」のマークが目印。日本への手紙は、7〜10日ほどで到着する。日本への郵便物を送るには、宛名の一番下に英語でJAPANもしくはイタリア語でGIAPPONEと国名を書き、「Via Aerea」もしくは「Air Mail」と目立つところに記入すること。これを忘れると船便扱いになって到着が遅れることもある。船便だと約2カ月近くかかる。日本までの郵便物は、ハガキ・封書ともに20gまで€2.20。料金が改定されることも多いので、利用時には局で料金を再確認しよう。

小包を送る

■International Express Mail Service（EMS）

30kg以下の書類や荷物を比較的安価な料金で送るには国際郵便サービスのEMSが便利。荷物の配達状況を、24時間インターネットで確認することができる。イタリアから日本へは5〜10営業日ほどで着く。サイズは20cm×11cm×0.5cmから3辺が225cmを超えないものまで。料金は、1kgまで€36.50、3kg €42、5kg €59、10kg €82、20kg €130、30kg €190。郵便料金は荷物の紛失・破損による損害（責任限度2万円）による賠償責任の対象となり、追加の保険料を支払えば補償額を増額することも可能。

■国際小包Paccocelere Internazionaleの送り方

❶ 郵便局で販売している小包用の箱か、文具店で丈夫な箱を購入。縦・横・高さの合計が225cmまで、重さは30kgまで。
❷ 箱の表に送り先と差出人の住所氏名を記入、「Petit paquet」と明記する。貴重品や現金は入れられない。
❸ 窓口で送り状をもらい、送り先の住所氏名、イタリアでの住所氏名、送る品の値段など必要項目を記入する。
❹ 受付は月曜〜金曜の郵便局の営業時間内。

■日本までの国際小包料金の一例

郵便物	重量(kg)	料金(€)	配達日数（最短）	配達日数（最長）
書簡	0.5	46.96	3日	3日
	1.0	49.95	3日	3日
小包	5.0	68.72	3日	4日
	10.0	92.16	3日	4日
	15.0	124.65	3日	4日
	20.0	157.59	3日	4日
	24.0	211.00	3日	4日
	30.0	238.50	3日	4日

買い物事情・VAT

イタリアの買い物事情

　店に出入りするときは店員に挨拶し、見たい商品は店員に頼んで取ってもらう。勝手に商品を触らないこと。客1人に店員1人が対応するので、接客中の店員に頼みごとをするのも避けたい。営業時間は店によって異なるが、個人商店、路面店などは、昼休みをはさんで9:00/10:00 ～ 12:30/13:00、15:30/16:00 ～ 19:30/20:00ぐらい、日曜・祝日・月曜の午前は休みというのが一般的。ただし、デパートは休憩時間がなく、21:00/22:00まで営業している。また、日曜でも、大都市であればショッピングセンターは開いている。イタリアのバーゲン「サルディSaldi」は、夏と冬の年2回開催される。期間は日本のバーゲンよりずっと長く、最大で60日間続く。日程は毎年州ごとに決定され、目安は7 ～ 8月、1 ～ 2月。割引率は店によって異なるが、70 ～ 80%引きになっていること珍しくない。もちろん、高級ブランドショップでもサルディは行われる。買い物目当てで旅行する人は、この期間を狙って行けばお買い得だ。

タックス・リファンド

　イタリアでの買い物には商品の種類により10 ～ 20%のVAT（付加価値税）が含まれている。EU圏外に居住する人が一定額以上（欄外参照）買い物をしたときに、未使用の購入品を国外に出すことを条件に、付加価値税が免税される。イタリア国内で使用したり人に贈ったものには適用されない。

■買い物はTAX FREE表示のあるグローバル・ブルー（リファンド）Global Blue（Refund）またはプレミア・タックスフリー Premier taxfree加盟店で❶支払時に「Tax Free Check, Please」と告げ、免税用書類を作ってもらう。
❷免税書類とともに封筒が渡されるので帰国の日まで保管する。
■払い戻し方法
❶免税を受ける商品は機内預けでなく持込手荷物にすること。購入時に封印シールを貼られた商品は開封しないこと。
❷最終的にEU圏外へ出る空港で出国審査の後、「TAX FREE Cash Refund」か「VAT Refund」と書かれたリファンドカウンターに行き、パスポート、未使用の購入品、領収書を添えて申請書を提示して書類に税関印を押してもらう。
❸税関印を押してもらったら次の方法で払い戻しを受ける。
■イタリアまたはEU圏内のカウンターで受け取る場合
　空港のリファンドカウンターに、税関印のある申請書を提出し、現金またはクレジットカード口座への振込を選択。ユーロの現金ならその場で還付金を受け取れる。その後、申請書類を専用封筒に入れてリファンドカウンター前のポストに投函する。振込の場合は2、3カ月後に振り込まれる。

祝祭日

1月1日	元日
1月6日	エピファニア（キリスト公現祭）
復活祭	春分後の最初の満月後の日曜日※2019年は4月21日
復活祭翌日の月曜日	
4月25日	イタリア解放記念日
5月1日	メーデー
6月2日	共和国記念日
8月15日	聖母被昇天の日
11月1日	諸聖人の日
12月8日	聖母受胎祭
12月25日	クリスマス
12月26日	聖ステファノの日

タックス・リファンド還付の条件は？

　同日に同一の店舗で€154.95以上の買い物をし、その購入品をEU圏外の居住国に持ち帰る場合に税金の払い戻しが可能。イタリアまたはEU圏内の空港で出国時に税関のスタンプを受け忘れた場合は還付は受けられない。イタリア出国後、乗り継ぎなどでEU内の空港に降り立つときは、最終的にEU圏内を離れる空港で還付を受ける。
●最低購入額　€154.95
●免税額は最大14.5%
●VAT（付加価値税）は衣料品、酒類22%、食品10%

帰国後に空港でも受け取れる

　グローバル・ブルー加盟店で購入した場合は、成田空港到着ロビー、関西国際空港内の専用カウンターに免税申告書を提出すれば日本円で還付される。

タックス・リファンド加盟店マークと還付請求用の封筒

予約とマナー
ホテル事情

イタリアのホテル事情

イタリアのホテルは1つ星から5つ星（州により5つ星L）まで、設備を基準に5～6つに分類される。シングル料金は最高級の5つ星で約€250～、4つ星で約€140～、3つ星で約€110～、2つ星で約€70～など。2つ星はAlbergo（「旅館」の意味）という看板が出ているところも。エコノミー・ホテルには、ペンショーネpensioneやロカンダLocandaと呼ばれる家族経営の宿や、相部屋形式のユースホステルもある。

ホテルのランクは、建物やサービスのグレードのほか、レストランやカフェの数やシャワーなどの設備を基準にしたもの。3つ星の中にも料金が4つ星と同等のところもある。1年のうちでも料金は変動する。旅行者の少ない11～3月は安く、繁忙期の4～6月と9、10月は高い。

2011年から各都市で導入されている新税に滞在税Imposta di soggiornoがある。宿泊1泊ごとに宿泊料とは別に課税されるもので、課税対象年齢や対象泊数などの諸条件や課税額は都市ごとに異なる。ローマを例に挙げると、1泊につき€3（1つ星・2つ星）～€7（5つ星）で、10歳以下の子どもは免除。ホテル以外のB&B、アグリツーリズモ、レジデンスなどへの滞在も対象。滞在税は宿泊施設でチェックイン・チェックアウト時に直接請求され、現金で支払う。

予約方法

■エージェントを通して予約

一般に、3つ星以上のホテルなら日本の予約代理店など（p.303）や旅行会社を通じて予約できる。予約が完了したらホテルクーポンまたは予約確認書をくれるので、必ず現地に持参する。

■個人で予約

個人で予約する場合、トラブルを防ぐには電話よりもメールかファックスで記録を残すほうがいい。インターネットで割引が受けられるホテル予約サイトもある。

■現地で探す

ホテルの予約なしで現地に到着した場合は、空港のホテル案内カウンター、観光案内所、またはホテル予約所で予約することができる。紹介手数料が必要なところもある。

ホテルでのマナーと注意

廊下やダイニングルームへスリッパで出ない。外出の際は鍵をフロントへ預ける。チェックインの時刻が夜になるときはホテルへ到着時刻を一報入れる。バスタブにお湯をはるときに湯を溢れさせないように。損害賠償を請求されることもある。

ホテルの設備とサービス

●フロント（receptionist）
チェックイン・チェックアウト、伝言、鍵の管理などを担当。

●コンシェルジュ（concierge）
街の観光案内を担当。レストランや劇場の予約も頼める。

●ドアボーイ（potiere）
玄関からロビーまで荷物を運んでくれる。タクシーの手配も。

●ベルボーイ（fattoriono）
ロビーから部屋まで荷物を運んでくれる荷物担当。

●ルームサービス（servizio in camera）
部屋での食事の手配と、客室サービスを担当。ヘアードライヤーなど、貸してほしい備品があったらここに頼む。

チップ

何か特別のサービスをしてもらったときにはチップを渡す。ルームサービスに何か頼んだとき、荷物を運んでくれたベルボーイ、ハウス・キーパー、タクシーを呼んでくれたドアボーイに各€0.50。

バスルームでの注意点

バスタブに湯をためるときは、くれぐれも溢れないように。万一溢れると下の階が水浸しになり、大迷惑をかけるだけでなく損害請求されることもある。バスルームで身体を洗うときは、バスカーテンをバスタブのなかへ入れ、バスタブの外に水が流れないようにする。

トイレの脇にあるのはビデ。お湯が出るので、ウォッシュレットのように使ったり、汚れた足を洗うときなどに使う。

水道はF（Acqua Fredda）が水で、C（Acqua Calda）がお湯。

メニュー構成から支払いまで
レストラン事情

レストランの種類

■リストランテRistorante

高級店から中級までさまざま。高級店に行くときはなるべく予約をして、きちんとした服装で出かけたい。リストランテでの食事はコースの順にサーブされる。注文から支払いまである程度、時間がかかることを覚悟しておこう。

■トラットリア／オステリアTrattotia / Osteria

リストランテよりも家庭的な雰囲気。さらにカジュアルなのがオステリア。パスタとサラダとワインといった頼み方もOK。

■ターヴォラ・カルダTavola Calda

あらかじめ調理された料理が並んでいて、その中から選べる気楽な食堂。短時間で食事をすませたいときに重宝する。

■ピッツェリアPizzeria

ピッツァ専門店。イタリアではリストランテでは一般的にピッツァを出さない。

■エノテカ／ワインバー Enoteca

酒屋を兼ねたワインバーをエノテカ（ヴェネツィアでは「バカリBacari」）という。高級ワインもグラスで頼めるし、おつまみだけでなく軽めの料理も提供される。

料理の構成

イタリア料理はおおむね次の5つのパートに分けて構成されている。

1　Antipasto　アンティパスト＝前菜
2　Primo Piatto　プリモ・ピアット（第1の皿）＝パスタやスープ、リゾットなど。
3　Secondo Piatto　セコンド・ピアット（第2の皿）＝肉料理Carne（カルネ）や魚料理Pesce（ペッシェ）のメイン。
4　Contorno　コントルノ＝野菜の付け合わせ
5　Dolce　ドルチェ＝デザート。

料理を注文する

イタリアのレストランに堅苦しいルールはなく、コースにこだわることもない。店にもよるが、たとえば前菜とプリモとデザートだけとか、パスタとワインだけでもOKなところもある。

フルコースで頼みたい場合は、日本の女性なら1人分のコースを2人で分けて食べるのもよい。少食の人ならそれでちょうどよい分量になるだろう。その場合、カメリエレ（Cameriere「ボーイさん」）に「半分ずつ食べます」Facciamo a mezzoと言うと、たいてい最初から2皿に分けて持って来てくれる。店の人が注文を取りに来たら、デザート以外のすべてを注文し、食後に改めてデザートとコーヒーの注文をするのが一般的。

ワイン選びはどうするの？

ワイン選びに困ったら、カメリエレに推薦してもらおう。デザート以外の料理を注文したあと、「これらの料理に合うワインを教えてください」"Potrebbe consigliarmi un vino adatto ?"と聞いてみるとよい。またイタリアはほとんど全地域でワインを作っているので、土地のワインを取れば料理との相性はいい。その場合は「この土地のワインをください」"Vorrei un vino locale"と言う。

食事のマナー

ワインを注ぐのはテーブル係。係のいないところでは、同性同士は構わないが、基本的に女性が男性に注ぐのはNG。麺やスープを、音を立ててすするのもマナー違反。男性は女性を静かで眺めのよい上席に座らせる配慮も忘れずに。

水を注文するためのイタリア語

「ミネラルウォーターを1瓶ください」は"Una bottiglia di acqua minerale, per favore."レストランでも水は「炭酸ガス入り」gassataと「ガスなし」の普通の水naturaleがある。1瓶（2リットル）で多すぎるときは、「1/2リットル瓶」"Una mezza bottiglia di acqua minerale"と注文する。

タバコは吸っていいの？

イタリア全土のレストランなど人が集まる場所はすべて禁煙。灰皿はもちろん置いてない。禁煙場所での禁煙を守らないと、レストラン側が罰金を払わされるので注意しよう。

イタリアをおいしく味わう

レストランでの注文の仕方

前菜
アンティパスト
Antipasto

料理が出てくるまでに軽くつまむ小品。悩んだら前菜盛り合わせAntipasto mistoアンティパスト・ミストを頼むのも手。マリネ類やハム類など前菜2、3種類が1皿に盛られて出てくる。イタリア版パテCrostiniクロスティーニもポピュラー。

A カプレーゼ Caprese
スライスしたトマトとモツァレラチーズのサラダ。イタリア全土で好まれる。

B カルパッチョ・ディ・マンゾ Carpaccio di Manzo
牛肉のカルパッチョ。マリネ感覚の牛肉の薄切りに、オリーブオイルとパルミジャーノチーズをかける。

C プロシュット・エ・メローネ Prosciutto e Melone
生ハムとメロン。イチジクを取り合わせたプロシュット・エ・フィーキ Prosciutto e fichiもポピュラー。

第一の皿
プリモ・ピアット
Primo Piatto

パスタやリゾット、スープなど。実は種類が一番多い。パスタの種類がスパゲティ、フェットチーネ、タリアテッレなどと豊富なうえ、ソースの種類もトマト系、クリーム系とさまざま。メニューでパスタ名の後「alla」が付いていたら「〜風」、「con」の後は「具」の名前が続く。

D ラヴィオリ・ディ・リコッタ Laviori di Ricotta
リコッタチーズのラヴィオリ。手打ちパスタの中に、クリーミーなリコッタチーズを閉じ込めたもの。

E ニョッキ・ゴルゴンゾーラソース Gnocchi al Gorgonzola
ジャガイモを茹でてつぶし、小麦粉を混ぜて作るパスタ。クリーム系のソースがよく合う。

F リガトーニ・アマトリチャーナ Rigatoni Amatriciana
ピリ辛トマトソースの極太パスタ。パンチェッタ（豚ばら肉の塩漬け）を加えたソースを絡める。

第二の皿
セコンド・ピアット
Secondo Piatto

メインディッシュのこと。メニューはカルネCarne（肉料理）、ペッシェPesce（魚料理）に分かれてリストされている。素材名の後の、アル・フォルノal fornoはオーブン焼き、アッラ・グリーリアalla grigliaはグリル、アロストarrostoはロースト、フリットfrittoは揚げ物。

G アバッキオ・ア・スコッタディート Abbacchio a scottadito
子羊のあばら肉のグリル。「スコッタディート」とは「かぶりつく」という意味。

H フリット・ミスト・マーレ Fritto misto Mare
海の幸のフライ。イカやエビ、小魚などをオリーブオイルでからりと揚げ、塩とレモンで食べる。

I オッソブーコ Ossobuco
子牛のすね肉のトマト煮込み。すね肉を骨付きのまま、ほろほろになるまで煮込む。

ドルチェ
Dolce

デザートのこと。ジェラートやシャーベット類、ケーキ類、フルーツ類などに分類される。

J マチェドニア Macedonia
イチゴ、ブドウ、オレンジなどのフレッシュフルーツを砂糖とリキュールもしくはワインで合えたもの。

K トルタ Torta
ケーキ類。リンゴや洋ナシ、リコッタチーズ入りタルト、レモンリキュールのケーキなど種類も豊富。

注文のしかた

コース料理の場合、前菜、第一の皿、第二の皿、デザート、コーヒーの順で出てくる。フルコースを注文する必要はなく、第一の皿から1品、第二の皿から肉か魚のどちらか1品が一般的。あるいは、第一の皿をやめて前菜と第二の皿だけでもOK。胃袋に余裕があれば第二の皿に、コントルノcontornoと呼ばれる付け合せの野菜を頼んでもいい。

イタリアをおいしく味わう
おすすめの郷土ワイン

ワイン　Vino/Vini　ヴィーノ／ヴィーニ

地方によってさまざまな特徴がある。旅行中はぜひ料理とワインのマッチングを試してみよう。

北部

ピエモンテ州では、イタリアを代表する「バローロBarolo」「バルバレスコBarbaresco」などの最高級赤ワインがつくられる。また、シャンパンに似た発泡性スプマンテSpumanteも北イタリアの特産

A ソアーヴェ　Soave
ヴェネト州のDOCで、軽くてすっきりした口当りの白。ソアーヴェはイタリア語で「気持ちいい」という意味。

B テッレ・ディ・フランチャコルタ　Terre di Franciacorta
ロンバルディア州のĐOCで赤と白がある。スパークリングの「フランチャコルタ」も。

C バルバレスコ　Barbaresco
ピエモンテ州の最高級DOCGワイン。フルボディのしっかりした赤。

中部

トスカーナ地方のキアンティChianti、シエナ郊外モンタルチーノMontalcinoの銘酒「ブルネッロBrunerro」、モンテプルチャーノMontepulcianoの赤ワインのほか、さわやかな白ワインも多く生産している

D ブルネッロ・ディ・モンタルチーノ　Brunerro di Montalcino
熟成期間24カ月、うち4カ月以上オーク樽で熟成させた長期熟成のDOCGワイン。

E ロッソ・ディ・モンタルチーノ　Rosso di Montalcino
ブルネッロと同じサンジョヴェーゼ種のみで造られるが熟成期間は1年と短い。

F ヴィーノ・ノービレ・ディ・モンテプルチャーノ　Vino Nobile di Montepulciano
エレガントでバランスの取れたフルボディの赤。トスカーナのDOCGワイン。

南部

カンパーニャ州では「タウラージTaurasi」などの重厚な味わいの赤ワインが有名。カンパーニャ州やシチリアはデリケートな味わいの白ワインも多く生産

G カンノナウ・ディ・サルデーニャ
Cannonau di Sardegna
カンノナウ種のブドウから造られたサルデーニャ州のDOCワイン。果実味が豊か。

H ノタルパナーロ・ロッソ・デル・サレント
Notarpanaro Rosso del Salento
プーリア州の単一畑から造られた赤。レンガ色を帯びたフルボディの重厚な味わい。

I ロマニャーノ　Romagnano
カベルネとメルロー種から造られたラツィオ州の赤。手ごろな価格で高品質なVdT。

格付けは参考程度に

ワインの等級は、上からDOCG・DOC・IGT・VdTに分けられている。最上位に位置づけられるDOCGは「統制保証付原産地呼称ワイン」の略。必ずしもこの等級がワインの品質を保証するものではなく、「サッシカイア」のように格付けはVdTだが品質は最高級のものもある。無名で安価だが高品質のワインを見つけるのも旅行の楽しみだ。

わがままイタリアトラブル対策はしっかりと

旅の安全と健康

緊急連絡先

日本大使館
Ambasciata del Giappone
ローマ●切りとり-5、p.49-C
Via Quintino Sella,60
☎06-487-991

日本総領事館
Consolato Generale del Giappone
ミラノ MAP p.185-C
Via Privato Cesare Mangili, 2/4
☎02-6241141
警察Polizia ☎113
救急車Ambulanza ☎118
私立救急車（イタリア赤十字社）
☎06-30814791（ローマ）

緊急時のイタリア語

●助けて! ●やめて!
Aiuto! Fermate!
●救急病院
Pronto Soccorso
●警察に電話してください
Chiami la polizia
●泥棒! つかまえて!
Un ladro! Fermatelo!
●救急車を呼んでください
Chiamatel' Ambulanza.
●医師を呼んでください
Mi chiami un dottore,perfavore.
●クレジットカードをなくしました
Ho perso la carta di credito.
●パスポートをなくしました
Ho Perso il passaporto.
●盗難証明書を作成してください
Faccia una dichiarazione difurto.

治安・疾病などの情報収集はここで

●外務省領事サービスセンター
（海外安全担当）
☎03-3580-3311
（内線2902、2903）
http://www.anzen.mofa.go.jp/
新型インフルエンザなどについて
は上記サイトのほか、在イタリア日
本国大使館、在ミラノ日本国総
領事館のサイトで確認を。

旅先では、地理にうといことや気の緩み、日本人を狙った犯罪が多いことなどから思わぬトラブルに巻込まれがち。旅を楽しいものにするには、日本国内にいるときよりも危険が多いものだということを意識し、トラブル回避を心掛けよう。

イタリアの治安事情

イタリアの治安は決していいとはいえない。スリ、ひったくりなどの犯罪は多発している。レストランやカフェでイスの背や足元に置いたバッグを盗られた、鉄道切符を買う間に床に置いたバッグがなくなった、という事例も多い。パスポートや現金、クレジットカードなどの貴重品の管理はくれぐれも厳重にしたい。

危機管理と自己責任

「海外は日本よりも危険」ということを肝に命じる。油断していると被害に遭いやすい。旅行を楽しみながらも、常に心の片隅で周囲を警戒し、事前に危機を回避する危機管理意識を持つことが大切だ。怪しい人がいたら、その場からすぐ離れる、やたらと親しげにつきまとう人には用心する、などして被害を未然に防ごう。

自分の身は自分で守るという「自己責任」が旅先での基本。貴重品は分散して肌身離さずに持つ、レストランでは荷物を足元に置かない（どうしても置かなければいけない場合は体の一部で常に触れておく）、高級ブランドのショッピングバッグをいくつもぶら下げて歩いたり、高級ブランド品や宝飾品を身に付けて歩くなどの目立つ振る舞いはしない、夜遅くなったら人目につきにくい暗い通りは歩かない、などの用心をすること。

知らない人に誘われて、その人の自宅について行くことや、ホテルの自分の部屋に招き入れるなどはもってのほか。また、押し売りにつきまとわれて閉口することもある。そんなときはあいまいな態度を取らず、「買わない」「要らない」ということを日本語でもいいから言い、毅然とした態度を示すこと。万一のために、旅行スケジュールを書いたものを日本の家族に渡しておくことや、慣れない土地でぎりぎりのスケジュールで心身をすり減らすことがないよう、余裕のある日程を組むことも大切だ。

盗難・紛失・事故に遭ったら

●現金・パスポート

パスポートや現金などの貴重品を盗まれたり紛失したりしたら、すぐに現地の警察に行き、盗難／紛失証明書を作成してもらうこと。現金はまず戻って来ないが、帰国のための渡航書の発行

万一のために、パスポートやクレジットカード、海外旅行保険証の番号や緊急連絡先などをメモし、貴重品とは別の場所に保管しておく。持病のある人は英文の簡易診断書を用意しておくとさらに安心。

や航空券の払い戻し請求の際にこの証明書が必要になる。

　パスポートの発給には時間がかかるので、すぐに日本に帰る場合は、即日取得できる「帰国のための渡航書」を発給してもらう。

　これには❶紛失一般旅券等届出書（大使館や領事館にある）❷盗難／紛失証明書❸渡航書発給申請書（大使館や領事館にある）❹戸籍謄（抄）本、または日本国籍があることを確認できる書類（免許証など）❺写真2枚、

　が必要。手数料€20。

●クレジットカード

　不正使用されないよう、すぐクレジットカード会社の現地窓口に連絡して、使用差し止め措置を取り、再発行手続きを取る。カード会社によっては、数日以内に新しいカードを作ってくれる。また、現金もクレジットカードも盗られてしまった時、必要なお金を貸してくれるカード会社もあるので、問い合わせてみよう。万一の時のために、カード会社の海外連絡先を控えておこう。

病気・ケガをしたら

　腹痛やカゼなどの比較的軽い病気やケガならホテルに頼んで医師を紹介してもらうか、あるいは海外旅行保険の緊急連絡先に連絡して提携病院を紹介してもらう。海外旅行傷害保険の提携病院では通訳の手配から支払いまで、面倒を見てくれる。クレジットカードに保険がセットされている場合も、医師の処方箋と領収書を帰国後に提携保険会社に提出すれば、規定により払い戻しを受けることができる。また、最高級ホテルではホテル内に専属の医師がいることも多いから、処置を急ぐ場合はフロントに電話して往診してもらうといい。

　日本とは違い、診療費はとても高いので、出発前にいずれかの海外旅行傷害保険に入っておくのをおすすめする（p.259参照）。

　365日24時間、日本語でホテルに医師を呼ぶことができるサービス「メディコールイタリア」もある。医師往診料は8時から20時が€250、20時から8時が€300。医師派遣・医療通訳料は4大都市の場合で€200。現地の問い合わせ先は☎328-2320721。

持病がある人は英文の簡易診断書を準備

　生活習慣病など持病のある人は、旅行前に病院を受診して、医師からアドバイスを受けておくとよいだろう。そのときに、普段飲んでいる薬の内容などを記した英文の治療証明書や簡易診断書を準備して、旅行中、常に携帯しておこう。

英文診断書を頼める医療機関

●日比谷クリニック（東京・有楽町）
☎03-3217-1105
持病がある人が海外旅行するための簡易英文診断書、留学に必要な英文診断書など。完全予約制。有料。

病院での英語

●気分が悪いです　I feel sick.（アイ フィール シック）
●医者を呼んでください
　Please get me a doctor.（プリーズ ゲット ドクター）
●内科／インターナルメディシン
　internal medicine
●外科／サージェリー surgery
●耳鼻咽喉科／オトラリンゴロジー
　otolaryngology
●頭痛がします　I have a headache.（アイ ハヴァ ヘデイク）
●腹痛がします　I have a stomachache.（アイ ハヴァ ストマケク）
●目まいがします　I feel dizzy.（アイ フィール ディズイ）
●下痢をしました　I have diarrhea.（アイ ハヴァ ダイアリア）
●寒気がします　I have a chill.（アイ ハヴァ チル）
●さしこむように痛む
　A sharp pain.（ア シャープ ペイン）
●かゆい　itchy
●私は○○にアレルギーがあります
　I'm allergic to ○○.（アイム アレルジック トゥ）
抗生物質 アンティバヨティックス
　Antibiotics
●旅行保険に加入しています
　I have travel accident insurance.（アイ ハヴ トラベル アクシデント インシュランス）
●保険用に診断書と領収書をください
　May I have a medical certificate（メイ アイ ハヴ メディカル サーティフィケイト）
　and receipt for my insurance ?（アンド リシート フォー マイ インシュランス）

日本人医師がいる医院

■ローマ
中田吉彦医院（内科一般。緊急時は応診可）
住Via Monte del Gallo,4
☎06-6381924
http://www.drnakada.org/

INDEX

Staff

Producer
飯田敏子 Toshiko IIDA
フリーの旅行ジャーナリスト・雑誌記者。本書の企画構成、取材、編集を担当。

Writers
飯田敏子 Toshiko IIDA
竹内花音 Kanari TAKEUCHI
フリーライター。ローマを執筆。
甲斐美也子 Miyako KAI
フリーライター。日本での準備編を執筆。
望月いづみ Izumi MOCHIZUKI
フリーライター。フィレンツェ、ヴェネツィア、ミラノの観光とホテルガイドを執筆。
柴田香葉美 Kayomi SHIBATA
フリーライター。現地での基礎知識を執筆。

Photographers
末永尚人 Hisato SUENAGA
フリーカメラマン
飯田敏子 Toshiko IIDA
フィレンツェを担当。
箕輪 均 Hitosi MINOWA
フリーカメラマン
河野貴子 Takako KAWANO

Art Director
(有)リブアート Liveart
山田晴久 Haruhisa YAMADA

Designers・Illustrators
デザイン倶楽部 Design Club
住中るみ子 Rumiko Suminaka
(有)リブアート Liveart
山田詩季子 Shikiko YAMADA
蜂谷由実子 Yumiko HACHIYA
グラフィックデザイナー。本文デザイン、中扉デザイン、美術館平面マップなどのデザインを担当。

Designers
オムデザイン OMU
道信勝彦 Katsuhiko MICHINOBU
目次、出発日検討カレンダーほか、シリーズ共通ページのデザインを担当。

岡本倫幸 Tomoyuki OKAMOTO
空港に行く(p.262～266)のデザインを担当。

Map Production
(株)千秋社 Sensyu-sya
イタリア全図、広域地図、各都市地図などを制作。
(株)ジェオ GEO
美術館平面マップなどを制作。

Map Design,Graphic Map
(株)チューブグラフィックス TUBE
木村博之 Hiroyuki KIMURA
平野 愛 Megumi HIRANO
地図デザインと、鉄道路線図(p.10～11)のデザイン・制作。

Cover Designer
鳥居満智栄 Machie TORII

Editorial Cooperation
(株)千秋社 Sensyu-sya
舟橋新作 Shinsaku FUNAHASHI
(有)ハイフォン Hyfong
横山 透 Toru YOKOYAMA
横山和希 Kazuki YOKOYAMA
林 弥太郎 Yataro HAYASHI
(カナディアンネットワーク Canadian Netwaork)
河野貴子 Takako KAWANO
森高由美 Yumi MORITAKA
高砂雄吾 Yugo TAKASAGO
川崎英子 Hideko KAWASAKI
マイケル・ネンディック Michael NENDICK

Special thanks to:
マルコ・ドナティ Marco DONATI
(取材協力)
アントニオ・クァリエリ Antonio QUAGLIERI
(イタリア語監修)
佐藤修一 Shuichi SATO(編集協力)

わがまま歩き…㉙「イタリア五都市 ローマ・ミラノ・ナポリ・フィレンツェ・ヴェネツィア」　ブルーガイド

2018年7月11日　第9版第1刷発行

編　集………ブルーガイド編集部
発行者………岩野裕一
ＤＴＰ………(株)千秋社
印刷・製本…大日本印刷(株)

発行所……株式会社実業之日本社 www.j-n.co.jp
〒153-0044　東京都目黒区大橋1-5-1 クロスエアタワー8階
電話【編集・広告】☎03-6809-0452 【販売】☎03-6809-0495